• 高等政法院校专业主干课程系列教材 •

行政诉讼法学

（第三版）

主　编　王　麟

副主编　姬亚平

撰稿人　(以撰写章节先后为序)

王　麟　　姬亚平　　胡晓玲

彭　涛　　李瑰华　　王丹红

周　敏　　王玉楼　　汤洪源

中国政法大学出版社

2015 · 北京

西北政法大学本科教材编审委员会名单

作者介绍

王麟　男，1967 年出生，安徽亳州人，西北政法大学行政法学院教授，法学博士，博士生导师。中国行为法学会行政执法研究会副会长，中国行政法学会常务理事，陕西省行政法学研究会副会长。研究方向为行政法与行政诉讼学、政府法治理论。先后主编、参编行政法专业教材与专著 11 部，发表论文三十余篇，主持完成国家、司法部、陕西省等社科基金项目 4 项，代表作有：《重构行政诉讼受案范围的基本问题》（《法律科学》2004 年第 4 期，人大复印资料《诉讼、司法制度》2004 年第 10 期转载）、《利益关系的行政法意义》（《法学》2004 年第 10 期，人大复印资料《宪法、行政法》2005 年第 1 期转载），《行政协助制度论纲——兼评〈中华人民共和国行政程序法（试拟稿）〉的相关规定》（《法商研究》2006 年第 1 期）等。

姬亚平　男，1968 年出生，陕西米脂人，西北政法大学行政法学院副院长、教授，法学博士。兼职律师，中国行政法学研究会理事，陕西省行政法学研究会副会长兼秘书长。研究方向为行政法与行政诉讼法学。先后主编、参编、独著行政法专业教材与专著 17 部，发表论文三十余篇，主持完成国家、司法部、陕西省等社科基金项目 6 项，代表作有：《质疑公务员法八大问题》（《法学》2005 年第 7 期，《高等学校文科学报文摘》转载）、《论行政证据与行政诉讼证据关系之重构》（《行政法学研究》2008 年第 4 期）、《行政奖励法制化研究》（法律出版社 2009 年）等。

李瑰华　女，1976 年出生，安徽定远人，西北政法大学行政法院副院长、教授，法学博士。陕西省法治政府研究会副会长兼秘书长。研究方向为政府法治理论。代表作有《指导性行政案例研究》（法律出版社 2012 年版）、《指导性案例的概念之辩》（《西北大学学报》哲社版 2010 年第 3 期）、《官员工资应否公开》（《法学家茶座》2013 年第 1 辑）。

王丹红　女，1970 年出生，陕西西安人，西北政法大学行政法学院副教授，法学博士。中国人民大学宪政与行政法治中心兼职研究员。研究方向为行政法与行政诉讼法。代表作有：专著《日本行政诉讼类型法定化制度研究》（法律出版社 2012 年版）、译著（合译）《私人行政——法的统制的比较研究》（中国人民大学出版社 2010 年版）、《诉讼类型在日本行政诉讼法中的地位和作用》（《法律科学》2006 年第 3 期）等。

彭涛　男，1977 年出生，陕西商洛人，西北政法大学行政法学院副教授，法学博士。法国巴黎第一大学访问学者，兼职律师。主持国家社科基金项目 1 项，省部级项目 2 项，厅局级项目 5 项，代表作有：《论美国管制征收的认定标准》（《行政法学研究》2011 年第 3 期）、《法国 CGPPP 公共财产法律制度及其启示》（《行政法学研究》2010 年第 3 期）、《论行政诉讼的功能》（《法律科学》2010 年第 4 期）等。

汤洪源　女，1972 年出生，湖南浏阳人，西北政法大学行政法学院副教授，法学博士。代表作有：《中国政府在社会权保障中的职责》（《世界宪法研究》第 3 辑，中国环球文化出版社 2011 年版）、《中英规划督察制度之比较与借鉴》（《城市规划》2011 年第 4 期）、《动态定性、分段监管——欧盟煤灰污染监管立法与启示》（《环境保护》2011 年第 2 期）等。

王玉楼　女，1965 年出生，河南省西峡人，西北政法大学行政法学院副教授，硕士。研究方向为行政法学与行政诉讼法学。代表作有：《论行政裁量权的公正行使与公众参与》（《现代政府与行政裁量权》法律出版社 2010 年版）、《论食品安全中的风险规制与权利保护》（《西部法学》2012 年第 2 期）等。

胡晓玲　女，1979 年出生，山西大同人，西北政法大学行政法学院讲师，法学博士。研究方向为行政法基础理论及诉讼制度。先后主持横向课题 1 项，参与国家社科基金及中国法学会等 6 项纵向课题研究，参编行政法专业教材 6 部，发表论文二十余篇。代表作有：《行政权社会化的边界界定理论探析》（《行政论坛》2015 年第 1 期）、《中国式农地征收补偿的困境及其出路探寻》（《东北师大学报》2014 年第 2 期）、《国家侵权精神损

害赔偿的附魅祛魅、缺陷及改进》（《社会科学家》2014 年第 6 期）等。

　　周敏　女，1979 年出生，吉林延吉人，西北政法大学行政法学院讲师，法学博士。主要研究方向为中韩行政程序法比较研究。参加省内各种横向课题研究多项，代表作有：《韩国诉调对接制度研究——以法院调停制度为中心》（《西部法学》2012 年第 6 期）、《新疆民族关系和谐发展中兵团作用的再认识》（《西北法律评论》2013 年第 1 期）等。

出版说明

　　质量是高等院校的生命线，教学工作始终是学校的中心工作。多年来，我校始终把人才培养作为根本任务，弘扬老延大"政治坚定、实事求是、勇于创新、艰苦奋斗"的优良传统，不断改革进取，提高教学质量，为全国特别是西北地区经济社会发展和民主法制建设培养了大批高素质的专门人才。近年来，学校按照适度稳定规模、合理调整结构、充实办学条件、全面提高质量的工作原则，进一步深化教育教学改革，狠抓教学与管理工作，正在向着"法学特色鲜明、多学科协调发展、在国内有重要影响的高水平教学研究型大学"的目标迈进。

　　教材作为反映教育思想、教育观念以及教学改革成果的重要载体，是我校新一轮课程建设的重点。为了适应培养德、智、体全面发展的基础扎实、知识面宽、实践能力强、富有创新精神的人才目标的要求，学校决定紧紧抓住实施"质量工程"的有利时机，与中国政法大学出版社合作，启动新一轮的教材建设工作。

　　本轮教材建设工作围绕各专业的核心课程进行，命名为"高等政法院校专业主干课程系列教材"，由长期从事教学工作、教学经验丰富，具有教授、副教授职称的教师承担编写任务。我们力求教材具有较强的科学性、系统性、新颖性和适应性，也希望这套教材能够为进一步提高学校的教育教学质量打下坚实的基础。

西北政法大学本科教材编审委员会

2009 年 8 月

第三版说明

本书第二版于 2013 年 8 月出版。2014 年 11 月 1 日，第十二届全国人民代表大会常务委员会第十一次会议通过了《关于修改〈中华人民共和国行政诉讼法〉的决定》，自 2015 年 5 月 1 日起施行。这次修改是《行政诉讼法》1989 年颁布以后首次修订，变动很大。2015 年 4 月 27 日最高人民法院公布了《关于适用〈中华人民共和国行政诉讼法〉若干问题的解释》，自 2015 年 5 月 1 日起施行。

为了适应法律的修改，我们决定修订本教材。在修订中，我们发现作者们对许多问题存在不同的理解，为此，我们邀请了参与立法的学术界和司法界专家做了多次讲座。但是，由于我们水平有限，还是不能完全地、深刻地表达立法的本意，许多问题有待进一步深入思考和研究，故请读者，特别是各位同学提出批评和建议，以便我们今后进一步完善本书。

本次修订工作分工如下（以撰写章节先后为序）：

王麟：第一、三、九章；

姬亚平：第二、四章；

胡晓玲：第五章；

彭涛：第六章；

李瑰华：第七、十章；

王丹红：第八章；

周敏：第十一章；

王玉楼：第十二章；

汤洪源：第十三章。

主编
2015 年 6 月

第二版说明

根据西北政法大学的人才培养方案，《行政诉讼法学》被列为法学专业本科生的核心课程之一。为了适应教学工作的需要，我曾于 2008 年组织行政法学院的部分教师编写了《行政诉讼法学》教材，该书在使用过程中获得了师生们的好评。近年来，尽管我国的《行政诉讼法》本身没有修改，但是相关的法律如《国家赔偿法》等进行了较大的修改，最高人民法院也出台了一些司法解释和政策，同时行政诉讼的理论研究也在不断深化，加之师生们对本书提出了一些宝贵的意见，所以，我组织了行政法学院行政诉讼法教研室的全体教师编写本书的修订版。

在本次修订中，我们注意做到以下几点：

第一，为了满足我校法学专业本科生的学习，要求知识准确，理论完整，避免出现学术界尚未公认的个人观点。

第二，紧密联系依法行政与公正司法的伟大实践，体现最新的法律、法规与司法解释，并将最近几年发生的典型案件的法律文书附于书后，同学们不仅应当了解各种新型案件，同时还要注意学习法律文书的写作。

第三，语言应当质朴流畅，通俗易懂，行文务必层次分明，详略得当。

第四，根据我们的教学经验，为了便于学生全面掌握有关法律，将重要的法律规范附于书后。

第五，通过司法考试是法学专业本科生的重要任务，法学教育必须与司法考试相结合，为此，我们在每章的复习思考题中加入部分司考真题和参考答案，供同学们了解司考的风格与特点。

本书的写作分工如下（以撰写章节先后为序）：

王麟：第一、三、十章；

姬亚平：第二、四、五章；

彭涛：第六章；

李瑰华：第七、十一章；

王丹红：第八章；

胡晓玲：第九章；

周敏：第十二章；

王玉楼：第十三章；

汤洪源：第十四章。

我们曾经编写过多部教材，每次都追求尽善尽美，但在教学中每每会发现一些瑕疵甚至错误，本书恐怕也难例外，因此，欢迎批评指正的老话还是必须要说的，但是，我们说这话是真心实意的，全体编写人员将洗耳恭听同学们的意见。

主编

2013 年仲夏

说 明

　　《行政诉讼法学》一书由西北政法大学行政法学院集体编写。本书由主编草拟大纲，与副主编讨论后最终确定写作细目。担当各章写作任务的都是西北政法大学行政法学院多年来从事行政法学与行政诉讼法学教学与科研工作的教师。初稿形成后，由王麟和姬亚平共同统稿、定稿。部分章节由主编进行重写，尽管重写章节部分的原作者已经付出了辛劳，但为了保证文责自负，在具体署名上还是依定稿内容分别列明。由于作者数量多，风格自有差异，内部不协调在所难免，祈望专家及使用本书的各位同学批评、指正！

　　承担写作任务的具体情况为（按撰写章节先后顺序）：

　　王麟：第一、九、十三章，第十一章第二、三节

　　姬亚平：第二、四、五章

　　李燕玲：第三、六章

　　李瑰华：第七、十二章

　　贺乐民：第八章

　　郑宁波：第十章

　　贡世康：第十一章第一节，第十四章

　　汤洪源：第十五章

　　在教材编写过程中，各作者参考了大量的教材、专著以及学术论文，书后附录中所列参考书目只是其中我们要推荐给学生阅读的一小部分，大多数参考文献考虑到因出版时间以及发行量不便于学生查找而未能列出。

作者

2008 年 8 月

凡　例

1. 法律一律用简称，如《中华人民共和国行政诉讼法》，简称为《行政诉讼法》。

2. 行政法规一律用全称，如国务院《法规规章备案条例》或者《法规规章备案条例》。

3. 下列司法解释用简称：

（1）2015年《最高人民法院关于适用〈中华人民共和国行政诉讼法〉若干问题的解释》，简称为《适用解释》。

（2）2000年《最高人民法院关于执行〈中华人民共和国行政诉讼法〉若干问题的解释》，简称为《执行解释》。

（3）《最高人民法院关于行政诉讼证据若干问题的规定》，简称为《行政证据规定》。

（4）《最高人民法院关于民事诉讼证据的若干规定》，简称为《民事诉讼证据规定》。

4. 没有列入上述简称方案的法律、法规以及司法解释用全称，或者在相关章节用专门说明的简称。

| 目 录 |

第一章　行政诉讼法概述 ·· 1

　　第一节　行政诉讼和行政诉讼法 ／ 1

　　第二节　行政诉讼的基本原则 ／ 16

　　第三节　行政诉讼法学 ／ 26

第二章　行政诉讼的历史发展 ·· 29

　　第一节　行政诉讼的产生基础 ／ 29

　　第二节　外国行政诉讼的产生与发展 ／ 32

　　第三节　中国行政诉讼的产生与发展 ／ 40

　　第四节　行政诉讼法的修改 ／ 45

第三章　行政诉讼受案范围 ··· 51

　　第一节　行政诉讼受案范围概述 ／ 51

　　第二节　行政诉讼的肯定范围 ／ 56

　　第三节　行政诉讼的否定范围 ／ 63

第四章　行政诉讼的管辖 ··· 70

　　第一节　行政诉讼管辖概述 ／ 70

　　第二节　行政诉讼的级别管辖 ／ 75

　　第三节　行政诉讼的地域管辖 ／ 78

　　第四节　裁定管辖 ／ 82

　　第五节　行政诉讼的管辖权异议与处理 ／ 85

第五章　行政诉讼参加人 ··· 88

　　第一节　行政诉讼参加人概述 ／ 88

　　第二节　行政诉讼的原告 ／ 90

第三节　行政诉讼的被告　/ 96

第四节　行政诉讼的第三人　/ 104

第五节　行政诉讼的共同诉讼人　/ 107

第六节　诉讼代理人　/ 111

第六章　行政诉讼证据 ·· 114

第一节　行政诉讼证据概述　/ 114

第二节　举证责任　/ 118

第三节　行政诉讼证据的保全与调取　/ 125

第四节　行政诉讼证据的质证和审查认定　/ 127

第七章　行政诉讼的起诉与受理 ······························ 141

第一节　行政诉讼的起诉　/ 141

第二节　行政诉讼的受理　/ 150

第八章　行政诉讼的审理程序 ·································· 153

第一节　行政诉讼一审程序　/ 153

第二节　行政诉讼二审程序　/ 164

第三节　审判监督程序　/ 166

第四节　行政诉讼审理程序中的若干重要制度　/ 171

第九章　行政诉讼的法律适用 ·································· 183

第一节　法律适用　/ 183

第二节　法律适用的冲突　/ 190

第三节　法律适用冲突的解决　/ 194

第十章　行政诉讼的裁判 ·· 202

第一节　行政诉讼判决　/ 202

第二节　行政诉讼裁定和决定　/ 212

第十一章　行政诉讼的执行与非诉行政案件的执行 ·········· 215

第一节　行政诉讼的执行　/ 215

第二节　非诉行政案件的执行　/ 229

第十二章　行政诉讼的期间、送达和费用 ················· 238

　　第一节　行政诉讼的期间 / 238

　　第二节　行政诉讼的送达 / 244

　　第三节　行政诉讼的费用 / 250

第十三章　涉外行政诉讼 ·································· 255

　　第一节　涉外行政诉讼的概述 / 255

　　第二节　涉外行政诉讼的原则 / 256

　　第三节　涉外行政诉讼的特殊制度 / 257

附录一　相关法律、法规与司法解释 ··················· 261

附录二　典型案例法律文书选登 ······················· 305

第一章
行政诉讼法概述

[学习目的和要求] 掌握行政诉讼的概念和特征；行政诉讼法的概念、范围和效力；行政诉讼法的立法宗旨；行政诉讼法的原则；理解行政诉讼法与其他部门法的关系；能够界定、区分出社会生活中发生的纠纷哪些是行政纠纷问题。

第一节　行政诉讼和行政诉讼法

一、行政诉讼的概念和特征

诉讼是解决法律纠纷的程序性法律制度。社会生活中存在的纠纷可以简单地区分为法律纠纷与非法律纠纷。非法律纠纷，如对政治问题、学术问题的不同观点和态度的争议。诉讼只能解决法律纠纷，法律不可能对非法律纠纷作出裁决。非法律纠纷只能通过其他方式解决，如政治问题通过民主选举、政党斗争、革命等社会运动方式解决，学术问题通过争鸣、讨论等方式解决。

社会生活中存在许多法律纠纷，这些纠纷（甚至包括刑事纠纷）大都可以通过多种方式解决，而诉讼则是法治社会强制性解决法律纠纷的最终手段。刑事纠纷案件在绝大多数国家都实行国家追诉主义，不允许当事人进行所谓的"私了"。这一现象恰恰说明，存在通过"私了"解决刑事纠纷案件的情形，否则国家就用不着禁止了。

现代社会通常将法律纠纷划分为不同的类型，进而按照不同的诉讼程序解决相应类型的纠纷。这其中有我们熟悉的刑事诉讼、民事诉讼、行政诉讼，也有我们目前还不是很熟悉的宪法诉讼。不同的诉讼制度解决不同类型的纠纷，行政诉讼解决的是行政纠纷。因此，了解行政诉讼，必须首先了解什么是行政纠纷。

（一）行政纠纷

行政纠纷可以在不同的意义上界定，大致有广义、狭义、最狭义三种关于行政纠纷的定义。

既然社会生活中存在的法律纠纷都可以通过诉讼程序解决，并且司法制度中的诉讼方式是一定的。因此，理论上说，凡是不能够通过宪法诉讼、刑事诉讼、民事诉讼解决的纠纷，都应当纳入行政诉讼解决的范畴。考察行政诉讼与宪法诉讼、刑事诉讼、民事诉讼的不同可知，行政纠纷是指因公共权力行为引起的争议。此为广义的行政纠纷。由于公共权力通常包括立法、行政、司法等国家权力，范围太大，很少有国家的行政诉讼纯粹是在这个意义的基础上构建的。狭义的行政纠纷是指因行政管理引起的纠纷，即行使行政权力的机关或者组织与其他社会主体之间产生的法律纠纷。但是，行政管理分内部行政管理和外部行政管理，相应地会形成两种法律关系（内部行政法律关系与外部行政法律关系）、两种纠纷（内部行政纠纷与外部行政纠纷）。内部纠纷通常有其特定的解决机制，不被纳入行政诉讼的范围。另外，行政权力行为还可以分为立法性行政行为与执行性行政行为，立法性行政行为引起的纠纷也有被排除在行政诉讼之外的情形。这样，就会形成最狭义的行政纠纷的概念，即具有行政权力的机关或者组织及其工作人员行使其职权作出行政行为而引起的与自然人、法人或者其他组织之间的纠纷。

应该指出，三种行政纠纷的概念划分是相对的而不是绝对的。任何一种行政纠纷的概念都会随着行政权力内容的变化、行政管理范围的调整、行政诉讼功能的改变而扩张或者收缩。所以，同一国家的行政诉讼制度所解决的行政纠纷的范围并非是固定不变的。当然，在不同国家之间，由于诸多不同因素的制约，其行政纠纷的范围差异会更大一些。

我国的行政诉讼是在第三种行政纠纷的意义上构建起来的，因此，我们这里所讨论的行政纠纷是最狭义的行政纠纷。

（二）行政纠纷的特征

1. 行政纠纷发生在"官—民"之间。行政纠纷因行政行为引起。能够作出行政行为的是具有行政职权的行政机关或者法律、法规、规章授权的组织。行政行为针对的是作为被管理者的自然人、法人或者其他组织这些行政相对人。由于被管理者不服行政行为，认为行政行为存在违法现象，从而形成行政纠纷。脱离行政管理范畴的公民、法人或者社会组织之间当然也会产生各种纠纷，但这是他们作为民事主体的私权争议，与行政诉讼无关。行政机关之间也会产生争议，但这些争议并没有直接涉及行政相对人的权利义务，也与行政诉讼无关。必须说明，有些情况下，一个行政机关会与另一个行政机关因行政行为产生争议，比如，公安局要修建一栋干警住宅楼，规划部门不予批准。公安局可能不服规划部门不予批准的决定，从而形成行政争议。但此时，公安局是作为被管理者出现的。这一纠纷仍然没有改变发生在管理者与被管理者之间的"官—民"纠纷的属性。因此，以行政机关为一方，以相对人为另一方，是行政纠纷恒定不变的特征，这是行政纠纷的主体特征。

2. 行政纠纷是因行政行为而引起的争议。作为行政机关的机关或者组织可以有多种身份，例如，公安机关既是行政机关，又可以成为民事主体，还可以成为刑事诉讼中履行侦查职能的司法机关。相应地，公安机关以不同的主体身份在不同的法律领域可以实施的行为形式也是多样的。但只有其作为行政机关作出行政行为时引起的纠纷才是行政纠纷。同时，行政机关作出的行政行为也可以分为多种，只有其针对公民、法人或者其他社会组织作出的行政行为所引起的纠纷才是行政诉讼要解决的争议。

3. 行政纠纷的内容是关于法律上权利义务的争议。法律纠纷归根到底是权利义务争议，行政纠纷也不例外。行政纠纷内容上的权利义务是指涉及行政法制度所规范、调整的权利义务。就行政机关而言，这种权利义务是指行政机关的职权、职责；就相对人而言，是指被各种法律规范所确认和保护的权利义务。需要强调，行政纠纷所涉及的相对人的权利义务，不能单纯地理解为公民、法人或者社会组织依据实体行政法或行政程序法所享有的权利和承担的义务，也包括其依据民事法律规范所享有的权利和承担的义务。例如，规划部门批准在 A 楼南侧新建 B 楼，因 B 楼高度涉及 A 楼居民房屋的采光，A 楼居民认为规划部门对建设 B 楼的批准行为违法而引起争议。换言之，只要是受到行政行为影响的权利义务争议，都属于行政纠纷的内容。

4. 行政纠纷的形成起因于相对人不服行政行为。行政行为是行政机关凭借其行政权力作出的行为。行政权力作为公共权力具有单方面性、效力先定性及强制性等特征。理论上讲，对于相对人违反法律规范、破坏行政管理秩序的行为，行政机关尽可以依其行政权力进行制裁，无须通过其他国家机关来保护其行政权力的实现。对于行政机关的行政行为，相对人自己无法直接对抗，无力通过自己的行为改变该行政行为已经确定了的法律状态。这一点与民事纠纷不同，民事纠纷一旦产生，当事人之间民事法律关系的内容则处于不确定状态，而行政纠纷产生时，行政机关与相对人之间行政法律关系的内容是确定的。相对人只能寻求另外一个国家机关行使其权力（如行政复议机关的行政权、人民法院的审判权）来改变或者消灭行政行为所确定的法律关系状态。

所以，这个过程在形式上就只能表现为行政行为的相对人不服该行为。

（三）行政诉讼的概念

了解了行政纠纷的概念和特征后，我们认识行政诉讼的概念就有了基础。当然，行政诉讼作为解决行政纠纷的诉讼制度，是与其他诉讼制度一起构成一个国家或地区的司法制度内容的。由于司法制度上的差异（例如，我国的司法制度中只有民事、刑事和行政诉讼三种诉讼制度，而许多国家还有宪法诉讼制度；我国三种诉讼制度的诉讼程序是分开的，而有些国家民事诉讼和行政诉讼适用同一诉讼程序等），不同国家或地区的行政诉讼制度是存在差异的，从而对行政诉讼的概念会有不同。另一方面，学者们在对行政诉讼进行定义时，角度会有所不同（如有些学者从法院审判案件的角度定义，有的却从当事人请求裁判的角度定义），也会形成定义的差异。我们认为，行政诉讼的定义是认识、理解、把握行政诉讼制度的基础。学界应该有一个大致统一的定义，这个大致统一的定义必须以一国或地区的行政诉讼法为基础。但另一方面，人们在理论或实践中，基于不同的研究目的或者语言环境，各自为行政诉讼给出一个定义也属正常。我们在学习和研究中，应当仔细体会不同的定义所使用的不同场合以及定义的使用目的，没有必要在不同的定义之间进行措辞、文字的争论。

按照我国《行政诉讼法》的规定，行政诉讼是指公民、法人或者其他社会组织不服行政机关的行政行为，依法向人民法院起诉，请求人民法院审查被诉行政行为的合法性并作出裁判，法院依法审查与裁判行政行为的合法性并就违法的行政行为所可能引发的行政赔偿问题进行审理与裁判的制度。简单地说，行政诉讼是指人民法院应公民、法人或者社会组织的请求通过对行政行为进行合法性审查以解决行政纠纷的诉讼活动。

（四）行政诉讼的特征

1. 行政诉讼是人民法院处理行政纠纷的司法活动。行政纠纷的解决同任何其他法律纠纷一样可以通过多种方式解决，例如，民事纠纷可以通过当事人自行和解、纠纷双方之外第三人的调解、仲裁等方式解决，行政纠纷也可以通过申诉、信访、行政复议等方式解决，甚至新闻媒体的舆论监督也可以解决许多行政纠纷。但是，行政诉讼是强制性解决纠纷的手段，即当通过其他纠纷解决方式仍然无法消除纠纷当事人之间的争议时，人民法院按照法定诉讼程序作出裁判将从法律上最终解决纠纷，一旦法院的裁判生效，当事人不得就同一事实及理由再行争议，此即所谓司法最终裁决原则。

另一方面，诉讼过程是建立在一套公开、严密的程序基础上的。它以原告的起诉开始，经过第一审的审理与判决阶段，经过上诉审理判决阶段，最终以当事人自觉履行或者法院强制执行生效裁判阶段终结，是由若干动态、发展的关节联系起来的活动过程，其间又包含了回避、缺席审判、举证责任等静态制度。人民法院作为国家审判机关，是行政诉讼活动的主持人，指挥着行政诉讼活动，在诉讼活动中居于主导地位，其他所有诉讼参加人和诉讼参与人都应当服从人民法院的指挥与调遣。人民法院的这种地位是保障诉讼活动合法、及时的前提条件。

2. 行政诉讼兼具解纷、救济与监督的功能。诉讼最基本的功能是解决当事人之间的纠纷，行政诉讼也不例外。行政诉讼通过对行政纠纷的审理与裁判，解决行政机关与相对人之间因行政行为而产生的争议，从而维护正常、稳定的社会秩序。与其他诉讼制度，特别是与民事诉讼制度不同的是，人民法院通过审判行政诉讼案件，为在行政管理过程中处于劣势、合法权益容易受到违法行政行为损害的公民、法人或者其他社会组织提供救济。民事诉讼审判的是平等民事主体间的人身权或财产权纠纷，法院在审理民事案件时应当给予纠纷双方当事人以平等的保护，不存在对某一方当事人的权益进行特别保护的问题。

行政诉讼源于行政机关的行政管理行为，按照依法行政的原则，行政机关在行政执法过程中应当严格按照法定职权、职责、程序行使权力，作出各种行政管理行为。行政机关的行政行为是否符合依法行政的要求，人民法院通过行政诉讼的裁判要作出评价，合法的，法院会判决维持；违法的，法院要判决撤销。人民法院这种审查、裁判行政行为合法与否的诉讼活动显然是对行政机关权力行为的一种监督。而在民事诉讼中，法院并没有对某一方当事人的民事活动进行监督的功能。

3. 行政诉讼中的原、被告身份恒定。行政诉讼以不服行政行为的公民、法人或者其他社会组织为原告，以作出行政行为的行政机关为被告。原告是行政管理中处在被管理者地位的相对人，无论原告的具体身份是什么，只要是行政管理中的被管理者，就可以成为行政诉讼的原告。被告是行政管理中处在管理者地位的行政机关，包括行政机关和法律、法规、规章授权的组织。他们拥有行政职权，可以以自己的名义作出行政行为，由于行政机关要对自己的职权行为的结果负责，因而成为被告。

行政诉讼这种"民告官"的主体特征是其与其他诉讼（特别是民事诉讼）的重要区别。民事诉讼发生在平等的民事主体之间，民事诉讼不存在某个特定身份的民事主体只能做原告而另一些民事主体只能做被告的情形。即使是在一个特定民事案件的审理过程中，由于被告可以反诉，就反诉而言，本诉的原告成为反诉的被告，本诉的被告成为反诉的原告。行政诉讼不存在这个问题，行政机关只能做行政诉讼的被告，不能做原告，也不能反诉。按照我国《行政诉讼法》的规定，人民法院有权审理非诉行政执行案件。非诉行政执行案件是指行政机关作出行政行为后，相对人在法定期限内既不自觉履行行政行为，也没有依法申请行政复议或者提起行政诉讼，且行政机关自己没有强制执行权时，按照法律规定依法申请人民法院强制执行。从形式上看，这种案件中，行政机关把相对人告到法院，似乎成了"官告民"，但是，非诉行政执行案件不是行政诉讼案件，法院执行的行政行为没有经过行政诉讼的审判程序进行合法性审查。因此，这种案件的存在并不能改变行政诉讼原、被告身份恒定的特征。

4. 行政诉讼中人民法院的审判权有限。一般而言，人民法院在审理诉讼案件时应当享有完整的审判权，可以通过判决界定诉讼双方当事人实体法上的权利义务。例如，在刑事诉讼中，人民法院通过审判要决定被告人有罪或无罪、罪行大小、是否要负刑事责任以及负什么内容的刑事责任。在民事诉讼中，人民法院通过审判要具体确定纠纷当事人之间是否存在实体民事法律关系，如果存在，该民事法律关系的内容是什么，是否继续对当事人具有约束力等。行政诉讼则不然，按照《行政诉讼法》第6条的规定，人民法院在行政诉讼中只就被诉行政行为的合法性进行审查、作出裁判。这个裁判的主要意义在于评价被诉行政行为是否合法，而不是规定行政行为的内容。即，原则上，法院的裁判不能界定行政行为所构造的实体法律关系的内容。比如，甲申请注册登记一家有限责任公司，工商局经审查后不予登记。甲不服起诉，法院审理后认为工商局在没有完整审查甲的申请材料的情况下就作出不予登记的决定，属于认定事实不清，不合法，判决撤销。但是，这个撤销判决并不意味着甲就一定可以获得登记，是否能够获得登记，还需要工商局按照法院判决在对其申请材料进行全面审查后再作出决定。

二、行政诉讼法的概念、范围和效力

（一）行政诉讼法的概念

行政诉讼是指在人民法院主持下，在当事人、诉讼代理人和其他诉讼参与人的共同参加下处理行政纠纷的诉讼活动。而行政诉讼法就是规范整个行政诉讼活动的法律规则。因此，行政诉讼法是指规范行政诉讼活动的全部法律规范的总称，包括人民法院、当事人、诉讼代理人、其他诉讼参与人以及对行政诉讼实行法律监督的人民检察院进行诉讼活动的行为准则。

理论上，行政诉讼法的概念有广义、狭义之分。广义的行政诉讼法又称为实质意义的行政诉讼法，是指各种形式的在内容上属于规范行政诉讼问题的法律规范；狭义的行政诉讼法又称形式意义的行政诉讼法，是指专门的、具有完整诉讼法形式的行政诉讼法典，在我国是指 1989 年 4 月 4 日第七届全国人民代表大会第二次会议通过、1990 年 10 月 1 日开始施行，并于 2014 年 11 月 1 日第十二届全国人大常委会第十一次会议修订、2015 年 5 月 1 日开始实施的《中华人民共和国行政诉讼法》。我们在学习及实践中所说的行政诉讼法，往往有时是指广义，有时是指狭义，在本书中也是如此。对这种交替使用广、狭义行政诉讼法的现象，如果我们注意使用者当时的特定语境，通常不会造成理解上的困难。

（二）行政诉讼法的范围

行政诉讼法的范围又称行政诉讼法的渊源。由于狭义的行政诉讼法仅指《中华人民共和国行政诉讼法》，因此，行政诉讼法的范围问题是就广义的行政诉讼法概念而言的，主要包括七种法律规范。

1. 《宪法》中的规定。宪法作为一国的根本法，是国家活动的最高准则，也是行政诉讼制度的立法依据。宪法中有关行政诉讼的规定主要体现在两个方面：一是有关公民有权对国家机关及其工作人员的违法失职行为依法提出申诉、控告和请求赔偿的规定；二是有关人民法院和人民检察院行使国家审判权和法律监督权的原则的规定。

2. 《中华人民共和国行政诉讼法》。

3. 《人民法院组织法》、《人民检察院组织法》中的规定。《人民法院组织法》中有关审判原则、组织形式、具体审判制度和程序等方面的基本规定，《人民检察院组织法》中有关审判监督的方法、程序的基本规定，都是行政诉讼法的渊源。

4. 《民事诉讼法》中的规定。行政诉讼脱胎于民事诉讼。根据 1982 年《民事诉讼法（试行）》第 3 条第 2 款的规定，人民法院审理法律规定的行政案件。因此，在 1982～1990 年期间，行政诉讼完全适用民事诉讼法的规定。即使是现行《行政诉讼法》，仍然有一些自身并没有作出规定的制度和领域，因此，《行政诉讼法》第 101 条明文规定："人民法院审理行政案件，关于期间、送达、财产保全、开庭审理、调解、中止诉讼、终结诉讼、简易程序、执行等，以及人民检察院对行政案件受理、审理、裁判、执行的监督，本法没有规定的，适用《中华人民共和国民事诉讼法》的相关规定。"掌握和运用行政诉讼制度应当对民事诉讼法有充分的了解。

5. 各单行法律中的规定。我国有大量单行的法律。这些法律规范中也包含许多涉及行政诉讼的规定。例如，按照《专利法》的规定，不服专利复审委员会的复审决定向人民法院提起诉讼的期限为自收到专利复审决定之日起3个月内。这些单行法律中的规定不仅是行政诉讼法的渊源，并且大多数还是行政诉讼法的特别法，在与《行政诉讼法》规定不一致时，应当优先适用。需要说明，单行法律的规定不一定都属于特别法的范畴。简单地说，只有《行政诉讼法》准用的单行法律就《行政诉讼法》已经规定的内容作出了不同规定，该单行法律才成为行政诉讼法的特别法。

必须指出，学术界有人认为，单行法规中有关行政诉讼的规定也属于行政诉讼法的范围。[1]我们认为，行政诉讼是国家司法制度的组成部分，按照我国《立法法》第8条的规定，有关诉讼程序的立法属于全国人民代表大会及其常务委员会绝对保留立法权的范围，只能由法律规定。因此，无论是国务院的行政法规、地方人大的地方性法规，还是民族自治地方的自治条例和单行条例，都无权规定涉及诉讼程序的内容。尽管《行政诉讼法》第63条规定行政法规、地方性法规、民族自治地方的自治条例和单行条例是行政审判的依据，但那是作为审查被诉行政行为合法性的实体法规则适用的问题，与诉讼程序规定是两回事。

6. 法律解释中的规定。按照《立法法》的规定，法律解释有四种：立法解释（最高国家权力机关对法律的解释）、行政解释（最高国家行政机关对行政法规的解释以及国务院主管部门对行政规章的解释）、司法解释（最高国家审判机关或法律监督机关对法律的司法适用的解释）、地方解释（地方国家权力机关或行政机关对地方性法规或地方性规章的解释）。其中，只有立法解释和司法解释才能够成为行政诉讼法的渊源。当然，就内容而言，原则上必须是这些法律解释中有关行政诉讼的内容才对行政诉讼活动有意义，另外，有关民事诉讼的法律解释也可适用于行政诉讼。

2015年4月22日，最高人民法院发布《关于适用〈中华人民共和国行政诉讼法〉若干问题的解释》（以下简称《适用解释》），及时对现行《行政诉讼法》在司法实践中如何理解和适用作出规定。

需要特别说明的是，按照《立法法》的规定，《行政诉讼法》作为诉讼制度，只能由全国人民代表大会制定法律，1989年4月4日《行政诉讼法》是

---

〔1〕 应松年主编：《行政诉讼法学》，中国政法大学出版社2002年版，第4页；姜明安：《行政诉讼法学》，北京大学出版社2001年版，第127页。

由第七届全国人民代表大会第二次会议通过的，2014 年 11 月 1 日修改《行政诉讼法》的决定是由第十二届全国人民代表大会常务委员会第十一次会议作出的。按照《立法法》第 7 条的规定，全国人民代表大会常务委员会"在全国人民代表大会闭会期间，对全国人民代表大会制定的法律进行部分补充和修改，但是不得同该法律的基本原则相抵触"。所以，现行《行政诉讼法》是对旧《行政诉讼法》的修改，而不是推倒重来。因此，新法在对旧法作出重要改革的同时，对于旧法的基本原则和经实践证明适当的制度应当予以继承，这其中当然包括最高人民法院在 2014 年修正的《行政诉讼法》实施以前所发布的一些司法解释。

在 1989 年《行政诉讼法》实施的 24 年中，最高人民法院先后发布过一系列重要的司法解释，其中，有比较系统的司法解释，包括：《关于执行〈中华人民共和国行政诉讼法〉若干问题的解释》（2000 年 3 月 10 日）（以下简称《执行解释》）、《关于行政诉讼证据若干问题的规定》（2002 年 7 月 24 日）（以下简称《行政证据规定》）、《关于审理专利纠纷案件适用法律问题的若干规定》（2001 年 7 月 1 日）、《关于审理商标案件有关管辖和法律适用范围问题的解释》（2002 年 1 月 21 日）、《关于审理国际贸易行政案件若干问题的规定》（2002 年 10 月 1 日）、《关于审理反补贴行政案件应用法律若干问题的规定》（2003 年 1 月 1 日）、《关于审理反倾销行政案件应用法律若干问题的规定》（2003 年 1 月 1 日）、《关于审理政府信息公开行政案件若干问题的规定》（2011 年 8 月 13 日）、《关于审理行政许可案件若干问题的规定》（2010 年 1 月 4 日）、《关于审理工伤保险行政案件若干问题的规定》（2014 年 9 月 1 日）等。《适用解释》第 27 条规定："最高人民法院以前发布的司法解释与本解释不一致的，以本解释为准。"因此，最高人民法院此前发布的司法解释中，不违反 2014 年修正的《行政诉讼法》的规定仍然有效。

7. 国际条约中的规定。我国行政诉讼法规定有涉外行政诉讼制度，并且明文规定，我国加入的或者与其他国家缔结的国际条约如果与行政诉讼法的规定不一致，在涉外行政诉讼案件的审判中应适用国际条约。因此，国际条约不仅是行政诉讼法的渊源，而且要作为特别法优先适用。我国已经成为世界贸易组织成员，世界贸易组织规范主要是约束成员国政府行为的规定，因此与我国行政机关履行世界贸易组织规范有关的行政诉讼案件会大量增加。由于世界贸易组织在接受成员时不允许对条约内容保留，因此，世界贸易组织规范中所有涉及行政诉讼的内容都属于我国行政诉讼法的渊源。

（三）行政诉讼法的效力

所谓的行政诉讼法的效力，是指行政诉讼法适用时的效力范围，即行政诉讼法在什么空间范围和时间范围内，对哪些人和事有效。包括空间效力、时间效力、对人的效力、对事的效力四个方面。

1. 空间效力。空间效力也称为地域效力，即行政诉讼法适用的空间范围。我国是一个主权国家，因此，行政诉讼法适用于我国的全部领域，包括领土、领海、领空以及领土延伸部分的所有空间。换言之，凡是在我国领域内发生的行政纠纷以及在我国进行的行政诉讼，均适用我国《行政诉讼法》。

根据《宪法》的规定，我国设立有特别行政区，如香港特别行政区等。对特别行政区实行"一国两制"方针，根据《香港特别行政区基本法》第8、18条等的规定，包括《行政诉讼法》在内的绝大多数全国性法律均不在香港特别行政区实施。

2. 时间效力。行政诉讼法等程序法的时间效力包括两个问题：①行政诉讼法的生效、失效的起止时间；②过渡时期行政诉讼法的适用，即对该法生效前发生的案件是否适用，是否溯及既往。

关于生效时间，《行政诉讼法》第103条规定："本法自1990年10月1日起施行。"失效时间该法未作规定，法律不规定失效时间也是我国的一种立法惯例。从国外立法情况看，一般而言，法律失效问题有多种规定方式：①不规定失效时间，旧法被新法取代时即失效；②明文规定法律的有效期限，有效期限到的，如果法律效力没有被续展即失效；③立法机关决定废除该法律制度，明令废止之日即失效。

关于过渡时期行政诉讼法的适用，一般而言有两个原则：①法不溯及既往；②程序法一经施行即对所有案件有效。这样，审判实践中就存在案件发生在诉讼法生效前，或者法院在诉讼法生效前已经受理等，能否适用行政诉讼法的问题。由于这属于审判实践中具体适用法律的问题，所以，我国一般由最高人民法院作出专门的司法解释。《适用解释》第26条规定："2015年5月1日前起诉期限尚未届满的，适用修改后的行政诉讼法关于起诉期限的规定。2015年5月1日前尚未审结案件的审理期限，适用修改前的行政诉讼法关于审理期限的规定。依照修改前的行政诉讼法已经完成的程序事项，仍然有效。对2015年5月1日前发生法律效力的判决、裁定或者行政赔偿调解书不服申请再审，或者人民法院依照审判监督程序再审的，程序性规定适用修改后的行政诉讼法的规定。"

此外，与《行政诉讼法》的时间效力相关的还有有关立法解释、司法解释的时间效力问题。这些解释如果与《行政诉讼法》同时生效，同样根据上述情况来确定其时间效力；如果不是同时生效，则分别按照它们各自的生效时间来确定时间效力。

3. 对人的效力。行政诉讼法对人的效力，是指该法适用于哪些公民或者社会组织。根据《行政诉讼法》第 2 条、第 98 条的规定，凡是在我国领域内进行行政诉讼的当事人都适用《行政诉讼法》，包括公民、法人、其他社会组织；这里的公民包括所有中国公民、外国人、无国籍人和国籍不明的人；法人包括企业法人、事业法人、机关法人和社会团体法人。理论上讲，法人当然既包括中国法人，也包括外国法人。但是，由于这里的机关法人是指具有法人资格的国家机关，而国际法上一国的行政管理不能及于另一国家，出于主权的自尊，一国的国家机关也不可能接受他国的权力行为。因此，法律实践中，一国具有国家行政职权的机关和组织与外国的国家机关——机关法人之间不可能发生行政诉讼意义上的纠纷，它们之间的纠纷主要通过外交途径解决，所以，这里的法人不包括外国的机关法人。其他组织是指不具有法人资格，但具有一定的组织形式和结构，从事各种经营或非经营性社会活动的社会主体，如一些合伙组织、法人企业成立前的筹备、筹建处等，也包括外国非法人社会组织。

4. 对事的效力。行政诉讼法对事的效力，是指该法适用于哪些行政纠纷的解决，实际上就是行政诉讼的受案范围问题。对此，本书另设专章详述。

三、行政诉讼法的立法宗旨

《行政诉讼法》第 1 条规定："为保证人民法院公正、及时审理行政案件，解决行政争议，保护公民、法人和其他组织的合法权益，监督行政机关依法行使职权，根据宪法，制定本法。"由是观之，我国《行政诉讼法》开宗明义就规定了立法宗旨。行政诉讼既要遵循诉讼的一般规律，也要兼顾行政诉讼"民告官"的特点。立法宗旨集中体现了行政诉讼法的这些追求。概括起来，主要有四个方面：

（一）保证人民法院公正、及时审理行政案件

行政诉讼是把"官—民"因行政行为产生的纠纷放到诉讼这个公平的"舞台"上，由法院按照既定的诉讼规则，公开审理并作出裁判的过程。法院审理行政诉讼案件应当公正、及时。公正是司法审判永恒的价值追求，《行政诉讼法》所规定的各项原则和制度都要保障和促进人民法院公正地审理和裁判行政诉讼案件。人民法院是诉讼活动的组织者、指挥者和裁判者，在行政诉讼处于核心地位。因此，一套严格、规范的法定操作规程，又是保障人民法院及时审理案件的关键。

为实现上述立法目的，《行政诉讼法》从不同角度作出全面制度设计，如规定了人民法院在行政诉讼中的各项重要职权及其行使方式；规定了受理制度、裁判制度、中止、终结诉讼制度、缺席审判制度、撤诉制度、执行制度等一系列具体的审判制度；规定了起诉期限、答辩期限、管辖权异议期限、举证期限、法院审理期限、当事人上诉期限、申请执行期限等保障行政案件得到及时审判的各种时限；规定了人民检察院有权对行政诉讼实施法律监督、当事人有权提出申诉等对法院审判活动的监督制度。

（二）解决行政争议

按照《行政诉讼法》的规定，人民法院在行政诉讼中审查被诉行政行为的合法性并作出裁判。这一原则本身没有问题，在行政诉讼实践中，大量的案件不仅涉及被诉行政行为的合法性，更涉及原告的合法权益、切身利益。法院如果仅仅对被诉行政行为的合法性作出裁判，在某些情况下可能并没有实质性解决原被告之间的争议，不利于行政纠纷有效化解。例如，原告起诉是为了获得工伤补偿金，如果法院只是对社会保险行政机关作出的工伤认定行为的合法性作出判决，原告的起诉目的并没有实现，即使法院判决行政机关的处理决定不合法，原告还需要通过工伤登记评定、劳动仲裁等才能达到获得工伤补偿金的目的。在一些行政附带民事诉讼的案件中，如果法院局限于对被诉行政行为的合法性作出裁判，更是不利于相关纠纷的实质性解决。

因此，《行政诉讼法》将解决行政争议作为立法目的之一，就是要求人民法院在行政审判中切实应对原告的诉讼请求，实质性解决行政纠纷，实现行政秩序的安定性目标。

（三）保护公民、法人或者其他组织的合法权益

行政诉讼制度从根本上看是为了保护"民"的合法权益，使"民"的权益在受到来自"官"的侵害时能够获得司法的公力救济，这是法治社会的权力监督不同于非法治社会的吏治监督的本质之处。

行政机关是公共利益和公共秩序的维护者，为保障公共利益的实现和公共秩序的正常稳定，行政机关享有广泛的行政职权，并通过法律赋予行政机关许多法律优势和物质保证以保障行政职权的实现。基于此，行政机关在社会生活中占据优势地位。相反，公民、法人或者其他社会组织并没有任何公共权力，他们的权利是法律所保护的私权。私权与公权既有质的不同，也有量的悬殊，公民、法人或者其他组织根本无力直接抗衡行政机关。因此，当他们与行政机关在同一场合遭遇时，公民、法人或者其他组织根本无力直接抗衡行政机关，受到侵害的往往是公民、法人或者其他组织的私权。所以，必须通过其他公共

权力对行政机关的行为进行监督以纠正违法行政行为产生的侵害。人民法院是国家机关，其审判权同样是公共权力。因而，通过人民法院的行政审判以保护公民、法人或者其他组织的合法权益，成为法治社会的重要制度设计。

（四）监督行政机关依法行使行政职权

行政权作为公权力，理论上其权力行为推定有效，且有国家强制力为后盾，无须通过司法裁判加以维护。因此，设立行政诉讼制度，是通过人民法院运用司法审查权来监督行政机关，约束、规制其依法行政、恪尽职守。对于违法的行政行为，予以撤销或者变更；对于不尽职尽责的不作为，判令其履行职责；对于违法行为造成的损害，判令赔偿，在这个意义上，监督是行政诉讼的灵魂。

四、行政诉讼法与其他部门法的关系

行政诉讼法是一个独立的法律部门，是我国法律体系中重要的组成部分。它与其他相关部门法既有联系，也有重要区别。正确理解这些关系，有助于我们正确把握行政诉讼法的内容、特点、调整范围与功能。

（一）行政诉讼法与行政法

西方许多国家的行政法学中，行政诉讼法是行政法的内容之一，两者更像是局部与整体的关系。我国也有学者这样处理两者的关系，就理论研究而言，这样做有许多好处，因为行政诉讼法的制度、概念在理解和运用时都很难离开对行政法学概念、理论以及行政法制度的了解与掌握。但我们在处理行政诉讼法与行政法的关系时也应当注意：

1. 行政诉讼法是规范司法程序中审判权与司法活动的"程序法"；行政法则是规范行政程序中行政职权与相关行为准则的"实体法"。行政诉讼法规定的是诉讼程序规则，行政法规定的是实体行政权利义务与行政程序上的权利义务。两者各自规定的内容与调整的社会关系的范围不同。

2. 我国法学理论中习惯将刑事诉讼法视为刑法的程序法，将民事诉讼法视为民商法的程序法。这种处理就说明他们之间的关系有重要意义，但是这种理论容易使得诉讼法作为程序法的独立价值与意义被忽视，对行政诉讼法也同样存在这个问题。同时，按照这种认识，如果行政诉讼法被视为行政法的程序法，还容易导致行政程序法的地位不好解释的问题。因为行政程序法也是行政法的组成部分，按照这种解释，行政法就会出现两种性质不同的程序法怪论。

因此，我们在认识到行政诉讼法是解决行政法实践中产生的纠纷，是行政法制度实现的重要保障的同时，一定要注意到他们之间的区别。

（二）行政诉讼法与民法

一般而言，行政诉讼法规范行政诉讼程序，民法调整民事关系、规范民事权利义务，一个是程序法，一个是实体法，二者内容、属性各不相同。

但是，两者仍然有重要的联系。民法是"万法之源"，这是因为民事关系是社会关系的基础。行政诉讼法在许多方面依赖于民法对相关法律概念的界定和法律关系的解释，如行政诉讼法所规定的人身权、财产权依赖于民法规定的人身权、财产权的规则、标准；又如，行政赔偿诉讼中的损害构成与计算标准、赔偿方法，也都是以民法规定为基础的。

因此，学习与运用行政诉讼法的知识与制度，应当具有较好的民法理论与制度知识的基础。

（三）行政诉讼法与民事诉讼法

行政诉讼法与民事诉讼法都是诉讼法，由于行政诉讼脱胎于民事诉讼，因此，两者之间存在非常密切的联系与非常重要的区别。

1. 行政诉讼与民事诉讼存在重要的区别，这种区别主要表现在四个方面：

（1）诉讼客体与诉讼目的不同。民事诉讼客体是民事纠纷当事人争议的民事权利义务关系，行政诉讼客体是行政纠纷当事人争议的行政行为的合法性。法院审判民事诉讼案件的主要目的是通过裁判解决当事人之间的争议，消除民事纠纷；而法院审判行政诉讼案件除了解决行政争议外，还要通过对行政案件的审判，保护公民、法人或者其他组织的合法权益，监督行政机关依法行政。在民事诉讼中，人民法院不存在对某一方当事人予以特别保护，而对另一方当事人予以特别监督的问题。

（2）诉讼当事人间的关系及诉讼权利义务不同。民事诉讼当事人是民事主体，他们的实体法地位完全平等。当事人之间不存在一方对另一方享有特别权利的问题，他们的诉讼地位、诉讼权利与义务完全平等，如一方有权起诉，另一方有权反诉；双方都要对自己的主张以及所依赖的事实负责举证。行政诉讼当事人中的被告是行政管理中的管理者，原告是被管理者，他们的实体法地位并不平等。因此，为实现诉讼公平，诉讼法为他们设计了特殊的诉讼权利义务，以期改变他们实体法地位不平等可能给诉讼造成的不公平，例如，行政机关只能做被告，不能做原告，也不能反诉；被告对被诉行政行为的合法性负举证责任等。

（3）审判制度上存在许多不同。民事诉讼与行政诉讼在审判制度上存在许多不同，其中较为重要的如民事诉讼可以调解结案，而行政诉讼中，人民法院原则上不能调解，应当对被诉行政行为的合法性进行审查，作出裁判；民事诉讼原告撤诉、被人民法院准许后只是引起诉讼时效的中断，其又起诉的，除受"一事不再理"原则约束不受理情形外，法院应当受理，而行政诉讼原告撤诉被人民法院准许后不得再行起诉；民事诉讼法并没有规定法院对案件的判决方式，人民法院可以根据当事人诉讼请求的情况选择恰当的判决方式，而行政诉讼法明确规定了判决方式，人民法院只能在法定的判决方式中进行选择。

（4）执行方式不同。民事诉讼法规定的执行措施对当事人都一样适用；行政诉讼法则在被执行人是公民、法人或者其他组织与被执行人是行政机关之间作了区别，被执行人是前者的适用民事诉讼法规定的执行措施，被执行人是行政机关的则适用行政诉讼法专门规定的执行措施。

2. 行政诉讼与民事诉讼存在重要的联系，主要表现在三个方面：

（1）人民法院在审理行政诉讼案件时，需要参照民事诉讼法的有关规定，按照民事诉讼有关规则进行。

（2）由于行政诉讼解决的行政争议中有相当一部分与民事争议交织在一起，解决其中的行政争议成为解决民事争议的前提。如《行政诉讼法》第61条第1款规定："在涉及行政许可、登记、征收、征用和行政机关对民事争议所作的裁决的行政诉讼中，当事人申请一并解决相关民事争议的，人民法院可以一并审理。"即，人民法院可以应当事人的请求，附带解决与行政诉讼交叉的民事争议。

（3）原告因不服行政违法行为提起行政赔偿诉讼的，人民法院在审理其中的赔偿请求部分时，在举证责任、能否调解等问题上，与审理民事赔偿诉讼案件处理这些问题的制度一致。

（四）行政诉讼法与刑事诉讼法

行政诉讼法与刑事诉讼法虽然也同样属于诉讼程序法，但两者在立法宗旨、审判方式、审理程序、证据制度、执行程序和方法等基本制度方面都有重要区别。

行政诉讼法与刑事诉讼法之间的联系主要表现为，在行政诉讼中出现了与刑事诉讼相关的情况时的处理问题，如人民法院在案件审理中认为被告的工作人员、原告、第三人或者其他人员有触犯刑法的犯罪行为等。出现这些问题时，当然应当按照刑事诉讼程序立案侦查有关人员到底是否构成犯罪以及构成犯罪的如何处刑，问题是在进行此一过程时，法院审理的行政诉讼案件应当怎么办。具体包括四种情形：

1. 法院在审理行政案件过程中或者行政案件审理终结后认为有关行政机关的执法人员有犯罪行为的。如原告提起行政赔偿诉讼，法院在审理中发现行政机关的工作人员非法拘禁原告并将其殴打致残。

2. 法院在审理行政案件时认为被诉行政行为所处理的相对人的行为已经涉嫌犯罪的。如行政机关认为原告无照生产、销售抗"非典"商品予以处罚，法院在审理中发现原告不仅无照，而且生产、销售了数量巨大的假冒产品，其行为已涉嫌犯罪。

3. 法院在审理行政案件时，被诉行政行为的相对人提起刑事自诉，法院按照刑事诉讼法的规定受理自诉的。如甲将乙打伤，公安机关处罚了甲，甲不服，经过复议后起诉。法院在审理过程中，乙另外提起刑事自诉。

上述三种情况下，审理行政诉讼案件的人民法院都有义务将涉及刑事犯罪的有关材料移送有关的司法机关，有关司法机关也应当接受移送的材料。但是，这三种情况下，对涉嫌刑事犯罪问题的处理不一定必然影响正在进行的行政诉讼。因此，如果相应的刑事诉讼程序影响到行政案件的审理，或者行政案件的审理必须等到相应刑事诉讼的处理结果，则人民法院应先裁定中止行政诉讼程序，等刑事诉讼结果出来后，再视情况决定恢复或者终结行政诉讼。

4. 被诉行政行为的相对人在行政诉讼审理终结后又提起刑事自诉的。如甲将乙打伤，公安机关处罚了甲，甲不服，经过复议后起诉。乙在法院审理终结后又提起刑事自诉，并为人民法院受理。此时，法院应当首先裁定中止行政诉讼裁判的执行，等待刑事诉讼程序的结果。如果法院追究了被告人的刑事责任，则应当同时依照审判监督程序依法撤销行政诉讼的裁判；如果不认为被告人的行为构成犯罪，则裁定恢复行政诉讼裁判的执行。

第二节　行政诉讼的基本原则

一、行政诉讼法的基本原则概述

（一）行政诉讼基本原则的概念

行政诉讼的基本原则是指由宪法和法律规定的，反映行政诉讼的基本特点，集中体现行政诉讼法律制度的立法宗旨和功能作用，对行政诉讼具有普遍指导意义的准则。任何一个法律部门都有自己的基本原则，基本原则是对这个法律部门具有普遍指导意义的基本准则，是该法律部门的核心和精髓，体现该法律部门的精神实质，能够指导立法和司法实践。我国《宪法》第 41 条关于公民的申诉、控告、检举权利，以及公民权利被侵犯而受到损失时有权取得赔偿的规定，是我国建立行政诉讼制度的基本依据。我国行政诉讼的宗旨是确定行政诉讼基本原则的指导思想。健全社会主义民主政治，建设社会主义法治国家，适应行政管理的特点和需要，考虑行政诉讼的规律和要求，保证人民法院正确及时地审理行政诉讼案件，保护公民、法人和其他组织的合法权益，维护和监督行政机关合法行使职权，是确定行政诉讼基本原则的出发点。行政诉讼中的一切诉讼活动，都必须与基本原则相符，而不能相违背。

（二）行政诉讼基本原则的特点

1. 行政诉讼基本原则的规律性。所谓规律性，是指基本原则反映了行政诉讼制度的一般发展规律，是人们经过长期的实践，特别是诉讼实践，总结各国行政诉讼发展的历史经验，特别是从本国的经济制度、政治制度、法治传统和行政诉讼法律关系的特点等因素出发，提出的对行政诉讼制度本质的规定性要求及目标宗旨定位。

2. 行政诉讼基本原则的概括性。所谓概括性，是指基本原则集中体现了行政诉讼的基本特点和精神实质，高度概括地反映了行政诉讼的立法宗旨和行政诉讼法律规范的全貌，具有统率行政诉讼法的功能。也就是说，行政诉讼基本原则与具体的法律条文间是一般与个别的关系，基本原则是具体规范的集中体现，具体规范是基本原则的具体化。

3. 行政诉讼基本原则的指导性。所谓指导性，是指基本原则有助于理解把握行政诉讼法律制度的精神实质，把行政诉讼的法律规定准确应用于每一个具体的法律实践环节中去，保证法律的贯彻实施。行政诉讼的基本原则在行政诉讼活动的整个过程中都起着根本的指导作用，是人民法院审理行政诉讼案件以及其他行政诉讼法律关系主体进行行政诉讼活动的基本依据和准则。特别是在行政诉讼实践中遇到疑难问题或者对有关的法律规范的理解出现不同意见时，往往需要根据基本原则作出正确的选择。同时，指导性也意味着基本原则将对行政诉讼法律今后的修改完善起着规制作用，即在将来行政诉讼法的修改过程中，具体的法律规范可能作出种种改变，而基本原则一般不会发生变化，并且具体法律规范的变化不得与基本原则相违背。

4. 行政诉讼基本原则的法定性。所谓法定性，是指基本原则的内容必须以宪法和法律为依据，必须有行政诉讼法的明确规定。从各国法律渊源的不同表现形式来看，基本原则可以有三种来源：①直接来源和表现于成文法的规定；②来源和表现于判例和习惯；③来源于法学理论的权威概括，表现在相关的法学著作中。我国是一个成文法国家，因此，所谓基本原则，必须是在现行法律中明确加以规定的，不能把学者根据法学理论归纳概括的观点称之为行政诉讼的基本原则。按照我国的立法习惯，一部法律的基本原则通常都规定在法律的第一章总则部分，研究和学习行政诉讼的基本原则也必须以此为依据。

（三）行政诉讼基本原则的地位与作用

1. 行政诉讼基本原则的地位。我国《行政诉讼法》第一章总则部分第3~9条以7个条文分别确立了行政诉讼的基本原则。《行政诉讼法》的总则是对行政诉讼法和整个行政诉讼制度具有统领性的规定以及表现立法目的、根据、法律原则等内容的规范的总称，是整个法律的纲领和事关全局的内容的综合。在这其中，基本原则又是行政诉讼法的纲领、关键所在。有了基本原则这个中心，所有各种行政诉讼的法律规范就成为一个有内在联系的整体，能够确保准确、公正、及时地审理案件。因此，正确认识行政诉讼基本原则的核心地位，也就成为把握和运用行政诉讼法的关键。

2. 行政诉讼基本原则的作用。

（1）基本原则为我们进行行政诉讼指明了方向，为研究行政诉讼在理论上提出了纲要。掌握行政诉讼法的基本原则，有助于全面、准确地理解具体法律条文。

（2）行政诉讼法的基本原则是行政诉讼法的性质和精神实质的集中表现。因而其效力高于具体的法律条文，基本原则由法律规定，统率条文、支配条文。行政诉讼法的各个具体条款，实际上是基本原则的具体化，或是在某些方面对基本原则的规定作了补充。只有根据基本原则的规定，才能深刻地理解各个具体规范的要旨，解决、协调各具体条文之间因标准不一等原因而形成的冲突。当基本原则有明确规定，具体条款对此亦有规定，且从该条款字义理解是对原则的限制时，不能以此否定基本原则对条文的统率和补充作用或对该原则作限制性解释。

（3）掌握行政诉讼法的基本原则有助于灵活解决行政审判实践中出现的具体问题。在行政诉讼法的具体规范对某些问题缺乏明确规定时，可以根据基本原则体现的精神实质加以处理和解决。因此，基本原则不仅对具体条文起统率作用，也起补充作用。

二、行政诉讼基本原则的内容

根据《行政诉讼法》的规定，行政诉讼法的基本原则包括以下十三项内容。

（一）保障起诉权利原则

行政诉讼实践中，长期以来存在"立案难、审理难、执行难"的所谓"三难"问题，2013年12月23日，在第十二届全国人民代表大会常务委员会第六次会议上，全国人大法工委副主任信春鹰在《关于〈中华人民共和国行政诉讼法修正案（草案）〉的说明》中指出："行政诉讼面临的'三难'，最突出的是立案难。"行政诉讼立案难的原因是多方面的，如受案范围小、起诉期限短、起诉程序复杂等制度性因素。但是，行政机关不愿意当被告，干扰、阻挠当事人起诉及法院依法受理起诉，人民法院不愿意受理而得罪行政机关是突出的问题。

针对这种现象，《行政诉讼法》第 3 条第 1、2 款规定："人民法院应当保障公民、法人和其他组织的起诉权利，对应当受理的行政案件依法受理。行政机关及其工作人员不得干预、阻碍人民法院受理行政案件。"这一规定确立了我国行政诉讼制度保障起诉权这一重要原则。这一规定包括两个方面的内容：

1. 人民法院应当保障公民、法人或者其他组织的起诉权利。在很多国家，当发生法律纠纷后，当事人依法向法院起诉被规定为一项宪法性权利，任何组织和个人不得阻挠。法院作为国家设立的审判机关，受理起诉、审理裁判案件是其天职。

为了保证这一原则得到实现，《行政诉讼法》做了一系列制度设计：将起诉期限延长到 6 个月。公民、法人或者其他组织因不可抗力或者其他不属于自身原因超过起诉期限的，被耽误的时间不计算在起诉期限内；允许口头起诉；对于起诉不符合法律规定或者起诉状所列的当事人或者诉讼请求存在瑕疵的，允许补正，法院应当履行释明义务；当事人认为法院存在不接受起诉状等非法情形的，可以向上级法院投诉，上级法院应当责令改正，并对直接负责的主管人员和其他直接责任人员依法给予处分等。

2. 禁止行政机关及其工作人员干预、阻碍行政案件的受理。我国现行司法体制存在的一个突出问题是法院设置与行政区划完全对应，同时，在法院的人、财、物完全由行政机关管理的背景下，行政机关不愿意当被告时，干扰、阻碍当事人起诉或者法院对案件的受理都有了可以操作的空间，有的地方政府或者行政机关的负责人甚至直接出面阻挠法院受理当事人的起诉。因此，《行政诉讼法》规定禁止行政机关干预法院受理当事人起诉具有十分重要的意义。

与这一规定相适应，在 2014 年修改《行政诉讼法》时，对行政诉讼的管辖制度进行了重大改革：①将所有县级以上人民政府作被告的案件都归于中级人民法院管辖。②规定经最高人民法院批准，高级人民法院可以根据审判工作的实际情况，确定若干人民法院跨行政区域管辖行政案件。最高人民法院在沈阳、深圳设立巡回法院，直接受理管辖区域的重大行政案件。这些制度能较好地避免和减少地方政府和行政机关对法院受理案件的干扰。与此同时，十八届三中全会决定提出要推进省级以下人民法院实行人、财、物垂直管理的改革；十八届四中全会决定提出禁止领导就个案写条子、打招呼，干扰法院办案。

第
一
章

2015 年 3 月 30 日，中共中央办公厅、国务院办公厅下发《领导干部干预司法活动、插手具体案件处理的记录、通报和责任追究规定》，为领导干部干预司法划出"红线"，建立防止干扰法院办案的"防火墙"和"隔离带"。

（二）行政机关负责人出庭应诉原则

《行政诉讼法》第 3 条第 3 款规定："被诉行政机关负责人应当出庭应诉。不能出庭的，应当委托行政机关相应的工作人员出庭。"这一规定是 2014 年修改《行政诉讼法》的过程中基于行政诉讼的公益性而进行的一项重要制度改革。

自 1990 年《行政诉讼法》实施以来，法律实践中一个普遍现象是行政机关在当了被告后，都是由行政机关自己的工作人员，通常是直接作出行政行为的执法人员或者行政机关负责法制工作的部门的工作人员，或者聘请的律师等出庭应诉。"告官不见官"问题突出，人民群众反映强烈。2010 年，国务院发布的《关于加强法治政府建设的意见》就明确提出：完善行政应诉制度，……对重大行政诉讼案件，行政机关负责人要主动出庭应诉。2014 年修改《行政诉讼法》时，该国务院文件的要求被上升为法律。

让行政机关负责人出庭应诉，不仅是为了树立司法权威性，由于行政机关负责人对行政纠纷有实质处分权，并且很多行政行为只有行政机关负责人可以审批，所以，行政机关负责人出庭应诉有利于查清事实真相和实质性解决纠纷。同时，行政机关负责人通过出庭应诉，便于了解和掌握本机关在行政执法中存在的问题和不足，有利于其指定有针对性的措施纠正和改进，减少乃至杜绝违法行政的发生。

需要注意的是，《适用解释》第 5 条规定："行政诉讼法第 3 条第 3 款规定的'行政机关负责人'，包括行政机关的正职和副职负责人。行政机关负责人出庭应诉的，可以另行委托 1～2 名诉讼代理人。"

（三）人民法院依法独立行使行政审判权原则

《行政诉讼法》第 4 条第 1 款规定："人民法院依法对行政案件独立行使审判权，不受行政机关、社会团体和个人的干涉。"这一原则在《宪法》和《人民法院组织法》中都有规定，是适用于刑事诉讼、民事诉讼和行政诉讼的一般原则，它反映了诉讼的特点和要求，有助于保障人民法院客观、公正地行使职权。该原则在行政诉讼中具有特别重要的意义，因为在行政诉讼中，被告始终是行政机关，要实现行政诉讼保障公民、法人和其他组织合法权益、监督行政机关依法行政的立法宗旨，必须处理好审判权与行政权的关系。无论是从这两种权力的关系史，还是从我国现实中行政权对审判权的实际影响来看，人民法院如果没有足够的权威和独立性，就难以发挥其在行政审判中的应有作用。

人民法院依法独立行使行政审判权原则，包括以下几方面的内容：

1. 只有人民法院有权对行政案件进行审判。

2. 人民法院依法独立审判行政案件是指每一个法院在审理行政案件时是独立的。

3. 人民法院依法独立审判，既是指人民法院作为一个整体独立行使审判权，也是指具体审理案件的合议庭和法官的独立。党的十八届四中全会决定指出要"让审理者裁判、由裁判者负责"，四中全会决定提出，完善主审法官办案责任制，落实"谁办案谁负责"。要办案法官负责，必须首先赋予其独立办案权。

4. 无论是人民法院依法独立行使行政审判权，还是合议庭及法官个人依法独立办案都必须接受权力机关和法律监督机关的监督。

（四）以事实为依据，以法律为准绳原则

《行政诉讼法》第5条规定："人民法院审理行政案件，以事实为根据，以法律为准绳。"按照这一原则，人民法院在审理行政诉讼案件过程中要忠于事实、忠于法律。查明案件事实真相，严格依照法律作出正确裁判。

在行政诉讼中坚持"以事实为依据，以法律为准绳"原则，有着不同于刑事诉讼和民事诉讼的特点。行政诉讼的客体是行政机关的行政行为，行政行为是行政机关在行政管理过程中依照自己的法定职权根据事实和适用法律作出的，因此，人民法院对行政行为的审查，实际上是对行政机关认定事实和适用法律的审查，是第二次审查。在法律适用上，《行政诉讼法》第63条对法律、行政法规、地方性法规及民族自治地方的自治条例和单行条例在行政诉讼中的适用作了明确规定。同时规定，人民法院审理行政案件，参照国务院各部委、省、自治区、直辖市人民政府和省、自治区人民政府所在地的市以及国务院批准的较大的市人民政府制定的规章。由于规章本身不是法律，人民法院需要参照规章时，对合法的规章加以参照；对不合法的规章不予参照，这与以法律为准绳的原则要求并不矛盾。

以事实为依据，以法律为准绳，是一个原则不可分割的两个方面，事实是适用法律的基础，法律是裁决事实的标准，两个方面都不可偏废。

（五）合法性审查原则

《行政诉讼法》第6条规定："人民法院审理行政案件，对行政行为是否合法进行审查。"这一规定确立了我国行政诉讼的合法性审查原则。

合法性审查意味着，在行政诉讼中，人民法院原则上仅审查被诉行政行为的合法性并作出裁判。即法院对被诉行政行为所认定的实施、适用的法律和依据、行政行为的程序，以及行政行为主体是否适格、是否具有相关职权等进行全面审查并根据不同情况作出相应的裁判。合法性审查规制着行政诉讼中人民法院的审判权，在行政诉讼中具有特殊的重要地位，是行政诉讼的基石。

行政诉讼起因于行政管理过程中产生的行政纠纷，现代社会呈现规模大、结构复杂、发展迅速、变化频繁等特点。因此，现代社会的政府行政管理是一个专业化要求很高的领域，需要有丰富的经验和相应的专业知识，以便其在具体的行政管理过程中根据所处理事务的特定情况作出正确的判断，这也是现代行政法广泛赋予行政机关自由裁量权的一个重要原因。法院的法官并非行政管理的专家，其日常工作也不可能覆盖到行政管理各领域的复杂事务。因此，对于行政机关在实施行政管理过程中所作出的判断、选择、便易处理等，审理行政诉讼案件的法官应当保持应有的尊重。行政机关在行政管理过程中面对的可能是事先无法预料的情形，处理的可能是不断变化着的事务，而法院在审理行政诉讼案件时，面对的总是已经发生的、已经确定的事情。因此，法院在审理行政案件过程中，应当极力避免用自己对行政事务的判断来取代行政机关的判断，应极力避免根据自己的理解和判断代替行政机关作出政策抉择。正是基于这种"司法不能取代行政"的观念，各国行政诉讼制度中都以合法性审查作为法院审理被诉行政行为的基本原则。

另一方面，行政管理具有复杂性，拥有自由裁量权等不能成为行政机关"权力任性"的正当理由，法治社会的政府行政权力受到一系列法律规则的约束，这些法律不仅规定了行政机关的职能、职责范围，而且规定了行政机关处理相关行政事务的权力种类，处罚、许可、强制等每种类型权力的行使条件、内容、程序等。特别是近年来，我国行政立法呈现精细、操作性强等特点，一些对行政机关形式权力的合理性要求也越来越多地通过行政立法的形式进行细致化规范，如权力清单制度、裁量基准制度等。所谓"法无授权不可为"，法官作为适用法律的专家，如果行政机关的行政行为超出法律规定的界限，法官当然有能力作出正确的分析判断。因此，在不干涉、不取代行政机关的前提下，人民法院对于行政机关的行政行为与行政合理性原则要求明显相悖的，有权进行审查并作出裁判。

因此，《行政诉讼法》在规定合法性审查原则的同时，在第 70 条规定，被诉行政行为存在"滥用职权"情形，或者"明显不当"的，人民法院应当判决撤销。第 77 条规定，被诉行政处罚行为明显不当的，人民法院可以判决变更。"滥用职权"、"明显不当"在行政法学理论上都属于行政行为违反合理性原则要求的情形，我国《行政诉讼法》将其规定为应予撤销或者变更的情形，显然表明，我国行政诉讼制度所规定的合法性审查原则内在地蕴含了部分合理性原则的要求。

（六）合议原则

人民法院审理行政诉讼案件实行合议原则，它要求人民法院审理所有行政案件一律组成合议庭，由合议庭主持对案件的审理并经评议后作出裁判。它也是民主集中制原则在人民法院的行政审判工作中的具体体现。更为重要的是，合议庭组成人员间的相互制约和监督可以在一定程度上避免因法官个人的错误、偏见甚至违法行为所导致的错误裁判，维护司法公正。

根据《人民法院组织法》，结合《行政诉讼法》第 68、83 条之规定，除《行政诉讼法》第 82 条规定的适用简易程序的案件由审判员独任审理外，其他行政诉讼案件第一审普通程序审理行政案件由审判员，或者审判员和陪审员组成合议庭。对于第二审和审判监督程序中行政案件的审理，《行政诉讼法》没有具体规定合议庭的组成人员，依据《行政诉讼法》第 101 条的规定，人民法院审理行政案件，关于开庭审理等，《行政诉讼法》没有规定的，适用民事诉讼法的相关规定。我国《民事诉讼法》规定，在第二审和按照审判监督程序再审的案件中，应当由审判员组成合议庭。

合议庭成员必须是 3 人以上的单数，并由人民法院院长指派 1 名审判员担任审判长。人民法院院长或者审判庭庭长参加合议庭时是当然的审判长。

（七）回避原则

所谓回避，是指在行政诉讼过程中，遇有法定情形出现时，审判人员或其他有关人员不再参加案件的审理程序或承担相关任务。回避是诉讼法为充分保障诉讼当事人的权利而作出的制度设计，其意义在于保证人民法院客观公正地审理案件，增强当事人对行政审判的信赖，保障行政诉讼程序的顺利进行。

根据《行政诉讼法》第 55 条之规定，行政诉讼中回避适用的对象是在诉讼过程中履行审判职务或者其他职务的人员，包括审判人员、书记员、翻译人、鉴定人和勘验人。适用回避的法定情形有：①应回避人员是本案当事人或者案件当事人、诉讼代理人的近亲属。这里的近亲属是指夫、妻、父、母、子女、兄弟姐妹。②应回避人员与本案有利害关系。所谓利害关系，主要是指与案件的审理结果有利害关系，如获得或减少利益等。③应回避人员与本案有其他关系，可能影响对案件公正审理的。所谓其他关系，是指除上述两种关系以外的其他某种特殊的亲密或仇嫌关系。

第一章

回避分自行申请回避和被申请回避两种情况。自行申请回避是指应回避人员自己的主动申请回避诉讼活动。被申请回避是指诉讼当事人提出要求应回避的人员回避诉讼活动的申请。申请回避是当事人的一项重要的诉讼权利。按照法律规定，当事人提出回避申请应当在案件开始审理时提出，如果回避事由是在案件开始审理后才知道的，也可以在法庭辩论终结前提出。

回避的对象不同，决定回避的审批权限及程序也不同。院长担任审判长时的回避由审判委员会决定；审判人员的回避由院长决定；其他人员的回避由审判长决定。当事人对人民法院决定不服的，可以申请复议一次，复议期间该决定仍然有效，被申请回避的人员不停止参加案件的诉讼活动。

（八）公开审判原则

所谓公开审判，是指人民法院审理行政诉讼案件时，除法律规定的特殊情况外，一律公开进行。公开审判是原则，不公开审判是例外。

公开包括两项内容：一是向人民群众公开，除合议庭评议秘密进行外，允许公民旁听诉讼过程；二是对社会公开，人民法院对公开审理的案件应事先公告，允许大众传媒的新闻记者采访报道，将案情及审理情况公之于众。按照《行政诉讼法》第54条之规定，在行政诉讼中，除涉及国家秘密、个人隐私和法律规定不公开审理的案件以外，必须一律公开审理。此外，涉及商业秘密的案件，当事人申请不公开审理的，由人民法院决定。人民法院经过审查，案件确实涉及当事人的商业秘密，原则上应当不公开审理。

需要注意的是，按照《行政诉讼法》第65条之规定，人民法院应当公开发生法律效力的判决书、裁定书，供公众查阅，但涉及国家秘密、商业秘密和个人隐私的内容除外。公开生效的裁判文书也是公开审判原则的一项重要内容。

（九）两审终审原则

所谓两审终审，是指一个行政案件在经过两级人民法院的审理后即告终结。根据这一原则，案件经过第一审人民法院的审理后，如果当事人对法院作出的裁判不服，有权依法向上一级人民法院提出上诉。第二审人民法院对上诉案件进行审理作出的判决裁定是终审的裁判，当事人必须执行，不得再次起诉或者上诉。最高人民法院是国家最高审判机关，其作出的第一审行政案件的判决、裁定即为终审的判决、裁定。

在行政诉讼中实行两审终审制度，从人民法院角度来说，是为了防止和纠正错案，以保证审判权的正确行使，维护司法公正。由于我国人民法院中，上下级法院间没有领导与被领导的关系，实行两审终审有利于上级法院对下级法院的业务指导和监督。当然，两审终审原则并非要求每一个行政案件都必须经过两级人民法院的审理才告终结。二审的存在决定于一审当事人在法定期限内是否行使上诉权。超过法定期限没有上诉，一审裁判即发生法律效力，因此也可以说，本原则肯定了行政诉讼当事人的上诉权。

（十）当事人法律地位平等原则

《行政诉讼法》第8条规定："当事人在行政诉讼中的法律地位平等。"法律面前人人平等是法治国家的一个重要标志和体现，也是我国宪法规定的一项重要法律原则。

行政机关与公民、法人或其他组织在行政实体和程序法律关系中是管理者与被管理者的关系，行政机关单方面的意思表示决定着大多数行政法律关系的产生、变更和消灭，并且还有其他许多法定特权。但是，当双方发生行政争议依法进入行政诉讼程序后，作为被告的行政机关和作为原告的公民、法人或其他组织，都是行政诉讼法律关系的当事人，在行政诉讼中的法律地位是平等的。行政机关在行政诉讼中不能再以管理者、领导者自居，也不能用行政机关和公民、法人或其他组织在行政法律关系中的管理者和被管理者地位来代替或影响他们在行政诉讼中的平等的法律地位。

（十一）使用本民族语言文字原则

我国是统一的多民族国家，各民族不分大小，一律平等。在行政诉讼中，保障当事人用本民族语言、文字进行诉讼的权利，是民族平等的具体表现，也是各民族平等的重要法律保证。

《行政诉讼法》第9条明确规定各民族公民都有用本民族语言、文字进行行政诉讼的权利。如果人民法院在行政诉讼中违背该原则进行审理，可能引起裁判无效的后果。上级人民法院在第二审或者审判监督程序中，可以此为理由依法定程序撤销原裁判，发回原审法院重审。

这一原则主要包括三方面内容：

1. 使用本民族语言文字进行行政诉讼是各民族公民法定的权利，任何一个民族的公民，无论在什么时间、地点进行行政诉讼活动，都有权使用本民族的语言文字，任何人都无权以任何理由反对和限制这一权利的行使。

2. 人民法院在少数民族聚居地或者是多民族共同居住地审理行政案件和发布法律文书时，应当以当地民族通用的语言文字进行审理和发布判决、裁定等法律文书。

3. 对不通晓当地民族通用的语言文字的诉讼参与人，人民法院有义务为他们提供翻译以保护他们的诉讼权利，保证他们顺利地进行各种诉讼活动。

(十二) 辩论原则

《行政诉讼法》第 10 条规定："当事人在行政诉讼中有权进行辩论。"所谓辩论原则，是指在人民法院的主持下，当事人为维护自己的合法权益，向人民法院提出诉讼请求或者反驳对方的诉讼请求，并且出示有关证据以及对在法庭上出示的证据和有关法律适用的问题进行质证、论辩的基本制度。

需要强调的是，辩论原则贯穿在行政诉讼的全部过程中，法庭辩论是当事人行使辩论权的主要阶段，但不能因此把辩论原则与法庭辩论简单地等同起来。作为基本原则，它应当体现在诉讼的全过程中，当事人在法庭辩论以外同样可以行使辩论权。辩论可以是言辞辩论方式，也可以书面方式进行。一般而言，在法庭辩论阶段，多采用言辞辩论方式，而在诉讼的其他阶段，多采用书面方式。

在诉讼实践中，人民法院为了既保障当事人充分地行使辩论权，又使辩论紧紧围绕案件涉及的实质性问题有序地进行，可以对当事人双方的辩论进行引导和指挥，但要注意不能因此妨碍当事人辩论权的正当行使。

(十三) 人民检察院对行政诉讼实行法律监督原则

按照《宪法》和《人民检察院组织法》的规定，人民检察院是我国的法律监督机关，对法律实施活动有权进行法律监督。人民检察院对行政诉讼实施法律监督，对于保护行政审判权的公正行使，保护公民、法人或者其他组织的合法权益，监督行政机关依法行使职权，维护国家法制统一，具有重要意义。

根据《行政诉讼法》第 11 条的规定，人民检察院对人民法院主持进行的行政诉讼活动的全部过程都可以实施法律监督。这意味着人民法院的审判活动和诉讼参加人以及诉讼参与人的诉讼活动都应当受人民检察院的监督。当然，检察监督的重点与核心仍然是人民法院审判权的行使是否合法。目前，人民检察院监督人民法院行政审判的主要形式是按照《行政诉讼法》第 93 条的规定依法行使抗诉权，即人民检察院对于人民法院已经生效的判决、裁定，发现违反法律、法规，确有错误的，按照审判监督程序依法向人民法院提出抗诉，由人民法院按照再审程序重新审理案件。

第三节   行政诉讼法学

一、行政诉讼法学的概念和研究对象

行政诉讼法学是法学的一个分支，是以行政诉讼法为研究对象的部门法理论，是对行政诉讼法的理论概括和总结。行政诉讼法学和行政诉讼法是两个不

同的概念，它们之间有区别也有联系。行政诉讼法学是一门法律学科，是理论体系；而行政诉讼法是一个法律部门，是法律规范。行政诉讼法是行政诉讼法学的研究对象和基础，行政诉讼法学是行政诉讼法的理论概括和总结，是行政诉讼法立法和司法的理论指导。行政诉讼法学以行政诉讼法作为它的研究对象，包括行政诉讼法的一般原理、行政诉讼法的立法、行政诉讼法的司法实践、行政诉讼法的未来发展趋势等。行政诉讼法学具有很强的实践性，一般以本国现行的行政诉讼法律规范为主要研究对象，同时也要广泛研究他国和过去的行政诉讼法。行政诉讼法学对行政诉讼法各方面的问题进行研究，其作用是对行政诉讼进行正确的理论说明，同时不断总结探索其经验和规律性并加以科学地理论概括，以正确地指导行政诉讼法的制定和贯彻实施，发展完善行政诉讼法律制度。

二、行政诉讼法学的内容和体系

行政诉讼法学的内容主要包括两个部分：一是关于行政诉讼和行政诉讼法的基础理论；二是关于行政诉讼法的内容规定和具体制度的理论。

行政诉讼法学的体系是指行政诉讼法学的整个理论体系，也就是行政诉讼法学全部理论应有的内在逻辑结构。我国行政诉讼法学以我国现行行政诉讼法为主要研究对象，因而应以我国行政诉讼法的体系为行政诉讼法学理论体系的基础，但两者也不能完全等同，因为行政诉讼法学的内容大大超出行政诉讼法条文本身的内容，同时，行政诉讼法的体系本身也属于行政诉讼法学研究的内容之一。

本书的理论体系与内容设计考虑了五方面因素：①以我国行政诉讼法的体系为基础，按行政诉讼法的立法体例与内容安排章节顺序；②以行政诉讼法特有的内容和规定作为重点问题进行理论阐述，在行政诉讼法与其他诉讼法的共性内容方面能简则简；③充分重视对现行行政诉讼制度法律规定和司法解释的介绍、分析，以期帮助读者提高司法运用能力；④力求避免将本书设计成探讨争论问题的学术专著，以及中外制度的比较法著作，但对相关问题应在适当位置以适当形式简约介绍；⑤充分借鉴、吸收中外行政诉讼法学著作的体系设计长处。

据此，本书共设 13 章：第 1 章"行政诉讼法概述"，第 2 章"行政诉讼的历史发展"。这两章主要是对行政诉讼法的一些基本概念、原则、原理，以及中外行政诉讼法的历史沿革提纲挈领地作一介绍，以对全部内容的学习作必要的理论准备。第 3 章"行政诉讼受案范围"，第 4 章"行政诉讼的管辖"，第 5 章"行政诉讼参加人"，第 6 章"行政诉讼的证据"，第 7 章"行政诉讼

第一章

第
一
章

的起诉与受理",第8章"行政诉讼的审理程序",第9章"行政诉讼的法律适用",第10章"行政诉讼的裁判",第11章"行政诉讼的执行"与"非诉行政案件的执行",第12章"行政诉讼的期间、送达和费用"。这10章是按照行政诉讼法的体例介绍行政诉讼制度的主要内容。我们目前的司法实践中,无论是当事人进行诉讼,还是人民法院审判行政案件,都是依据这些制度进行的,因此,这里的内容是行政诉讼制度最主要的内容。第13章"涉外行政诉讼",介绍了涉外行政诉讼的特别规定。

三、行政诉讼法学的研究方法

我国是社会主义国家,包括行政诉讼法学在内的法学研究都应以马克思主义的法学原理为指导。同时,还必须针对行政诉讼法自身的特点采取相应的具体研究方法。主要包括以下几种:①注重理论研究与行政诉讼司法实践的紧密结合,这对于应用法学来说是一个重要的研究方法。②注意对行政诉讼特殊性问题的研究。③注重与其他法律、制度的关系与区别研究。尤其是实体法与程序法的结合,行政诉讼法与民事诉讼法的比较研究。④注重历史与现实、中国与外国行政诉讼法的比较研究。

[复习思考题]

1. 行政纠纷、行政诉讼、行政诉讼法的联系与区别是什么?
2. 如何认识行政诉讼在我国司法制度中的地位与作用?
3. 如何理解行政诉讼的立法宗旨?
4. 如何理解行政诉讼(法)与民事诉讼(法)的关系?
5. 如何理解合法性审查原则?

第二章
行政诉讼的历史发展

[**学习目的和要求**] 理解行政诉讼制度产生的基础；了解不同国家和地区行政诉讼的发展概况；掌握两大法系行政诉讼制度的特征；掌握我国行政诉讼制度的历史发展过程。

第一节　行政诉讼的产生基础

现代社会的诉讼形式主要为三大诉讼，即刑事诉讼、民事诉讼和行政诉讼，也有人主张为四大诉讼，再加一个宪法诉讼。所有诉讼的共同功能就是定分止争，维持法定的社会秩序，维护当事人的合法权益。但是，它们又都有各自特有的功能。刑事诉讼的功能是制止、揭露和惩罚犯罪行为，民事诉讼是解决私人之间的利益冲突，这两种诉讼历史悠久，都是随着国家的产生而产生，随着国家的发展而发展的，当然，早期的民事诉讼又往往附带于刑事诉讼，通过刑事程序来解决民事纠纷。行政诉讼和宪法诉讼的产生则是很晚的事情，因为它们不仅仅是一种诉讼制度，更是一种民主与法治制度。在奴隶社会和封建社会，是不存在它们产生和发展的土壤的，因此，它们是法律家族中的年轻一代。具体而言，行政诉讼是在以下各项经济、政治和法律关系的基础上产生与发展起来的。

一、资本主义生产关系的萌芽与商品经济的发展

16 世纪，资本主义生产关系的萌芽在资本主义商品经济发展较早的西欧国家开始出现，这些国家采用重商主义政策，鼓励资本原始积累，工业化使得大批农民离开土地而获得人身自由，成为可以自由选择职业的工人阶级。商品生产者和经营者不断扩大其生产经营规模，一种新的资本主义的生产关系开始形成，这种关系极大地冲击了旧的封建法律体制，与之相适应的新的法律体系逐步发展起来。商品经济的大潮首先促进了私法的发展，同时，人们也要求获

得迁徙自由、交换自由和人格平等，特别是新兴资产阶级获得大量的财富，但其所有权受到封建制度的限制，这对他们的发展极为不利，他们迫切要求废除封建制度，使自己的财产变为神圣不可侵犯的私有财产，要求建立与商品经济相适应的新的政治权力结构，限制封建统治者的专制行为。商品经济打破了以控制为特征的封建行政管理模式，培养了人们的权利意识，它不仅打下了资产阶级革命的基础，也为行政诉讼法的产生提供了原动力。

二、民主政治的建立

民主政治是指国家权力属于人民所有，全体公民享有基本的权利和自由，国家以社会上的多数人的意志作为政权基础的政治统治形态。尽管中西方国家对民主的本质有不同的认识，但对民主的内容和形式的看法是基本相同的。民主的基本内容由选举与监督两部分构成，民主的形式主要是由公民通过选举方式产生国家机关，将权力让渡给国家机关，国家机关对全体公民负责，并全程受其监督。与民主相对的是专制，在专制国家中，国家权力属于少数的统治者，他们认为其统治权来自神的授予，臣民仅仅是其管理的对象，而无权监督统治者，尽管专制国家也有关于行政的法律，但它的目的是保障行政权的有效行使，而不是公民制约统治者的手段。欧美资产阶级革命胜利后，率先建立了资产阶级民主政治，为行政诉讼法的产生提供了政治基础，因为行政诉讼法是一种"民告官"的法，其根本宗旨是监督行政权的依法运行，维护公民、法人和其他组织的合法权益，使不受行政权的侵犯，在专制社会里，统治者不可能制定限制自身权力、维护被统治者利益的法律。

三、分权制衡的政治体制

分权思想早在古希腊哲学家亚里士多德的《政治学》中就已出现。但作为国家机关的组织原则，首先是由英国思想家洛克提出的，法国思想家孟德斯鸠进一步发展和完善了这一学说，他们通过考察历史得出结论：绝对的权力导致绝对的腐败。要防范专制和腐败，就应将国家权力分开，以权力制约权力，分权制衡可以防止国家权力的滥用，从而保护公民的权利和自由。资产阶级革命胜利后，西方国家依据这一理论建立起三权分立的政治体制，可以说，三权分立乃资本主义国家的立国之本。分权政体同样是行政诉讼法产生的基础，现代行政法以规范行政权为己任，首先要规范行政权的设定，现代国家的行政权都是立法机关以法律设定，行政机关只享有法律范围内的权力，行政权的行使要符合法律的要求，受立法机关的监督，没有立法权与行政权的分离，法律对行政权的规范就无从谈起。司法权的独立为司法机关监督控制行政权奠定了基础，现代国家普遍建立了行政诉讼制度，由独立的司法机关审查判断行政权的行使是否合法，并追究违法行政的责任，实现行政法的基本价值。行政诉讼是行政法治的重要保障，也是现代行政法的核心制度。

四、法治原则的确立

法治与人治是两种相对的治国方略。从形式上看，法治即法律的统治，法律在国家的政治生活和社会生活中处于至高无上的地位，任何人（尤其是掌握国家权力的人）都要服从于法律，而不得凌驾于法律之上；人治则是个别的掌握权力的人处于至高无上的地位，法律由他制定和改变，他自身则不受法律的约束。形象地说，在法治国家里，法律就是国王，在人治国家里，国王就是法律。从内容上看，法治之"法"应当是良法，即汇聚民意、维护人权、保障自由的法，而不是维护专制统治、限制人权的恶法，现代国家的法治与古代的一些封建皇帝搞的严刑峻法之"法治"是不可同日而语的。人治与法治作为两种治国方略并不能简单地说孰优孰劣，而是各有利弊，但是总的来讲，法治的优越性明显大于人治，法治的最大特点是国家权力在法律的轨道内稳定有序地运行，维护了国家的长治久安和繁荣兴旺；其次，法治保障了人民对国家机关的监督制约，防止国家权力的滥用；最后，法治有利于公民平等、充分地享有基本权利和自由，因此，资产阶级革命胜利后，资产阶级国家将法治原则确立为宪法的基本原则。法治不是空中楼阁，而需要以民主政治为基础，反过来，它又是民主的重要保障。法治原则的确立，不仅是行政诉讼法产生和存在的宪法基础，也为行政诉讼法的发展提供了广阔的前景。

五、人权意识的觉醒

人权没有一个统一的概念，一般是指人生存、发展、维护尊严、实现自身价值所必需的基本权利。从内容上看，它既包括经济权利，又包括政治权利；从主体上看，既有个人主体，也有集体主体。人权是政治国家的一个范畴，在市民社会中，私人之间的侵权属于侵犯民事权利，而不叫做侵犯人权。商品的交换和私有财富的积累激发了人权意识的觉醒，人权理论起源于资产阶级革命前夕的思想启蒙运动。资产阶级启蒙思想家提出天赋人权的口号，主张人的权利是与生俱来的，是神圣不可剥夺的，以此来对抗封建君主的君权神授理论，反对封建专制统治。资产阶级在革命中高扬人权大旗，获得了广泛支持，革命胜利后，他们又依据人权理论建立起资产阶级政治法律体制。行政诉讼法与人权存在天然的联系，行政诉讼法的使命就是规范行政权，保障公民权利不受行政权侵犯，人权意识的觉醒成为行政诉讼法产生和发展的又一原动力；反过来，行政诉讼法又成为人权的有力保障，是地地道道的人权保护法，行政诉讼法必将随着人权的发展而发展。

第二节 外国行政诉讼的产生与发展

一、大陆法系国家行政诉讼法的历史发展

大陆法系是指以古代罗马法为基础发展起来的具有共同历史传统和表现方式的法律的总称，大陆法系的代表国家是法、德等欧洲大陆国家。

总的来讲，大陆法系的行政诉讼法特点有二：①各国都有两套法院系统，即普通法院和行政法院，普通法院审理民事和刑事案件，行政法院审理行政案件。②都存在两套法律规则，即私法和公法，行政活动受公法支配，私人活动受私法支配。但是，由于大陆法系各国的历史不同，行政诉讼法的产生和发展方面也存在一些差异，下面我们分别论述。

（一）法国行政诉讼法

法国素有行政法"母国"的美誉。法国行政诉讼法产生最早，而且内容丰富，理论发达。法国行政诉讼法是在 1789 年法国大革命至第二帝国灭亡这一段时间产生的，法国行政诉讼法的产生与行政法院的形成是密不可分的，可以说，行政法院先于行政诉讼法而产生，没有前者就没有后者，因为法国行政诉讼的观念、原则和制度都是通过行政法院的判例确立的。因此，我们应当从法国行政法院的产生入手，考察法国行政诉讼法的历史发展过程。

1789 年法国大革命胜利后，代表保守势力的高等法院反对新政权的改革。于是，议会于 1790 年通过一项法律，规定司法职能和行政职能永远分离，法官不能以任何方式妨害行政机关的行政活动，行政争议不能由普通法院解决，这就有必要设立一个新的机关解决行政争议。另一个原因就是对分权学说的理解，当时的执政者把行政诉讼看作是行政活动的一部分，而不属于司法的范畴，在这种情况下就只能从行政机关自身寻找解决行政争议的出路。

大革命胜利后设立的国家参事院本是元首的咨询机关，同时受理公民对行政机关的控告，并以元首的名义作出裁决。1872 年的立法将行政审判权委任给国家参事院，从此国家参事院可以自己的名义作出判决，但是，行政司法的残痕仍然保留，其中之一就是部长法官制，即部长对行政案件享有普遍的管辖权，公民不服行政机关的决定要首先向部长申诉，部长以法官的身份来审理案件。行政法院只享有有限的管辖权，公民只有不服部长的裁决时才能向行政法院上诉。1889 年的卡多诉内政部长案否定了部长法官制，使得行政法院成为享有普遍管辖权限的法院，它标志着法国的行政诉讼和行政法院的最终确立。

在 19 世纪末 20 世纪初，随着最高法院审判实践的丰富和经验的积累，行

政诉讼法的理论和制度迅速发展。其间不能不提的是 1873 年的布朗戈案件，这个案件的直接意义是确立了普通法院和行政法院在管辖权划分上的一个新的标准，意义更为深远的是它确立了新的"公务"行政观念。同时，它宣布放弃传统的国家不负赔偿责任的理论，明确承认了国家的赔偿责任。

法国行政诉讼制度具有以下特点：

1. 由独立的行政法院系统受理行政案件，普通法院只受理民事和刑事案件。法国这种制度的形成有两方面原因，一方面是受三权分立理论的影响，行政机关和司法机关互相独立，并且认为行政诉讼也是一种行政活动，不能由普通法院来受理，因此，在行政部门内部建立行政法院来解决行政争议。但是，分权的结果并不是必然要建立行政法院，英美国家也奉行分权学说，但是并未建立行政法院。可见还有另一面的原因，也就是历史背景。在法国，资产阶级兴起的时候，政府代表着资产阶级的利益，而封建势力把持着法院，因此法院和行政部门之间存在着对立。大革命胜利后，资产阶级取得政权，为了制止司法部门对行政的抵制，他们制定法律，禁止普通法院受理行政诉讼案件，导致日后建立独立的行政法院系统。

法国的行政法院是在特定的历史背景下产生的，现在那种情况已经不复存在，那么行政法院为什么仍然保留下来呢？这主要是出于技术上而不再是政治上的考虑：①行政诉讼适用独立的法律规则，它要求法官是行政法专家，而不是一般的法律专家；②行政法官不仅要具备法律知识，还要有行政经验；③行政诉讼程序不同，行政诉讼贵在及时迅速地解决争议；④行政法院享有崇高的威信，得到法国人民的信赖。

2. 适用独立的行政法规则。行政法院在解决行政争议时，不适用解决私人间争议的私法规则，而是创造并适用一系列行政法规则。这一方面是由于行政法院的存在，另一方面是由于行政活动和私人活动的性质不同，行政活动以满足公共利益为目的，私人活动以满足私人利益为目的，二者的目的和手段不同，因此解决争议的法律规则也随之不同。可见，法国解决民事争议和行政争议时要由不同的法院适用不同的规则，而英美法系则无论解决民事还是行政案件均由同一法院适用同一规则，前者是公私分明，后者是公私不分；前者是一分为二，后者是合二为一，对比十分明显。

3. 与法国的刑法、民法不同，法国没有完整的行政法法典，行政法的重要原则由判例产生。法国是一个成文法国家，不存在英美法系的遵循先例原则，但这并不表明先例不发挥作用，判例在法国行政法中占有重要地位。因此，有人说，立法者若大笔一挥，取消全部民法条文，法国将无民法存在，取消全部刑法条文，法国将无刑法存在，但取消了全部行政法条文，法国仍然存在行政法。判例之所以如此重要，一方面是由于高素质的行政法官作出了高质量的判例，另一方面是社会公众相信，下级法院若不遵循上级法院的判例时，其判决会在上诉中被上级法院撤销。

（二）德国行政诉讼法

德国在很早的时候就深受罗马法的影响，罗马法学家关于公法与私法、公诉与私诉的划分导致德国采用行政法院制度而不是普通法院制度。此外，德国也受到法国行政诉讼制度的影响，在 19 世纪后期，德国各邦广泛效仿法国，设立了行政法院。

德国在建立行政诉讼之前，行政纠纷是由一些调解机构解决的。德国曾于 1495 年和 1498 年在国家一级设立两个法院受理控诉行政机关的案件，但是这些法院的裁判权受到统治者特权的严格限制，他们不服从法院的裁判。在地方，政府设立了行政专门小组，处理行政案件，而不受普通法院管辖。1808 年，普鲁士将一些行政专门小组的行政裁决权转移给普通民事法院，而其他州则效仿法国，授权枢密院受理和裁判行政纠纷。

1871 年，德国的统一基本完成，制定了《德意志帝国宪法》。1875 年，普鲁士德国制定了关于行政法院组织及行政诉讼程序的法律，确立了普鲁士的行政法院和行政诉讼制度。但是，直到 1919 年《魏玛宪法》以前，德国仍没有全国统一的行政法院与行政诉讼。

1919 年，德国制定了《魏玛宪法》，该法第 107 条规定，联邦及各州应依据法律，成立行政法院，以保护个人免受行政官署之命令及处分侵害。《魏玛宪法》对德国行政法院制度的建立和完善起了直接的推动作用。1931 年，德国威登堡州起草了《一般行政程序法草案》。该草案第 5 章规定了行政法院及行政诉讼的程序问题，这是德国历史上第一次以行政程序法规定行政法院和行政诉讼。

1939 年 8 月 20 日，希特勒改用由行政机关受理行政纠纷的方式取代了由行政法院受理的方式，到 1944 年 8 月 7 日，联邦及各州的高等行政法院均被废除。

二战后，原西德于 1946 年 10 月 10 日恢复了战前的行政法院体系，并作了进一步完善和调整，依据威登堡州的行政法院模式，将一般管辖权授予了各州的行政法院。

1949 年的德意志联邦共和国《基本法》规定，行政诉讼为德国五大审判体系之一，联邦设联邦行政法院为终审法院，各州也应设置独立的下级法院。

1952 年，联邦政府颁布了设置联邦行政法院的法律，据此，德国于 1953 年正式成立了联邦行政法院。此后，德国就着手起草全国统一的行政法院法。1960 年，《行政法院法》颁布，从此有了全国统一适用的行政诉讼规范，结束了旧时代由于地方各自为政而混乱不堪的行政诉讼制度。1976 年，德国又制定了行政程序法，为对行政行为的司法审查提供了更为明确、规范的标准。

德国行政诉讼制度有四个主要特点：

1．公私法二元化，行政诉讼适用公法。德国的法律体系具有大陆法系的共同特点，即有明确的公法与私法的划分，处理公法纠纷和私法纠纷适用不同的实体法规范，行政诉讼法属于公法的范畴。除某些例外，公法纠纷受行政法院管辖，私法纠纷则由普通法院管辖。

2．成文法多于判例法。法国是个成文法国家，但其行政法却是判例法。德国是个成文法国家，其行政法和行政诉讼法也是成文法。这是德国行政诉讼法不同于法国行政诉讼法的一大特点。这一特点并不意味着德国只有成文法，没有判例法。但它表明，成文法在德国行政法中占据主要地位。德国 1976 年的《行政程序法》和 1960 年的《行政法院法》，分别近似于行政实体法典和行政诉讼法典，构成其完整的行政法基础。

3．设置公益代表人并由其参加诉讼。这是德国行政诉讼的又一特点，德国十分注意在行政诉讼中强调公共利益的保护。德国的《行政程序法》确立了行政诉讼的公共利益代表人制度，即把联邦最高检察官作为联邦公共利益的代表人，州高等检察官和地方检察官分别作为州和地方的公共利益的代表人，他们分别参与联邦最高行政法院、州高等行政法院和地方行政法院的行政诉讼，检察官属于司法行政官，它只受政府命令的约束。公益代表人在行政诉讼中是作为参加人参加的，为捍卫公共利益，可以提起上诉和要求变更。

4．行政法院司法化。就行政诉讼体制而言，德国与法国一样，都实行双轨制，就是说，在普通法院之外，都有独立而自成体系的行政法院，行政案件由行政法院审理，普通法院无权管辖。然而，从行政法院的地位考察，两国之间有很大的距离。法国的行政法院（包括地方的行政法庭）是行政部门的一部分，受行政牵制很大，实质上是一种特殊的行政机关。而德国的行政法院是司法系统的五个组成部分之一，不受行政部门的干预，具有很强的司法性，而非行政性。

二、英美法系国家行政诉讼法的历史发展

英美法系是指以英国中世纪以后的法律为基础而产生和发展起来的各国法律的总称，由于它以英国中世纪以后出现的普通法为代表，因而又称为普通法系。这一法系的代表国家就是英、美两国。在英美国家，司法机关对行政权的监督制度被称作司法审查，其实质等于大陆法系国家所讲的行政诉讼。

（一）英国的司法审查

英国是英美法系的代表国家，由于没有明确的法律部门的划分，所以早期的英国没有明确的行政法概念。介绍英国行政法，不能不提到著名宪法学家戴西（A. V. Diecy）。他在 1885 年出版的《宪法学导论》一书中讲到，英国的法治是保障法律面前人人平等，政府官员在行使职务时也不得享有特权，行政法是法国特有的东西，是保护行政官员特权的法律，与英国的法治原则不相融，因此，英国不存在行政法。戴西的观点在英国影响了很长时间，其实，这是戴西对行政法的误解，英国不存在法国那样的由行政法院审理行政案件的行政诉讼制度，没有独立的行政法部门，但并非没有行政法性质的法律，英国的法院同样可以审查行政机关的行为是否合法。而且，从产生上看，英国的这种制度绝不晚于法国的行政诉讼制度。英国的普通法院通过行使上诉管辖权和司法审查权的方式，对行政机关的行为是否合法进行审查的制度就是英国的司法审查制度。在英国，公民和行政机关之间的争议有多种解决渠道，如向部长申诉、由行政裁判所裁判、向议会行政监察专员申诉等，但是，地位独立、程序严格、信誉良好的普通法院是英国人权利和自由的最强大的保障。

早在资产阶级革命之前，都铎王朝通过枢密院加强中央对地方的司法控制，枢密院的监督是通过星座法院行使的，星座法院不仅可以对不服从治安法官的人予以处罚，而且有权谴责治安法官或自己取而代之，该法院在一定程度上具有行政法院的性质。后来，星座法院进一步演化为国王迫害进步人士的工具，因而，1642 年，在资产阶级革命中，该法院被废除。1688 年的光荣革命摧毁了枢密院的许多行政权，旧的中央政治控制机构被打破，王座法院乘虚而入，通过司法控制行政的时代开始了，现代意义上的行政法从此出现，任何对行政执法的合法性提出挑战的人都可以在王座法院得到救济。法院稳步发展，行政法迅速发展出越权无效和司法审查原则，这些原则统一地适用于所有的行政机关。

由于具备了高度适应的前提条件，18、19 世纪成为英国行政法发展的黄金时期。但是进入 20 世纪后，行政法开始落后，由于行政权的大力扩张，法院对自己的宪法作用没有信心，议会对行政的控制也大幅放松，社会上不可避免地出现了对官僚政治的强烈抱怨。著名法官戴维林曾说，普通法应当宣告死亡，因为他丧失了对行政权的控制权。为了平息抱怨，1932 年部长权利委员会的报告有力地批评了官僚行政，并提出对委任立法和准司法行为的控制意见。实质意义上的改革直到 1958 年行政裁判所和调查法的制定才开始，但这不是法院的功劳[1]。

20 世纪 60 年代，司法的状况完全改变了，人们开始意识到许多基础性的东西被丢弃了，不久，法院作出一系列判决，重新恢复适用了行政法的基本原则，特别是 1963 年自然公正原则的复兴给正当法律程序提供了基础，行政自由裁量权不受限制的观点没有了市场。1971 年，丹宁大法官说道：现在我们已经真正拥有了发达的行政法体系。

英国的司法查制度具有以下特点：

1. 不存在独立的行政法部门。英国是普通法的发源地，普通法没有法律部门的划分。公民和政府之间的关系同公民之间的关系一样，受同一法律支配，由同一法院系统管辖，没有独立的行政法体系的存在。

2. 司法审查由普通法院实施。英国人的法治观念是法律面前人人平等，所有人均受同一法律支配，由同一法院管辖，政府也不例外，因此，他们认为建立行政法院是多余的。

3. 行政裁判所作为普通法院的辅助机构而存在。行政裁判所大量解决行政、民事纠纷，减轻了普通法院的负担，大部分不服行政裁判所裁判的案件可以上诉至普通法院。二者相辅相成，缺一不可。不了解行政裁判所，也就不能完整地了解英国的司法审查。

4. 判例制度。判例法在英国法律体系中占重要地位，如果从英国法律体系中抽出成文法，该体系仍能自成一体，但是若抽出判例法，该体系就失去基本原则，成为一堆支离破碎的东西了。

5. 越权无效原则是英国司法审查的依据。行政机关和行政裁判所的行为如果是在法律权限范围内，法院就无权干涉。司法审查只有在行政行为超越法律规定的权限时才发生，法院审查的标准就是越权，越权无效原则是英国议会主权原则和法治原则在行政领域的具体化。

（二）美国的司法审查

美国的司法审查是指法院审查国会制定的法律是否符合宪法、行政机关的行为是否符合宪法及法律的制度。

司法审查制度的理论基础是民主与法治理论。行政机关的权力来源于法律，行政机关只能享有法律赋予的权力，按照法律规定的条件行使权力，为此

---

[1] ［英］威廉·韦德：《行政法》，徐炳等译，中国大百科全书出版社 1997 年版，第 17~24 页。

必须建立对行政权的监督制约机制。这种监督既存在行政内部，又存在于行政外部，外部的监督尤为重要，行政权力越大，外部监督应当越强，否则不足以制止行政权的不法行使。在英美法系中，普通法院享有崇高的威信，被公众视为保护个人自由和权利的坚强堡垒。司法审查是普通法院监督行政机关的有力工具，没有司法审查，行政法治就是一句空话。

美国的司法审查来源于英国普通法的传统，在殖民地时期及刚刚独立后，审查的手段适用英国的令状制度，但是由于令状制度技术性强，形式僵硬，自19世纪末，法院逐渐抛弃了令状制度，改为根据成文法进行审查，美国司法审查的演变过程是一个逐渐简化审查形式和扩大审查范围的过程。

为了加强联邦政府对经济的控制，1887年，美国成立了第一个独立管制机构——州际商业委员会，以后类似的独立管制机构相继成立，从20世纪30年代的"大萧条"起，罗斯福总统实行"新政"，扩大总统的行政权力，加强国家对经济的干预，独立管制机构开始大规模发展。独立管制机构同时享有立法、司法和行政三种权力，这就要求加强对它的控制，司法审查得以进一步发展，对于独立管制机构的司法审查是凭借国会的制定法来进行的，而不是凭借普通法上的令状制度。但是，在没有成文法规定的情况下，法院仍然可以利用普通法上的救济手段进行司法审查。

1946年，美国制定了《联邦行政程序法》和《联邦侵权赔偿法》，前者规定了公民权益受到行政行为侵害时请求司法救济的途径，司法审查的条件、范围、标准和期间。后者则缩小了主权豁免的适用范围，联邦政府原则上要对自己的侵权行为承担赔偿责任。1950年制定的《司法审查法》规定了司法审查的管辖、起诉、审判地点、诉讼参加人和诉讼程序等。1967年，美国制定了《信息自由法》，除了规定政府有义务公开行政信息和公民有权获得信息外，还规定了在政府拒绝依法提供信息时，当事人有权向法院提出司法审查，这就进一步扩大了司法审查的适用范围。1974年的《隐私权法》和1976年的《会议公开法》，分别规定了在政府侵犯公民的隐私权以及政府拒不依法公开举行会议时，当事人有权提出司法审查，两者都扩大了司法审查的范围。

由于英国法留下了不可磨灭的痕迹，美国的司法审查基本保留了英国的特征，与此同时，也形成了自己鲜明的特征：

1. 联邦制下的法律体系。美国法律由联邦法和州法构成，联邦法包括联邦宪法、法律、条约、总统命令和行政法规；州法律包括州宪法、法律和行政法规；下面还有地方政府的法令。

2. 从法律渊源上看，即有判例法，又有制定法，二者的关系复杂，但从总体上来看，制定法的效力高于判例法。

3. 美国联邦法院不仅可以审查行政机关的行为是否合法，还可以审查国会的立法是否合宪。这一点不同于英国，英国奉行议会至上的原则，法院无权审查议会的立法。

三、日本行政诉讼法

日本是一个善于吸收外来文化的国家，其法律制度特别能说明这一点。

在明治维新之前漫长的封建时代，日本长期学习中华文明，其法律亦属中华法系。1868 年开始的明治维新运动，废止了德川幕府的封建统治，自上而下推行了一系列的政治、经济和社会改革措施，走上了学习欧洲、富国强兵的近代化道路。1889 年发布的《大日本帝国宪法》（即现在人们通常所称的明治宪法）是一部具有浓厚君主专制色彩的近代资产阶级宪法。起初，日本是向法国学习的，但是，经过疾风暴雨式资产阶级革命后建立起的法国法律并不适应日本专制君主政体的需要，而当时的德国刚刚统一，建立了在高度集权基础上的资本主义法律体系，恰好满足了明治天皇的需求，于是，日本又转而学习德国，作为宪法的具体化的日本近代行政法就是主要借鉴了德国行政法而发展起来的，因而，它应当属于大陆法系。

二次大战后，根据《波茨坦宣言》，以美国为首的联合国开始对日本实行战略管制。在联合国总司令麦克阿瑟元帅的主持下，日本于 1946 年通过了新的宪法，这部宪法以美国的民主自由主义为基础，宣布放弃战争，建立民主政体，赋予国民广泛的权利，因而被誉为和平宪法，这部宪法的精神已深深扎根于日本国民心中，至今未作修改。依据这部宪法，日本对战前的法律制度作了一系列的修改，于是日本又呈现出向英美法系转变的趋势。例如，废除了原有的行政法院系统，改由普通法院审理行政案件，判例起着重要的作用。总的来讲，现代日本行政法"尽管在形式上采取了英美法系，但从其实质上看，它仍保持着受德国行政法的影响而发展的传统理论的基本特征"[1]。

日本的行政诉讼，即行政案件诉讼，是指由于行政主体行使行政权，作出违法行为或不作为并使国民的具体权益受到损害，国民向法院提起诉讼，请求审理行政主体的作为或不作为的合法性，以排除违法状态、救济国民权益为主要目的的诉讼程序。

日本行政案件诉讼制度的特点是：

---

[1] ［日］雄川一郎、盐野宏、园部逸夫编：《现代行政法大系——现代行政法的课题》，有斐阁 1983 年版，第 121 页。

1. 日本行政案件的诉讼体制属于混合制。它既不同于法国、德国等大陆法系国家的双轨制行政诉讼体制，也不同于英美国家等普通法系国家的单轨制行政诉讼体制。从法院设置上看，日本属于单轨制，因为其行政法院和普通法院是合一的。从适用程序上看，日本则属于双轨制，因为其审理行政案件和审理民事案件适用不同的诉讼程序。所以，日本的行政诉讼体制属于混合制。

2. 对行政案件诉讼的范围采取概括主义。

3. 提起行政案件诉讼采用自由选择主义。即国民是直接起诉，还是先提起请求不服审查，或者两者同时提起，由原告自由选择。

4. 行政案件诉讼审级采用四级三审制。日本行政案件诉讼，原则上是从地方法院开始，不服可上诉至高等法院。对高等法院判决不服，还可上诉至最高法院。因此，日本行政案件的审级是三审制。

第三节　中国行政诉讼的产生与发展

一、近代中国行政诉讼的产生

如前所述，行政诉讼制度是一种建立在民主和法治基础之上的制度，在漫长的中国奴隶社会和封建社会里，是不可能产生行政诉讼的。中国的行政诉讼最初萌芽于民国时代。1911 年，孙中山先生领导的辛亥革命推翻了中国历史上最后一个封建王朝，建立了资产阶级性质的中华民国政权，并颁布了《中华民国临时约法》，试图建立一个资产阶级的民主国家。该法第 2 条规定："中华民国之主权属于国民全体。"第 49 条规定："法院依法律审判民事诉讼及刑事诉讼。但关于行政诉讼及其他特别诉讼，别以法律定之。"这是我国法律有史以来第一次提到行政诉讼。但是，由于中华民国的政权很快就被袁世凯篡夺，临时约法确立的原则没有得以实施。

此后，中国进入北洋军阀统治时期。尽管军阀政权实行封建独裁统治，但他们仍然要标榜民主与法治。1914 年 5 月 1 日公布的《中华民国约法》第 8 条规定："人民依法律所定，有请愿于行政官署及陈诉于平政院之权。"第 45 条规定："法院依法独立审判民事诉讼、刑事诉讼，但关于行政诉讼及其他特别诉讼，各依其本法规定行之。"

1914 年 5 月 18 日公布《行政诉讼条例》，同年 7 月 15 日公布了《行政诉讼法》，是中国历史上第一部行政诉讼法。1914 年 3 月 21 日公布的《平政院编制令》是关于平政院的组织法。在北洋军阀统治时期，行政审判权不属于普通法院，而属于平政院，平政院具有行政法院的性质。但是，北洋军阀的性质和当时的社会条件决定这些法律和法院不可能起到监督行政权、维护公民权的作用，只能是封建军阀欺世盗名的工具而已。

北伐战争的胜利结束了军阀混战的局面，确立了国民党政府的统治。1932年11月27日，国民党政府颁布了《行政诉讼法》，全文共27条，此后几经修改。1945年4月16日又颁布了《行政法院组织法》。这两个法律规定，行政法院与普通法院分立，专门处理行政诉讼案件。它规定行政诉讼有三个步骤，当事人必须先向行政机关提出诉愿和再诉愿，不服的才能向行政法院提起诉讼。

总的来讲，国民党统治时期，蒋介石长期实行独裁统治，不讲民主，加之内外战争连绵不断，缺乏行政法治的基础条件，行政诉讼制度徒有虚名。当时全国只设一个行政法院，只有二十多名法官，其审理案件的方式是书面审理，并不开庭，一年顶多办几十个案件，而且基本上都是驳回原告的起诉，因此根本起不到什么作用。

二、新中国行政诉讼的产生与发展

新中国成立以来，行政诉讼法的发展经历了以下四个阶段：

（一）行政诉讼法的萌芽阶段（1949～1956年）

在这一时期，国家的主要任务是建立和巩固新生政权，逐步从"破坏一个旧世界"转向"建设一个新世界"。1949年全国政协颁布的《共同纲领》和1954年的第一部宪法为我国的民主与法制建设奠定了基础，也确立了新中国行政法的基本原则。该《宪法》规定，一切权力属于人民，公民对任何违法失职的国家机关及其工作人员有控告的权利；由于国家机关工作人员侵犯公民权利而受到损失的人有取得赔偿的权利。但从总体上来看，这是我国民主与法制建设的初创阶段，没有能够建立起行政诉讼制度，甚至对行政诉讼的认识也是有限的。

（二）法制的倒退与破坏阶段（1957～1977年）

这一时期由于反右运动扩大化和"文化大革命"的爆发，正常的国家政治生活遭到彻底破坏，民主与法制惨遭践踏。对政府的监督被视为资本主义虚伪性的表现，认为人民政府的本质决定了它自然会为人民服务的，人民没必要监督自己的政府。在这种极"左"思想的影响下，法律虚无主义盛行，行政诉讼法失去了生存的土壤，根本就不可能建立。

（三）行政诉讼的初创阶段（1978～1988年）

党的十一届三中全会拨乱反正，邓小平同志提出"一手抓建设，一手抓法制"，中国的政治经济生活重新走入正轨。"十年动乱"给中国人以惨痛的教训，使中国人认识到了民主与法制的重大意义。在此背景下，我国于1982年制定了第四部宪法，这部宪法赋予公民广泛的权利，对国家机关的设立和活动原则作了规定，特别是完善了人民代表大会制度，建立了对行政机关的监督制约机制。在新宪法大旗的统领下，行政法进入了初创阶段。《国务院组织法》、《地方人民代表大会和地方人民政府组织法》、《治安管理处罚条例》以及税务、资源、工商行政管理、公安、教育、卫生等部门的行政法律规范相继制定，初步结束了无法可依的局面。值得一提的几个法律有：1982年3月8日颁布的《民事诉讼法（试行）》，该法第3条第2款规定："法律规定由人民法院审理的行政案件，适用本法规定。"从此，人民法院依照民事诉讼法审理行政案件。这一规定可以说是中国行政诉讼制度诞生的标志。1986年通过的《民法通则》第121条进一步规定："国家机关或者国家机关工作人员在执行职务中，侵犯公民、法人的合法权益造成损害的，应当承担民事责任。"这是人民法院审理行政案件的实体法依据。1986年制定的《治安管理处罚条例》规定不服治安处罚在向上一级公安机关申诉后仍不服的可以提起行政诉讼，由于治安案件的数量大、涉及面广，被告又是位高权重的公安机关，因而影响很大，对普及行政诉讼知识、促进行政诉讼法的出台产生了直接的影响。从1980～1988年，我国有130多部法律法规规定，公民、法人和其他组织对行政机关的处理决定不服，有权向人民法院提起诉讼。总之，自1982年《民事诉讼法》颁布以来，行政诉讼案件逐年增加，不仅提高了行政机关依法行政的水平，增强了公民的法律意识，还为行政诉讼法的制定积累了经验。

（四）行政法的发展阶段（1989年至今）

这一阶段的开始是以行政诉讼法的制定为标志的。

随着行政案件的增加，《民事诉讼法（试行）》不适应调整行政诉讼关系的问题越来越突出。行政诉讼关系是由于"民告官"而产生的，它既关系到行政机关与相对人之间的关系，还包含着行政机关与司法机关之间的权力制约关系，它显然有别于民事诉讼关系，这就在客观上要求制定行政诉讼法。经过4年多的起草论证，七届人大二次会议于1989年4月4日通过了《中华人民共和国行政诉讼法》，并从1990年10月1日起实施。该法的颁布具有重大意义，它使我国三大诉讼制度得以完备，确立了司法权对行政权的制约机制，给公民的合法权利以切实的保障，提高了行政机关依法行政的水平。

如果说改革开放的前十年间，我国法制建设的重心放在刑事和民事方面的话，那么，十年以后，法制建设的目光已经转移到经济和行政方面，这既是法制建设的规律，又是建设社会主义市场经济的必然要求。1992年党的"十四大"提出建设社会主义市场经济的方针，市场经济是法制经济，政府调控市场必须依法调控，因此，"十四大"之后，中国行政法驶入快车道，1994年通过了《国家赔偿法》（2012年修正），1996年通过了《行政处罚法》，1999年通过了《行政复议法》，2003年通过了《行政许可法》，2011年通过了《行政强制法》，这些一般行政法均授权公民、法人和其他组织对行政处罚行为、许可行为、强制行为等起诉的权利，部门行政法中授予起诉权的法律、法规则数量更多。最高人民法院也做出一系列关于行政诉讼法的司法解释以及对个案请示的批复，这些司法解释和批复对行政诉讼法的实施起着重要的作用。

三、台、港地区行政诉讼法简介

（一）台湾的行政诉讼法

我国台湾地区现行"行政诉讼法"是以1932年国民政府颁布并于1933年施行的行政诉讼法为基础的，当时的行政诉讼法仅27条，后经5次修改，仍无法适应台湾地区政治、经济、社会的重大变迁与发展，"司法院"于1981年组成"行政诉讼制度研究修正委员会"，着手研究"行政诉讼法"的修正，历经11年之研究讨论，完成了修正草案。随后送"立法院"审议，又历时6年，终于于1998年10月28日公布，并于2000年7月1日正式施行。此次修正幅度颇大，现行法9编共计308条。该法第2条规定，公法上之争议，除法律另有规定外，得依本法提起行政诉讼。现行法的基本内容如下[1]：

1. 行政诉讼之审级，由一审终结改为二级二审制。

2. 增加诉讼种类，除原有之撤销诉讼外，增加确认诉讼及给付诉讼。

3. 诉愿前置主义仍予维持。

4. "行政法院"与"普通法院"间，就同一事件关于审判权的归属发生争议时，应由"司法院"大法官解释。

5. 增订诉讼参加制度，以符合诉讼经济原则，并防止诉讼结果之分歧。

6. 行政诉讼不征收裁判费，但其他进行诉讼之必要费用，由败诉之当事人负担。

7. 行政诉讼之开始实行当事人主义，程序之进行及终结，则视其性质兼采职权进行主义。

8. 当事人处分权有限。

9. 行政处分或决定之执行，原则上不因提起行政诉讼而停止。

---

〔1〕 参见翁岳生编：《行政法》，中国法制出版社2002年版，第1330~1335页。

10. "高等行政法院"为第一审诉讼程序，采言词审理主义为原则；"最高法院"为上诉审程序，则采书面审理主义为原则。

11. "行政法院"于撤销诉讼，应依职权调查取证；于其他诉讼，为维护公益者亦同。

12. 采用情况判决制度，规定行政法院受理撤销诉讼，发现原处分或决定虽违法，但其撤销或变更于公益有重大损害，得驳回原告之诉。

13. 给付诉讼采用情势变更原则，以维护诉讼当事人之实质公平。

14. 轻微之行政诉讼事件，应适用简易诉讼程序。

15. 增订上诉审及抗告程序，使当事人对裁判有表示不服之机会。

16. "最高行政法院"对所适用法律确信有抵触"宪法"质疑时，得以裁定停止诉讼程序，申请司法院大法官解释。

17. "行政诉讼法"为处理公法争议之法律，与"民事诉讼法"处理私法上关系虽有不同，但二者之间仍不乏性质相同之处，可以准用有关规定。

（二）香港的行政诉讼制度

由于历史原因，香港的法律与英国的法律大同小异。

1844 年，香港制定最初的《高等法院条例》，该条例第 5 条规定："1843 年 4 月 5 日香港成立本地的立法机构后，现行的英国法律将在香港实施，但不适合本地情况或本地居民及由上述立法机构另行立法取代者除外。"从此，英国的制定法和普通法适用于香港。但随着时间的推移，香港的立法机构渐渐地将英国国会的制定法转化为香港本地通过的成文法，并酌情适量修改，以适应本地环境。英国的判例，甚至其他普通法地区的判例，除经香港成文法的明确或默示推翻外，也一直广泛为香港的法院所引用。根据 1971 年修正的《适用英国法律条例规定》，英国国会制定的法律应当施行于香港，据此，英国的各种法律，包括普通法、制定法和衡平法，都在香港具有法律效力，这使得香港法和英国法一脉相承。

香港的行政诉讼制度基本上跟英国的制度一样，行政案件由普通法院管辖，并适用民事诉讼程序解决。但香港的专门行政诉讼也有所发展，在普通法院之外先后设立审裁法庭，审理专门的行政案件，如土地审裁庭、劳资审裁处、淫秽物品审裁处等，这些审裁机构既有对行政纠纷的初审管辖权，又有上诉管辖权，当然，它的裁决仍在普通法院的管辖权之下，对其裁决可上诉于上诉法庭或高等法院。受议会主权的影响，香港法院有责任适用立法机构制定的条例，无权对条例的合法性作出判决，但对行政机关的附属立法有权撤销或宣告无效。香港法院审查行政行为的标准也是英国法上的越权无效原则。

市民因行政受损，不仅可以运用民事诉讼程序对政府或有关公务员提起诉讼，而且可以根据普通法上高等法院的普遍管辖权，向香港高等法院提出司法审查。1957 年，香港根据英国的王权诉讼法制定了《政府诉讼条例》，它第一次提出政府应当与个人一样承担民事法律责任。

1997 年中国政府恢复对香港行使主权后，在不与《香港特别行政区基本法》相抵触的情况下，特区法院仍享有原有的司法权，但对国防、外交等国家行为无管辖权。原有的行政诉讼规定除了与基本法相抵触的以外仍然有效。行政案件的终审权在香港终审法院，而不在最高人民法院。《香港特别行政区基本法》第 35 条第 2 款规定："香港居民有权对行政部门和行政人员的行为向法院提起诉讼。"这一规定既授予香港居民行政诉讼起诉权，又授予香港法院对行政案件的司法管辖权，从而，将香港原有的司法制度纳入了基本法的框架内。

第四节　行政诉讼法的修改

一、修改背景

我国的行政诉讼法自 1990 年实施以来，可谓是毁誉参半。誉者认为，该法的制定标志着我国"民告官"制度的正式建立，25 年来，对监督行政机关依法行政、促进法院公正司法、保护行政相对人合法权益发挥了一定的作用。毁者主张，行政诉讼法更多地具有一种象征性的意义，在行政、司法与社会生活中作用有限，与人民群众的期许相距甚远。其实，这两种认识并不矛盾，就像一枚硬币同时存在着两个方面。

之所以如此，是由于我国行政诉讼中的"三难"问题长期矗立，久拖不决。

第一难是"告状难"。官民关系是一种管理与被管理的关系，行政相对人（特别是企业）长期处于行政机关监管之下，害怕给"找茬子"、"穿小鞋"，即使行政行为是错误的、违法的，也往往选择忍气吞声，不去起诉。我国的行政诉讼案件长期徘徊在十万起左右，与十三亿人口数量相比少得出奇，仅仅是民事案件的 2% 左右。

第二难是"受理难"。我国的各级法院地位低于行政机关，在人财物等方面受行政机关的制约，司法能力有限。加之原来的立案制度实行的是审查受理制，有些法官缺乏担当，认为多一事不如少一事，在审查阶段往往是从严把握入口，设法找理由不受理。

　　第三难是"审理难"。行政诉讼审查的是行政权行使的合法性，行政机关往往会动用自己所掌握的特殊资源干预司法。加之行政事务确实有其特殊性，一旦判决行政机关败诉，会造成连锁反应，法院极为谨慎。例如，在征地拆迁中，一户一旦胜诉，就会给其他人带来示范效应，进而影响重大项目的整体进度。因而，法院往往采取"和稀泥"的方法，原告通过判决胜诉的比例在20%左右。即使如此，还有些判决得不到执行。

　　可以看出，"三难"问题一方面是由于行政诉讼法自身的不足，另一方面是由行政体制和司法体制存在缺陷，所以，解决问题必须双管齐下。

　　二、行政诉讼法的修改内容

　　经过 7 年的反复酝酿，行政诉讼法修正案一朝分娩。2014 年 11 月 1 日第十二届全国人民代表大会常务委员会第十一次会议通过了《关于修改〈中华人民共和国行政诉讼法〉的决定》，自 2015 年 5 月 1 日起施行。

　　（一）解决"告状难"

　　1. 将第 1 条修改为："为保证人民法院公正、及时审理行政案件，解决行政争议，保护公民、法人和其他组织的合法权益，监督行政机关依法行使职权，根据宪法，制定本法。"任何法律的第 1 条规定都是本法的"龙头"，确立本法所要建立的制度的性质，原来的行政诉讼法在"监督"一词之前还有"维护"一词，也就是说，原来的行政诉讼法首先是维护行政权的法，其次才是监督行政权的法。经过司法界和理论界多年的实践和讨论，人们形成一致的认识，行政权是法律授予的，不需要法院来维护，只需要法院的监督，所以，本次修改删除了"维护"一词，行政诉讼法就是监督法。

　　2. 针对"受理难"问题，在总则部分增加 1 条，作为第 3 条："人民法院应当保障公民、法人和其他组织的起诉权利，对应当受理的行政案件依法受理。"但是，这一条属于基本原则范畴，主要意义在于宣示，还有赖于具体的条款和措施来实施。

　　3. 扩大了受案范围。法院的受案范围也是行政相对人受司法保护的范围，为了让老百姓告状有门，将"认为行政机关侵犯人身权和财产权的"扩大为"认为行政机关侵犯合法权益的"，合法权益的范围显然大于人身权和财产权，尽管后者是前者的核心部分。

　　4. 过去，复议机关只有在改变了行政行为的情况下才能成为被告，复议机关为了避免做被告，往往会维持行政行为，导致行政复议形同虚设，不能维护行政相对人的合法权益。所以，将第 25 条改为第 26 条，将第 2 款修改为："经复议的案件，复议机关决定维持原行政行为的，作出原行政行为的行政机关和复议机关是共同被告；复议机关改变原行政行为的，复议机关是被告。"今后，无论复议机关作出何种决定，只要行政相对人不服，都得做被告，这就促使复议机关依法复议，进而减少老百姓上法院起诉的数量。

（二）解决"受理难"

1. 增加了"经最高人民法院批准，高级人民法院可以根据审判工作的实际情况，确定若干人民法院跨行政区域管辖行政案件"。这一规定为设立跨区域的巡回法院留下了空间，将解决本地法院审理本地行政机关的问题，为司法公正创造了条件。

2. 由于种种原因，有些法院不愿意受理行政案件，老百姓告状无门，解决这一问题的出路除了设立跨区域的巡回法院，还有一个办法就是由上级法院直接受理，力图避免将老百姓逼上信访之路。因此规定："上级人民法院有权审理下级人民法院管辖的第一审行政案件。"敞开大门，引导老百姓通过法律途径解决纠纷。

3. 将普通起诉期限由 3 个月延长到 6 个月，使行政相对人有更为充分的起诉时间。

4. 最为重要的是改立案审查制为登记制。2014 年修正的《行政诉讼法》第 50 条第 1 款规定："人民法院在接到起诉状时对符合本法规定的起诉条件的，应当登记立案。"这就是说，一般情况下，法院接到起诉状后，对符合起诉条件的，经登记直接进入诉讼程序，除非是案件复杂难以当场确定的，可以在 7 日内决定是否立案。为了防止出现有关工作人员刁难百姓、拒不受理的情况，该条第 3 款规定了相应的法律责任："对于不接收起诉状、接收起诉状后不出具书面凭证，以及不一次性告知当事人需要补正的起诉状内容的，当事人可以向上级人民法院投诉，上级人民法院应当责令改正，并对直接负责的主管人员和其他直接责任人员依法给予处分。"以及相应的救济途径，即第 52 条之规定："人民法院既不立案，又不作出不予立案裁定的，当事人可以向上一级人民法院起诉。上一级人民法院认为符合起诉条件的，应当立案、审理，也可以指定其他下级人民法院立案、审理。"

（三）解决"审理难"

1. 行政干预是我国行政诉讼的最大障碍，行政首长出于"面子"考虑，极少出庭应诉，因此，在总则第 3 条第 2 款和第 3 款分别规定："行政机关及其工作人员不得干预、阻碍人民法院受理行政案件。""被诉行政机关负责人应当出庭应诉。不能出庭的，应当委托行政机关相应的工作人员出庭。"

2. 司法公正首先在于"以事实为根据"，其次才是"以法律为准绳"。为

第二章

了恪守"以事实为根据"的原则，做到"事实清楚，证据确凿"，行政诉讼法的修改建立了完善的证据制度，在证据类型、举证责任、质证、证据的审查与认定、非法证据的排除等一系列环节上作了详细的规定，尽量压缩法官自由裁量的空间。

3. 为了树立司法权威，加强法院对行政机关的执行力度，第96条在原有的四种执行措施的基础上又增加了两种："将行政机关拒绝履行的情况予以公告"；"拒不履行判决、裁定、调解书，社会影响恶劣的，可以对该行政机关直接负责的主管人员和其他直接责任人员予以拘留"。

4. 为了保障司法公正，杜绝枉法裁判，详化了检察机关对法院裁判的抗诉制度："最高人民检察院对各级人民法院已经发生法律效力的判决、裁定，上级人民检察院对下级人民法院已经发生法律效力的判决、裁定，发现有本法第91条规定情形之一，或者发现调解书损害国家利益、社会公共利益的，应当提出抗诉。"

此外，根据司法实践的需求，还做了其他修改，例如，增加了简易程序，有条件地允许适用调解，完善了判决的类型，可谓亮点纷呈。

三、推进司法改革，催化修法效果

古人云：徒法不足以自行。看上去完美的法律，如果离开科学的司法体制，最终只能停留在纸面上，人民群众对于司法公正只能望梅止渴。要让"法制"转化为"法治"，必须努力贯彻党的十八届四中全会通过的《全面推进依法治国若干重大问题的决定》（以下简称《决定》），以公正为目标，坚定不移地推进司法改革。

《决定》高度重视司法改革，第四部分的题目就是"保证公正司法，提高司法公信力"，推出一系列有力的改革举措，有的是针对整个司法工作的，有的是专门针对行政诉讼的。

（一）确保依法独立公正行使审判权

1. 独立行使审判权原则尽管适用于三大诉讼，但是对于行政诉讼具有特殊意义，因为行政诉讼处理的是官民关系，直接影响着行政机关的利益和声誉。官方掌握较多的公共资源，干预司法的能力较强，为此，《决定》要求："建立领导干部干预司法活动、插手具体案件处理的记录、通报和责任追究制度。任何党政机关和领导干部都不得让司法机关做违反法定职责、有碍司法公正的事情，任何司法机关都不得执行党政机关和领导干部违法干预司法活动的要求。对干预司法机关办案的，给予党纪政纪处分；造成冤假错案或者其他严重后果的，依法追究刑事责任。"

2. 在实践中，行政机关负责人往往认为坐在被告席上是一件屈尊的事，基本上是委托法制干部或律师出庭，《决定》专门针对行政诉讼中的这一现象，要求："健全行政机关依法出庭应诉、支持法院受理行政案件、尊重并执行法院生效裁判的制度。完善惩戒妨碍司法机关依法行使职权、拒不执行生效裁判和决定、藐视法庭权威等违法犯罪行为的法律规定。"

3. 在司法实践中，还发生过一些极端的案例，有的行政机关利用手中的人事管理权，将判决自己败诉的法官调到自己的单位，让法官来"体验生活"。为此，建立健全司法人员履行法定职责保护机制势在必行。《决定》要求："非因法定事由，非经法定程序，不得将法官、检察官调离、辞退或者作出免职、降级等处分。"

（二）优化司法职权配置

1. 改革司法机关人财物管理体制。汉密尔顿就说："就人的天性而言，对某人的生活有控制权，等于对其意志有控制权。"对司法机关而言也是如此，机构设置、人员编制、经费保障如果掌握在行政机关手中，行政诉讼中法院就难以挺直腰杆、秉公判决。所以，2013 年十八届三中全会通过的《中共中央关于全面深化改革若干重大问题的决定》就要求："推动省以下地方法院、检察院人财物统一管理，探索建立与行政区划适当分离的司法管辖制度，保证国家法律统一正确实施。建立符合职业特点的司法人员管理制度，健全法官、检察官、人民警察统一招录、有序交流、逐级遴选机制，完善司法人员分类管理制度，健全法官、检察官、人民警察职业保障制度。"

2. 改革法院设置体制。过去，我国的法院设立是与行政区划相一致的，导致本地法院审理本地的行政机关，为行政干预提供了便利。西方国家在早期也遇到这一问题，于是，设计了与行政区划相分离的司法区划，例如，欧盟的首都是布鲁塞尔，但是欧洲法院在斯特拉斯堡。借鉴这一经验，《决定》要求："最高人民法院设立巡回法庭，审理跨行政区域重大行政和民商事案件。探索设立跨行政区划的人民法院和人民检察院，办理跨地区案件。"

3. 改革法院案件受理制度。我国一直实行立案审查制，即人民法院在受理案件时要审查当事人的起诉是否符合法定条件，这一做法在理论上不存在任何不当之处，但在实践中，法院为了避免将一些烫手的山芋握在自己手里，千方百计找出理由不予受理，审查制也为有关党政领导干预司法留了缺口。为此，《决定》要求："变立案审查制为立案登记制，对人民法院依法应该受理的案件，做到有案必立、有诉必理，保障当事人诉权。"

此外，《决定》还提出推进严格司法、保障人民群众参与司法、加强人权

第二章

司法保障、加强对司法活动的监督等原则和举措，都与行政诉讼活动息息相关，能够催化修法的社会效果，释放法律所蕴涵的正能量。

[复习思考题]

1. 行政诉讼产生的基础是什么？
2. 比较英美法系与大陆法系行政诉讼的基本特征。
3. 英、美、德、法、日五国行政诉讼各有什么特点？
4. 我国的行政诉讼是如何起步和发展的？
5. 比较我国台湾地区与香港特别行政区的行政诉讼。

第二章

第三章
行政诉讼受案范围

[**学习目的和要求**] 掌握行政诉讼受案范围的概念、意义；掌握行政诉讼受案范围的确定标准；掌握我国行政诉讼受案范围的法律规定；能够准确辨析社会实践中遇到的纠纷是否属于行政诉讼受案范围。

第一节　行政诉讼受案范围概述

一、受案范围的概念

行政诉讼的受案范围是指人民法院依法受理并审理行政案件的范围，即人民法院对哪些行政纠纷拥有司法审查权，也即公民、法人或者其他组织可以就哪些行政纠纷向人民法院提起行政诉讼。

受案范围法律制度有三个重要意义：

1. 行政诉讼的受案范围划定了人民法院受理的行政案件，明确了人民法院行政审判权对行政权力的监督范围。

行政审判解决行政纠纷，但并非所有的行政纠纷都可以通过行政诉讼途径解决。这与所有刑事案件都应当经过人民法院的审判、所有的民事案件都可以由法院来行使审判权不同。人民法院对行政案件的主管是不完全主管。

2. 行政诉讼受案范围划定了公民、法人或者其他组织可以提起诉讼的纠纷案件，明确了人民法院行政审判权对公民、法人或者其他组织合法权益予以救济的范围。

3. 行政诉讼受案范围对于行政机关来讲，确定了受人民法院司法监督的范围，即行政机关的哪些行政权行使行为应当受到法院的审查，哪些不受法院的审查。

行政诉讼是法治社会保障公民权利的重要制度，这项法律制度对公民权利的保护程度如何，首先取决于法院都在哪些情况下可以动用行政审判权，对受到损害的公民权利给予救济。尽管纳入受案范围不一定得到有效救济，但不属于受案范围，肯定无法得到司法救济。

二、确定受案范围的因素、模式与标准

（一）确定行政诉讼受案范围的基本因素

各国法律制度确定行政诉讼受案范围大小、宽窄有差异，不同国家受案范围的确定是考量了诸多因素的结果，诸如国家的政治体制、经济体制、国家机关间的权力结构、法律体系以及法律传统、法律观念、民主法制建设程度、公民行政法律意识等。我国行政诉讼法规定的受案范围，同样也是在立法当时综合考虑了各种因素的结果，主要有以下六点：

1. 专门的行政诉讼制度建立之前，我们已经有实际的行政诉讼。按照1982年《民事诉讼法（试行）》第3条第2款的规定，我们也有审理程序。行政诉讼法的受案范围应当是在这个基础上的适当扩大。

2. 由于人民法院缺乏审理行政诉讼案件的经验，审判人员、组织机构还不具备大量受理行政案件的能力，一些法院不敢受理当事人起诉的现象比较严重，因此不能盲目扩大行政诉讼受案，否则会欲速则不达。

3. 老百姓的民主意识、权利保护意识还比较低，有不习惯、不适应的问题，因此规定较宽泛的受案范围没有意义。

4. 涉及行政纠纷的法律还不健全。行政诉讼中，法院要对被诉行为实行合法性审查，但在案件审理时，由于缺乏判断被诉行为合法性的依据，因此，即使规定了较大的受案范围，也很难作出判断，这不利于行政诉讼制度的发展。

5. 有些纠纷已经有了解决的机制，如人事方面有《公务员法》和《行政监察法》的规定，抽象行政行为有宪法、国务院组织法以及地方人大和人民政府组织法的有关规定，没有必要再通过行政诉讼审理解决，以免造成解纷资源的浪费。

6. 受案范围涉及审判权与行政权的关系，过宽的受案范围可能会导致法院干涉行政管理，甚至代替行政机关行使行政权力，影响行政机关的正常管理和行政效率，不利于社会稳定。[1]

---

[1] 这六种说法主要见王汉斌在七届人大二次会议上所作的"关于《中华人民共和国行政诉讼法（草案）》的说明"，许多行政诉讼的教材、著作也有提及，如黄杰主编：《行政诉讼法讲座》，中国人民公安大学出版社1989年版，第31页；马原主编：《中国行政诉讼法教程》，人民法院出版社1992年版，第51~52页。

这些因素尽管在当时或许有其合理性及选择的现实性，但今天看来，已经无法适应我国经济社会发展和民主法治建设的实际情况。按照这种观念和思路规定的行政诉讼受案范围，也已经无法适应行政诉讼制度发展的需要。

作为一项具体的法律制度，行政诉讼受案范围的确定应当主要考虑两个因素：

1. 行政诉讼制度应当保障宪法赋予公民的获得裁判权。获得裁判权也称裁判请求权，是指任何社会主体之间发生权利义务关系的法律性争议时，当事人都有权通过诉讼程序寻求支持。获得裁判权已经成为现代法治实践中公民的一项普遍性宪法权利。例如，美国《宪法》第3、7条，第5、14条修正案；意大利《宪法》第24条；日本《宪法》第32条。另可见《公民权利和政治权利国际公约》第14条。

我国《宪法》尽管没有就公民的获得裁判权作出一般性明文规定，但对于立志于全面依法治国的我国而言，公民获得裁判权作为一项宪法性权利当然是我们的目标。此外，《宪法》第41条的规定实质上也包含了公民对于公共权力行为争议的裁判请求权。即按照第41条的规定，公民对任何行使公共权力的机关及其工作人员所作行为不服而形成的法律性争议都有权诉诸法院。因此，行政诉讼受案范围的制度设计应当使法院不应该、更不可能以任何理由拒绝受理公民提交到法院的争议，否则，行政诉讼制度就会在这个问题上背离保护公民合法权益的立法宗旨。

2. 行政诉讼应当解决社会生活中所有的行政法律纠纷。社会生活中存在着众多法律纠纷，诉讼是法治社会强制性解决法律纠纷的最后手段。诉讼制度的设计目标应该是，只要是法律性争议，都可以分别纳入一国司法制度所包含的诉讼种类的范围内予以解决。唯其如此，才能够避免本可以通过诉讼解决的纠纷却因被司法拒之门外而得不到有效解决的现象。司法拒绝解决纠纷，可能导致因法定的正当渠道不通畅，人们在寻求法外途径解决问题时矛盾激化，从而影响社会秩序稳定，妨碍社会发展进步，更会损害社会正义的基础。现代司法制度既有我们熟悉的刑事、民事和行政诉讼，也有我们目前还不很熟悉的宪法诉讼。为了实现诉讼制度的目标追求，从功能上讲，行政诉讼要解决纠纷的范围，从最广泛的意义上理解应当为凡是不能够通过宪法诉讼、刑事诉讼、民事诉讼解决的其他纠纷。就其内容而言也就是，行使公共权力的机关或者组织在管理公共事务过程中的行为引起的纠纷，即公共权力行为引起的法律纠纷。

当然，解决所有公权力纠纷是一种理想状态。现实中，任何一个国家行政诉讼的受案范围都并没有囊括行政纠纷的全部内容，进一步的限定是必然的，但这并不意味着我们能因此否定使诉讼制度满足社会解纷需要的目标设定。唯有以此考虑为前提，通过对行政纠纷的进一步限定所形成的行政诉讼受案范围的具体内容，才具有包容性和顺应时代变化和法治发展的合理性。

（二）确定行政诉讼受案范围的基本模式

受案范围的模式是指通过什么样的法律表现方式将受案范围的内容确定下来。各国规定法院受理行政案件范围的模式很不一致，一般认为有两种情况：

1. 主要以制定法明确规定行政诉讼的受案范围。这是指在制定法国家的行政诉讼制度中，只有法律明确规定的行政案件才属于法院的受案范围。一般大陆法系国家采取这种方式，但法国例外。采用这种方式的国家大都通过制定行政诉讼法典来明确规定具体的受案事项。以制定法规定行政诉讼受案范围的又分为以下三种方式：

（1）概括式规定。概括式规定是指由统一的行政诉讼法典对法院的受案范围作出原则性的概括规定。通常规定为：相对人一方认为行政机关的违法或不当行政行为侵犯其合法权益时，有权向法院提起行政诉讼。概括式规定确定的受案范围标准简单、全面、包容性强，且比较原则，不易发生遗漏。但是，概括式规定也有其缺点，由于原则性太强，有些案件是否属于受案范围难以确定，容易引起争议。

（2）列举式规定。列举式规定有肯定的列举和否定的列举两种方式。肯定的列举是指行政诉讼法或其他法律、法规对于法院能受理哪些行政案件，一一具体加以列举，被列举的行政案件属于受案范围，未加列举的，法院不得受理。否定的列举也称排除式，是指法律对不属于行政诉讼受案范围的事项，即法院不能受理的事项，一一具体加以列举，凡被列举的事项都不属于行政诉讼受案范围，而未作排除列举的则都在行政诉讼的受案范围之内。列举式规定的特点是受案范围具体、明了，受案与否界限分明，易于掌握，但这种方式难以穷尽，以至于发生遗漏，不利于扩大受案范围、保护公民的合法权益。

（3）混合式规定。又称折中式规定，即采取列举与概括相结合的方式规定行政诉讼受案范围。这种方式兼有概括式规定和列举式规定两种方式的长处，避免各自的不足，相互弥补，能把灵活性和原则性结合起来。但是，这种方式也有缺陷，有时会出现概括式规定与列举式规定不一致的情形，从而产生争议。

多数学者认为，我国行政诉讼法采用的是混合式规定的模式，即通过《行政诉讼法》第2条的概括性规定、第12条和第13条的列举性规定来限定行政诉讼的受案范围，以期兼具概括式和列举式的优点，避免两者的缺陷。[1]

我们认为，概括、列举、混合都只是受案范围立法模式的表现形式，不是问题的实质。立法模式的紧要之处是要在行政纠纷中厘定允许起诉的纠纷与不允许起诉的纠纷之间的界限，在两者之间建立一条分水岭。因此，立法模式的实质是指究竟采用肯定模式还是否定模式，或者以两者相结合的模式来划清这个界限。然而，恰恰是在这个关键问题上，行政诉讼法的规定存在逻辑硬伤。

《行政诉讼法》第 2 条用肯定方式规定不服行政行为可以起诉，第 12 条也用肯定列举的方式进一步细化第 2 条的规定，第 13 条用否定列举的方式规定哪些行为不能起诉。显然，行政诉讼法在受案范围的规定中混合并用了肯定和否定两种方式。肯定与否定的混合并用模式违反排中律的逻辑要求。由于行政诉讼法所界定的可诉行为范围加上所界定的不可诉行为范围既不等于所有的行政权力行为，也不等于行政机关的所有行为。两个争论在法律实践中常常不可避免：①那些没有被规定在可诉行为范围内的行为是否都属于不可诉的行为；②那些没有被规定在不可诉行为范围内的行为是否都属于可诉的行为。

我们认为，为了受案范围的法律规定含义明确、无歧义，减少不必要的争论，立法应该采用单一的肯定或否定方式，而不是并列混用。如立法以肯定模式明确规定属于受案范围的情况，凡不在肯定之列的，必然被否定；或者以否定模式明确规定不属于行政诉讼受案范围的情况，那么没有排除的情况显然属于受案范围之列。

肯定或否定，究竟采用哪一种模式更适合用来界定行政诉讼受案范围呢？这要看一国行政诉讼制度的发展程度，理想状态下，应当用单一否定模式来界定行政诉讼的受案范围，因为这种模式规定下行政诉讼受案范围最为广泛，而采用单一肯定模式界定的行政诉讼受案范围最小。由于我国行政诉讼制度仍然处在发展过程中，目前《行政诉讼法》仍然采用了第 12 条肯定加第 13 条否定的混合模式来界定行政诉讼的受案范围。

2. 主要以判例来确定行政诉讼的受案范围，并同时辅之以制定法的规定。这是指在行政判例法国家，如法、英、美等国，某一行政案件是否属于法院的

---

[1]　罗豪才、应松年主编：《行政诉讼法学》，中国政法大学出版社 1990 年版，第 102～104 页、第 106～114 页。有学者通过对我国行政诉讼受案范围立法模式与行政诉讼受案范围的具体内容之间的关系进行深入分析后提出，《行政诉讼法》中概括式规定与列举式规定的效力地位并不相等，只有第 2 条的概括式肯定规定和第 12 条的列举式否定规定才具有限定受案范围的意义，而第 11 条的列举式肯定规定只是对概括式肯定规定内容的进一步说明，本身不具有限定受案范围的功能。杨小君："正确认识我国行政诉讼受案范围的基本模式"，载《中国法学》1999 年第 6 期。

受案范围，主要看是否符合法院判例形成的一些规则。

（三）确定行政诉讼受案范围的基本标准

确定行政诉讼受案范围的标准是指行政诉讼法在规定受案范围时将部分行为纳入受案范围，将另一些行为排除在受案范围之外时所考虑的要素。我国《行政诉讼法》确定受案范围时的标准，学术界通说一般认为有两个：

1. 行为标准。行政行为标准是指人民法院只受理因行政行为引起的争议案件。这一标准规定在《行政诉讼法》第 2 条中，包括了以下三个方面的内涵：

（1）可诉行政行为的主体是具有行政职权的行政机关和行政机关工作人员。按照《行政诉讼法》第 2 条的规定，可诉行政行为的主体还包括法律、法规、规章授权的组织及其工作人员。

（2）可诉性行政行为必须是与行使行政职权有关的行为。可诉行政行为包括行政事实行为。行政机关或者法律、法规、规章授权组织的民事行为因与行使行政职权无关，即使产生纠纷，也不引起行政诉讼。

（3）可诉性行政行为是一种已经产生了实际影响的行为。可诉行政行为必须是产生法律效果的行为，只有产生法律效果的行为才会对行政管理相对人产生拘束力，才可能引起法律意义上的纠纷，否则，不会引起行政诉讼。

2. 权益标准。根据《行政诉讼法》第 12 条第 1 款第 12 项的规定，我国行政诉讼受案范围限定在行政行为涉及公民、法人或者其他组织的人身权、财产权等合法权益。只要行政行为实质性影响到公民、法人或者其他组织的合法权益，当事人不服，均可以提起行政诉讼。这里的合法权权益不限于人身权、财产权，也不限于为实体行政法或行政程序法所保护的合法权益，只要是公民、法人或者其他组织为我国法律所承认、所保护的合法权益，都属于行政诉讼法的保护范围。这些权益受到行政行为侵犯时，都属于行政诉讼的受案范围。

第二节　行政诉讼的肯定范围

肯定范围是指人民法院应当受理的行政案件范围。《行政诉讼法》第 12 条对人民法院受理的行政案件作出明确规定，包括以下内容。

一、对行政处罚不服提起的诉讼

《行政诉讼法》第 12 条第 1 款第 1 项规定，对行政拘留、暂扣或者吊销许可证和执照、责令停产停业、没收违法所得、没收非法财物、罚款、警告等行政处罚不服提起的诉讼，属于人民法院的受案范围。

我国现行法律、法规规定的行政处罚种类有很多，《行政诉讼法》并未全部列举，而且新的立法还可能设定其他处罚种类。只要公民、法人或者其他组织认为行政机关作出的行政处罚行为侵犯其合法权益而提起诉讼的，都属于行政诉讼的受案范围。

二、对行政强制不服提起的诉讼

《行政诉讼法》第 12 条第 1 款第 2 项规定，对限制人身自由或者对财产的查封、扣押、冻结等行政强制措施和行政强制执行不服提起的诉讼，属于人民法院的受案范围。

按照《行政强制法》第 2 条的规定，行政强制措施，是指行政机关在行政管理过程中，为制止违法行为、防止证据损毁、避免危害发生、控制危险扩大等情形，依法对公民的人身自由实施暂时性限制，或者对公民、法人或者其他组织的财物实施暂时性控制的行为。行政强制执行，是指行政机关，对不履行行政决定的公民、法人或者其他组织，依法强制履行义务的行为。在行政法学理论中，把前者称为即时性强制，把后者称为执行性强制。无论何种行政强制行为，公民、法人或其他组织不服提起诉讼，都属于人民法院的受案范围。

对于行政决定的执行，如果行政机关自己没有强制执行权，则需要申请人民法院强制执行；相关法律规定行政机关既可以自己执行其行政决定，也可以申请法院执行其行政决定，而行政机关申请法院执行其行政决定的。这些都属于法院实施的强制执行行为，当事人不得提起行政诉讼。

三、对行政许可行为不服提起的诉讼

《行政诉讼法》第 12 条第 1 款第 3 项规定，申请行政许可，行政机关拒绝或者在法定期限内不予答复，或者对行政机关作出的有关行政许可的其他决定不服提起的诉讼，属于人民法院的受案范围。

行政许可是指行政机关依公民、法人或其他组织的申请，通过颁发许可证和执照等形式，依法赋予其从事某种活动的法律资格或者作出某种行为的法律权利的行政行为。行政许可是政府行政管理的常见行为形式，覆盖面非常广泛。行政机关在行政许可领域作出行为的具体表现形式很多。常见的如行政机关决定许可或者不许可；行政机关就行政许可的变更、延续、撤回、注销、撤销等作出的行为或者不作为；行政机关应申请人请求公开行政许可信息或者不予公开的行为；行政机关许可过程中导致许可程序终止的行为，如通知等。

《行政许可法》第 7 条规定："公民、法人或者其他组织对行政机关实施行政许可，享有陈述权、申辩权；有权依法申请行政复议或者提起行政诉讼；

其合法权益因行政机关违法实施行政许可受到损害的，有权依法要求赔偿。"换言之，按照《行政许可法》的规定，只要是有关行政许可的行政行为，无论是否涉及当事人的人身权、财产权，都可以依法提起行政诉讼。

四、对行政机关作出的自然资源权属决定不服提起的诉讼

《行政诉讼法》第12条第1款第4项规定，对行政机关作出的关于确认土地、矿藏、水流、森林、山岭、草原、荒地、滩涂、海域等自然资源所有权或者使用权的决定不服提起的诉讼，属于人民法院的受案范围。

在我国，行政机关对各类自然资源管理拥有较为广泛的权力。行政机关因管理各种自然资源作出的行政行为包括行政处罚、行政强制、行政许可等，当事人对这些行为不服，当然有权提起行政诉讼。此外，按照《土地管理法》、《森林法》、《矿产资源法》、《草原法》等法律的规定，当发生自然资源权属纠纷时，当事人可以向政府申请确权，对确权决定不服的，在经过行政复议前置程序后，可以向人民法院提起诉讼。

五、对征收、征用决定及其补偿决定不服提起的诉讼

《行政诉讼法》第12条第1款第5项规定，对征收、征用决定及其补偿决定不服提起的诉讼，属于人民法院的受案范围。

现代民主法治国家对公民的私人财产实行普遍保护原则，即私人财产不受侵犯。但是，在任何一个国家，私人财产的保护都要受到公共利益的限制，尽管限制的条件和方式各有不同，但没有不受限制的私人财产权。我国《宪法》第13条第3款规定："国家为了公共利益的需要，可以依照法律规定对公民的私有财产实行征收或者征用并给予补偿。"宪法的这一原则在《物权法》、《土地管理法》等法律中都有具体的规定。例如，《人民警察法》第13条规定：公安机关因侦查犯罪的需要，必要时"可以优先使用机关、团体、企事业组织和个人的交通工具、通信工具、场地和建筑物，用后应当及时归还，并支付适当费用；造成损失的，应当赔偿"。在法律实践中，目前因公共利益需要征收、征用私有财产发生最多的领域是农村土地和城市房屋征收，引发的行政纠纷也较多。

行政机关为了公共利益需要征收或者征用私有财产是其职权行为，由于这种征收、征用行为是对公民、法人或者其他组织合法权益的限制、剥夺。因此，征收、征用行为应当由法定主体，严格按照法定条件、程序进行。如果当事人认为行政机关的征收、征用决定或者补偿决定侵犯其合法权益，从而向人民法院提起行政诉讼，人民法院应当受理。

六、申请行政机关履行保护人身权、财产权等合法权益的法定职责，行政机关拒绝履行或者不予答复提起的诉讼

《行政诉讼法》第 12 条第 1 款第 6 项规定，公民、法人或者其他组织申请行政机关履行保护人身权、财产权等合法权益的法定职责，行政机关拒绝履行或者不予答复，当事人提起的诉讼，属于人民法院的受案范围。

保护公民、法人或其他组织的人身权、财产权是行政机关的法定职责。当公民、法人或其他组织的人身权、财产权受到了不法威胁或者不法侵害，申请行政机关予以保护，而有法定职责的行政机关拒绝给予保护或者不予答复，即不履行其法定职责，而使相对人受到人身或财产方面的损害，负有法定职责的行政机关的这种行为就是放纵违法行为的严重失职行为。

因此，《行政诉讼法》规定，人民法院受理公民、法人或其他组织因申请行政机关履行保护人身权、财产权的法定职责，行政机关拒绝履行或者不予答复而提起的行政诉讼。

七、认为行政机关侵犯经营自主权或者农村土地承包经营权、农村土地经营权提起的诉讼

《行政诉讼法》第 12 条第 1 款第 7 项规定，公民、法人或者其他组织认为行政机关的行政行为侵犯其经营自主权，或者农村土地承包经营权、农村土地经营权向法院提起的诉讼，属于人民法院的受案范围。

在我国，市场主体具有多样性，以所有制形式划分，有国有、集体、私人三种主要形式。不同所有制市场主体在相应的法律范围内拥有其企业经营自主权，即市场主体以其资金、技术、场地、设备、员工等企业生产要素自主决定其生产经营事项的权利。经营自主权是市场主体的基本权利，行政机关的行为如果侵犯，将损害市场主体生产经营自由，应当予以监督纠正。但要注意，经营自主权的内容十分广泛，各种不同性质的经营者，依法享有的经营自主权的内容范围各有不同，如非国有企业与国有企业相比，其法定经营自主权的范围更为广泛，特别是私营企业，在经营活动中对其财产享有完全的处分权、收益权。因此，某些行为集体企业或者私营企业不服可以起诉，但国有企业不行。例如，国资委决定任免国有企业负责人，是国资委代表国家行使所有者民事权利的行为，就不得提起行政诉讼，但如果行政机关任免私营企业负责人，就是干涉企业经营自主权的行为，可以提起行政诉讼。

《农村土地承包法》第 32 条规定："通过家庭承包取得的土地承包经营权可以依法采取转包、出租、互换、转让或者其他方式流转。"《物权法》第 125 条规定："土地承包经营权人依法对其承包经营的耕地、林地、草地等享有占

第三章

有、使用和收益的权利，有权从事种植业、林业、畜牧业等农业生产。"《农村土地承包法》规定的是农村土地承包权人的承包经营权的依法处分的权利，《物权法》规定的是占有、使用、收益等承包经营权。行政机关的行政行为侵犯这些权利，当事人不服都可以提起行政诉讼。

农村土地经营权是指通过农村土地承包经营权的转包、出租、互换、转让或者其他方式流转后而获得的土地经营权，是土地经营权人通过这些流转方式从土地承包权人那里获得的土地经营权利。我国法律鼓励土地承包经营权的流转，例如，大学生自主创业，租赁农村土地办现代农业养殖农场；果汁加工企业租赁农村土地建水果产地仓储冷库；等等。行政机关的行政行为如果侵犯这类土地经营权的，当事人可以提起行政诉讼。

八、认为行政机关滥用权力排除或者限制竞争提起的诉讼

《行政诉讼法》第 12 条第 1 款第 8 项规定，认为行政机关滥用行政权力排除或者限制竞争提起的诉讼，属于人民法院的受案范围。

市场经济的一个重要特点和保障是市场主体具有平等的地位。平等主体才有条件进行平等竞争，而充分竞争能够才能够为社会带来低价格、低成本、高水准、高品质的商品和服务，才能够促进社会的繁荣。在我国，由于政府法治建设还不完善，市场经济发育还不成熟等原因，政府在经济发展过程中凭借手中的权力插手经济活动，排除或者限制公平竞争，使市场主体事实上的不平等现象还在一定程度和范围内存在。例如，限制外地商品进入本地市场或者限制本地商品流入外地市场；对外地商品或服务进入本地提出额外的资质、税收、价格、搭售本地产品等条件；以经济性或者非经济性条件限制人员、资金、技术、信息、材料等市场要素的流动自由等。按照《行政诉讼法》的规定，对于行政机关这些排除或者限制竞争、损害公平竞争权的行为，当事人均可提起行政诉讼。

需要强调，我国的市场经济正在逐步成长、成熟的过程中，政府作为市场监管的主体，对市场主体的行为依法进行必要的管制是合理的，相关法律、法规也对政府的市场监管权力给予了应有的肯定。在法定职权范围内，行政机关的正常市场监管，被监管对象应当接受这种监管。《行政诉讼法》所针对的是行政机关滥用权力损害公平竞争的行为。这里所谓的"滥用权力"，主要是指行政机关的监管行为违反法律赋予其行政权力的目的、存在违法的主观过错。

九、认为行政机关违法集资、摊派费用或者违法要求履行其他义务提起的诉讼

《行政诉讼法》第 12 条第 1 款第 9 项规定，认为行政机关违法集资、摊派

费用或者违法要求履行其他义务提起诉讼，属于人民法院的受案范围。

我国法律对公民应尽的义务作了明确的规定，如纳税义务、服兵役义务、劳动的义务等，公民、法人或其他组织必须依法履行其义务。行政机关在行政管理中也有权要求其履行义务，但应当严格依法并按法定范围、标准和程序进行，除法定义务外，行政机关不得要求公民、法人或其他组织履行法外义务，如集资、摊派费用、强迫捐款等，这些都是违法要求履行义务的行为，是对其合法权益的侵害。行政机关要求公民、法人或其他组织履行义务通常包括财产上的义务和行为上的义务，财产上的义务指要求给付一定的财物或款项，如交纳费用、交付实物等；行为上的义务指要求作出或不作出一定的行为，要求作出一定的行为如强迫劳役等，要求不作出一定的行为如不得自销某种产品、不得进入某一地域等。这些义务都涉及公民、法人或其他组织的人身权和财产权。

《行政诉讼法》规定，人民法院受理公民、法人或其他组织认为行政机关违法要求履行义务而提起的行政诉讼。

十、认为行政机关没有发放抚恤金、最低生活保障待遇或者社会保险待遇提起的诉讼

《行政诉讼法》第 12 条第 1 款第 10 项规定，认为行政机关没有依法支付抚恤金、最低生活保障待遇或者社会保险待遇提起的诉讼，属于人民法院的受案范围。

现代社会的政府不仅要为国民提供安全，即保障公民、法人或者其他组织的权利和自由不受非法侵犯，还要保障公民的基本生存权利，还要促进整个社会的共同福祉。为实现这个目标，20 世纪以来，各国政府都十分重视社会保障制度的建立。在我国，抚恤金是国家对军人、公务员因公、因战伤亡后为抚慰和保障其生活而发放的专项费用；国家职工因公伤亡，依法享有认定工伤并获得工伤保险待遇的权利；失业者，依法享有获得失业保险金的权利；贫困群体，依法享受领取低保待遇的权利；符合廉租房、经济适用房租赁、购买条件的，依法拥有租住廉租房、购买经济适用房的权利。

上述这些生活待遇上有困难的群体，对行政机关有关行为不服，提起诉讼的，属于人民法院的受案范围。

十一、认为行政机关没有依法履行行政协议提起的诉讼

《行政诉讼法》第 12 条第 1 款第 11 项规定，认为行政机关不依法履行、未按照约定履行或者违法变更、解除政府特许经营协议、土地房屋征收补偿协议等协议而提起的诉讼，属于人民法院受案范围。

行政协议即行政合同，是指行政机关为了履行行政职责、实现行政管理目标，与公民、法人或者其他组织经协商一致签订的协议。行政合同作为一种双方行政行为，是现代行政管理民主化、柔性化的结果。行政合同是合同，要遵守合同行为的一般原则。但行政合同又是行政行为，行政机关在行政合同的签订、履行过程中拥有优益权。

在行政法实践中，常见的行政合同如国有土地使用权出让合同、土地征收征用及其补偿合同、矿产资源及其他公共资源特许经营合同、政府公共采购合同、公共工程承包合同等。过去，这类行政合同引起的纠纷有些通过民事诉讼审理，有些民事诉讼、行政诉讼两边都不受理。按照《行政诉讼法》的规定，今后，凡是行政合同引起的纠纷，当事人提起诉讼，都属于行政诉讼受案范围。

十二、认为行政机关侵犯其他人身权、财产权等合法权益提起的诉讼

《行政诉讼法》第 12 条第 1 款第 12 项规定，认为行政机关侵犯其他人身权、财产权等合法权益提起的诉讼，属于人民法院受案范围。

《行政诉讼法》的这一规定，在立法技术上被称为"兜底条款"。1989 年《行政诉讼法》的类似规定是，认为行政机关的行政行为侵犯"其他人身权、财产权"的可以提起行政诉讼。诉讼实践中，如果当事人不服的行政行为不是有关人身权、财产权的，例如，信息公开关系的是"知情权"，学校不给颁发、毕业证学位证关系的是"受教育权"，这些行为引起的纠纷是否属于法院受案范围，理论上存在争论，实践中，法院受理当事人起诉，也不是直接依据的《行政诉讼法》的规定。

《行政诉讼法》将这一规定表述为人身权、财产权"等合法权益"，极大地拓展了可受理案件的范围。凡是公民、法人或者其他组织认为行政机关的行政行为侵犯其合法权益的，无论这种合法权益是否属于人身权、财产权，都属于人民法院的受案范围。

十三、认为符合单行法律、法规规定提起的诉讼

《行政诉讼法》第 12 条第 2 款规定，除第 1 款规定的的受案范围外，人民法院受理法律、法规规定可以提起诉讼的案件。

认为行政行为侵犯其人身权、财产权等合法权益的，当事人无疑可以提起行政诉讼。如果行政行为与当事人的任何合法权权益都无关，目前原则上法院不受理当事人提起的诉讼。今后，如果相关单行法律、法规规定可以起诉，人民法院应当受理。作为《行政诉讼法》关于受案范围的另一个兜底条款，这一规定主要是为今后进一步拓展行政诉讼受案范围留下立法空间。

第三章

需要强调，《行政诉讼法》这一规定涉及的案件有三个特点：

1. 这类案件在被诉行为内容上没有特别的限制。只要是单行法律、法规规定可以起诉的案件，当事人提起诉讼，人民法院都应当受理。

2. 这类案件在原告资格上没有特别的限制。只要是单行法律、法规允许起诉的情形，公民、法人或者其他组织提起诉讼，人民法院都应当受理。例如，目前我国《行政诉讼法》没有规定公益诉讼制度，如果涉及生态环境与资源保护、食品药品安全的单行法律、法规规定对这些领域的行政行为可以提起公益行政诉讼，公民、法人或者其他组织起诉，法院应当受理。

3. 这类案件对被告身份也没有特别的限制。目前，我国行政诉讼起诉的对象是国家行政机关。对于具有公共事务管理职能的社会组织的行为引起的纠纷，如果该社会组织不是依据某一法律、法规或者规章授权作出的行为，当事人不能提起行政诉讼。但是，如果将来某一单行法律、法规规定可以起诉，如对足协的行为等，当事人就可以提起行政诉讼。

可见，《行政诉讼法》的这一规定不仅仅是简单地规定了受案范围的拓展途径，还具有全面拓展行政诉讼功能、内容的意义。

此外，司法实践中存在非以单行法律、法规规定，而是由行政机关制定的规章或者其他规范性文件规定可以提起行政诉讼的情形。这类规定是否符合《行政诉讼法》的规定，值得探讨。我们认为，《行政诉讼法》第12条第2款的上述规定是在某一行为是否可诉存在争论的情况下，解决争论的依据。即只要单行法律、法规规定可以提起行政诉讼，无论这个规定在某些人看来多么"不合理"，都要遵守执行。但如果规章或者其他规范性文件规定了不属于行政诉讼法上述受案范围的事项，当事人可以提起行政诉讼的情形。如果公民、法人或者其他组织据此提起诉讼，而原被告之间在能否起诉问题上不存在分歧，人民法院当然应当受理。

第三节　行政诉讼的否定范围

否定范围是指根据《行政诉讼法》的规定，人民法院不受理的，即排除行政诉讼的事项范围。《行政诉讼法》第13条对于人民法院不受理的事项有明确的规定，此外，《执行解释》对人民法院不受理的事项也有规定，其中的有些内容并不违反修改后的《行政诉讼法》及其司法解释，在诉讼实践中仍然需要执行。两者结合即构成不属于人民法院的受案范围的事项。

一、行政诉讼法的规定

《行政诉讼法》第13条规定了人民法院不应当受理的四类事项。

（一）国防、外交等国家行为

《行政诉讼法》第13条第1项规定，"国防、外交等国家行为"不属于行政诉讼的受案范围。国家行为是指有权代表国家的特定国家机关，根据宪法和法律的授权，以国家的名义实施的，关系国家主权或重大国家利益的有关国防、外交等事务的行为。

国家行为不能提起行政诉讼是世界各国行政诉讼的立法通例。一般认为，国家行为不得提起诉讼的理由主要有三点：

1. 国家行为是行使国家主权的行为，主权是一个国家的最高权力，因而主权行为不受法院管辖。

2. 国家行为具有高度的政治性，是特定国家机关代表国家，以国家名义实施的，因而国家行为的后果也应由国家来承担政治性的责任，政治责任的承担只能通过国家的权力机关来实现，由政府有关领导人承担，而不能由法院对其进行合法性审查。

3. 国家行为涉及国家整体利益和民族根本利益，即使国家行为影响到个别或局部的公民、法人或者其他组织的个体利益，这一个体利益也必须服从国家整体利益和民族的根本利益。因而，国家行为不受法院的管辖，造成特定相对人损害的，通过行政补偿给予救济。

当然，由于各国政治、法律等制度及观念的不同，具体对什么是国家行为的认识可能不同。即在甲国属于国家行为不得提起行政诉讼的行为，到了乙国很可能不被认为属于国家行为，反之亦然。

按照《执行解释》第2条的规定，我国《行政诉讼法》所规定的国家行为指两类行为：①国务院、中央军事委员会、国防部、外交部这四个主体根据宪法和法律的授权，以国家的名义实施的有关国防和外交事务的行为。②经宪法和法律授权的国家机关宣布紧急状态、实施戒严和总动员等行为。

上述国家行为有两个特征：

（1）主体特殊。国家行为的主体是国务院、中央军事委员会、国防部、外交部等特殊国家机关。

（2）行为依据特殊。国家行为必须是法定主体根据宪法或者法律授权的行为。

（二）行政法规、规章或者行政机关制定、发布的具有普遍约束力的决定、命令

《行政诉讼法》第 13 条第 2 项规定，"行政法规、规章或者行政机关制定、发布的具有普遍约束力的决定、命令"不属于行政诉讼的受案范围。

行政法规、规章或者行政机关制定、发布的具有普遍约束力的决定、命令，在行政法学上统称为抽象行政行为。

行政机关制定行政法规、规章的行为按照《宪法》、《立法法》的规定属于行政立法行为，对其监督、撤销属于中央和地方权力机关、上级与本级行政机关，不应纳入行政诉讼的范围。

规章以外其他具有普遍约束力的决定、命令，一般被称为"其他规范性文件"，即行政实践中常说的"红头文件"。其他规范性文件在行政管理实践中的实际作用类似于行政法规和规章，目前纳入行政诉讼受案范围的条件不成熟。因此，按照《行政诉讼法》的规定，当事人不服也不能直接起诉。

需要强调的是，对于规章以外的其他规范性文件，《行政诉讼法》第 53 条的规定："公民、法人或者其他组织认为行政行为所依据的国务院部门和地方人民政府及其部门制定的规范性文件不合法，在对行政行为提起诉讼时，可以一并请求对该规范性文件进行审查。"这意味着，当事人虽然不能对其他规范性文件直接起诉，但可以在对依据这些规范性文件作出的行政行为提起诉讼的同时，请求法院审查规范性文件，法院应当合并审理当事人的诉讼请求。

（三）行政机关对行政机关工作人员的奖惩、任免等决定

《行政诉讼法》第 13 条第 3 项规定，"行政机关对行政机关工作人员的奖惩、任免等决定"不属于行政诉讼的受案范围。按照《执行解释》第 4 条的规定，这里的行政机关对其工作人员的奖惩、任免等决定，是指行政机关作出的涉及该行政机关公务员权利义务的决定。奖惩是行政机关依照法定职权对其工作人员实施的奖励和惩戒，任免是行政机关依照法定职权任命或解除其工作人员职务的活动。行政机关对行政机关工作人员的奖惩、任免等决定，是行政机关的内部人事管理行为，属于内部行政行为的一种。由此导致的行政纠纷，按照有关法律、法规的规定，由行政机关系统内的人事部门和监察部门处理解决，人民法院不予干预。

《行政诉讼法》这里规定的内部行政行为一方面不仅指奖惩、任免决定，只要是行政机关作出的、涉及该行政机关公务员权利义务的行为，都在此范围内，如公务员的福利待遇、辞退辞职等。另一方面，在法律实践中，如果是行政机关对其工作人员作出的行为，即使在形式上采用外部管理行为的手段，如

有些行政机关对完不成工作任务或者违纪的工作人员"罚款",也不得提起行政诉讼。

应该强调指出,行政机关对其公务员的奖惩任免等决定不可诉,源于此时该公务员与所属行政机关的职务身份关系,如果不存在这种职务身份关系,如公务员的考试录用中产生的纠纷、公务员因此致开除等原因引起的纠纷,因为当事人还没有取得公务员身份或者已经丧失了公务员身份,相应纠纷属于行政机关与公民之间的纠纷,属于行政诉讼的受案范围。

（四）法律规定由行政机关最终裁决的行政行为

根据《行政诉讼法》第 13 条第 4 项的规定,人民法院不受理公民、法人或者其他组织对"法律规定由行政机关最终裁决的行政行为"提起的行政诉讼。

按照《执行解释》第 5 条的规定,"法律规定由行政机关最终裁决的具体行政行为"中的"法律",是指全国人民代表大会及其常务委员会制定、通过的规范性文件。法律规定由行政机关最终裁决的具体行政行为,一经作出,就具有法律效力,相对人不得再提起行政诉讼,因而,"最终裁决"是对司法监督的排除,只有国家最高权力机关才有权设定由行政复议最终裁决的行政行为,行政法规、地方性法规和行政规章都无权作出这种规定。

现行有效的由法律明确规定行政终局裁决的情形仅有《行政复议法》中的两条规定。

1.《行政复议法》第 14 条规定:"对国务院部门或者省、自治区、直辖市人民政府的具体行政行为不服的,向作出该具体行政行为的国务院部门或者省、自治区、直辖市人民政府申请行政复议。对行政复议决定不服的,可以向人民法院提起行政诉讼;也可以向国务院申请裁决,国务院依照本法的规定作出最终裁决。"

2.《行政复议法》第 30 条第 2 款规定:"根据国务院或者省、自治区、直辖市人民政府对行政区划的勘定、调整或者征收土地的决定,省、自治区、直辖市人民政府确认土地、矿藏、水流、森林、山岭、草原、荒地、滩涂、海域等自然资源的所有权或者使用权的行政复议决定为最终裁决。"

有些情形下,相关法律没有明确规定某一行为可诉或者不可诉,并不是因为按照行政诉讼受案范围的规定,该行为究竟属于可诉范围还是属于不可诉的范围,而是因为该行为是否属于行政行为这个前提性问题存在争议。例如,《全国人大法工委关于交通事故责任认定行为是否属于行政行为,可否纳入行政诉讼受案范围的意见》中规定,[1]交通事故责任认定行为不是行政行为,不能提起行政诉讼。由于立法解释认为交通事故责任认定行为根本就不是行政行为,因此,也就无所谓是否符合行政诉讼法规定的受案范围了。

二、《执行解释》的规定

从法理上讲,排除行政诉讼受案范围的事项只能由《行政诉讼法》作出明确规定。如果允许其他法律也作出规定,势必会导致排除行政诉讼受案范围规定的零散、复杂,带来法律理解上的困难和诉讼实践上的混乱。但是,由于《行政诉讼法》第13条的规定并没有将人民法院不受理当事人起诉的行为全部排除,《执行解释》第1条第2款根据《行政诉讼法》的规定,结合诉讼实践,对排除在行政诉讼受案范围之外的事项作出了进一步完善。

(一)公安、国家安全等机关依照《刑事诉讼法》的明确授权实施的行为

公安机关、国家安全机关、监狱管理机关是双重职能机关,它们既有行政管理职权,又有《刑事诉讼法》规定的刑事司法职权。刑事司法行为引起的纠纷,当然不能提起行政诉讼。因此,如何区分公安机关、国家安全机关、监狱管理机关的刑事司法行为与行政行为,是界定这类不可诉行为的关键问题。区分刑事司法行为与行政行为的标准应该有行为目的、行为形式、行为机构、法律授权等,但是按照《执行解释》的该项规定,只采用了法律授权这一标准,亦即只要公安、国家安全等机关实施的行为具有《刑事诉讼法》上的明确授权,如刑事拘留、取保候审、监视居住、逮捕,这些行为因其明确授权而不具有可诉性。如果这些机关超越了授权范围,该行为就属于可诉行为。

至于有些刑事侦查措施中采取的查封、扣押、冻结等措施,在其行政管理过程中也可作为行政强制措施来使用,二者的区分,就应该结合是否符合《刑事诉讼法》授权的目的来考察。

(二)调解行为以及法律规定的仲裁行为

调解行为是指行政机关居间调解民事纠纷,如公安机关依据《道路交通事故处理办法》对交通事故的损害赔偿进行的调解处理。调解行为也是行政机关实施行政管理的一种重要手段。行政机关居间进行民事调解的一项重要原则,就是当事人自愿原则,行政机关必须尊重当事人意志,不得强迫当事人接受调解协议。因而当事人之间达成民事调解协议,不是行政机关行使公权力的结果,行政机关的民事调解行为不是一种行政行为,调解协议对行政机关本身

---

[1]　法工办复字〔2005〕1号。

第三章

和当事人都不具有必然的拘束力。那么，调解行为的性质就决定了行政机关的民事调解行为的不可诉性。

仲裁是法律规定的机构以中立者的身份对当事人之间的民事纠纷，依照一定的程序作出具有法律拘束力的判定的法律制度。行政机关的仲裁是一种行政司法活动。根据一般法理，仲裁具有最终的法律效力。对行政机关的仲裁裁决处理不服，不能再提起行政诉讼，依法只可以民事案件起诉，这时仲裁裁决的法律效力便自行消灭。如《劳动法》第 83 条规定："劳动争议当事人对仲裁裁决不服的，可以自收到仲裁裁决书之日起 15 日内向人民法院提起诉讼。一方当事人在法定期限内不起诉又不履行仲裁裁决的，另一方当事人可以申请人民法院强制执行。"再如，《最高人民法院关于人民法院审理事业单位人事争议案件若干问题的规定》第 2 条规定："当事人对依照国家有关规定设立的人事争议仲裁机构所作的人事争议仲裁裁决不服，自收到仲裁裁决之日起 15 日内向人民法院提起诉讼的，人民法院应当依法受理。一方当事人在法定期间内不起诉又不履行仲裁裁决，另一方当事人向人民法院申请执行的，人民法院应当依法执行。"因此，《执行解释》规定，对行政机关的仲裁行为也不得提起行政诉讼。

应当注意的是，这里的"法律"是狭义的，仲裁行为必须是法律规定的仲裁，法规、规章规定的仲裁行为不具有这样的效力。因为根据《立法法》的规定，仲裁制度属于国家最高权力机关的立法范围，只能由法律规定。

（三）不具有强制力的行政指导行为

行政指导行为是行政机关运用非强制性手段，以相对人自愿为前提而达到行政目的的行为。行政指导行为的一个最重要的特征就是对相对人不具有法律约束力。相对人可以遵守，也可以不遵守，行政机关不得强迫相对人服从行政指导。因此，行政指导对相对人不直接产生法律后果，即不直接导致相对人的权利义务的变化。根据《执行解释》的规定，行政指导行为因其没有强制力而不具有可诉性。

但是实践中一些利用公权力进行的行政指导，例如，以断绝信贷、撤销许可证为后盾，事实上带有胁迫、强制的。所谓指导行为，因实际上具有强制力，就仍属可诉行为。

（四）驳回当事人对行政行为提起申诉的重复处理行为

重复处理行为是我国行政法学上一个新概念，它是指行政机关在原有行政行为的基础之上所作的行政行为，相对人或者其他利害关系人对已经确定的行政行为提出申诉，有关行政机关维持了原行政行为，并驳回了当事人申诉的行为。这种行为是对已过申请复议或起诉期限的行政行为进行的维持，实际上并没有创设新的权利义务关系。因为重复处理行为不创设新的权利义务关系，因而是不可诉的行政行为。但是，假如行政机关在当事人提出申诉之后，就已成立的法律关系给予变更或消灭，那就意味着创设了新的权利义务关系，这种行为就具有可诉性。

《执行解释》规定对重复处理行为不得提起行政诉讼，并限定为"驳回当事人对行政行为提起申诉的重复处理行为"，也就是说，只有这一类的重复处理行为才不可诉。如相对人超过起诉期限后，到信访部门申诉，信访部门作出驳回其申诉的决定，相对人对该决定不服而提起行政诉讼。

《执行解释》规定人民法院不受理对重复处理行为提起的行政诉讼是十分必要的，这是行政诉讼起诉期限规则的重要保证。如果不将此类行为排除出司法审查范围，意味着取消了行政诉讼法和行政复议法规定的期限。

（五）对公民、法人或者其他组织权利义务不产生实际影响的行为

对公民、法人或者其他组织权利义务不产生实际影响的行为，是指在法律上没有给相对人的权利义务带来实际变化的行为。通常这类行为是指准备性行为，如通知、调查；或者尚未成熟、成立的行为；以及咨询性行为，如发布统计数字等。但是应当注意，实践中，有些行政机关的行为在形式上以通知、调查、发布统计数字等出现，但内容上包含对公民、法人或者其他组织权益的实质性处理，这类行为即可提起诉讼。

[复习思考题]

1. 简述《行政诉讼法》确立受案范围的意义。
2. 简述法律确立行政诉讼受案范围的模式。
3. 简述确立行政诉讼受案范围的标准。
4. 简要分析目前我国行政诉讼受理案件的具体范围。

第四章
行政诉讼的管辖

[学习目的和要求] 掌握行政诉讼管辖的概念、特征、种类；掌握共同管辖、移送管辖、指定管辖及管辖权转移的概念；掌握级别管辖中各级人民法院管辖第一审行政案件的类型；掌握一般地域管辖的类型和特殊地域管辖的种类；掌握管辖权异议制度。能够熟练解决给定案例的管辖权问题。

第一节   行政诉讼管辖概述

一、行政诉讼管辖的概念和特征

行政诉讼的管辖，是指各级人民法院之间以及同级不同地域的人民法院之间在受理第一审行政案件上的权限分工。在诉讼中之所以存在管辖问题，是由于我国的法院系统是一个由为数众多的法院组成的金字塔体系。从纵向上看，我国的法院由四级组成，自上而下分别是最高人民法院、高级人民法院、中级人民法院和基层人民法院。基层人民法院还下设人民法庭，但是人民法庭不是一级独立的审判组织，而是基层人民法院的派出机构。从横向上看，只有最高人民法院是唯一的，其他各级人民法院都有若干个，越往基层，数量越多，因此，当出现一个案件时，首先要确定这个案件应当由哪个人民法院管辖，只有管辖法院确定了，诉讼活动才能开始，可见，管辖是诉讼中的首要问题之一。正确确定管辖，也是人民法院作出合法有效裁判的前提条件，如果一个法院审理了自己没有管辖权的案件，即使法院作出了裁判，它也不具有合法性，应当通过法定程序撤销该裁判。对于公民、法人和其他组织而言，管辖也具有重要意义，它要解决当事人向哪个法院起诉的问题，当事人只有向有管辖权的人民法院起诉，他的实体权利和诉讼利益才能得以维护。

具体而言，管辖具有以下几个特征：

（一）行政诉讼中的管辖解决的是法院之间的分工

管辖的适用对象仅仅是作为审判机关的法院。我国的其他国家机关在行使职权时也存在管辖问题，例如，行政机关在实施行政处罚或者进行行政复议时，应当首先确定行政机关之间的管辖权划分，这里的管辖是分别由《行政处罚法》和《行政复议法》确定的。但是，行政诉讼中的管辖是确定法院在审理行政案件时的分工，它由《行政诉讼法》确定。

（二）管辖既要解决普通法院和专门法院之间的分工，还要解决普通法院内部的分工

我国在普通人民法院之外还设有专门人民法院，如海事法院、军事法院等。根据《执行解释》第6条的规定，专门人民法院、人民法庭不审理行政案件，也不审查和执行行政机关申请执行其具体行政行为的案件。因此，行政诉讼中的管辖实际上只是解决普通人民法院内部不同级别以及同级不同地域的法院之间的管辖权限划分问题。

（三）它解决的是法院在受理行政案件时的权限划分

法院受理的案件有刑事、民事和行政三种，每种案件都有相应的管辖规则，这些管辖规则存在于不同的诉讼法之中。行政案件的管辖规则由《行政诉讼法》确立，反之，《行政诉讼法》的管辖规则只适用于行政案件，而不适用于刑事和民事案件。

（四）它解决的是法院受理第一审案件时的权限划分

我国实行两审终审的诉讼制度，因此，行政案件有第一审案件和第二审案件之分。但是，只有第一审案件才存在管辖问题，第二审案件是由第一审法院的上级法院来受理的，所以不存在管辖的问题。

二、确定行政诉讼管辖的原则

在制定行政诉讼管辖规则之前，首先要确定划分管辖的原则。有了正确的管辖原则，才能实现行政诉讼的目标，保障法院公正及时地审理行政案件，保护当事人的合法权益。我们认为，划分行政诉讼的管辖应当从以下几个原则出发：

（一）便于当事人参加行政诉讼原则

管辖既要便于原告参加诉讼，又要便于被告参加诉讼。要便于当事人：①要考虑地域因素，使当事人能够就近参加诉讼；②要考虑到经济因素，尽量将当事人的经济负担降到最低；③要节约当事人的时间。当然，便于当事人参加诉讼是一个综合性的问题，其实质是便于当事人依法行使诉讼权利以保护其合法利益。这里既有地域因素，又有时间因素；既有经济因素，又有行为因素；

既有事实因素，又有法律因素。

（二）便于人民法院公正、有效、及时地行使审判权原则

法院是审判权的执掌者，是行政争议的裁决者，在诉讼中处于特殊的地位，起着关键性的作用，因此，既要便于当事人参加诉讼，又要便于人民法院公正、有效、及时地行使审判权。

确定管辖规则，首先应当有利于法院"公正"审判，公正是司法的命脉，是一切司法制度设计的基础。管辖权的划分要符合公正原则，就要便于法院正确地调查取证、认定案件事实，也要便于法院独立行使审判权，正确地适用法律，作出合法准确的判决。例如，《行政诉讼法》规定，基层人民法院管辖第一审行政案件，这一规定就包含了就地、就近的因素，便于法院的调查取证和认定事实；再如，海关处理的案件由于具有较强的专业性和技术性，《行政诉讼法》规定由中级人民法院管辖，这是因为从整体上看，中级人民法院具有较高的素质，有利于实现司法的公正性。

"有效"行使审判权是该项原则的第二层含义。没有有效性，公正也就失去了意义。有效行使审判权，就是要求法院的审判活动能够发挥应有的作用，而不能打折扣，甚至无所作为。行政诉讼是一种"民告官"的诉讼，有效行使审判权对于行政诉讼更具有针对性，行政诉讼的管辖权划分，应当根据当事人、诉讼标的物和法院辖区的关系来划分，而不能从行政机关这个"官"的地位出发，否则，就很难使法院在审判中保持公正。由于行政机关是行政诉讼中的被告，行政诉讼中影响审判的公正性和有效性的主要因素就是地方保护主义和行政干预，因此，在确定管辖规则时，必须充分考虑如何排除这些因素。在现有的体制下，通过改变管辖法院，提高案件的审级，是排除干预、保证司法公正的一个有效途径。

合理地划分管辖权，还要有利于人民法院"及时"地行使审判权。"及时"就是指人民法院应当在尽可能短的时间里完成审判活动，提高审判效率。公正是司法的首要价值，但是，没有效率的公正会使公正的价值大大缩水。有一句司法格言讲到：迟到的公正就是不公正。提高司法效率有多种途径，合理确定管辖规则也是其中之一。例如，根据《行政诉讼法》的规定，绝大多数行政案件是由基层法院受理的，这是由于基层法院为数众多，而且最接近当事人和案件发生地，基层法院便于接触当事人，便于调查取证，有利于及时行使审判权。公正和效率是一对难以调和的矛盾，一个案件由级别较高的法院来审理，有利于实现公正，但会降低效率；由基层法院来审理，有利于提高效率，但公正性会降低，立法者只能在二者间作出折中性的选择。

（三）均衡人民法院之间负担的原则

划分管辖权要考虑到各级人民法院之间合理的分工，不能使有的法院负担过重，有的法院负担过轻。如果一个法院负担过重，则不利于它公正、及时地处理案件，另外，不同级别法院的任务和职责不同，基层法院的任务是审理一审案件，中级和高级法院的主要任务则是审理重大复杂的第一审案件和第二审案件，最高人民法院的核心任务是指导全国各级法院的审判工作，管辖的划分应当有利于各级法院完成自己的任务。均衡法院之间负担原则还要考虑到各级人民法院的数量，我国的最高人民法院只有 1 个，高级人民法院有 31 个，中级人民法院有 220 余个，基层人民法院则有 2300 余个，显然，主要的管辖法院应当是基层法院，只有少数重大、复杂的案件才由上级人民法院管辖。在确定级别管辖时，也不能规定得太死，而要适应司法中的具体情况，因此，《行政诉讼法》规定，上级法院有权审理下级法院管辖的第一审行政案件，也可以把自己管辖的一审行政案件交给下级法院审理，下级法院也可以提请上级法院审理由自己管辖的案件。这一规定体现了管辖确定中的原则性和灵活性的结合。

三、管辖的分类

由于确定管辖的标准不同，就产生了多种多样的管辖类型。研究管辖的种类，有助于我们进一步深化对管辖的理解。常见的管辖种类有：法定管辖和裁定管辖；级别管辖和地域管辖；共同管辖和单一管辖等。

（一）法定管辖和裁定管辖

这种分类的标准是确定管辖的依据，这里的依据有法律的规定和法院的裁定两种。法定管辖是指以法律的规定为直接依据确定的管辖，这是管辖的主要确定方式。例如，《行政诉讼法》第 14～17 条所确定的级别管辖和第 18～20 条所确定的地域管辖均为法定管辖。裁定管辖是指以法院的裁定为直接依据确定的管辖，这是法定管辖的补充形式，是法院行使司法自由裁量权的表现。例如，人民法院依据《行政诉讼法》第 22～24 条所确定的管辖均为裁定管辖。无论是法定管辖还是裁定管辖，应当说都有法律上的依据，只是在最终确定管辖法院时，前者的直接依据是法律的明确规定，如被告所在地；后者则要凭借法院依法作出的裁定行为，如移送或指定行为。

这种分类的意义是：要明确管辖的主要确定方式是法定管辖，在有法律明确规定的情况下，人民法院和当事人应当不折不扣地执行法律的规定；裁定管辖是一种例外或补充形式，只有法律赋予法院以裁定权的时候，法院才能依法作出裁定，确定具体的管辖法院。法定管辖可以依法被法院的裁定改变，例如，依据《行政诉讼法》的规定，某一案件应当由被告所在地的法院来管辖，但是，由于特定的原因，享有管辖权的法院无法行使管辖权，上级法院指定另外一个法院来管辖。但是，裁定管辖不能被法定管辖所调整，所以，法院的裁定行为具有最终效力。

（二）级别管辖与地域管辖

这种分类的标准是，在横向和纵向上确定管辖法院。所谓纵向，是指划分不同级别的法院之间的管辖权，横向则是指划分同级不同地域的法院之间的管辖权。任何一个案件的管辖，都要通过这一纵一横的划分，最终确定管辖法院，因此，这种分类具有很强的实用性。

级别管辖是指在不同级别的法院之间对管辖权的划分。如前所述，我国的普通人民法院系统是一个金字塔形状的结构，从纵向上看，这个"金字塔"由四层组成，因此，在确定管辖法院时，首先需要确定由哪一级法院来管辖。确定级别管辖的方式有两种：即概括式和列举式，概括式是用一个抽象的标准来确定管辖法院的级别，例如，《行政诉讼法》第 15、16、17 条规定中级、高级和最高人民法院分别管辖本辖区内的"重大、复杂的第一审行政案件"。列举式是指使用逐一列举的方式来确定管辖法院的方式，如《行政诉讼法》第 15 条规定，中级人民法院管辖海关处理的案件。

需要注意的是，《行政诉讼法》关于级别管辖的规定，充分体现了原则性与灵活性相结合的原则，即案件在不同级别的法院之间的调整与确定，除了通过法律上的羁束性的规定确定一些案件在级别上的恒定管辖法院以外，还根据不同级别的法院在工作性质上的差别形成案件在不同级别法院之间的均衡负担。并且，还可以通过裁定管辖的方式予以调整和补充，这在其他管辖形式中是不多见的。

地域管辖是指一个行政案件在确定其管辖法院的级别后，还要确定它应当由哪个地方的法院受理的问题。在我国金字塔形的法院体系中，除了最高人民法院只有一个外，其余各级法院均有若干个，因此，只有确定地域管辖，才能最终确定管辖的法院。地域管辖的确定方式也有概括式和列举式两种，例如，《行政诉讼法》第 18 条规定，行政案件原则上由被告所在地法院管辖，就属于概括式；《行政诉讼法》第 19、20 条规定的对限制人身自由的强制措施不服的案件和因不动产产生的案件的管辖就属于列举式。由于确定的方式不同，就会出现逻辑上的交叉与矛盾，为了避免在案件管辖上的不确定性和争议，也就应运而生出一般地域管辖和特殊地域管辖两种地域管辖方式。

（三）共同管辖与单一管辖

这种分类的依据是对同一个案件享有管辖权的法院的数量。原则上讲，法律在设定管辖时应当尽量做到明确具体、一案一管。但是，司法实践中遇到的情况是纷繁复杂的，有时就会出现两个或两个以上的法院对同一个案件都有管辖权的情况，这就是共同管辖。这时原告就有了选择的空间，他有权在有管辖权的法院之间进行选择，他的选择最终确定了该案件的管辖法院。而单一管辖就是根据法律的规定，一个案件只有一个法院享有管辖权，这时当事人就没有选择的余地。

第二节 行政诉讼的级别管辖

一、基层人民法院的管辖

《行政诉讼法》第14条规定："基层人民法院管辖第一审行政案件。"这是一个概括性的条款，结合有关级别管辖的其他条款，其含义应当是，除了法律明确规定应当由上级人民法院管辖的案件以外的所有行政案件，都由基层人民法院管辖。换言之，在一般情况下，行政案件是由基层人民法院管辖的。

理解这一规定需要把握两点：①基层人民法院对行政案件享有一般管辖权，上级人民法院只是在法律有明确规定的情况下才享有对第一审行政案件的管辖权。对于上级人民法院的管辖权范围，无论是法院还是当事人都应准确把握，不能任意扩大或者缩小。②基层人民法院对于应当由自己管辖的案件，必须受理，不得推诿，上级人民法院也不得随意干预。当然，这一规定在具体运用中还要考虑到确定管辖的一般原则，如有利于法院排除行政干预原则、独立行使审判权原则、法院之间均衡负担原则等。

我国法律关于级别管辖的基本思路就是把大多数行政案件交由基层法院管辖，基层法院要作为行政审判的第一战线。这样规定的主要依据有两点：①符合基层法院的性质和任务，基层法院是我国审判机关中最低一级的单位，主要任务就是审理一审案件；②基层法院数量多，布点广，最接近当事人和案发地，由基层法院受理一审行政案件，便于当事人参加诉讼，节约其费用开支，也便于人民法院调查取证，有利于对群众开展法制教育。

二、中级人民法院的管辖

《行政诉讼法》第15条规定："中级人民法院管辖下列第一审行政案件：对国务院部门或者县级以上地方人民政府所作的行政行为提起诉讼的案件；海关处理的案件；本辖区内重大、复杂的案件；其他法律规定由中级人民法院管辖的案件。"

下面我们分别对这四类案件进行解释。

（一）对国务院各部门或县级以上地方政府所作的行政行为提起诉讼的案件

这类案件的被告是级别较高的行政机关，往往具有影响广泛、政策性较强、涉及面大的特点，因此应当慎重对待，交由业务素质较高的中级人民法院管辖。另外，这些案件的被告具有较大的行政干预能力，提高审级有利于排除行政干预。

（二）中级人民法院管辖的第二类案件是海关处理的案件

海关处理的案件，是指海关处理的公民、法人和其他组织违反海关监管制度的案件，包括海关的检查、处罚和强制等案件。海关是在一国的边境上设立的专门监督进出关境的人与物的行政机关，目前，在我国的沿海和内地的大中城市都设有海关。将海关处理的案件规定为由中级人民法院管辖，主要是考虑到：①海关工作的专业性强，并且需要实行高度的统一性；②海关一般设立在全国的大、中城市，其职权范围大多和中级人民法院的辖区相吻合；③海关工作往往具有涉外性，要求法官具有较高的业务素质，以切实保障案件的审判质量。

（三）中级人民法院受理的第三类案件是本辖区内的重大、复杂的案件

对于这类案件，按照《执行解释》第 8 条和最高人民法院《关于行政案件管辖若干问题的规定》第 1 条的规定：有下列情形之一的，属于《行政诉讼法》第 15 条第 3 项规定的"本辖区内的重大、复杂的案件"：①被告为县级以上人民政府，但以县级人民政府名义办理不动产物权登记的案件除外；②社会影响重大的共同诉讼、代表人诉讼案件；③重大涉外或者涉及香港特别行政区、澳门特别行政区、台湾地区的案件；④其他重大、复杂案件。

上述第一种案件，由于可能发生被告的行政干预，致使基层法院不能独立公正行使审判权，所以，将它的管辖级别提高，以排除非法干预。上述第二、三种案件，由于影响重大，或者具有涉外或涉港、澳、台因素，为了确保审判的质量，将它交由中级人民法院管辖。第四种的规定是一个兜底条款，在司法实践中往往会遇见多种多样的难度较大的案件，也应当交由中级人民法院管辖。

除《执行解释》和最高人民法院《关于行政案件管辖若干问题的规定》以外，最高人民法院还有一些司法解释也规定了中级人民法院管辖的行政案件。这些解释是：

1. 最高人民法院《关于审理行政赔偿案件的规定》第 9 条规定，中级人

民法院管辖下列第一审行政赔偿案件：

(1) 被告为海关的；

(2) 被告为国务院各部门或者县级以上地方人民政府的；

(3) 本辖区内其他重大影响和复杂的行政赔偿案件。

2. 最高人民法院《关于审理国际贸易行政案件若干问题的规定》第 5 条规定，第一审国际贸易行政案件由具有管辖权的中级以上人民法院管辖。

3. 最高人民法院《关于审理反倾销行政案件应用法律若干问题的规定》第 5 条规定，第一审反倾销行政案件由下列人民法院管辖：

(1) 被告所在地高级人民法院指定的中级人民法院；

(2) 被告所在地高级人民法院。

4. 最高人民法院《关于审理反补贴行政案件应用法律若干问题的规定》第 5 条规定，第一审反补贴行政案件由下列人民法院管辖：

(1) 被告所在地高级人民法院指定的中级人民法院；

(2) 被告所在地高级人民法院。

5. 最高人民法院《关于审理商标案件有关管辖和法律适用范围问题的解释》第 2 条规定，"不服国务院工商行政管理部门商标评审委员会作出的复审决定或者裁定的案件"由北京市高级人民法院根据最高人民法院的授权确定其辖区内有关中级人民法院管辖。

三、高级人民法院的管辖

《行政诉讼法》第 16 条规定："高级人民法院管辖本辖区内重大、复杂的第一审行政案件。"在高级人民法院的全部辖区内相对重大、复杂的行政案件为数极少，大多案件是被放置于基层和中级人民法院管辖，这是由高级人民法院的性质和任务决定的。高级人民法院的主要任务是对基层和中级人民法院的审判活动进行监督和指导，并负责审理不服各中级人民法院的一审裁判而提起上诉的行政案件，因此，它只负责管辖本辖区内的重大、复杂的第一审行政案件，它对第一审案件的管辖只是其全部任务中的一部分。前文中提到的关于国际贸易、反倾销、反补贴的行政案件，最高人民法院通过司法解释规定其管辖级别既可以是中级人民法院，也可以是高级人民法院，就是考虑到这类案件影响重大或高度复杂。

四、最高人民法院的管辖

《行政诉讼法》第 17 条规定："最高人民法院管辖全国范围内重大、复杂的第一审行政案件。"最高人民法院是我国的最高审判机关，其主要任务是对全国各级各类法院的审判工作进行监督和指导，并且，针对审判实践中遇到的

第四章

操作性问题，依据相关法律作出司法解释，审理不服高级人民法院的一审裁判而提起上诉的行政案件，因此，它只管辖为数极少的全国范围内的重大、复杂的第一审行政案件。

在上述的中级、高级、和最高人民法院的管辖案件中，都有一个标准，就是"本辖区内重大、复杂的第一审案件"，这里的重大、复杂的界定标准是什么？界定权属于谁？《行政诉讼法》并没有规定，《执行解释》只解释了中级人民法院管辖的"重大、复杂的案件"，而且，这一解释中又包含了"其他重大、复杂的案件"，之后的《管辖规定》中也只是再次确认了这一解释，没有再具体释明。事实上，"重大、复杂"一词具有极强的灵活性，的确难以作出一个完美的解释，但是，有权界定一个案件是否重大、复杂的主体应当是明确的，从《行政诉讼法》的规定来看，这个界定权的主体只能是各中级、高级和最高人民法院，在实践中，上下级法院之间可能出现争议，比如，中级人民法院认为一个案件是自己辖区内的重大、复杂案件，但是，高级法院却认为这是在它的辖区内重大、复杂的案件，或者正好相反，出现这类争议时，二者应当协商解决，协商不成的，以上级法院的意见为准。针对这种问题，最高人民法院《关于行政案件管辖若干问题的规定》第 2 条规定，当事人以案件重大复杂为由或者认为有管辖权的基层人民法院不宜行使管辖权，直接向中级人民法院起诉，中级人民法院应该根据不同情况在 7 日内分别作出以下处理：①指定本辖区其他基层人民法院管辖；②决定自己审理；③书面告知当事人向有管辖权的基层人民法院起诉。

另外，各级法院在确定一个案件是否重大、复杂时，应当综合考虑以下几个因素：①案件影响的广度与深度；②案件所涉及的人数与社会关系的多少；③案件本身的难度，包括事实方面的难度与法律上的难度；④所受到的各方面干预的程度等。

第三节　行政诉讼的地域管辖

一个案件，在确定其级别管辖后，还需确定其地域管辖，才能最终确定有管辖权的法院。地域管辖可分为一般地域管辖、特殊地域管辖和共同管辖三种。

一、一般地域管辖

一般地域管辖，顾名思义，是地域管辖的一般规则，只有在法律明确规定的情况下，才适用特殊地域管辖的规则。按照《行政诉讼法》的规定，一般地域管辖，是以当事人的所在地为标准确定来管辖的，这里的当事人是指被告一方。

我国《行政诉讼法》第18条规定了一般地域管辖的基本原则："行政案件由最初作出行政行为的行政机关所在地的人民法院管辖。经复议的案件，也可以由复议机关所在地的人民法院管辖。经最高人民法院批准，高级人民法院可以根据审判工作的实际需情况确定若干人民法院跨行政区域管辖行政案件。"

可见，一般地域管辖的基本原则是原告就被告，即原告应当向被告所在地的人民法院起诉。这样规定的主要原因是：①遵循便于当事人参加诉讼的原则。在大多数情况下，原告和被告居住在同一个法院的辖区内，由该辖区的人民法院管辖，有利于双方当事人参加诉讼。②也便于法院的审判工作，主要是便于法院通知当事人、进行调查取证和最终的执行活动。③适应了法规、规章以及其他规范性文件的地域性的特点。占法律体系主体部分的地方性法规、规章和规范性文件，都具有在本地域内有效的特点，无论他们是行政诉讼的依据，还是参照规范，都是被告行政机关的执法依据，由被告行政机关所在地的法院管辖，能够保证行政机关的执法依据与法院的审判依据的一致性，避免因区域的不同而出现法律规范之间的冲突。④实行原告就被告原则，还能使原告严肃认真地对待自己的诉权，防止其滥诉。

行政诉讼法之所以用"最初"作出行政行为的行政机关所在地的表述方式，是考虑到行政复议。行政复议是法定的行政机关依法对具体行政行为的合法性和适当性进行审查的制度，经过复议的，复议机关有可能维持、改变和撤销原具体行政行为。按照《行政诉讼法》第18条的规定，"经复议的案件，也可以由复议机关所在地的人民法院管辖"，"也可以"一词表明，在经过复议的情况下，既可以由最初作出具体行政行为的行政机关所在地的人民法院管辖，又可以由复议机关所在地的人民法院管辖，这实际上就形成了共同管辖。

在我国，法院系统可分为地方各级人民法院、专门人民法院和最高人民法院三种。其中，与百姓生活息息相关、承担各类案件的主体是地方各级人民法院，依据行政区划分为省、市、县三级，其机构设置、隶属关系地方化色彩明显。随着经济社会发展，地方法院受理的民商事案件、行政诉讼案件日益增多，跨行政区划的当事人越来越多，涉案金额越来越大，许多案件的案情重大、复杂。有的地方党政机关或领导干部利用职权和关系插手案件处理，导致诉讼出现"主客场"、程序"空转"、案件查办受阻停滞等司法不公现象。这不仅严重影响依法保障相关当事人的合法权益，也妨碍了法院依法独立公正行使职权，有损司法公信力。为解决这一突出问题，必须优化司法职权配置，对法院的设置进行必要的调整和完善。

为此，党的十八届四中全会提出了探索设立跨行政区划的人民法院的重要举措。具体来说，就是着眼于排除地方保护主义对审判的干扰，设立跨行政区划的人民法院，办理跨地区案件，以保证司法的公正和权威，推动构建普通案件在行政区划法院审理、特殊案件在跨行政区划法院审理的诉讼格局。这项改革是通过改造现有铁路运输法院、充实审判人员来逐步实现的，必将有利于保障法院依法独立公正行使职权，有利于保障人民群众在每一个司法案件中感受到公平正义。

二、特殊地域管辖

特殊地域管辖是指在特定的情况下，依据诉讼客体所在地来确定管辖法院的方式。一般地域管辖是针对普遍的情况，所以采用概括式；特殊地域管辖是针对特定的情况，所以采用列举式。在有特殊地域管辖的规定时，该规定优先适用。《行政诉讼法》的第 19、20 条之规定就是特殊地域管辖，具体分两种情况。

（一）不服限制人身自由的行政行为提起诉讼的

《行政诉讼法》第 19 条规定："对限制人身自由的行政强制措施不服提起的诉讼，由被告所在地或者原告所在地人民法院管辖。"

什么是"限制人身自由的强制措施"？在行政法学理论中，有三种行政行为含有限制人身自由的内容，即行政处罚行为、行政强制行为和其他限制人身自由的事实行为。限制人身自由的行政处罚措施是行政机关对于违反行政法律规范的人所处的短期限制其人身自由的一种处罚措施，也是最严厉的行政处罚措施，常见的就是行政拘留。行政强制措施是指行政机关为了维护行政管理秩序，保护公民的人身和财产免受侵害而对正在实施侵害行为的人和处于危险状态的人所采取的措施，以及为了迫使有某种义务而拒不履行义务的相对人履行义务所采取的措施。前者又叫做即时强制措施，如强制扣留、强制治疗、强制约束醉酒的人直到酒醒为止；后者又叫行政强制执行措施，如强制义务人纳税、强制受行政拘留处罚的接受拘留等。上述行政处罚措施和行政强制措施都是行政机关依法采取的措施，而事实行为则是行政机关在没有法律依据的情况下所作出的行为，如非法拘禁等。这些行为的区别是明显的，但是，我们应当看到，这些区别仅仅是行政法学在理论上对具体行政行为进行分类时所作的区别，这三种行为都包括了强制性限制公民人身自由的情形。那么，《行政诉讼法》第 19 条所讲的"限制人身自由的强制措施"是包括了上述全部行为呢，还是仅指其中的行政强制行为？从行政诉讼法的立法目的来看，它应当包括行政机关采取的各种侵犯公民人身自由的措施，既包括行政强制执行措施，也包括行政处罚措施，既包括事实行为，也包括法律行为。这样说的理由是：①将限制人身自由的行政处罚行为和事实行为排除在《行政诉讼法》第19条规定以外，不利于保护原告的合法权益，不符合行政诉讼法的立法宗旨；②在我国的行政立法实践中，并没有完全以行政法理论上的术语作为立法术语，因而我们不能完全以理论上的术语去套用立法术语。法律作为对社会关系的调节规范，应当使用高度概括性的语言，而"限制人身自由的行政强制措施"一词正具有这一特点，它能够将上述三种行政行为全部囊括进来。

对于限制人身自由的强制措施，法律之所以规定为特殊地域管辖，而不适用一般地域管辖，是为了更好地保护原告一方的合法权益，使得原告一方能够在本人所在地提起行政诉。因为一般地域管辖原则规定由被告所在地法院管辖，对于限制人身自由的案件，这一规定无法保障原告的人身安全，原告一方就无法正常参加诉讼。当然，这类案件并非一律由原告所在地法院管辖，《行政诉讼法》规定，这类案件"由被告所在地或者原告所在地法院管辖"，"或者"一词表明两地的法院都有管辖权，所以它属于共同管辖的情形，这时，原告一方有权选择其中之一作为管辖法院。

原告所在地包括原告的户籍所在地、经常所在地和被限制人身自由地。行政机关基于同一事实既对人身又对财产实施行政处罚或者采取行政强制措施的，被限制人身自由的公民、被扣押或者没收财产的公民、法人或者其他组织对上述行为均不服的，既可以向被告所在地人民法院提起诉讼，也可以向原告所在地的人民法院提起诉讼，受诉人民法院可以一并管辖。

（二）因不动产提起的诉讼

《行政诉讼法》第20条规定："因不动产提起的行政诉讼，由不动产所在地人民法院管辖。"这是第二种实行特殊地域管辖的情况。不动产是指不能够移动或者移动后就会改变或破坏其价值的财产，常见的不动产有土地和土地上的附着物，附着物又包括人工和自然的两种，如建筑物、道路、矿藏、山林、河流、草原等。其次，什么是"因"不动产提起的行政诉讼？我们认为，它是指诉讼的内容包含了当事人的不动产的物权或者债权，也就是说，具体行政行为与原告一方的不动产的物权和债权存在直接的利害关系，而不是指具体行政行为涉及不动产因素，如责令企业停产停业、查封生产假冒伪劣产品的厂房等。总的来讲，不动产行政案件有这样几种：①因不动产的所有权和使用权发生纠纷而提起诉讼的案件，如不服行政机关对房屋登记而起诉的案件。2010

年11月5日最高人民法院公布的《关于审理房屋登记案件若干问题的规定》第7条规定，"房屋登记行政案件由房屋所在地人民法院管辖"。②不服行政机关作出的拆除或改建建筑物的决定而起诉的案件。③因不动产受到污染提起的案件，如不服因污染农田或水流而受到处罚而起诉的案件。总之，争议的内容应当包含不动产的物权或债权。

因不动产提起的诉讼由不动产所在的法院来管辖，是管辖立法中的一个惯例。不动产案件适用不动产所在地的法律、由不动产所在地的法院管辖的制度广泛地存在于各国的诉讼实践以及国际民事诉讼之中，其渊源可以追溯到古罗马法之中，这一制度有其内在的合理性，它便于法院调查取证和勘察测量，也便于法院就地执行。

三、共同管辖

共同管辖是指依照法律的规定，两个以上的人民法院对同一行政案件都有管辖权的情形。它是在一般地域管辖和特殊地域管辖的基础上派生出来的一种管辖形态，无论是按照一般地域管辖还是特殊地域管辖的规则，都可能产生共同管辖。根据《行政诉讼法》的规定，在以下几种情况下会出现共同管辖。

1. 被诉具体行政行为经过行政复议，既可以由最初作出具体行政行为的行政机关所在地的法院管辖，也可以由复议机关所在地的法院管辖。

2. 被告为两个以上的行政机关，且不属于同一个法院的辖区的。

3. 对限制人身自由的强制措施不服提起的行政诉讼案件，既可以由原告所在地法院管辖，也可以由被告所在地法院管辖。

4. 因不动产提起的案件，如果该不动产横跨两个或两个以上法院的辖区，则这些法院都有管辖权。

出现共同管辖时，在法律上，各法院都有管辖权，但是，它们不可能共同行使管辖权，只能由其中的一个来实际管辖，即这个管辖法院只能是它们之中的某一个，而不能是其他的法院。如何最终确定管辖法院呢？《行政诉讼法》第21条规定："两个以上人民法院都有管辖权的案件，原告可以选择其中一个人民法院提起诉讼。原告向两个以上有管辖权的人民法院提起诉讼的，由最先立案的人民法院管辖。"从上述规定可以看出，出现共同管辖的情形时，最终的管辖法院是由原告来选择的。

第四节　裁定管辖

尽管法律对管辖作了级别上的和地域上的划分，但是，有时仍然会出现一些不确定的情况，这时就必须通过法院的裁定来确定管辖，这就是裁定管辖，它又分为三种类型：移送管辖、指定管辖和管辖权的转移。

一、移送管辖

移送管辖是指人民法院在受理了行政案件以后，发现本院对案件没有管辖权，该案应当由其他法院管辖，因而将案件移交给有管辖权的人民法院管辖的制度。《行政诉讼法》第 22 条规定，人民法院发现受理的案件不属于本院管辖的，应当移送有管辖权的人民法院。受移送的人民法院不得自行移送。

移送管辖有以下特点：

1. 法院已经受理了一个行政案件。即已经立案，而尚未作出判决。如果法院只是接到原告的起诉状，在审查中发现该案不属于自己的管辖权范围，则不发生移送的问题，而应作出不予受理决定，告知原告向有管辖权的人民法院起诉。如果法院已经作出了一审判决，也不发生移送管辖的问题，而是通过二审程序或审判监督程序予以纠正。

2. 受理的法院发现自己没有管辖权。如果是受理法院发现别的法院同时也有管辖权，也不存在移送的问题，除非是别的法院也收到了原告的起诉，而且能够确认它收到诉状在先。

3. 受理的法院必须将案件移送给有管辖权的法院。移送管辖制度的目的在于纠正违法和错误，无论出于什么原因，只要受理法院认定自己没有管辖权，就必须将案件移送给有管辖权的法院。

4. 受移送的法院不得再移送。为了保证案件得以及时地处理，保护当事人的合法权益，法律禁止受移送的法院将案件再次移送。如果受移送的法院确实认为该案不属于自己的管辖范围，它应当报二者的共同上级法院裁定。

5. 移送管辖既可以发生在同级人民法院之间，也可以发生在不同级别的法院之间；既可以发生在同一地域内的上下级之间，也可以发生在不同地域的上下级之间。例如，基层法院受理了海关处理的案件，就应当移送给中级人民法院。

6. 移送案件应当作出裁定。

二、指定管辖

指定管辖是指上级人民法院以指令的方式，将案件交由下级人民法院管辖的制度。

《行政诉讼法》第 23 条规定了指定管辖的两种情况：

1. 有管辖权的人民法院由于特殊原因不能行使管辖权的，由上级人民法院指定管辖。在这种情况下，管辖权的归属本来是明确的，但是由于特殊原因，有管辖权的人民法院不能行使管辖权。这种特殊原因可分为自然原因和人为原因两种，前者如发生自然灾害；后者如原告一方为本院工作人员，或者法院自己以一个普通法人的身份提起行政诉讼。在民事诉讼中，有时原告一方将法院作为一个普通法人起诉，这时法院就成为被告，但是，在行政诉讼中，由于被告必须是行使行政权的主体，法院不可能作为被告，当然，法院还有可能成为行政诉讼的第三人，按照自己不能作为自己案件的法官这一基本程序原理，法院应当将案件报送上级人民法院，上级法院可以自己行使管辖权，也可以指定另外一个法院管辖该案。

2. 人民法院对管辖权发生争议，由争议双方协商解决。协商不成的，报它们的共同上级法院指定管辖。在司法实践中，法院之间就管辖权产生的争议不外乎两种类型：①两个以上的人民法院都认为自己对某一案件拥有管辖权，这种争议我们称之为积极争议；②两个以上的人民法院都认为自己对案件没有管辖权，这种争议是消极争议。发生争议时，双方首先应当协商解决，协商不成时，报它们共同的上级法院裁定。

三、管辖权的转移

管辖权的转移是指基于上级法院的同意或决定，下级法院将本由自己管辖的行政案件交给上级人民法院审理，或者是上级人民法院将本由自己管辖的行政案件交由下级法院审理，从而最终决定案件管辖法院的制度。

管辖权的转移与移送管辖的区别是很明显的：①发生管辖权转移的前提是，一个案件的管辖权是明确无误的，对于某一个案件，一个法院本来是有管辖权的，但是，出于特殊原因，它将案件连同管辖权一并移交于另外一个法院，后者由此取得了管辖权。简言之，管辖权的转移是一个从有到无的过程，即案件由本来有管辖权的法院转移给没有管辖权的法院，转移的内容既包括案件，又包括案件的管辖权，移出法院由此失去了案件的管辖权，而受转移的法院则由此取得管辖权。但是，移送管辖是本来没有管辖权的法院将已受理的案件交给有管辖权的法院，因此，它是一个从无到有的过程。②管辖权的转移发生在上下级法院之间，是一种纵向的移动；而移送管辖多发生在同级法院之间，通常是一种横向的移动。

《行政诉讼法》第24条分为2款，分别规定了管辖权转移的两种情况其中，第1款规定："上级人民法院有权审理下级人民法院管辖的第一审行政案件。"第2款规定："下级人民法院对其管辖的第一审行政案件，认为需要由上级人民法院审理或者指定管辖的，可以报请上级人民法院决定。"可见，第1款实际上只包括了一种情况：上级人民法院提审本由下级法院管辖的案件，决定权在上级法院手中，下级法院应当服从上级法院的决定。第2款规定的是下级法院主动将案件报请上级法院审理的情况，这里的最终决定权也属于上级法院，下级法院只有请求权。

关于管辖权转移的理由，《行政诉讼法》并没有规定，只是规定上级法院"有权"、"可以"决定转移或者是下级法院"认为需要"时，应当报经上级法院同意。从实践中看，发生管辖权转移的原因主要包括三个方面：①案情复杂，专业性强，难度大，下级法院无法胜任审判工作；②行政干预严重，或者由于下级法院自身的问题，致使案件难以公正、及时地得以审理；③一方法院负担过重，将管辖权转移有利于均衡上下级之间的负担。

第五节　行政诉讼的管辖权异议与处理

一、管辖权异议的概念

管辖权异议，是指在人民法院受理了行政案件之后，案件的当事人由于认为该法院对案件没有管辖权而提出的异议，表示不服该法院的管辖行为，并主张变更管辖的意见。

这一概念有以下几层含义：

1. 异议的内容是对受理法院的管辖行为有不同的意见。异议，就是不同的、相左的观点和看法。异议的对象是受理法院的管辖行为，异议人认为受理法院对该案没有管辖权，主张由别的法院管辖该案。同时，对指定管辖有异议的，不适用管辖权异议的规定。

2. 异议人必须是该案的当事人以及他们的代理人。其他诉讼参与人和案外人无权提出异议。常见的管辖权异议是由被告一方提出的，因为诉讼的产生是基于原告的起诉行为，如果原告认为某一法院对该案没有管辖权，它就不会向该法院起诉。但是，由原告一方提出管辖异议的可能性也是存在的，因为并非全部诉讼都是由原告起诉的法院来受理的，比如，在移送管辖、指定管辖等情形中，受理法院取得管辖权是基于法院的裁定，原告一方可能对法院的裁定不服而提出管辖异议。第三人由于具有当事人的地位，也有权提出管辖异议，法定代理人和指定代理人由于行使和当事人完全相同的诉讼权利，也应当成为管辖异议的主体，而委托代理人要行使管辖异议权，则应取得被代理人的同意，它只能行使被代理人委托的权限。

3. 关于管辖权异议的程序，《执行解释》第10条第1款规定："当事人提出管辖异议，应当在接到人民法院应诉通知之日起10日内以书面形式提出。"

这一条款规定了管辖权异议的两个程序性条件：①时间条件，异议必须在一审程序中提出，而且应当在收到人民法院应诉通知书之日起 10 日内提出，逾期提出的为无效异议，人民法院不予审查；②形式要件，异议必须以书面的形式提出。

另外，在行政诉讼中还有一个受案范围的问题。当事人如果认为人民法院受理了不属于法定受案范围内的案件，是否有权提出异议呢？对于法院来讲，受案范围实际上是一个主管权的问题，主管权与管辖权关系密切，法院的主管权是管辖权的前提，而管辖权又是主管权的落实。对于主管权的异议有两种：①当事人认为法院应当受理某一案件而法院不予受理或驳回起诉；②当事人认为法院受理了本来是不能够受理的案件。对于前一种情况，法律规定当事人有权上诉一次，但是，上诉还是不同于异议，上诉是向上级法院提出的，异议是向原审法院提出的。所以，在行政诉讼法中，尚找不到这种异议的依据，但是，从维护当事人的合法权益和法治的角度看，应当允许当事人对此提出异议，这也符合行政诉讼法的基本精神。

二、对管辖权异议的处理

《执行解释》第 10 条第 2 款规定了对于管辖权异议的处理："对当事人提出的管辖异议，人民法院应当进行审查。异议成立的，裁定将案件移送有管辖权的人民法院；异议不成立的，裁定驳回。"

这一规定包括以下几方面含义：

1. 受理法院应当及时对异议进行审查。实践中，有些法院拒不审查，甚至不接受当事人提交的有关异议的书面申请，或者明知自己没有管辖权，却出于自身利益，故意不向有管辖权的法院移送，这些都属于严重的程序违法，当事人有权向上级法院反映情况，或者提起上诉，上级法院应当根据具体情况，依法作出相应的裁决，如果案件确有必要移送的，应当通知下级法院及时移送；下级法院拒不移送的，上级法院应当径行作出实体判决；当下级法院作出实体判决后，当事人不服提起上诉时，上级法院应当以程序违法为由，撤销下级法院的判决，并将案件移送给有管辖权的法院。

2. 受理法院应当在对案件的实体问题审理之前，审查当事人提出的异议，即先审查异议，后审理案件。

3. 受理法院审查后，要对当事人的异议作出裁定。异议成立的，裁定将案件移送有管辖权的法院；异议不能成立的，裁定驳回当事人的异议。

4. 当事人对法院的裁定不服的，有权在收到裁定书之日起 10 日内向上级人民法院上诉。二审法院应当在法定期限内对上诉进行审查，并作出最终裁定。当事人必须按照二审法院的裁定确定的管辖法院参加诉讼，否则视为自动撤诉或者拒不到庭。对于当事人对主管权所提出的异议，人民法院也应当按照上述办法处理。

[复习思考题]

1. 确定管辖的基本原则是什么？
2. 中级人民法院管辖的案件有哪些？
3. 地域管辖的基本规则是什么？
4. 比较移送管辖和管辖权的转移。
5. 什么是跨行政区域法院？为什么要设置跨行政区域法院？
6. 人民法院应当如何处理当事人提出的管辖异议？

第四章

第五章
行政诉讼参加人

[**学习目的和要求**] 掌握行政诉讼当事人的概念、特征；掌握行政诉讼原告和被告的概念、特征及其权利义务；掌握行政诉讼第三人的概念、特征及其权利义务；掌握各种特殊情形下确定行政诉讼原告及被告的规则。能够就给定案例中的起诉人是否具有行政诉讼原告资格、被诉人是否是适格被告、是否存在第三人作出正确判断。

第一节　行政诉讼参加人概述

一、行政诉讼参加人的概念与范围

行政诉讼参加人，是指参加到行政诉讼的整个过程或主要阶段，并与争议的行政行为有利害关系的当事人以及与当事人诉讼地位相类似的诉讼代理人。

当事人包括原告、被告、共同诉讼人和第三人，代理人包括法定代理人、指定代理人和委托代理人。

诉讼参加人的资格问题往往是人民法院首先要解决的问题。研究诉讼参加人，有利于准确地确定他们的诉讼法律地位和权利、义务，进而顺利地开展行政诉讼活动。

此外，还有一个概念叫诉讼参与人，其包括诉讼参加人以及为了查明案件真实情况而参与到诉讼过程中的人，如证人、鉴定人、勘验人员或翻译人员等。

二、行政诉讼当事人

（一）行政诉讼当事人的概念

行政诉讼当事人是指与被诉行政行为有一定的利害关系，以自己名义参加诉讼并受人民法院裁判拘束的个人和组织。

当事人作为一个法律概念，被行政诉讼法的诸多条款使用。当事人是诉讼参加人的核心，包括原告、被告、共同诉讼人和第三人，这仅是他们在第一审程序中的称谓。在第二审程序中，他们被称为上诉人和被上诉人。在审判监督程序中，如果适用第一审程序，称原审原告、原审被告；如果适用第二审程序，则称原审上诉人和原审被上诉人；在执行程序中，称为执行申请人和被执行申请人。不同的称谓反映出他们不同的诉讼地位。出于方便起见，人们习惯于用第一审程序中的称谓来概括当事人的范围。

（二）当事人的特征

1. 当事人同被诉的行政行为有利害关系。在行政诉讼中，原告是认为行政行为侵犯其合法权益，为了维护自身利益而向法院起诉；被告是法院通知其参加诉讼，被告参加诉讼是为了拥有进一步维护自己权益的机会，因为法院裁判的对象就是被告作出的行政行为，所以被告也必同诉讼有利害关系。根据《行政诉讼法》第 29 条第 1 款的规定，"公民、法人或者其他组织同被诉行政行为有利害关系但没有提起诉讼，或者同案件处理结果有利害关系的，可以作为第三人申请参加诉讼，或者由人民法院通知参加诉讼"，第三人和被诉行政行为也有利害关系存在。可见，"同被诉的行政行为有利害关系"是当事人和诉讼代理人的根本区别，对于法院裁判中的权利义务及责任归属，承担者只是当事人而非诉讼代理人，诉讼代理人是不受法院裁判内容约束的。例如，某未成年人受到行政处罚，其父作为法定代理人向法院起诉处罚机关，如果法院维持该行政处罚，则未成年人要被剥夺某种权利，如被剥夺一定的财产，其父只是与行政行为的后果有关系，如替其子支付罚款，但他与行政行为本身没有直接的关系，因为法院裁决的是该未成年人与处罚机关间的权利义务关系，而不是未成年人之父与处罚机关之间的关系。

2. 当事人以自己的名义进行诉讼。原告是以自己的名义起诉，被告以自己的名义应诉，第三人也以自己的名义参加诉讼，所以他们均是诉讼当事人。诉讼代理人则不同，无论何种代理人，均以被代理人的名义，而不得以自己的名义参加诉讼。

3. 当事人要受到人民法院裁判拘束。人民法院的裁判是针对当事人之间的权利及义务关系作出的，目的是解决当事人之间的纠纷。裁判生效后，就产生确定力、拘束力和执行力，当事人要受生效裁判的拘束，一般要自动履行裁判，否则人民法院可以采取强制措施。对于代理人和其他诉讼参与人则不存在这个问题。

（三）当事人的诉讼权利能力和诉讼行为能力

1. 行政诉讼权利能力。行政诉讼权利能力是指当事人能以自己的名义参加诉讼活动、行使行政诉讼权利和承担行政诉讼义务的资格。只有依法具有诉讼权利能力的人才能成为诉讼活动的主体。

诉讼权利能力同权利能力相关联。权利能力是指法律关系的主体按照实体法的规定以自己的名义行使权利的资格，只有依法取得权利能力，才能成为实体法上的权利主体。反之，没有权利能力，便不能享有实体法上的权利。

2. 行政诉讼行为能力。诉讼行为能力又称诉讼能力，是指能够通过自己的行为实现诉讼权利、履行诉讼义务的资格。这里强调的是，当事人"通过自己的行为"而不是依靠他人的行为来实现权利、履行义务。

所有的公民都具有诉讼权利能力，这是法律为保护他们的权益而赋予他们的，但并非他们都具有诉讼行为能力，因为诉讼行为能力不能由法律赋予，而取决于他们在实体法上的行为能力。对于没有诉讼能力的人，他们的诉讼活动必须由他们的法定代理人和指定代理人代为进行，因此，诉讼行为能力问题是法定代理人和指定代理人产生的基础。行政机关、法人和其他组织不同于公民，它们的诉讼行为能力和它们实体法上的行为能力一样，于组织成立时开始，于组织终止时结束。

由此可见，就公民而言，都有诉讼权利能力，但不一定有诉讼行为能力；就行政机关、法人和其他组织而言，在诉讼权利能力存在期间都有诉讼行为能力。

第二节　行政诉讼的原告

一、行政诉讼原告的概念与特征

《行政诉讼法》第 25 条第 1 款规定："行政行为的相对人以及其他与行政行为有利害关系的公民、法人或者其他组织，有权提起诉讼。"据此，行政诉讼的原告是指认为行政机关的具体行政行为侵犯了自己的合法权益，而以自己的名义向人民法院提起诉讼的公民、法人和其他组织。

行政诉讼原告有四个特征：

（一）原告以自己的名义向人民法院提起诉讼

原告是以自己的名义起诉的，这是原告与诉讼代理人以及为他人利益诉讼的主要区别。诉讼代理人参与诉讼的原因是为当事人提供法律帮助，其并非为了自己的利益；"为他人利益的诉讼是指虽然没有诉的利益或者与自己的利益非常间接的情况下提起的诉讼。我国不允许为他人的利益提起行政诉讼"。[1]

（二）原告包括"行政相对人"和"与行政行为有利害关系"的其他公民、法人或其他组织

在现代民主法治社会，公民、法人和其他组织享有广泛的权益，在行政活动过程中，不可避免地会使得一些受法律保护的权益受到行政执法人员的侵害，为了维护这些合法权益，法律赋予了他们诉权，可通过司法程序解决与行政机关之间的纠纷，一般而言，只有行政相对人才能成为原告，但是，在一些特定的情况下，与行政行为有利害关系的公民、法人或其他组织，因其受到来自行政行为的实质不利影响，也可以成为原告，如行政处罚中的受害人、行政许可中的公平竞争权人等。

（三）原告是认为行政行为侵犯自己合法权益的人

对于一个特定的行政行为，并非任何人都有资格作为原告起诉，只有与行政行为有利害关系的人，为了保护自己的合法权益，才可以作为原告提起诉讼。能否取得原告的资格，关键看他与被诉讼行政行为有无利害关系，这就是大多数国家采用的诉讼利益原则。如果一个人对某一行政行为不享有诉讼上的利益，他就不能取得原告资格。所谓诉讼上的利益，就是指原告能够从诉讼中获得的利益；这种利益在起诉时是主观的，公民、法人和其他组织只要自己主观上认为其合法权益受到行政行为的侵犯，就可以起诉，而不要求其权益客观上受到了侵犯，因为客观上是否受到侵犯，需要法院立案以后，经过审理才能认定。某种意义上可以说，这是一种程序性的权利，这种程序性要求起诉人具备原告资格的理由只是需要原告负担初步的证明责任即可，至于是否真正属于实体法上的权益，要留待诉讼结束后才可以确定。要求确定原告资格时就必须弄清全部案件事实和相关法律，是不可能的，也是不科学的。[2] 这种在起诉时的主观利益标准，也可称为"认为"标准，这种认为标准对于保障相对人的诉权意义重大，也充分反映了起诉阶段的特点，当然，"认为"有因果关系和事实上有因果关系有所不同，这种主观的可能性标准能否落实，最终应由法院在综合审查的基础上加以科学判断。

另外，由于行政诉讼有明确的受案范围，所以，这里的合法权益并非指原告所享有的一切权益，而是指受行政诉讼法保护的权益，而且侵权行为也限于法定的行政行为，对不属于受案范围规定的行政行为不服的，不能提起行政诉

〔1〕　梁凤云：《新行政诉讼法讲义》，人民法院出版社 2015 年版，第 146 页。
〔2〕　江必新：《行政诉讼法——疑难问题探讨》，北京师范学院出版社 1991 年版，第 122 页。

讼，而应通过其他途径解决。

（四）原告是主动参加诉讼的当事人

原告为了保护自己的合法权益而向人民法院起诉，因此他是主动地参加诉讼的人，其主动性体现于起诉行为。被告是由人民法院通知而参加诉讼的，因而具有被动性。没有原告的主动起诉，就不会产生行政诉讼，而被告无论是否应诉，都不会影响行政诉讼的成立。

二、行政诉讼的原告资格

在司法实践中，当事人的资格认定是一个复杂而又非常重要的问题。只有适格的当事人才能参加诉讼，所谓"适格"，就是指符合法定的条件和要求。为了保护公民、法人和其他组织的合法权益不受违法行政行为的侵犯，法律赋予他们行政诉讼原告的地位和诉讼权利能力，但是为了防止滥用诉权，影响司法的正常进行，法律也规定了原告的条件和要求。因此，正确界定原告的资格，防止过宽和过窄的认定，是实现行政诉讼法宗旨的重要途径。

行政诉讼原告资格是指公民、法人和其他组织对于行政机关的行政行为提起行政诉讼应当具备的条件。有关原告资格的具体标准，是在保护合法权益和制止滥用诉权的两个对立目的和原则相互作用下形成的。原告资格，实际上是一种筛选机制，限制那些并无诉的利益的人，并将可能滥用司法资源的起诉者排除在法院的门槛之外。依据《行政诉讼法》的规定，判定行政诉讼原告的标准应当有以下两个：

（一）原告必须是公民、法人和其他组织

根据《行政诉讼法》第25条第1款的规定，原告的范围是公民、法人或者其他组织。为什么原告只能是公民、法人或其他组织呢？因为行政诉讼解决的是作为行政主体的行政机关、法律法规以及规章授权的组织与作为行政相对人的公民、法人和其他组织之间的法律争议，争执的是行政机关行使职权、履行职责的职务行为，在此类行政法律争议中，行政主体和相对方两者的实体法地位是不平等的。行政机关或者法律、法规、规章授权的组织依法享有行政权，它与行政相对人发生权利义务上的纠纷时，可以运用行政权实现自己的意志，因此，法律没有必要赋予行政机关原告资格；而为了使处于实体法上弱势地位的公民、法人和其他组织能够维护自身的合法权益，《行政诉讼法》赋予其原告资格，是符合法治宪政的精神要义的。

值得强调的是，在行政法律关系中，有时一个行政机关会作为另一个行政机关的行政相对人，它也可以成为行政诉讼的原告。例如，公安机关在消防设施检查中认为卫生机关的消防工作存在隐患，可责令其整改或予以处罚，此时，作为行政相对人的卫生机关若不服公安机关的行为，就可以作为原告向人民法院提起行政诉讼。另一方面，卫生机关在检查公共卫生时，认为公安机关的卫生状况没有达标，也可以依法要求公安机关改进或给予处罚，这时，公安机关就是行政相对人，它若不服卫生机关的行政行为，也有权向法院起诉。

（二）原告必须与被诉行政行为具有利害关系

起诉行为表面上看是一个主观性行为，即只要原告"认为"行政行为侵犯其合法权益就可以提起诉讼，但就起诉的程序条件而言，这种"认为"不是一种纯主观活动，不是只要原告一方"认为"就能够确立行政诉讼，而是必须将"认为"建立在其与被诉行政行为之间的权利义务关系上，这种客观上存在的利害关系是原告起诉时的"认为"成立的前提性条件。

《行政诉讼法》第 25 条规定："行政行为的相对人以及其他与行政行为有利害关系的公民、法人或者其他组织，有权提起诉讼。"行政行为相对人与该行政行为之间当然存在利害关系，其拥有起诉的权利也是必然。在法律实践中，除相对人以外，还存在其他与行政行为有利害关系的公民、法人或者其他组织，这些利害关系人是否有权提起诉讼是界定行政诉讼原告资格的关键。从各国行政诉讼原告资格逐步扩大的趋势看，现代行政诉讼制度赋予利害关系人以原告资格是普遍的立法现象。

因此，我们可以将我国行政诉讼的原告资格界定在与行政行为有"利害关系"这一标准上。所有与行政行为有利害关系的公民、法人或者其他组织，无论其是否是行政行为的相对人，均有原告资格。在实践中，判定起诉人与被诉行政行为是否存在利害关系主要看起诉人的权益的产生、消灭、减损、限制等是否与该行政行为之间存在因果联系。存在因果关系，则有利害关系，反之则不然。至于起诉人所主张的权益本身是什么性质的权益，不是判断其是否具有原告资格的重点。

三、公益行政诉讼问题

公益行政诉讼，或称行政公益诉讼，公民、法人或者其他组织认为行政机关及其工作人员，或者法律、法规、规章授权的组织及其工作人员的行政行为违法，对国家利益、社会公共利益或者他人利益造成侵害，依法提起行政诉讼的制度。

20 世纪以来，公益行政诉讼已经成为国际上行政诉讼制度的一个发展趋势。法国的"越权之诉"、德国的"公益代表人诉讼"、日本的"民众诉讼"都成为其行政诉讼制度中公益行政诉讼的基本制度，在英国，公益行政诉讼被称为"以公法名义保护私权之诉"，美国没有专门的公益行政诉讼之说，但美国行政诉讼实践中，对《联邦行政程序法》第702条规定的原告资格从"法定损害标准"到"双重损害标准"，再到"事实不利影响标准"，不断作出扩张、宽泛的解释，以至于在美国，只要起诉人认为其利益受到了行政行为的不利影响，即具有原告资格，诉讼即依法成立，而不管这种利益是否有法律的明确依据。

公益行政诉讼的关键问题首先是原告资格问题。我国《行政诉讼法》在修改过程中，曾经提出建议："人民检察院和法律规定的社会组织认为行政行为侵害社会公共利益，可以根据法律规定提起诉讼。"但最终修正案没有规定这个问题，与此形成鲜明对比是2012年修正的《民事诉讼法》第55条规定："对污染环境、侵害众多消费者合法权益等损害社会公共利益的行为，法律规定的机关和有关组织可以向人民法院提起诉讼。"可以说，2014年修改《行政诉讼法》没有规定公益行政诉讼实在是我国行政诉讼制度发展的一大遗憾，是《行政诉讼法》修改的一大败笔。

2015年5月5日，在修订后的《行政诉讼法》实施的第5天，中央全面深化改革领导小组第十二次会议审议通过了《检察机关提起公益诉讼改革试点方案》，会议提出"检察机关提起公益诉讼制度，要牢牢抓住公益这个核心，重点是对生态环境和资源保护、国有资产保护、国有土地使用权出让、食品药品安全等领域造成国家和社会公共利益受到侵害的案件提起民事或行政公益诉讼，更好维护国家利益和人民利益"。

由于不可能马上再次修改《行政诉讼法》的有关规定，为落实中央决策，最高人民检察院将提请第十二届全国人大常委会第十五次会议审议《关于授权最高人民检察院在部分地区开展公益诉讼改革试点工作的决定》的议案，该决定的实施，将在很大程度上弥补《行政诉讼法》修改留下的遗憾。

四、行政诉讼原告的诉讼权利和义务

（一）原告的主要诉讼权利

1. 起诉权。原告有权提起行政诉讼，发起行政诉讼法律关系。当然，行政诉讼法律关系的实际发生，还取决于人民法院的受理，但没有原告的起诉就不可能发生行政诉讼。

2. 委托诉讼代理人的权利。行政诉讼的原告有权委托律师、近亲属以及当事人所在社区、单位以及有关社会团体推荐的公民作为其诉讼代理人，代理其参加诉讼，实施有关诉讼行为。

3. 提供证据和申请保全证据的权利。原告在诉讼中，有权向人民法院提供证据，以支持自己的诉讼请求。在行政诉讼中，原则上，原告不承担举证责任，但是他享有提供证据的权利。当他认为证据有可能丧失或者今后难以取得的情况下，他有权申请人民法院采取证据保全措施。

4. 申请回避权。在行政诉讼中，如果原告认为审判人员、书记员、翻译人、鉴定人、勘验人等与本案有利害关系，可能影响公正审判的，有权申请相应的人员回避。

5. 补充、变更诉讼请求权。原告在人民法院宣告判决或裁定前，有权申请增加诉讼请求。如原来只提出撤销行政行为的请求，后又补充要求赔偿因该行政行为给其造成的损失；或者申请变更诉讼请求，如原来只是要求变更行政处罚，后改为请求撤销行政处罚。

6. 申请财产保全和先予执行的权利。原告在行政诉讼中认为可能由于被告的行为或者其他原因，使以后的判决不能执行或难以执行时，有权向人民法院申请财产保全。原告在起诉行政机关没有依法发放抚恤金的案件中，有权在法院尚未作出判决前，申请人民法院裁定行政机关先予执行。

7. 申请强制执行权。人民法院在作出生效的判决裁定后，如果被告拒绝履行，原告有权申请人民法院强制执行。

8. 申请撤诉权。原告在人民法院作出判决裁定前，有权主动申请撤诉。或者在被告改变行政行为后，同意其改变而撤诉。

9. 上诉权。原告对人民法院作出的一审判决裁定不服，有权依法向上级人民法院提起上诉，请求进行再次审理，作出二审裁判。

10. 申请查阅补正庭审笔录权。原告在开庭审理后，有权申请查阅庭审笔录，如发现错误或遗漏，有权申请补正。

与被告的权利相比，上述第 1、5、8 项权利为原告所独有。

（二）原告的主要诉讼义务

原告的诉讼义务主要有：

1. 依法行使诉权，不得滥用诉权。

2. 遵守诉讼规则，服从法院指挥。

3. 自觉履行人民法院作出的发生法律效力的判决、裁定。

五、行政诉讼原告资格的转移

为了进一步保护行政相对人的合法权益，监督行政机关依法行政，《行政诉讼法》规定了原告资格的转移。所谓原告资格的转移，就是指有权起诉的公民、法人和其他组织死亡或终止，他的原告资格依法转移给特定的有利害关系的公民、法人或其他组织的制度。

《行政诉讼法》第 25 条第 2、3 款规定："有权提起诉讼的公民死亡，其近亲属可以提起诉讼。有权提起诉讼的法人或者其他组织终止，承受其权利的法人或者其他组织可以提起诉讼。"

根据上述规定，原告资格转移的情况可以分为以下几种：

（一）有原告资格的公民死亡，原告资格可转移给其近亲属

《执行解释》第11条第1款对近亲属的范围作出了规定，近亲属包括配偶、父母、子女、兄弟姐妹、祖父母、外祖父母、孙子女、外孙子女和其他具有抚养、赡养关系的亲属。需要注意的是，具有原告资格的公民死亡后，其近亲属若承受了原告资格，他们就成为新的原告，而不是死者的代理人；他们也可以拒绝承受原告资格，这时诉讼就会因缺少原告而终止。

（二）有原告资格的法人或者其他组织终止，原告资格可以转移给承受其权利的法人或其他组织

法人或者其他组织终止有多种原因，无论何种原因，只要有承受权利的组织，原告资格就可以转移为其享有。但是，以下情形不发生原告资格的转移问题：

1. 法人或其他组织被行政机关吊销许可证或执照，该法人或组织仍有权以自己的名义提起行政诉讼。

2. 法人或其他组织破产，在破产程序尚未终止时，破产企业仍有权就此前的行政行为提起行政诉讼。

3. 法人或其他组织被主管机关决定撤销，不服撤销决定的组织，可以自己的名义提起行政诉讼。

具有原告资格的公民、法人和其他组织在起诉前死亡或终止的，因转移而获得原告资格的人可以起诉。在起诉后死亡或终止的，人民法院应当中止诉讼，等待获得原告资格的人参加诉讼。如果没有原告资格的承受人或拒绝承受原告资格，人民法院应当裁定终结诉讼程序。

第三节　行政诉讼的被告

一、行政诉讼被告的概念与特点

被告是指被原告认为其行政行为侵犯了自己的合法权益而诉至法院，因而由法院通知其应诉的行政机关或者法律、法规、规章授权的组织。

据此，行政诉讼的被告有三个特征：

1. 被告只能是行政机关和法律、法规及规章授权的组织。也就是说，被告只能是行政主体。行政主体理论对于确定被告的资格至关重要。某个行政组

织是否可以作被告，首先看它是否具有行政主体资格，不具有行政主体资格就不能具有行政诉讼被告资格。因为只有行政主体才享有行政权，才能以自己的名义作出行政行为，并独立承担相应的法律责任。行政诉讼的重要任务之一便是监督行政行为并追究相应的法律责任，只有行政主体才有独立承担责任的能力，因此，国家公务员、行政机关的法定代表人以及不独立享有行政权、不能以自己的名义作出行政行为的行政机构都不能成为行政诉讼的被告。反之，享有对外管理职权的行政机关以及法律、法规规章授权的组织，由于具备行政主体资格，所以具有成为行政诉讼被告的资格。

2. 被告必须是作出行政行为的行政机关以及法律、法规或规章授权的组织。由于行政相对人认为行政主体的行政行为侵犯自己的合法权益而向人民法院起诉，所以行政相对人起诉的客体是行政行为。可见，行政行为的存在是行政诉讼产生的前提，行政相对人只能将作出行政行为的行政主体诉至法院，没有作出行政行为的行政主体不可能成为被告。

此外，行政行为应当属于行政诉讼法所确定的受案范围。如果行政行为是法律排除审查的，那么人民法院既不会受理，也不会通知被诉人应诉，被诉人也就不可能转化为行政诉讼的被告。

3. 被告必须是人民法院通知应诉的人。由于被告资格最终由法院确认，所以只有在法院确认被诉行政机关或法律、法规、规章授权的组织符合前述两个条件，并通知其应诉时，该行政主体才能成为特定行政案件中的被告。

二、行政诉讼被告的条件

行政诉讼必须由适格的被告参加诉讼。适格的被告，就是指符合法定条件的被告。在一个行政行为存在后，如果有人起诉，就应当有人作为被告，但是，行政系统是一个庞大而复杂的组织，既有上下级的隶属关系，又有横向的协作关系，加之各地行政机关的设置并不统一，使得行政诉讼中被告的确定成为一个复杂的问题。被告的判定具有重要意义，它一方面关系着原告的起诉能否成立，能否为人民法院所接受，另一方面又关系到对行政机关的合法权益的保护和对违法行为的监督。《执行解释》第23条第1款就规定："原告所起诉的被告不适格，人民法院应当告知原告变更被告；原告不同意变更的，裁定驳回起诉。"

根据行政诉讼法的基本精神和有关法律和司法解释的规定，行政诉讼被告的实质条件有两个：

（一）被告应当具有行政主体资格

行政主体是行政法学上的一个基础性的概念，它是指依法享有国家行政

第五章

权，能够以自己的名义行使行政权，并独立承担由此产生的法律责任的组织。这一定义包含四层含义：

1. 行政主体是依法享有国家行政权的组织。这是一个决定性的条件，享有行政权是作为行政主体的前提，没有行政权的组织绝对不可能成为行政主体。

2. 行政主体是能够以自己的名义行使行政权的组织。在法律上，名义具有重要的意义，它与权力、义务和责任紧密联系，三位一体，以谁的名义作出一个行为，就表明是谁在行使权力、履行义务，由此产生的责任也就由谁承担。行政主体由于依法享有行政权，它就可以以自己的名义行使该权力。

3. 行政主体是能够独立承担法律责任的组织。只有独立承担法律责任的组织，才能具备行政主体的资格。关于能否独立承担法律责任的标准，有两种观点：一种观点认为它应当像民事法律关系中的法人一样，具有独立的组织机构、工作人员、工作场所和经费；另一种观点认为行政主体从事行政管理活动，与从事民事活动的民事法人不同，不应当将是否具有独立的财产和经费作为它能否承担法律责任的标准，而应当看它是否有独立的职权，独立的职权又是以法律法规或规章的规定为依据的。我们赞成后一种观点，因为行政主体与民事主体承担的责任是不同的，行政主体的责任主要是撤销、变更行政行为或者履行法定职责，承担这种责任需要具备相应的行政职权；而民事责任主要是财产性的责任，因而要求具备必要的财产或资金。行政主体有时也要承担赔偿责任，但赔偿的费用最终是由国家财政承担的，而不是由行政机关用自己的经费来承担，因此，有无独立的财产和经费不应当是判断行政机关能否承担行政责任的标准。

4. 行政主体应当是组织，也就是说，个人不能成为行政主体，也不能成为行政诉讼的被告，有些原告在其起诉状中将某县长或局长列为被告的做法是错误的。

行政主体按照其权限的来源可以分为两大类，即职权性主体与授权性主体。前者的权力来源于宪法和组织法，我们称之为职权，例如，国务院和地方各级人民政府及其职能部门按照《宪法》、《国务院组织法》和《地方各级人民代表大会和地方人民政府组织法》的有关规定享有的职权；后者的权力来源于宪法和组织法以外的法律，我们称之为授权，例如，高校按照《学位条例》的授权享有的颁发学位的权力。我们通常把行政诉讼的被告概括为作出行政行为的"行政机关和法律、法规、规章授权的组织"，实际上就是指职权性的主体和授权性的主体。

（二）被告应当是作出行政行为的行政主体

有了行政行为才有可能引起行政诉讼，而行政行为是行政主体针对特定的相对人作出的行为，因而，因行政行为而提起行政诉讼时，应当由作出行政行为的行政主体作为被告，这里所讲的行政行为的作出主体实际上也包含了作出事实行为的行政主体。认定行政行为的主体，应当将行政行为的实施者与其效力归属主体统一起来，行政行为的实施者往往是某个行政工作人员，但是，该行为的后果并不归属于该行政工作人员本人，而是归属于其所属的机关。例如，行政处罚可能由行政机关直接作出，但也可能是某个执法人员在执法中作出的。但是，从行政诉讼被告的意义上讲，被告必须是具有行政诉讼权利能力和行为能力的行政主体，必须是行政行为效力的归属主体。确认效力的归属，应以作出行政行为的职权来源为依据。在起诉行政机关不作为的案件中，由于不存在一个行政行为，这时应当以有作为义务的行政主体为被告。

三、行政诉讼被告的判定

通常，我们可以依据被告的概念、条件来判断在一个特定案件中究竟由谁来充当被告。但是，司法实践中也存在一些复杂或者特殊的情况，为了有助于进一步准确判断被告，有必要针对不同情形中被告的具体判定给予说明。

（一）作出行政行为的行政机关或法律、法规及规章授权的主体

这类被告在行政诉讼中是最常见的，产生这类被告的情形主要是，相对人不服有关主体作出的行政行为，不经复议直接向法院起诉，这种情况下，以作出行政行为的行政机关或法律、法规及规章授权的主体为被告。

（二）行政行为经复议后的被告的判定

《行政诉讼法》第 26 条第 2 款规定："经复议的案件，复议机关决定维持原行政行为的，作出原行政行为的行政机关和复议机关是共同被告；复议机关改变原行政行为的，复议机关是被告。"鉴于现实中复议机关不能严格依法审查和公正裁决行政案件，不能及时撤销和纠正行政机关违法或不当的行政行为，流于形式的"维持"并没有很好的发挥复议制度高效便捷并定分止争的制度预设功能，2014 年修正后的《行政诉讼法》加大了复议机关的责任力度。

特别要强调的是，根据《行政诉讼法》第 26 条之规定，复议后的案件，如果复议机关维持了原行政行为，复议机关和原行政行为机关成为共同被告，而非只有原行政机关作被告，这是一重大的修改。根据《适用解释》第 6 条第 1 款之规定："行政诉讼法第 26 条第 2 款规定的'复议机关决定维持原行政行为'，包括复议机关驳回复议申请或者复议请求的情形，但以复议申请不符合受理条件为由驳回的除外。"

另外，复议机关改变原行政行为的，意味着行政行为发生了变化，这时候的复议结果取代了原行政行为结果，由复议机关作被告。根据《适用解释》第6条第2款之规定："行政诉讼法第26条第2款规定的'复议机关改变原行政行为'，是指复议机关改变原行政行为的处理结果。"

《执行解释》第22条规定："复议机关在法定期限内不作复议决定，当事人对原行政行为不服提起诉讼的，应当以作出原行政行为的行政机关为被告；当事人对复议机关不作为不服提起诉讼的，应当以复议机关为被告。"《行政诉讼法》第26条第3款规定："复议机关在法定期限内未作出复议决定，公民、法人或者其他组织起诉原行政行为的，作出原行政行为的行政机关是被告；起诉复议机关不作为的，复议机关是被告。"从上述两条款来看，"不作复议决定"被"未作出复议决定"所取代，另就措辞上表达更为精练，但其核心意思保持了一致，即行政相对人对于复议机关在法定的期限内未作出复议决定而提起诉讼的，有两种情况：①相对人不服原行政行为而起诉；②不服复议机关的不作为行为而提起诉讼。在第一种情况下，被告应当是作出原行政行为的行政机关，在第二种情况下，被告应当是复议机关。

（三）共同作出行政行为的行政机关

《行政诉讼法》第26条第4款规定，两个以上行政机关作出同一行政行为，相对人不服起诉的，共同作出行政行为的行政机关是共同被告。

（四）作出行政行为的派出机关

派出机关是依照地方人民政府组织法成立的由地方人民政府派出的行政机关，派出机关依法具备行政主体资格。因此，行政相对人不服其行政行为而起诉时，它们可以成为行政诉讼被告。

（五）法律、法规和规章授权的行政机构

行政机构是行政机关内设的或派出的组织，原则上不具有行政主体资格，也就不能成为被告。但是有些行政机构依法享有行政权，从而取得行政主体资格，能以自己的名义作出行政行为，相对人若不服起诉的，该行政机构就是被告。

（六）作出行政行为的法律、法规和规章授权的非行政组织

该组织依法享有行政权，能以自己的名义作出行政行为，并能独立承担相应的法律责任，具有行政主体资格，因此，当它作出的行政行为被起诉后，它就成为被告。

（七）个人或组织接受行政机关的委托作出行政行为的，由委托机关作被告

在行政委托关系中，受托人是以委托人的名义作出行政行为的，由此产生的后果也由委托人承担，该行政行为应当视为委托人的行为，因此委托人应当是被告。

（八）行政机关与其他国家机关、党派和社会团体等共同作出行政行为的，由行政机关作被告

行政诉讼的被告必须是具有行政职权的国家机关或者法律、法规、规章授权的组织，这里的非行政机关均不享有行政主体资格，当然不能成为行政诉讼的被告。

（九）经上级行政机关批准的行政行为，应当以对外发生法律效力的文书上署名的机关为被告

经过上级机关批准而作出行政行为的，如果行政行为以经过上级批准为其效力成立的法定程序，上级行政机关应当作为被告。如果批准程序仅是内部程序，批准机关不作被告，仅由作出行政行为的下级机关作被告。但是，这两种批准在法律实践中往往混杂在一起，难以辨认。因此，谁在对外生效的法律文书上署名，谁就作被告。如果上、下级都署名的，他们作共同被告。

（十）行政机关不作为被起诉时的被告

行政机关不作为分两种情况，一种是具有法定职责的行政机关应当主动行使职权、履行职责，该机关没有作出相应行为；另一种情况是具有行政职权的行政机关需要相对人申请才可以作出相应的行为，相对人提出申请，被申请机关没有履行或者拖延履行法定职责。前者，应当以具有法定职责的行政机关为被告；后者应当以相对人向其提出申请的行政机关为被告。区别在于，在后一种情况下，相对人提出申请，要求其作为的行政机关不一定是具有法定职责的行政机关。

（十一）《执行解释》规定的几种特殊情况

《执行解释》对几种特殊情况下的被告的确认作了规定。

1.《执行解释》第20条共有3款，分别规定："行政机关组建并赋予行政管理职能但不具有独立承担法律责任能力的机构，以自己的名义作出具体行政行为，当事人不服提起诉讼的，应当以组建该机构的行政机关为被告。""行政机关的内设机构或者派出机构在没有法律、法规或者规章授权的情况下，以自己的名义作出具体行政行为，当事人不服提起诉讼的，应当以该行政机关为被告。""法律、法规或者规章授权行使行政职权的行政机关内设机构、

派出机构或者其他组织，超出法定授权范围实施行政行为，当事人不服提起诉讼的，应当以实施该行为的机构或者组织为被告。"

现在我们分析该条规定。第 1 款中的"机构"是指政府为了适应新的行政管理的需要而设立的行政机构，这些机构有的获得法律、法规和规章的授权，具有独立承担法律责任的能力，但也有些没有法律、法规或规章上的依据，不能独立承担法律责任，如在某种传染性疾病暴发期间，各级政府临时设立的防治机构。这种组建并赋予行政管理职权的行为，可以视为一种行政委托行为，这些机构如果以自己的名义作出行政行为，当事人不服提起行政诉讼的，应以组建该机构的行政机关为被告。

第 2 款实际上解决的是何为承担法律责任能力的问题。行政机关的内设机构和派出机构在没有法律、法规或者规章授权的情况下，以自己的名义作出行政行为，由于它没有独立承担法律责任的能力，应当以它所在的行政机关为被告。在行政诉讼中，被告承担的法律责任有两种：①撤销、变更行政行为，或者履行其法定职责；②行政赔偿。能否承担法律责任要看是否具有法定的职权，而不是看它能否自己履行法院的判决，独立承担得起赔偿费用。按照《国家赔偿法》的规定，赔偿费用最终是由国家财政负担的。

第 3 款是关于被授权组织超越法律、法规或者规章的授权范围时的被告问题。被授权组织超越法定职权作出行政行为的，由该组织作为被告。

2.《执行解释》第 21 条规定："行政机关在没有法律、法规或者规章规定的情况下，授权其内设机构、派出机构或者其他组织行使行政职权的，应当视为委托。当事人不服提起诉讼的，应当以该行政机关为被告。"

行政授权具有准确的含义，必须有明确的法律依据。但是，在行政管理实践中，有些行政机关滥用行政授权的概念。比如，县政府制定文件"授权"他人行使某种行政权，由于县政府的规范性文件不是行政授权的合法依据，因此，这种授权只能当作行政委托来处理。

（十二）其他司法解释中对被告的确认

1. 最高人民法院《关于审理行政许可案件若干问题的规定》中的被告。根据该规定，下列情形中的被告分别应当是：

（1）当事人不服行政许可决定提起诉讼的，以作出行政许可决定的机关为被告；行政许可依法须经上级行政机关批准，当事人对批准或者不批准行为不服一并提起诉讼的，以上级行政机关为共同被告；行政许可依法须经下级行政机关或者管理公共事务的组织初步审查并上报，当事人对不予初步审查或者不予上报不服提起诉讼的，以下级行政机关或者管理公共事务的组织为被告。

（2）行政机关依据《行政许可法》第 26 条第 2 款规定统一办理行政许可的，当事人对行政许可行为不服提起诉讼，以对当事人作出具有实质影响的不利行为的机关为被告。

2. 最高人民法院《关于审理政府信息公开行政案件若干问题的规定》中的被告。根据该规定，下列情形中的被告分别应当是：

（1）公民、法人或者其他组织对国务院部门、地方各级人民政府及县级以上地方人民政府部门依申请公开政府信息行政行为不服提起诉讼的，以作出答复的机关为被告；逾期未作出答复的，以受理申请的机关为被告。

（2）公民、法人或者其他组织对主动公开政府信息行政行为不服提起诉讼的，以公开该政府信息的机关为被告。

（3）公民、法人或者其他组织对法律、法规授权的具有管理公共事务职能的组织公开政府信息的行为不服提起诉讼的，以该组织为被告。

（4）有下列情形之一的，应当以在对外发生法律效力的文书上署名的机关为被告：①政府信息公开与否的答复依法报经有权机关批准的；②政府信息是否可以公开系由国家保密行政管理部门或者省、自治区、直辖市保密行政管理部门确定的；③行政机关在公开政府信息前与有关行政机关进行沟通、确认的。

3. 最高人民法院《关于审理涉及农村集体土地行政案件若干问题的规定》。根据该规定，土地权利人认为土地储备机构作出的行为侵犯其依法享有的农村集体土地所有权或使用权，向人民法院提起诉讼的，应当以土地储备机构所隶属的土地管理部门为被告。

比较而言，在《行政诉讼法》修改后，行政诉讼的原告问题相对简明了，而适格被告的确定问题仍然十分复杂。这主要是由我国行政管理体制复杂、行政权力行使主体的规范化程度不高造成的。

四、行政诉讼被告的诉讼权利和义务

（一）被告的主要权利

1. 在诉讼过程中变更原行政行为的权力。

2. 强制执行法院判决、裁定权。对于原告拒绝履行人民法院已经发生法律效力的判决、裁定的，没有强制执行权的行政机关应当申请人民法院强制执行，享有强制执行权的行政机关自己就可以依法对原告采取强制执行措施。

3. 委托诉讼代理人的权利。

4. 提供证据和申请保全证据的权利。

5. 申请回避权。

第五章

6. 申请保全财产权。

7. 上诉权。

8. 申请查阅补正庭审笔录权。

以上权利的第 1、2 项为被告所特有的权利，其他各项权利与原告相同。

（二）被告的义务

被告除了负有原告所负的义务外，还负有以下特有义务：

1. 应诉的义务。

2. 提供作出行政行为的证据和所依据的规范性文件的义务。

3. 执行法院裁定停止被诉行政行为的执行的义务。

4. 先行给付的义务。

五、行政诉讼被告资格的承继

在行政诉讼中，被告的资格有时也会转移，主要情况就是被告被撤销，其被告资格转移给其他行政主体。行政诉讼被告资格之所以可以承继，是因为行政权的行使是一种国家公权力的运作，基于行政活动的连续性，不应因为行政机关组织发生变化而影响到当事人合法权益的保护和救济，可以说，被告资格转移制度有利于顺利地追究行政责任，保护原告的合法权益，并监督行政机关依法行使行政职权。

被告资格转移的情况有两种：①作为被告的行政机关被撤销；②法律、法规或规章授权的组织依法不再享有行政权。在现实中，表现为吸收式合并分立和新设式合并分立。无论哪一种情况，一般都由新的行政主体继续行使其职权。在实践中，有的机关被撤销后，其职权由原有的其他行政机关行使，有的是由新组建的行政机关行使，有的收归于人民政府，有的机关被撤销后，其职权随着机构改革和政府职能转变而不复存在，其事务转由社会组织自我管理。如果作为被告的行政机关被撤销后，其行政职权转由其他行政机关行使，则由该行政机关继受被告资格。被告资格的转移是由相关法律所规定的，不取决于承受者的主观意志。《行政诉讼法》第 26 条第 6 款规定，"行政机关被撤销或者职权变更的，继续行使其职权的行政机关是被告。"

第四节　行政诉讼的第三人

一、行政诉讼第三人的概念和特征

《行政诉讼法》第 29 条第 1 款规定："公民、法人或者其他组织同被诉行政行为有利害关系但没有提起诉讼，或者同案件处理结果有利害关系的，可以

第五章

作为第三人申请参加诉讼，或者由人民法院通知参加诉讼。"

根据上述之规定，可见，行政诉讼第三人具有以下特征：

1. 同被诉行政行为有利害关系但没有提起诉讼。所谓利害关系，是指被诉行政行为对公民、法人或其他组织的权利义务产生了不利影响，主要表现为权利的丧失或者减损以及义务的苛加等情况。例如，有关确认自然资源使用权或者所有权的案件中，行政机关将使用权或所有权确认给一方，事实上就相当于为另一方设定了不得妨碍和尊重的义务，另一方可以作为第三人参加诉讼。再比如，市政府因扩建马路要拆除甲的房子，但甲的房子已经抵押给乙，乙是抵押权人，市政府拆除甲的房屋的决定不仅使甲丧失了房屋的所有权和居住权，也使得乙的抵押权归于消灭。乙与被诉行政行为之间具有了利害关系，乙可以作为第三人参加诉讼。

2. 同案件处理结果有利害关系。例如，甲乙二人互殴，公安机关处罚了甲，甲不服向法院起诉，这时候，法院应当通知乙作为第三人参加诉讼。因为虽然处罚决定没有给乙方设定义务，但是进入到诉讼程序后，如果行政行为的效力或者内容发生了变化，将会使其可能承担一定的不利后果，如果法院在审查中认为处罚显示公正或者事实不清，判决撤销原处罚决定并重新作出新的处罚决定时，法院的裁判事实上必然包含着对乙苛加一定责任的后果。

3. 第三人一般是在行政法律关系中处于行政相对人的地位。作为行政主体的行政机关，不能作为第三人参加诉讼，但行政机关和其他国家机关如果处于行政相对人的地位时，就可以在行政诉讼中作为第三人。少数情况下，作为行政主体的行政机关在特定的诉讼关系中也具有第三人资格，这样有利于行政诉讼目的的实现。例如，某市的经济技术开发区管委会批准某公司在区内建造一座宾馆，在施工中，市规划局认为该建筑违反城市规划，要求停止建设并拆除已建部分，该公司不服，对规划局提起行政诉讼，在诉讼中，法院将开发区管委会列为第三人通知其参加诉讼，法院的这种做法是有道理的，但行政诉讼法和有关的司法解释都未提供相应的法律依据。

4. 其参加诉讼的方式是主动申请参加，或者由法院通知被动参加到已经启动但尚未结束的行政诉讼进程中。公民、法人或者其他组织以及行政机关申请作为第三人参加诉讼的，如果人民法院确定其第三人身份，应当允许其参加诉讼。人民法院在案件审理过程中发现存在第三人时，应当及时通知其参加诉讼。

5. 第三人具有独立的诉讼地位，并在法定情形下享有上诉权。《行政诉讼法》第29条第2款规定："人民法院判决第三人承担义务或者减损第三人权益的，第三人有权依法提起上诉。"依据该条款，在法定情形下，即判决第三人承担义务或者判决使第三人权益受到重大限缩时，第三人还具有独立的上诉权。可见，第三人参加诉讼的目的是为了维护自己的合法权益，"他不能以本诉的原告为共同原告、以本诉的被告为共同被告，也不必然地站在本诉的原、被告其中的一方。第三人在法律上具有独立的诉讼地位"。

二、行政诉讼第三人的判定

行政诉讼法和司法解释未明确列举第三人的种类，在司法实践中，行政诉讼第三人大致有以下几种：

（一）类似原告地位的第三人

1. 行政处罚中的受处罚人。行政机关对违法行为人作出行政处罚后，受处罚人未起诉，被受处罚人所侵犯的受害人起诉，在这种情况下，受处罚人可以作为第三人参加诉讼。

2. 被受处罚人侵害的受害人。行政机关对违法行为人处罚后，受处罚人不服行政处罚起诉的，被受处罚人侵害的人可以作为第三人参加诉讼。

3. 行政裁决的当事人。行政机关依职权裁决平等主体之间的权属纠纷或侵权赔偿纠纷，一方当事人不服行政裁决而起诉行政机关时，另一方当事人可以作为第三人参加诉讼。

4. 行政行为的直接相对人。行政机关作出某种行政行为，行政行为的直接相对人未起诉，但其他受到行政行为不利影响的人提起诉讼，这时行政行为的直接相对人可作为第三人参加诉讼。如行政机关批准甲在某块地上建房，但乙认为房屋建成会影响自己的交通、采光或排水，因而起诉批准机关，甲就成为该案的第三人。

5. 权益受到行政行为影响的人。行政机关作出某行政行为，既影响直接相对人的权益，又影响非直接相对人的权益，直接相对人不服行政行为向法院起诉的，非直接相对人就成为第三人。例如，行政机关撤销某人的厂长职务，按有关规定，行政机关任免企业法定代表人时应当征求企业职工代表大会的意见，但事实上该行政机关并未征求其意见，该厂长若不服撤职决定而起诉时，企业职工代表大会或企业职工就可以作为第三人参加诉讼。

6. 多相对人行为中的未起诉方。行政机关的同一行政行为涉及两个以上的利害关系人，其中一部分利害关系人对行政行为不服提起诉讼，人民法院应当通知没有提起诉讼的其他利害关系人作为第三人参加诉讼。例如，甲、乙、丙、丁四人赌博，被公安机关抓获，每人被罚款 1000 元，甲、乙二人不服，提起行政诉讼，则人民法院应当通知丙、丁二人作为第三人参加诉讼。

7. 最高人民法院《关于审理房屋登记案件若干问题的规定》中关于第三人的规定。依据该规定第6条："人民法院受理房屋登记行政案件后，应当通知没有起诉的下列利害关系人作为第三人参加行政诉讼：①房屋登记簿上载明的权利人；②被诉异议登记、更正登记、预告登记的权利人；③人民法院能够确认的其他利害关系人。"

（二）类似于被告地位的第三人

1. 两个以上的行政机关共同作出行政行为，但原告只起诉其中的一部分，人民法院要求原告追加另外一部分为被告，但原告不同意的，人民法院应当通知其以第三人的身份参加诉讼。《执行解释》第23条规定："原告所起诉的被告不适格，人民法院应当告知原告变更被告；原告不同意变更的，裁定驳回起诉。应当追加被告而原告不同意追加的，人民法院应当通知其以第三人的身份参加诉讼。"

另外，根据《适用解释》第7条之规定："复议机关决定维持原行政行为的，作出原行政行为的行政机关和复议机关是共同被告。原告只起诉作出原行政行为的行政机关或者复议机关的，人民法院应当告知原告追加被告。原告不同意追加的，人民法院应当将另一机关列为共同被告。"可见，在案件经复议的情形下，复议机关和作出原行政行为的行政机关之间成立共同被告，而非列为第三人，这是基于复议制度的特殊性而作出的特殊规定。

2. 两个以上的行政机关作出相互矛盾的行政行为，非被告的行政机关应以第三人的身份参加诉讼。

三、行政诉讼第三人的诉讼权利和义务

在行政诉讼法律关系中，第三人具有当事人的地位，从而享有与原告或被告基本相同的权利义务。但是有关上诉权，《行政诉讼法》第29条第2款对第三人有特别规定："人民法院判决第三人承担义务或者减损第三人权益的，第三人有权依法提起上诉。"

第五节　行政诉讼的共同诉讼人

一、行政诉讼的共同诉讼人

（一）共同诉讼的概念

通常情况下，行政诉讼只有一个原告和一个被告，但在某些情况下，行政诉讼的原告可能是两个以上的公民、法人或其他组织，被告也可能是两个以上的行政机关，有时甚至原告和被告都为两人以上。这种一方或双方当事人为两人以上的诉讼，就是共同诉讼。共同诉讼的当事人，我们称之为共同诉讼人。原告为两人以上的，我们称之为共同原告；被告为两人以上的，我们称之为共同被告。

共同诉讼实际上是诉的主体的合并，即诉讼有几个原告或几个被告，或原告、被告均为多数，诉讼标的是"同一或同类行政行为"，人民法院为了便于审理将其合并。它与诉的客体的合并不同，诉的客体的合并是一个原告对一个被告的数个行政行为提起诉讼，人民法院将其合并审理，例如，原告请求法院判决被告的行政处罚行为以及对处罚的强制执行行为违法的行政诉讼，即属于诉的客体的合并。

设立共同诉讼制度的意义在于，人民法院可以通过共同诉讼的形式，一并解决相关的行政诉讼，从而简化诉讼程序，节省时间和费用，避免人民法院在同一事件上作出相互矛盾的判决。

（二）共同诉讼的分类

按照诉讼标的的不同性质，共同诉讼又可分为必要的共同诉讼和普通的共同诉讼。

1. 必要的共同诉讼，是指当事人一方或双方为两人以上，诉讼标的是同一行政行为的诉讼。必要的共同诉讼的特征在于诉讼标的的同一性，即行政案件因同一行政行为发生。同一行政行为是指一个或几个行政机关，针对一个或几个公民、法人或其他组织，基于一个意思表示实施的一个行政行为。在实践中，必要的共同诉讼有以下几种情形：

（1）两人以上共同违法，被行政机关在同一处罚决定中分别处罚，受处罚人均不服提起诉讼的。

（2）法人或其他组织违法受到处罚，该法人或组织的主要负责人同时受到处罚，两者均不服处罚提起诉讼的。

（3）治安行政案件中，两个以上的受害人均不服公安机关对加害人的行政处罚而提起诉讼的。

（4）两个以上的行政机关针对同一行政相对人联合作出行政行为，相对人不服而提起诉讼的。

（5）治安行政案件中，被处罚人和受害人均不服公安机关的处罚决定而提起诉讼的。

（6）行政机关对民事纠纷作出裁决后，纠纷当事人均不服行政裁决，向法院起诉裁决机关的。

必要的共同诉讼中，共同诉讼人对行政行为有共同的权利和义务，其中任何一人不参加诉讼，争议的权利义务关系就难以确定。因此，对于必要的共同诉讼的当事人而言，如果其没有参加到已经发生的诉讼中的话，法院应及时追加其参加到诉讼中来。

2. 普通的共同诉讼，是指当事人一方或双方为两人以上，其诉讼标的是同类的行政行为，人民法院认为可以合并审理并经当事人同意合并审理的诉讼。普通的共同诉讼，是一种可分之诉。这种诉讼能够合并审理一般需符合以下条件：①被诉行政行为属于同一种类；②由同一法院管辖；③属于同一诉讼程序，如果有的属于普通程序，有的属于简易程序，则不能作为共同诉讼审理；④人民法院认为可以合并审理，如果法院认为合并审理会影响诉讼效率，增加案件审理难度，则不能作为共同诉讼来审理；⑤须经当事人同意，如果当事人认为将其案件与他人案件合并审理会妨碍其诉讼权利的享有或有效行使，不同意合并审理，则人民法院不得强行将案件合并为共同诉讼案件来审理。

所谓同类的行政行为，是指两个以上性质相同的行政行为。在普通的共同诉讼中，共同诉讼人之间在事实上或法律上并不存在不可分割的联系，仅是由于诉讼标的是同一类的行政行为而被统一于一个行政诉讼程序，这种诉讼在实践中种类繁多而难以一一列举。例如，几个伤残军人或烈士家属认为行政机关没有依法发给抚恤金而提起诉讼的，如果这些人属于同一法院辖区的，人民法院就可以将它作为共同诉讼来处理。再如，几个个体户控告同一行政机关乱罚款的，他们如果属于同一法院管辖的，人民法院也可以作为共同诉讼来处理。普通的共同诉讼并不是必须要合并审理，人民法院可以把它分作几个案件分别审理，如果分别审理，则成为各自独立的案件而不是共同诉讼了。人民法院认为合并审理能简化诉讼，节省人力、物力，减少差异，并在当事人同意的基础上才能将其合并审理，这是它和必要的共同诉讼的一个重要区别，必要的共同诉讼是不可以分割的，人民法院对于必要的共同诉讼必须合并审理，必要的共同诉讼是一种不可分之诉。

二、行政诉讼的代表人诉讼

所谓代表人诉讼，是指行政诉讼原告一方人数众多，由他们推选诉讼代表人参加的诉讼。在行政诉讼实践中，代表人诉讼并不少见，如行政机关的违法收费行为、征地行为、拆迁行为、变更或终止土地承包行为等都会引发代表人诉讼。代表人诉讼的方式既能简化诉讼程序，节约当事人的人力、物力和司法资源，达到诉讼经济的目的，又能提高办案质量和效果，避免对同一或同类行政行为作出不一致的裁判。

代表人诉讼是共同诉讼中的一种，但它与一般的共同诉讼又有区别：

1. 代表人诉讼中的原告一方，其人数从几十到几百、几千不等，有的案件甚至达到上万人，作为被告一方的行政主体不可能多到如此众多的地步，而一般的共同诉讼是一方或者双方当事人为 2 人以上。《执行解释》第 14 条第 3 款明确规定："同案原告为 5 人以上，应当推选 1~5 名诉讼代表人参加诉讼；在指定期限内未选定的，人民法院可以依职权指定。"由该款观之，区分二者的界限是"5 人以上"，即原告一方为 5 人以上的诉讼就是代表人诉讼。

2. 代表人诉讼不要求众多的原告都参加诉讼，而是由他们推选 1~5 名诉讼代表人参加诉讼，即代表人诉讼实行诉讼代表制，诉讼代表人代表所有的原告作出意思表示，一般而言，诉讼代表人应当具有以下条件：①与所代表的当事人有相同的利益；②具有诉讼行为能力；③乐于为原告方的全体成员服务；④经过原告方推选产生或者在指定期限内未选定的，人民法院可依职权指定。而在共同诉讼中，共同诉讼人都是该案的当事人，都参加诉讼。

3. 代表人诉讼中，诉讼代表人的诉讼行为的效力，除及于本人外，还及于诉讼中的每一个原告方当事人。《行政诉讼法》第 28 条规定："当事人一方人数众多的共同诉讼，可以由当事人推选代表人进行诉讼。代表人的诉讼行为对其所代表的当事人发生效力，但代表人变更、放弃诉讼请求或者承认对方当事人的诉讼请求，应当经被代表的当事人同意。"从该条观之，对于人数确定的代表人诉讼而言，可以由当事人推选代表人进行诉讼，如果推选不出代表人的当事人，在必要的共同诉讼中可以自己参加诉讼；在普通的共同诉讼中可以另行起诉，必要时法院也可依职权指定诉讼代表人。另外，对于提供证据、法庭辩论、申请延长诉讼期间等程序性的诉讼行为而言，一经作出就对被代表的当事人发生效力，但对于涉及处分当事人实体权利的诉讼行为，必须经被代表的当事人明确同意。而共同诉讼中当事人的诉讼行为的效力，只有经过共同诉讼人一致同意，才能对其有效，不经共同诉讼人同意的诉讼行为效力，只及于行为人本人，对其他人无效。

人民法院受理代表人诉讼之后，如发现原告一方人数众多，起诉时人数尚未确定的，应当发出公告，通知权利人在指定的期限内到法院登记，裁判作出后，对登记的全体成员发生法律效力，未参加登记的人，后来又向法院起诉且没有超过诉讼时效的，直接适用该裁判。

诉讼代表人是一种独立的诉讼主体，其和诉讼代理人截然不同，两者的区别主要体现在：诉讼代表人是本案的当事人，与本案的诉讼标的有利害关系，其参加诉讼的目的，在主观维护自己利益的同时，客观也维护了其所代表的人的利益，因为其和诉讼标的有密切的利害关系，其会尽心尽责地履行代表职责，其参加诉讼是以自己的名义进行的，而诉讼代理人不是本案的当事人，与诉讼标的没有利害关系，以被代理人的名义参加诉讼，其参加诉讼的目的也只是维护被代理人的合法权益。

第六节　诉讼代理人

一、诉讼代理人的概念和特征

原告、被告、第三人、共同诉讼人均属当事人的范畴，诉讼参加人由当事人及其诉讼代理人构成。所谓诉讼代理人，是指根据行政诉讼法的规定或者当事人的授权，在代理权限内，以当事人的名义，代理当事人进行诉讼活动的人。

我国《行政诉讼法》规定诉讼代理人制度，有助于帮助当事人参加诉讼活动，保护其合法权益，有助于法院正确及时审理行政案件，顺利完成诉讼任务。诉讼代理人的一般特征有：

1. 以被代理人的名义而不是以自己的名义进行诉讼活动。

2. 参加诉讼的目的是为了维护被代理人的合法权益，而不是为了维护自己的权益。

3. 诉讼代理人在其代理权限内所实施的行为，其法律后果由被代理人承担，超越代理权所实施的行为是无效行为，其后果由代理人自己承担。

4. 只能代理争议的一方当事人，不能在同一诉讼中代理原告、被告双方。

5. 诉讼代理人必须具有诉讼行为能力。

二、诉讼代理人的种类

（一）法定代理人

法定代理人是指根据法律取得代理权，代替无诉讼行为能力的公民进行诉讼的人。根据《行政诉讼法》第30条的规定，"没有诉讼行为能力的公民，由其法定代理人代为诉讼"。这里的"没有诉讼行为能力的公民"是指未成年人和不能辨认自己行为的精神病人。为了保护无诉讼行为能力的人的合法权益，《民法通则》为他们设置了监护人，未成年人的监护人可以由其父母、祖父母、外祖父母、兄、姐担任，关系密切的其他亲属、朋友经未成年人住所地的居民委员会或村民委员会同意也可担任监护人。无行为能力或限制行为能力的精神病人的监护人由配偶、父母、成年子女、其他近亲属或关系密切的其他亲属、朋友经居民委员会或村民委员会同意的人担任。在进行诉讼活动时，监护人是被监护人的法定代理人。

第五章

（二）指定代理人

指定代理人是指被人民法院指定代理无诉讼行为能力的当事人进行诉讼活动的人。指定代理人的代理权来源于人民法院的指定行为。根据《行政诉讼法》第 30 条的规定，"……法定代理人互相推诿代理责任的，由人民法院指定其中一人代为诉讼"。指定代理人与法定代理人有相同的权利义务，但当指定代理人代为处分被代理人的实体权利时，应受到人民法院的审查监督。指定代理人因当事人获得诉讼行为能力或案件审理终结而丧失其代理资格，人民法院也有权取消指定代理人的资格，另行指定其他人为指定代理人。

（三）委托代理人

委托代理人指受当事人或其法定代理人的委托，代理被代理人进行诉讼活动的人。委托代理人同法定代理人、指定代理人有明显的区别，其代理权是基于当事人或其法定代理人的委托而产生的，代理权限一般由代理人和被代理人商议确定，签订委托协议书，并将委托协议书递交人民法院，解除代理关系也应书面报告人民法院。

《执行解释》第 25 条规定了当事人委托诉讼代理人的具体方式："当事人委托诉讼代理人，应当向人民法院提交由委托人签名或者盖章的授权委托书。委托书应当载明委托事项和具体权限。公民在特殊情况下无法书面委托的，也可以口头委托。口头委托的，人民法院应当核实并记录在卷；被诉机关或者其他有义务协助的机关拒绝人民法院向被限制人身自由的公民核实的，视为委托成立。当事人解除或者变更委托的，应当书面报告人民法院，由人民法院通知其他当事人。"

按照《行政诉讼法》第 31 条第 1 款的规定："当事人、法定代理人，可以委托 1~2 人作为诉讼代理人。"法律规定可以被委托为诉讼代理人的人员包括三类：

1. 律师、基层法律服务工作者。
2. 当事人的近亲属或者工作人员。
3. 当事人所在社区、单位以及有关社会团体推荐的公民。

显然，行政诉讼活动不适用公民代理制度，能够成为委托代理人的仅限于上述三种情况。其中，当事人所在社区主要指当事人所在的居委会和村委会；当事人所在单位指当事人的服务或供职处所；有关社会团体指对于当事人负有保护责任的特定团体，如消费者协会、妇联、工会、学联、特定的基金会、中国红十字会等。

另外，《行政诉讼法》第 3 条第 3 款规定："被诉行政机关负责人应当出庭应诉。不能出庭的，应当委托行政机关相应的工作人员出庭。"《适用解释》第 5 条规定："行政诉讼法第 3 条第 3 款规定的'行政机关负责人'，包括行政机关的正职和副职负责人。行政机关负责人出庭应诉的，可以另行委托 1～2 名诉讼代理人。"这一规定不仅对于监督行政机关依法行政具有重要意义，对于保障作为原告的行政相对人的合法权益也有重要意义。

三、诉讼代理人的权利

诉讼代理人权利依代理人类型不同而有差异。法定代理人和指定代理人与被代理人权利一致，但是，指定代理人处分被代理人的实体权利时，要受到人民法院的审查监督。委托代理人的权利基于其与委托人的约定。

按照《行政诉讼法》第 32 条的规定："代理诉讼的律师，有权按照规定查阅、复制本案有关材料，有权向有关组织和公民调查，收集与本案有关的证据。对涉及国家秘密、商业秘密和个人隐私的材料，应当依照法律规定保密。当事人和其他诉讼代理人有权按照规定查阅、复制本案庭审材料，但涉及国家秘密、商业秘密和个人隐私的内容除外。"可见，代理律师和当事人以及其他诉讼代理人的权利是有区别的，律师查阅复制的是"本案有关材料"，即除了合议庭评议案件和审委会讨论案件的记录以外的其他卷内材料，都属有权之列，而当事人及其他诉讼代理人只能查阅复制"庭审材料"；并且律师还拥有调查取证权，而当事人及其他诉讼代理人是不享有此项权利的；另外，对于涉及国家秘密、商业秘密和个人隐私的信息材料，律师要保密，而当事人及其他诉讼代理人是无权查阅复制的。

[复习思考题]

1. 简述司法解释中对不同情形下能够提起诉讼的原告的具体判定规则。
2. 简述行政诉讼中对于被告的具体判定规则，思考判定被告的规则应该如何进一步改进和完善。
3. 行政诉讼第三人与民事诉讼第三人有何区别？
4. 简述行政诉讼第三人的种类及其享有的权利内容。
5. 试述代表人诉讼与普通共同诉讼的异同。
6. 简述行政诉讼委托代理人的种类及各自享有的权利义务内容。

第五章

第六章
行政诉讼证据

[**学习目的和要求**] 掌握行政诉讼证据的概念、特征；掌握行政诉讼证据的法定分类及学理分类；掌握行政诉讼举证责任的概念、特征；掌握行政诉讼当事人承担举证责任制度的具体内容；掌握行政诉讼质证及证据审核认定规则。能够就给定案例中证据方面存在的问题作出准确判断。

第一节　行政诉讼证据概述

一、行政诉讼证据的概念

（一）行政诉讼证据的含义

行政诉讼证据是指行政诉讼主体在行政诉讼程序中用以证明案件事实情况的材料。我们可以从以下几个方面来理解行政诉讼证据。

1. 只有进入行政诉讼程序的证据材料才是行政诉讼证据。与案件事实有关的证明材料很多，但是不一定都能成为行政诉讼证据。行政机关在行政程序中收集到的资料，如果没有提供给人民法院，则不能成为行政诉讼证据。对于行政相对人来说，如果在行政程序中没有提出反对行政机关执法理由的证据，在行政诉讼中也不能提出。因此，行政诉讼证据与行政纠纷发生时各方当事人所收集到的材料有一定的区别与联系。

2. 行政诉讼证据证明的对象，是发生纠纷的行政案件事实。行政案件形成于行政程序中，按照依法行政的要求，这些证据又可分为两个主要方面：①与被诉行政行为实体是否合法相关的证据，如行政主体是否具有职权、是否符合职权行使的法定条件等。②与被诉行政行为程序是否合法相关的证据，例如，处罚之前是否告知被处罚人相关权利，重要的许可在作出之前是否告知利益相关人有权利申请听证，等等。

3. 行政诉讼证据所证明的事实是一种法律事实而不是客观事实。法律事实指法律程序中收集到的证据所能够证明与纠纷相关的事实，而客观事实是纠纷发生当时的客观情况。由于证据产生于纠纷发生的过程中，而且证据产生于纠纷当中，因此证据可能收集不全面或者滞后，这就导致法律事实与客观事实存在一定的差异。加之证据是经过质证和认证等程序筛选之后才确定下来的一些材料，而不是客观事实发生所产生的所有材料。因此，证据所能够证明的事实仅仅是经过当事人质证之后法院认定的那些事实，这些事实是法律事实，即经过质证之后被法院认可的证据所能够证明的事实。这些事实与客观事实可能一致，也可能不一致。

4. 行政诉讼证据是人民法院裁判行政案件的依据。法院裁判的依据是法官运用证据规则认定了的证据能够证明的案件事实，即可定案证据证明的案件事实，而不是客观事实。

（二）行政诉讼证据的特征

与其他诉讼证据相比，行政诉讼证据的特征有以下两个方面：

1. 行政诉讼证据主要是行政程序中行政机关收集的证据，并且是记载于行政案卷中的证据，只有少量的证据是在行政程序中处于利害关系人地位的被告提供的。行政诉讼主要是对被诉行政行为的合法性进行审查，从依法行政的角度来看，该合法性表现在行政机关在作出行政行为时是否具有确凿的证据和法律依据。因此，行政机关在作出行政行为时必须收集证据，这些证据通过行政案卷的制作固定下来。当行政相对人不服起诉的时候，这些案卷就是行政诉讼证据的载体。

2. 现场笔录是行政诉讼证据中的独有形式。现场笔录是指行政机关为了固定行政行为作出依据的记载现场情况的证据材料。在其他诉讼中没有此类证据，这是由行政执法的特点决定的。行政执法过程中经常遇到一些违法的现象，但是这些现象具有难以进行证据的采集与保全的特点，以笔录的形式将其记录下来是最好的保全证据手段。例如，交通警察发现某司机在禁止鸣笛的路段鸣笛，给予行政处罚。如果没有现场笔录，则很难证明司机的违法行为，如果交通警察制作了现场笔录，并由违法行为人签字或者邀请见证人签字，就可以维护处罚行为的合法性，进而维护公共秩序。

二、行政诉讼证据的种类

（一）法定分类

《行政诉讼法》第33条规定，证据有以下几种：①书证；②物证；③视听资料；④电子数据；⑤证人证言；⑥当事人的陈述；⑦鉴定意见；⑧勘验笔录、现场笔录。此即行政诉讼证据的法定类型，下面分别介绍。

1. 书证。所谓书证，是指以文字、符号、图案等所表达的含义来证明案件事实的书面材料。诉讼中提供的书证应当符合最高人民法院《关于行政诉讼证据若干问题的规定》（以下简称《行政证据规定》）第10条的具体要求：①提供书证的原件，原本、正本和副本均属于书证的原件。提供原件确有困难的，可以提供与原件核对无误的复印件、照片、节录本。②提供由有关部门保管的书证原件的复制件、影印件或者抄录件的，应当注明出处，经该部门核对无异后加盖印章。③提供报表、图纸、会计账册、专业技术资料、科技文献等书证的，应当附有说明材料。④被告提供的被诉行政行为所依据的询问、陈述、谈话类笔录，应当有行政执法人员、被询问人、陈述人、谈话人签名或者盖章。如果法律、法规、司法解释和规章对书证的制作形式另有规定的，从其规定。

2. 物证。物证是指以物体的外形、性状、规格、质地等物理属性来证明案件事实的材料。物证的客观性较强，因为物证是以其本身存在的物理属性来说明案件事实的，不易受到人为因素的影响。但是物证通常情况下为间接证据，而且有时会受外界环境的影响而被损坏、灭失，甚至是被伪造。《行政证据规定》第11条规定了当事人提供物证的要求：①应当提供原物。如确有困难，可以提供与原物核对无误的复制件或者证明该物证的照片、录像等其他证据。②原物为数量较多的种类物的，可以提供其中的一部分。

3. 视听资料。视听资料是指运用科技手段重现案件原始声响、形象的录音、录像资料和电子储存资料以及其他科技设备用来作为证明案件事实的证据资料。《行政证据规定》第12条规定了当事人提供视听资料的要求：①提供有关资料的原始载体。提供原始载体确有困难的，可以提供复制件。②注明制作方法、制作时间、制作人和证明对象等。③声音资料应当附有该声音内容的文字记录。

4. 电子数据。电子数据是指通过电子邮件、电子数据交换、网上聊天记录、博客、微博客、手机短信、电子签名、域名等形成或者存储在电子介质中的信息。存储在电子介质中的录音资料和影像资料，适用电子数据的规定。《行政证据规定》第64条对电子数据证据的效力作了规定，即以有形载体固定或者显示的电子数据交换、电子邮件以及其他数据资料，其制作情况和真实性经对方当事人确认，或者以公证等其他有效方式予以证明的，与原件具有同等的证明效力。

5. 证人证言。证人证言是指行政诉讼案件当事人以外的自然人就所了解的案件事实依法向人民法院作出的口头或者书面的陈述。《行政证据规定》第

13 条对当事人提供证人证言规定了一般性的要求：①写明证人的姓名、年龄、性别、职业、住址等基本情况。②有证人的签名。不能签名的，应当以盖章等方式证明。③注明出具日期。④附有居民身份证复印件等证明证人身份的文件。

6. 当事人陈述。当事人陈述是指行政诉讼当事人在诉讼程序中就发生纠纷的行政案件事实所作的口头或者书面的说明。这些说明不包括当事人在行政程序中向行政机关就行政行为所作的说明。

7. 鉴定意见。鉴定意见是指接受委托或者聘请的鉴定人，运用自己的专门知识和技能，利用专门的仪器和设备，对案件中某些专门性问题所作出的技术性结论。《行政证据规定》第 14 条的规定，被告向人民法院提供其在行政程序中采用的鉴定意见，应当符合以下要求：①应当载明委托人和委托鉴定的事项。法院委托作出的鉴定与当事人委托作出的鉴定在法院认定中的地位不同，因此，需要载明委托人。②委托人向鉴定部门提交的相关材料齐备。这有助于人民法院判断鉴定意见与相关证据之间的逻辑关系。③应当具有鉴定的依据和使用科学技术手段的说明。④应当具有鉴定部门和鉴定人鉴定资格的说明，并应有鉴定人的签名和鉴定部门的盖章。⑤鉴定意见如果是通过分析获得的，应当说明分析的过程。这类鉴定意见不仅仅是鉴定人通过科学手段获得的客观结论，也包括鉴定人的主观判断。提供分析过程的说明，对法官和其他专家审查鉴定人主观判断是否正确十分必要。

8. 勘验笔录、现场笔录。勘验笔录是指行政机关工作人员或人民法院审判人员，对能够证明案件事实的案发现场或者难以当庭出示的物证，就地进行勘查、测量、检验后所作的记录。勘验笔录是一种反映物证和保全物证的方法，不具有分析、判断的因素。勘验笔录不仅仅是笔记形式，还有照相、绘图、录音、录像等形式。《行政证据规定》第 33、34 条对人民法院勘验现场作出了一些具体的要求，该规定要求勘验人必须出示人民法院的证件，并邀请当地基层组织或者当事人所在单位派人参加。当事人或其成年亲属应当到场，拒不到场的，不影响勘验的进行，但应当在勘验笔录中说明情况。审判人员应当制作勘验笔录，记载勘验的时间、地点、勘验人、在场人、勘验的经过和结果，由勘验人、当事人、在场人签名。勘验现场时绘制的现场图，应当注明绘制的时间、方位、绘制人姓名和身份等内容。当事人对勘验结论有异议的，可以在举证期限内申请重新勘验，是否准许由人民法院决定。现场笔录是指行政机关在行政管理过程中对案件发生的现场情况和处理情况的书面记录。根据《行政证据规定》第 15 条的规定，现场笔录应当具备以下要求：①必须由法定的制作主体制作。现场笔录的制作主体只能是法定的对某一事项有行政职权的行政执法人员。②现场笔录应当是当场制作，而不能是事后补作。③现场笔录应当载明时间、地点、事件的内容和过程。④现场笔录的制作应当符合法定程序，并有执法人员和当事人或者其他在场人的签名。当事人拒绝签名或者不能签名的，应当注明原因。有其他人在现场的，可由其他人签名。

（二）学理分类

对行政诉讼法规定的证据形式，根据学理上不同的标准，可以作不同的分类。

1. 本证和反证。本证与反证的划分，是根据证据的内容是支持自己的主张还是反对对方的主张进行分类的。所谓本证，是指能支持一方当事人的主张成立并证明其主张的事实存在的证据。反证，也叫相反证据，是指能够证明对方当事人主张的事实不存在的证据。

2. 直接证据和间接证据。这是根据证据对案件事实是以直接证明还是间接证明的方式为标准所作的分类。直接证据，是指无需凭借其他证据，仅凭自身就能直接证明案件事实的证据，如超出法定幅度的处罚决定书。间接证据，是指不能单独证明，而需要与其他证据结合起来才能证明案件事实的证据，如证人证言。

3. 原始证据和传来证据。这是根据证据的来源不同所作的划分。原始证据，指直接来源于案件事实或原始出处的证据。传来证据指不是直接来源于案件事实或原始出处，而是由原始证据派生出来或者在信息传递的中间环节中形成的证据，如经过复制、复印、传抄、转述等形成的证据。原始证据直接来源于案件事实，可靠性更强，因此，《行政证据规定》第63条第6项规定："原始证据优于传来证据。"但在原始证据不足的特殊情况下，利用多个传来证据也可以确认案件事实。

4. 言词证据和实物证据。这是根据证据的存在和表现形式的不同所作的分类。言词证据是指以语言文字作为表现形式的证据，如证人证言、当事人陈述、鉴定意见等。实物证据是指以证据的物理存在形态为表现形式的证据。

第二节　举证责任

一、行政诉讼举证责任的概念

举证责任是指法律规定由特定的当事人所承担的提供证据证明特定事实成立的责任，负有举证责任的一方不能证明特定事实成立，将承担败诉或其他不利的后果。败诉是指实体上的不利后果，如法院认定被告的行政行为不合法；其他不利后果是指程序上的后果，如起诉不被受理。在证据制度中设置举证责任制度的目的是为了解决案件事实真伪不明时，法院应当如何确认事实并作出裁判，即确定不利后果的最终归属问题。

证明责任是指诉讼中原告与被告双方对自己提出的主张提供证据证明的责任，如果只提出主张而不提供相应的证据，或者提供的证据证明不了自己的主张，则其主张不能成立，得不到法院的支持。如《行政证据规定》第 6 条规定："原告可以提供证明被诉具体行政行为违法的证据。原告提供的证据不成立的，不免除被告对被诉具体行政行为合法性的举证责任。"该规定明确地划分了举证责任与证明责任的区别。该条规定，原告可以主张被告的行政行为违法，但是当原告的主张无法实现，即提供的证据不成立的，此时只是法院不支持原告的主张，原告不见得会败诉。但是对于行政诉讼法所规定的被告的举证责任，即《行政诉讼法》第 34 条规定的"被告对作出的行政行为负有举证责任"，如果被告的举证责任没有实现，就会导致其败诉，即法院认定行政行为不具有合法性。

行政诉讼中将对行政行为合法性的举证责任规定在被诉的行政机关身上，这一特殊的制度设计就产生了行政机关的特殊证明责任。甚至在原告本身的行为合法性不足的情况，被告也会因为其承担对行政行为合法性的举证责任而败诉。这一点与民事诉讼有重大区别。如"陆 WH、李 YY 与西安市国土资源局 YT 分局因注销集体土地使用证"[1] 案。该案典型地说明了行政机关在行政诉讼中承担举证责任。该案案情为：

原告李 YY 系城镇非农业居民户口。2001 年 10 月，西安市 YT 区人民政府向其颁发了 966 号《集体土地使用证》。根据该使用证的记载及《村民宅基地使用权属鉴定证明书》等土地登记资料显示，该块土地的用途为宅基地，使用权类型为集体划拨，使用人李 YY 系鱼化村村民。后此事被举报至被告西安市国土资源局处，被告介入调查后于 2012 年 6 月 12 日向西安市 YT 区人民政府书面请示，并根据《土地登记办法》第 58 条的规定，建议废止 966 号《集体土地使用证》。被告提供的《西安市 YT 区人民政府办公室批办单》拟办意见一栏显示，王 BC（系政府办主任）于 6 月 19 日签署"请曹区长阅示"，在其签署的意见下有"请依法按程序办理"的批语，并对应"曹"字划

第六章

---

[1] 陕西省西安市中级人民法院行政判决书（2014）西中行终字第 00014 号。

有竖杠，但未签署姓名，也未加盖公章。被告于 2012 年 9 月 13 日向原告邮寄送达《通知》，要求原告李 YY 本人自接到本通知后 15 日内持本人身份证和集体土地使用证前来被告处办理注销登记事宜，逾期被告将报区政府批准后公告注销。后原告未至被告单位，2012 年 10 月 30 日，被告遂在《西安晚报》上刊登公告，对原告持有的 966 号《集体土地使用证》予以公告注销。该公告未告知原告救济途径及起诉期限。原告以其于 2013 年 1 月 16 日得知该公告内容为由，遂于 2013 年 2 月 26 日提起诉讼。

按照《土地登记办法》第 58 条第 1 款的规定："国土资源行政主管部门发现土地登记簿记载的事项确有错误的，应当报经人民政府批准后进行更正登记，并书面通知当事人在规定期限内办理更换或者注销原土地权利证书的手续。当事人逾期不办理的，国土资源行政主管部门报经人民政府批准并公告后，原土地权利证书废止。"被国土资源局 YT 分局注销原告《集体土地使用证》的法定程序应当是：①报告于 YT 区人民政府请求批准；②书面通知原告并经过法定期间；③被上诉人再次报经人民政府批准并公告；④原告的土地权利证书被废止。也就是说，被上诉人应当有向上的请示以及人民政府的批准文件才能完成程序从而进行更正。

被上诉人提交的批办单不能证明被上诉人已经完成上述四个法定的报经人民政府批准程序。①被上诉人国土分局向人民政府提交的是请示，按照《国家行政机关公文处理办法》（国发〔2000〕23 号）的第 9 条第 10 款的规定只有"批复"才是适用于答复下级机关的请示事项的法定公文。该办法 2012 年 7 月 1 日被《党政机关公文处理条例》所替代，在该条例第 8 条第 12 款中也规定批复是适用于答复下级机关请示的法定公文。②在条例第 9 条规定公文一般由份号、密级和保密期限、紧急程度、发文机关标志、发文字号、签发人、标题、主送机关、正文、附件说明、发文机关署名、成文日期、印章、附注、附件、抄送机关、印发机关和印发日期、页码等组成。批办单明示不属于法定的公文形式。③按照《国家行政机关公文处理办法》（国发〔2000〕23 号）第 36 条的规定："审批公文时，对有具体请示事项的，主批人应当明确签署意见、姓名和审批日期，其他审批人圈阅视为同意；没有请示事项的，圈阅表示已阅知。"该批办单没有主批人的签名，因此属于内部程序没有履行完的批办单。④从以上两个对于公文强制性规定的要求来看，被上诉人所提供的公文批办单不是法定的公文，其真实性无法确认，其合法性没有法律依据，其关联性自然不应当得到支持。因此，被告无法证明自己完成了《土地登记办法》第 58 条规定的法定程序。

法院认为身为居民，隐瞒真实情况，以鱼化寨村村民的名义取得涉案《集体土地使用证》，属采取欺骗手段骗取批准、非法占用土地的行为，应按土地违法行为予以追究，而西安市国土资源局 YT 分局注销了李 YY 持有的《集体土地使用证》缺乏法律依据。故被诉具体行政行为程序违法，依法应予撤销。西安市国土资源局 YT 分局应针对本案涉及的土地违法行为，在法定期限内重新作出具体行政行为。

在该案中，尽管原告李 YY 属于违法获得 966 号土地证，但是行政机关不能因为被管理一方的行为违法就可以不承担诉讼中的责任。行政机关依然要为自己在诉讼中的行政行为承担举证责任。

1. 行政诉讼承担举证责任的主体是特定的当事人。在行政诉讼中，原告与被告都可能会依法对某些特定的事实承担举证责任，人民法院在行政诉讼中没有举证责任。具体说来，包括两个方面：

（1）《行政诉讼法》第 34 条第 1 款规定："被告对作出的行政行为负有举证责任，应当提供作出该行政行为的证据和所依据的规范性文件。"因为行政行为是被告行政机关作出的，行政诉讼是对行政行为进行合法性审查的诉讼，所以，合法性依据的证据就应当由被告行政机关来提供。

（2）行政诉讼法没有排除原告的举证责任，特定情况下，原告对自己提出的一些主张也要承担相应的举证责任。根据《行政证据规定》第 4、5 条的规定，原告对下列事项承担举证责任：①证明起诉符合法定条件，但被告认为原告起诉超过起诉期限的除外；②在起诉被告不作为的案件中，证明其提出申请的事实；③在一并提起的行政赔偿诉讼中，证明因受被诉行为侵害而造成损失的事实。

2. 有举证责任的当事人不能提供证据时，其法律后果是其主张的事实无法得以证明，从而得不到法院的认可；如果承担的是证明责任，则法律后果是当事人提出的事实得不到证明，但是有可能通过其他途径得到证实。

二、行政诉讼被告的举证责任

（一）被告承担举证责任的范围

根据《行政诉讼法》的规定，被告应当对以下事项负举证责任：

1. 与被诉行政行为合法性有关的事实。这些事实就是据被诉行政行为依据的全部证据，即被告作出行政行为的时候认定事实的行政证据。

被告的这一举证责任的根据是《行政诉讼法》第 34 条的规定，但要注意该条中"所依据的规范性文件"与"证据"处于并列地位，因而，规范性文件不属于行政诉讼证据。《行政证据规定》第 1 条规定："根据行政诉讼法第

32 条和第 43 条的规定，被告对作出的行政行为负有举证责任，应当在收到起诉状副本之日起 10 日内，提供据以作出被诉具体行政行为的全部证据和所依据的规范性文件。被告不提供或者无正当理由逾期提供证据的，视为被诉具体行政行为没有相应的证据。"[1] 该条区分了被告不提供证据和不提供所依据的规范性文件的法律后果，通过对 "被告不提供证据的，视为被诉具体行政行为没有相应的证据" 的规定，说明作出行政行为所依据的规范性文件没有纳入行政诉讼证据范畴。

2. 认为原告起诉超过起诉期限的有关事实。原告起诉时，并不需要证明其起诉符合法定的起诉期限，因为《行政诉讼法》第 49 条规定，提起诉讼应当符合下列四个条件：①原告是符合《行政诉讼法》第 25 条规定的公民、法人或者其他组织；②有明确的被告；③有具体的诉讼请求和事实根据；④属于人民法院受案范围和受诉人民法院管辖。

符合这些条件人民法院就应当立案审理，而这些条件当中，并不包括原告的起诉是否超出起诉期限。但是基于诉讼的一般原理，被告有权以原告的诉讼超出期限为由进行抗辩。因此，《行政证据规定》第 4 条第 3 款规定："被告认为原告起诉超过法定期限的，由被告承担举证责任。"

3. 与被诉行政行为合理性有关的事实。虽然行政诉讼主要是审查行政行为的合法性，但是行政法的基本原则，如比例原则、程序正当原则等，在行政法中的地位日益重要，这些原则都对行政机关的行政行为的合理性提出了标准。因此，在行政诉讼中，法院日益重视对于行政行为的合理性审查。《行政诉讼法》第 77 条第 1 款规定："行政处罚明显不当，或者其他行政行为涉及对款额的确定、认定确有错误的，人民法院可以判决变更。" 本来就是对行政处罚合理性的审查规定，因此，在特定情况下，行政机关还要承担被诉行政行为合理性的举证责任。否则，人民法院判决撤销或者部分撤销，并可以判决被告重新作出行政行为。

（二）被告履行举证责任的规则

1. 被告举证期限规则。行政诉讼对被告的举证期限要求相当严格，根据《行政诉讼法》第 67 条的规定，被告应当在收到起诉状副本之日起 15 日内向

---

[1]《行政诉讼证据规定》是最高人民法院在《行政诉讼法》2014 年修正前所作的司法解释，所援引的法律条文均系修改前的法律规定。其中，第 1 条中援引的 "第 32 条" 和 "第 43 条" 分别对应修改后《行政诉讼法》第 34 条和第 67 条。第 1 条中的 "10 日内" 按 2014 年修正的《行政诉讼法》的规定应为 15 日内。

人民法院提交作出行政行为的证据和所依据的规范性文件，并提出答辩状。《行政证据规定》第 1 条第 2 款还规定："被告因不可抗力或者客观上不能控制的其他正当事由，不能在前款规定的期限内提供证据的，应当在收到起诉状副本之日起 10 日内向人民法院提出延期提供证据的书面申请。人民法院准许延期提供的，被告应当在正当事由消除后 10 日内提供证据。逾期提供的，视为被诉行政行为没有相应的证据。"

2. 被告补充证据的限制规则。根据《行政证据规定》第 2 条的规定：①被告补充提供证据应当在一审程序中，并经人民法院准许；②被告可以补充提供证据的原因是原告或者第三人在行政诉讼程序中提出其在行政程序中没有提出的反驳理由或者证据。也就是说，因为诉讼中原告提出了行政行为作出时没有提出的抗辩理由，因而出现了一些在作出行政行为当初的行政程序中没有产生的证据。

3. 被告及其诉讼代理人收集证据规则。根据《行政诉讼法》第 35 条的规定："在诉讼过程中，被告及其诉讼代理人不得自行向原告、第三人和证人收集证据。"

三、行政诉讼原告的举证责任

行政诉讼中的原告也需要承担一定的举证责任，因此行政机关在进行行政诉讼的时候，不仅需要注意自己对行政行为合法性的举证，还需要注意审查判断原告的举证。行政诉讼法明确规定被告对作出的行政行为负有举证责任，但并不排除原告在被诉行政行为的合法性之外承担举证责任的情形，行政诉讼中原告也会承担一定的举证责任。

（一）原告承担举证责任的范围

一般说来，原告就下列事项承担举证责任：

1. 符合法定起诉条件。按照《行政诉讼法》第 49 条的规定，原告提起诉讼应当符合的法定条件是：①原告是符合《行政诉讼法》第 25 条规定的公民、法人或者其他组织；②有明确的被告；③有具体的诉讼请求和事实根据；④属于人民法院受案范围和受诉人民法院管辖。被诉行政行为侵犯原告的合法权益应当理解为原告需要证明自己的法律上的利益受到被诉行政行为的直接影响。

2. 证明行政行为的存在。原告起诉应当提供证据证明被诉行政行为的存在，否则，诉讼标的不存在的话，法院无法开始诉讼程序。能够证明行政行为存在的证据主要有法律文书、罚没收据、收款收据等。对于行政机关作出行政行为时，没有制作或者没有送达法律文书的，只要能证明具体行政行为存在，人民法院应当依法受理。

但是，在两种情况下，原告不需要承担证明被诉行政行为存在的举证责任：①被诉行政行为是被告应当依职权主动作出的；②原告起诉不作为案件中，因被告受理申请的登记制度不完备等正当事由不能提供相关证据材料并能够作出合理说明的。

3. 行政赔偿诉讼中，证明因受被诉行为侵害而造成损失的事实。根据《行政诉讼法》和《国家赔偿法》的规定，原告可以单独提起行政赔偿诉讼，也可以一并提起行政赔偿诉讼。按照《行政证据规定》第5条的规定，这两种行政赔偿诉讼原告都要对因受被诉行政行为侵害而遭受损失的事实承担举证责任：①原告需要证明自己的损失是因为被诉具有行政行为而产生的；②原告需要证明自己受到损失的大小。

4. 其他应当由原告承担举证责任的事项。《执行解释》第27条第4项规定了其他应当由原告承担举证责任的事项，但《行政证据规定》却并没有此项规定。对此，有人认为原告仍有承担举证责任的其他情形[1]。《执行解释》与《行政证据规定》同属最高人民法院的司法解释，而《行政证据规定》是相对更新的司法解释。在《行政证据规定》中，原告除上述承担举证责任的三个方面之外，没有应承担举证责任的其他法定情形。而《行政证据规定》第79条也明确规定其他与《行政证据规定》规定不一致的司法解释应当以《行政证据规定》为准，因此，我们认为原告除了上述三个方面之外，别无其他举证责任的承担。

（二）原告举证期限规则

举证期限是指负有举证责任的当事人向人民法院提供证据的法定时限和法院指定的时限。超过这一时间提供证据的，人民法院将不予采纳，当事人将承担举证不能的法律后果。《行政证据规定》第7条对原告或者第三人的举证期限作了明确规定：

1. 原告或者第三人提供证据的时间为开庭审理前或者人民法院指定的证据交换之日。

2. 因正当事由而延期提供证据的，一般情况下，延期提供证据的期限是到法庭调查中。但延期提供证据，必须提出申请并经人民法院准许。

3. 原告或者第三人在第一审程序中无正当事由未提供而在第二审程序中

---

[1] 甘文：《行政诉讼证据司法解释之评论——理由、观点与问题》，中国法制出版社2003年版，第19、20页。

提供的证据，人民法院不予接纳。

第三节　行政诉讼证据的保全与调取

一、行政诉讼证据的保全

（一）证据保全的含义

行政诉讼证据保全，是指在行政诉讼程序中，对于证据在有可能灭失或者以后难以取得的情况下，人民法院根据当事人的申请或依职权采取措施加以确定和保护的制度。《行政诉讼法》第 42 条规定："在证据可能灭失或者以后难以取得的情况下，诉讼参加人可以向人民法院申请保全证据，人民法院也可以主动采取保全措施。"

可以申请行政诉讼证据保全的主体，包括了原告、被告、第三人和诉讼代理人，其中，诉讼代理人又包括了法定代理人、委托代理人、指定代理人。除了这些当事人之外，在特定的条件之下，人民法院也可以主动地实施证据保全措施。人民法院实施行政诉讼证据保全的条件：①证据有可能灭失，如物品将腐烂、变质，证人因年高、疾病可能死亡等；②证据以后难以取得，如证人将长期居留国外等。如果不存在这样的条件，人民法院则应当按照一般的证据收集和保存方法来取得证据。

（二）讼证据保全的程序

1. 申请保全的期限。根据《行政证据规定》第 27 条的规定，当事人及其诉讼代理人向人民法院申请证据保全的，其申请应当在举证期限届满前提出。举证期限在有正当事由的情况下，可以经人民法院准许而延长，因此，申请证据保全的期限也相应延长。

2. 申请保全的形式。当事人及其诉讼代理人向人民法院申请证据保全，应当以书面形式提出。书面形式的申请中应当载明的事项有：证据的名称和地点，保全的内容和范围，申请保全的理由，等等。

3. 申请保全的担保。当事人申请保全证据的，人民法院可以要求当事人提供相应的担保。即人民法院认为在保全的时候，可能会影响到被保全人的权利或者利益的时候，可以要求申请保全证据的当事人提供相应的担保。①提供担保的当事人包括了行政机关。②当事人提供担保并不是申请证据保全的必要条件，是否需要提供担保，由人民法院根据案件具体情况决定。如被申请保全的物品是营运中的车辆的，人民法院应要求当事人提供担保；如被申请保全的是证人证言，人民法院则可以不要求当事人提供担保。无论什么情况之下的证

第六章

据保全，法院都可以要求当事人提供担保，如果当事人不提供担保，则法院不实施证据保全。③要求当事人提供的担保应当是与其证据保全对象的价值相对等的担保物。

4. 证据保全的类型。证据保全可以发生在诉讼之前，也可以发生在诉讼之中，因此，证据保全的形式可以分为诉中证据保全和诉前证据保全两种。诉前证据保全，是指在起诉之前，当事人认为有关证据出现可能灭失或以后难以取得的情形，当事人在起诉前申请人民法院对有关证据采取措施加以确定和保护的活动。《行政证据规定》第27条第3款规定："法律、司法解释规定诉前保全证据的，依照其规定办理。"可见，关于诉前证据保全在《行政证据规定》中也没有专门进行规定，而是参照诉讼中证据保全规定以及单行法的具体规定来办理。

（四）证据保全措施的种类

《行政证据规定》第28条列举了以下9种证据保全措施：查封、扣押、拍照、录音、录像、复制、鉴定、勘验、制作询问笔录等保全措施。人民法院保全证据时，可以要求当事人或者其诉讼代理人到场。

二、行政诉讼证据的调取

人民法院对行政诉讼证据的调取，是指人民法院为了查明案件事实，根据当事人的申请或者依职权采取的以调查手段收集证据的司法活动。

《行政诉讼法》第40条规定："人民法院有权向有关行政机关以及其他组织、公民调取证据。"这是人民法院调取证据权力的法律依据。

1. 人民法院调取证据的条件。人民法院不是任何情况之下都可以调取证据的，在以下两种情况中方可调取证据：①涉及国家利益、公共利益或者他人合法权益的事实认定的；②涉及依职权追加当事人、中止诉讼、终结诉讼、回避等程序性事项的。

2. 人民法院调取证据的限制。人民法院不得为证明被诉行政行为的合法性，调取被告在作出行政行为时未收集的证据。

3. 原告或第三人申请人民法院调取证据的条件。原告以及第三人在以下情况中，可以申请法院调取相关证据：由国家有关部门保存而须由人民法院调取；涉及国家秘密、商业秘密、个人隐私；确因客观原因不能自行收集。

4. 人民法院调取证据在行政诉讼举证责任体系中只处于辅助地位，而居于核心地位的仍然是当事人举证。

5. 人民法院调取证据并不是举证责任或者证明责任的体现。法院在当事人的申请之后调取的证据属性归属于当事人举证的范畴，因此需要进行质证，如《行政证据规定》第 38 条第 1 款规定："当事人申请人民法院调取的证据，由申请调取证据的当事人在庭审中出示，并由当事人质证。"《行政证据规定》第 38 条第 2 款规定："人民法院依职权调取的证据，由法庭出示，并可就调取该证据的情况进行说明，听取当事人意见。"可见人民法院自行调取的证据则不需要进行质证，由法院直接认定其证据的证明力。所以，人民法院对证据的调取并不是法院对举证责任或证明责任的承担。

第四节　行政诉讼证据的质证和审查认定

一、可定案证据

（一）可定案证据

行政诉讼证据在经过法庭质证，被法院认定同时具备真实性、合法性以及关联性时，才能作为定案依据，这些证据就被称为可定案证据。反之，真实性、合法性以及关联性上存在瑕疵，从而被人民法院依法排除的，则不能作为定案的根据。

（二）可定案证据的判定标准

行政诉讼证据必须经过特定的程序才能成为可定案证据，这些程序主要是在法庭上出示以及质证，没有经过庭审质证的证据，不能作为定案的依据。证据的出示程序即原被告双方在法庭上将自己掌握的证据出示给对方和法院审查，对于原被告双方来说，意义在于研究该证据的合法性、真实性以及关联性是否存在问题。质证是证据出示后，当事人对对方证据在合法性、真实性以及关联性方面提出质问和辩驳，以使法院将有问题的证据排除，而没有问题的证据则成为可定案证据。

依照《行政证据规定》的规定，某一证据要成为可定案证据，应该具有以下几个标准：

1. 合法性。合法性是指提交给法院的证据应当符合法律规定的条件以及形式要求。行政诉讼证据主要由行政证据转化而成，因此，行政机关在制作行政证据中是否合法就成了判断行政诉讼证据合法性的一个重要根据，即行政证据如果不合法，则在行政诉讼中也无法转化为合法证据。以违反法律禁止性规定或者侵犯他人合法权益的方法取得的证据，不能作为认定案件事实的依据。根据《行政证据规定》第 55 条的规定，行政诉讼证据的合法性包括了以下要求：

（1）证据类型必须符合法律规定。根据《行政诉讼法》第 33 条的规定，行政诉讼证据有 8 种类型，即书证、物证、视听资料、电子数据、证人证言、当事人的陈述、鉴定意见、勘验笔录及现场笔录。但证据形式随着社会的发展也会不断丰富，当今社会计算机和互联网迅速发展，其他法律、法规对行政执法领域中产生的行政证据形式上的一些新的规定，在行政诉讼证据上也应当给予确认。

（2）证据的形成必须符合法定要求。首先，如当事人向人民法院提供我国境外形成的证据，应当说明来源，经所在国公证机关证明，并经中华人民共和国驻该国使领馆审核认定证据，或者履行中华人民共和国与证据所在国订立的有关条约中规定的证明手续，如果当事人提供的境外证据没有履行上述手续，就属于证据的形式不符合法定要求。其次，证据如果是源于行政程序中，则该证据必须是被告在行政程序中作为具体行政程序依据的证据。这就要求行政机关在行政程序中作出行政行为时必须充分收集证据，在此基础上作出行政行为。还需要排除以偷拍、偷录、窃听等手段获取侵害他人合法权益的证据材料以及以利诱、欺诈、胁迫、暴力等不正当手段获取的证据材料。再次，被告在行政程序中非法剥夺公民、法人或者其他组织依法享有的陈述、申辩或者听证权利所采用的证据也不能为法院所采用。最后，由于行政机关自身在行政诉讼程序中不得自行收集证据，因此，行政机关的诉讼代理人在作出行政行为后或者在诉讼程序中也不得自行收集证据。如果提交此类证据，则被视为证据的形成不合法。

2. 真实性。真实性是指证据本身不存在虚构的成分，证据的产生只是源于案件形成的过程，没有原被告为了胜诉而人为增减或改变的因素。证据的真实性，是证据材料获得证据能力的本质要求，任何虚假的、不真实的证据都不能作为定案的依据。证据反映的是客观存在的事实，而伪造的证据无法反映客观真实，只能反映一种虚构的事实。行政诉讼证据材料因来源不同，提供者的动机不同，以及受其他因素的影响，有些可能是真实的，有些可能是不真实的，有些甚至是伪造的，这就要求法院对证据的形成原因、发现时的客观环境、内容等方面进行全面、严格的审查，从而使最能够反映案件事实真相的证据成为定案的依据。

证据的真实性是证据能够成为定案依据的本质要求，它要求证据从内容到形式都是真实的，其内容要反映客观事实，其形式能被人们所认识，因此，对单一证据进行真实性审查是综合认定证据的基础。真实的证据能最大限度地使案件事实还原为客观事实。由于证据的真实是人们事后收集、汇总、推理而得出的真实，它与客观真实可能有一定的差距，因此对证据必须严格审查，甄别其真实性。

《行政证据规定》第 56 条规定了一般情况下审查证据真实性的 5 个方面内容，第 53 条确立了"法律真实"的证明要求。为了使行政诉讼案件中的"法律真实"最大限度地接近"客观真实"，《行政证据规定》在第五部分"证据的审核认定"中为证据真实性的认定设立了一系列的证明规则：

（1）排除规则，是指在实践中，根据法官的经验足以判断出此类证据是不真实的，应当排除在定案的证据之外的规则。《行政证据规定》第 57 条第 6 ～9 项对不具有真实性的证据材料进行了排除，规定了不能作为定案依据。如认定某人在高速 300 公里加 400 米处超速，而实际该高速只有 260 公里长。

（2）最佳证据规则，是指选择最佳形式的证据和最有说服力的证据作为认定案件事实的根据所遵循的规则。《行政证据规定》第 63 条对这一规则作出了规定。

（3）自认规则，是自认的提出、审查、采信所应遵循的准则。《行政证据规定》第 65 条、第 66 条和第 67 条均属于对自认行为作出的规定。适用《行政证据规定》第 65 条规定时，法庭也可不采信当事人的自认而参照相关证据认定案件事实。《行政证据规定》第 66 条规定的意义在于促成当事人达成调解协议，化解矛盾，平息纠纷。

（4）推定规则，是指根据法律规定、依事实或者日常生活经验法则，能够推断出另一个事实存在的一种证明规则。《行政证据规定》第 68 条、第 69 条和第 70 条的规定均可以认为属于推定。例如，如有交警根据电子测速处罚汽车超速，电子眼认定汽车 15 秒跑了 3.6 公里，一计算，时速为 860 公里/小时，根据当前汽车工业的发展水平可以合理推定该时速不符合常理，交警的证据有问题。

（5）补强证据规则，是指证据本身的效力还不足以单独作为定案根据，而必须在其他证据的印证下才能作为定案根据。《行政证据规定》第 71 条规定的证据即属于补强证据范畴，不能单独作为定案依据，需要有其他证据印证，才能作为定案依据。

3. 关联性。关联性又称相关性，是指证据材料与待证案件事实之间具有内在的联系，对待证事实起证明作用。证据材料只有对待证事实起证明作用，才具有关联性，才能作为定案证据，没有关联性、对认定案件事实没有意义的证据，不能作为定案依据。证据的关联性一般涉及两方面：①证据材料与案件事实有无证明关系，这涉及证据材料应该被排除还是被采纳的问题。②证据材料与案件事实之间的关系程度，这涉及证据使用价值大小的问题，表现为直接关联性和间接关联性。有直接关联性的证据是直接证据，可以单独地证明案件事实；有间接关联性的证据是间接证据，它不能够单独证明案件事实，必须借助于其他证据并与其他证据结合起来才能对案件起证明作用。

证据的关联性指证据与其所要证明的事实存在逻辑上的联系，能够证明需要说明的事实，行政机关在诉讼中经常提交的证据与其所需要证明的事实没有关联性。例如，在一起交通违章处罚纠纷案中，某市 B 区交警在路面巡查的时候发现一辆小客车压了双黄线，当即要求其停止并现场用手机拍了一张照片之后进行了处罚。随后，司机对处罚不服，提起行政诉讼要求撤销交警的处罚。交警部门在诉讼中为了证明自己的处罚合法，提交了现场拍摄的照片作为证据。在法庭质证环节，被告认为该证据能够充分说明处罚正确，因为照片明确地显示原告驾驶的车压在双黄线上。原告对于照片的真实性以及合法性没有质疑，但是对于该照片证据的关联性提出质疑。原告承认自己曾驾车压了双黄线，但是是在某市 A 区压的，而不是在 B 区压的双黄线。被告所提供的照片确实没有任何 B 区的地理标示在其中，仅仅能够看到原告的车压在双黄线上。因此，原告抗辩理由是自己虽然违法，但是不应当由 X 市 B 区交警来处罚。法院认为交警提供的照片无法证明交警是在自己的辖区内执法，从而将某市 B 区交警的处罚撤销。

二、行政诉讼证据的质证

质证是指在法庭审理过程中，诉讼当事人对法庭上所出示的证据采取询问、辨认、质疑、说明、解释、辩驳等方式进行对质核实，从而在证据的证明力等问题上对法官的内心确信产生影响的一种诉讼活动。质证实质上是按照对行政诉讼证据是否能够作为可定案证据的一个判断过程。

质证是行政诉讼证据审查的一个重要环节，对于法院查明案件事实进而作出公正裁判具有不可或缺的作用。《执行解释》第 31 条第 1 款规定："未经法庭质证的证据不能作为人民法院裁判的根据。"《行政证据规定》第 35 条第 1 款规定："证据应当在法庭上出示，并经庭审质证。未经庭审质证的证据，不能作为定案的依据。"质证是证据制度中的基本原则，不经质证的证据不得采信已是世界公认的诉讼法基本原则。

（一）质证的主要规定

1. 质证的主体是原告、被告、第三人以及他们的代理人。由于案件各方当事人的利益诉求不同，尤其是原被告双方存在着冲突的利益诉求，所以，当事人要对自己不利的证据进行质疑反驳。

（1）人民法院不是质证的主体。质证虽然是在法院主持下进行的，但法院参与行政诉讼不是为了某一方的利益或者为了法院自身的利益，因而，法院在诉讼中保持中立地位，质证时，法官不得参与辩论。

（2）证人、鉴定人、勘验人也不是质证的主体。虽然证人、鉴定人、勘验人应当出庭作证、接受询问，但是，质证权是诉权的一个内容，为当事人享有，证人、鉴定人、勘验人不是当事人，当然没有质证权；并且，证人、鉴定人、勘验人出庭接受询问是法定义务而非权利，不能放弃，因此，证人、鉴定人、勘验人也不是质证主体。

2. 质证的范围是当事人提交给人民法院的全部证据。这些证据除了在法庭确定的举证期限之内提交的证据之外，还包括法庭在质证过程中准许当事人补充的证据，对补充的证据仍应进行质证。庭前证据交换过程中没有争议并记录在卷的证据，一般不再进行质证。

3. 质证的内容是证据的证明力，包括证据有无证明效力和证据证明效力的大小。

首先是证据是否具有证明效力。证据具有证明效力是由于证据具有关联性、合法性、真实性。法庭应当根据案件的具体情况，从以下方面审查证据的合法性：①证据是否符合法定形式；②证据的取得是否符合法律、法规、司法解释和规章的要求；③是否有影响证据效力的其他违法情形。法庭应当根据案件的具体情况，从以下方面审查证据的真实性：①证据形成的原因；②发现证据时的客观环境；③证据是否为原件、原物，复制件、复制品与原件、原物是否相符；④提供证据的人或者证人与当事人是否具有利害关系；⑤影响证据真实性的其他因素。

在确定证据具有证明效力之后，应当就证据的证明效力大小进行质证。证明效力大小，是指证据对案件事实的证明程度，在于每个证据与案件事实之间联系的密切程度，与案件事实联系越紧密，则该证据的证明力越大，反之则越小。

4. 质证的方式：①直接质证，言词质证。直接质证是指法官必须在法庭上亲自听取质证实况，从而形成对案件事实的内心确认；言词质证是指质证应以口头陈述的方式进行。这两个方式相互结合、密不可分，都要求诉讼主体要同时在场。根据《行政证据规定》第36条的规定，被告无正当理由拒不到庭而需要依法缺席判决的，被告提供的证据不能作为定案的依据。②交叉询问。根据《行政证据规定》第39条第2款的规定，当事人及其代理人可以就证据问题相互发问，也可以向证人、鉴定人、勘验人发问。询问内容必须与案件事实有关联，不得采用引诱、威胁、侮辱等不正当的语言和方式。

（三）质证的特殊规定

1. 无须质证的证据。《行政证据规定》第 35 条第 2 款规定："当事人在庭前证据交换过程中没有争议并记录在卷的证据，经审判人员在庭审中说明后，可以作为认定案件事实的依据。"这就是说，在当事人认可的情况下，庭前交换中，双方没有争议，并且该不存在争议的状态已经被记录在案卷中，有关证据就无须再经质证可直接作为认定案件事实的依据。这些证据经过审判人员在庭审中说明之后，就不再需要质证程序，以节省庭审时间。但是，这些证据需要在法庭庭审笔录中明确记载有无争议。

2. 被告无正当理由拒不到庭的证据。行政诉讼中的质证，主要是就被告提供的证据进行的，当被告缺席时，证据无法出示，质证也无法进行，无故缺席是对司法权威的挑战，对缺席方就应当严厉处置，因而，被告提供的证据不能作为定案的依据，但当事人在庭前交换证据中没有争议的证据，以及第三人提供的能够证明被诉行政行为合法的证据除外。

3. 不公开质证的证据。根据《行政证据规定》第 37 条的规定，涉及国家秘密、商业秘密和个人隐私或者法律规定的其他应该保密的证据，不得在开庭时公开质证。这些证据不公开质证并不是说不质证，只是由于涉及国家秘密的证据的特殊性，应当如何质证，目前还没有具体的操作规则。比如，在质证过程中，法官能否看到这些证据，如果看到了是否涉嫌国家秘密的泄露。进而，当事人双方能否看到这些证据；如果看到是否涉及泄密，如果涉及的话，那么，原被告双方如何质证。这些问题目前并没有现成的规定。

4. 关于人民法院调取的证据。《行政证据规定》第 38 条规定了对法院调取的证据由法庭出示，并可就调取该证据的情况进行说明，听取当事人意见。因此，法院调取的证据不参与当事人的质证，当事人只能提出自己的意见，而该意见是否得到接受由法官决定。由人民法院调取的证据有两种情形，其质证方式是不同的：①对当事人申请法院调取的证据，因其是法院在特殊情况下替代当事人调取的证据，它与当事人调取的证据在性质上基本相同，故可采用一般的质证方式，当事人可就申请调取证据的必要性、条件、证明力等进行质证，但不应对法院调取的方式和手段提出质疑。②对人民法院依职权调取的证据，质证时由法庭出示，法庭应对调取证据的情况（如原因、方式、手段、证明对象等）进行说明，当事人可对证据的证明力发表意见。当然，法庭出示证据并作出说明，并不等于质证，当事人的意见是否采纳由法院决定。

（四）证人证言质证制度

1. 证人资格。证人资格解决的是哪些人可以作为和应当作为证人、哪些人不能作为证人的问题，因而，所谓证人资格，又称证人能力，是指证人应当具备的与出庭作证相适应的条件。

虽然各国在证人资格制度方面存在一定的区别，但其法律一般都不过多对证人资格予以限定，通常是从反面对证人资格限制一定的条件。《行政证据规定》第41条从正面对证人资格作了规定，即凡是知道案件事实的人，都有出庭作证的义务。而第42条又从反面对证人资格作了限制规定，即不能正确表达意志的人不能成为证人。因此，在生理或精神上有缺陷的人、年幼的人能否成为证人，就取决于该人是否能够正确表达其意志。

2. 特殊证人资格。凡是知道案件事实并能正确表达其意志的人都具有证人资格，《行政证据规定》对三类特殊的证人资格作了规定：①行政执法人员作为证人出庭作证。第44条规定了原告或者第三人可以要求相关行政执法人员作为证人出庭作证的情形。②鉴定人出庭作证。第47条规定了鉴定人原则上应当出庭接受当事人询问的规则。③专业人员出庭作证。第48条规定了当事人申请出庭的专业人员可以就案件的专门性问题进行说明、接受询问或者对质。

3. 证人出庭。证人出庭作证是一项法定义务，是一个原则性的要求。证人证言只有当庭陈述，才能接受质证。特殊情况下，证人可以不出庭而提交书面证言。

《行政证据规定》第41条规定了5种免除证人出庭作证义务的情形：①在行政程序或者庭前证据交换中无异议的证人证言；②证人因年迈体弱或者行动不便无法出庭的；③证人因路途遥远、交通不便无法出庭的；④证人因自然灾害等不可抗力或者其他意外事件无法出庭的；⑤证人因其他特殊原因确实无法出庭的。

证人出庭作证应当符合以下程序规定：①应当出示证明其身份的证件；②法庭应当告知诚实作证的法律义务和作伪证的法律责任；③出庭作证的证人不得旁听案件的审理；④法庭询问证人时，其他证人不得在场，但组织证人对质的除外。

为了保证证人能出庭接受质证，《行政证据规定》还规定了证人出庭合理费用的承担，该规定第75条对证人出庭的经济保障作了明确规定，即证人、鉴定人因出庭作证或接受询问而支出的合理费用，由提供证人、鉴定人的一方当事人先行支付，由败诉一方当事人承担。

三、行政诉讼证据的审核认定

（一）行政诉讼证据审核认定的概念

人民法院对行政诉讼证据的审核认定，是指在人民法院法官的主持下，在诉讼参与人的参加下，运用证据规则，对行政诉讼双方当事人提供的证据或者法庭调取的各种证据进行审查判断，找出其与案件事实之间的客观联系，确认其证据能力和证明效力，从而就案件事实作出正确认定的司法活动。

1. 审核认定证据的主体是审理案件的法官，即合议庭成员，而不是人民法院，更不是其他诉讼参加人。因为只有法官才审理具体案件，对作出的裁判具体负责。

2. 审核认定证据的对象是经过质证的证据和无须质证的证据，而不是案件事实。除法律有特殊规定外，未在法庭上出示、质证的证据材料，不能作为定案的根据，也就无须审核认定。

3. 审核认定证据的目的是证明案件事实，进一步说，就是通过审核认定、确认证据证明的案件事实。证据证明的案件事实与客观真实的案件事实有根本的区别，但又并不矛盾，二者是辩证统一的关系。证据证明的案件事实是指法官运用证据认定的案件事实达到了程序法和实体法所要求的真实的程度，它不可能完全等于客观事实，只能是努力接近，毕竟诉讼证明属于事后证明，证明活动所应努力追求的目标是二者一致，但是，由于人的认识能力有限，在特定的时间、场合和技术条件、物质条件下，认识的结果只能是相对的真理。为了明确这一点，也为了改变人们的诉讼观念，《行政证据规定》第53条规定的"人民法院裁判行政案件，应当以证据证明的案件事实为依据"，在三大诉讼法中率先确立了行政诉讼证据审核认定证据的基本要求。

（二）认定证据是否具有证明效力

人民法院对证据的审核认定，首先应当审核认定的是证据是否具有可采性，即证据能力，或者说证据资格问题。

1. 审核认定证据的基本方式。法官审核认定证据大致应当经过三个环节，即确认证据已经过庭审质证；对证据进行逐一审查和综合审查；排除无关联的证据，确定证据与待证事实之间的证明关系。面对丰富的司法实践，法官如何审查认定证据，很大程度上取决于法官的自由裁量权，为了更好地规范这一权力，《行政证据规定》第54条确立了法官审核认定证据的基本方式：遵循法官的职业道德，运用逻辑推理和生活经验，全面、客观、公正地分析判断。这种方式吸收了大陆法系国家自由心证方式的合理内质。

2. 证据的关联性认定。关联性是指证据材料与待证事实具有某种联系。

由于行政诉讼案件审查的是被诉行政行为的合法性问题，而不仅仅是审查当事人所争议的事实，所以，行政诉讼的案件事实是指与被诉行政行为合法性有关的事实。与此有某种联系的证据材料，就具有关联性，反之，则不具有关联性。因此，审查判断关联性，就成为认定证据是否具有证明能力的一项重要内容。但是，证据的复杂性使得人们无法作出一个认定证据关联性的标准。直接证据的关联性较易判断，间接证据的认定则较困难，因此，在进行关联性审查时，必须采取综合分析的方式。

3．证据的合法性认定。

（1）证据合法性审查的范围。根据《行政证据规定》第55条的规定，包括三个方面：①证据是否符合法定形式；②证据的取得程序是否符合法律、法规、司法解释和规章的要求；③是否有影响证据效力的其他违法情形。

（2）非法证据的排除规则。《行政证据规定》第57、58条规定了应当排除的非法证据：①严重违反法定程序收集的证据材料。②以偷拍、偷录、窃听等手段获取并侵害他人合法权益的证据材料。如果以此手段获取证据，但没有侵犯他人合法权益的，就不在排除范围。③以利诱、欺诈、胁迫、暴力等不正当手段获取的证据材料。④当事人无正当事由超出举证期限提供的证据材料。⑤域外或在中国香港、澳门、台湾地区形成的证据未办理法定证明手续的。⑥以违反法律禁止性规定或者侵犯他人合法权益的方法取得的证据。

（3）案卷外证据的排除规则。案卷外证据的排除规则是指行政机关在行政程序结束后形成的没有记录在案卷中的证据，这种证据由于违法了证据的程序规则，不能作为定案的根据。

对于被告而言，《行政证据规定》第60条规定了三种不能作为认定被诉行政行为合法根据的证据：①被告在诉讼中向法院提供的作出行政行为时没有收集或者没有记录的证据，即作出行政行为后自行收集的证据；②被告剥夺相对人特定的法定程序性权利的证据；③原告或者第三人在诉讼程序中提供的、被告在行政程序中未作为行政行为依据的证据。在第61条还规定了一种排除情形，即在复议程序中复议机关收集和补充的证据，以及在复议程序中被告未向复议机关提交的证据，都不能作为维持原行政行为的根据。

对于原告来说，《行政证据规定》第59条也规定了应予排除的情形，即原告在行政程序中未向行政机关提供的证据，而此类证据必须是被告在行政程序中曾依照法定程序要求原告提供，原告依法也应当提供却拒不提供的，人民法院对此类证据不予采纳。

4．证据的真实性认定。证据的真实性是指证据能再现案件事实的客观真相，因而真实性也叫做客观性，是指证据不以人的意志为转移并能被人的意识所认知。

（1）对单一证据进行真实性审核认定。根据《行政证据规定》第56条的规定，一般情况下，影响证据真实性的主要方面有：①证据形成的原因。证据的形成原因与其真实性往往具有重要的关系，它是通过分析证据形成的基本条件和不同特点，来判断证据的可信程度。②发现证据时的客观环境。发现证据时的客观环境是可能影响证据可靠性的客观因素，比如案件现场的光线、天气、距离、噪声等客观环境对证人感知的影响，就直接关系到证人证言的真实性。③证据是否为原件、原物，复制件、复制品与原件、原物是否相符。书证的原件、物证的原物属于原始证据；书证的复制件、物证的复制品属于传来证据，也叫派生证据。原始证据直接来源于案件事实，可靠性强；传来证据由原始证据派生出来，证明价值低于原始证据。核实证据首先应当先审查证据是否为原件、原物，目的是区分证据的证明力大小；其次是核对复制品、复制件与原件、原物是否相符，目的是辨别证据真伪。④提供证据的人或者证人与当事人是否具有利害关系。查明提供证据的人或者证人与当事人是何种关系；证据对当事人有利还是不利；证据有无明显的倾向性；等等，也能帮助判断证据的真实性。⑤影响证据真实性的其他因素。

（2）不真实证据的排除规则。根据《行政证据规定》第57条的规定，下列证据由于不能确定真实性，不得作为定案的根据：①当事人拒不提供原件、原物，又无其他证据印证，且对方当事人不予认可的证据的复制件或者复制品。②经技术处理又无法辨明真伪的证据。③不能正确表达意志的证人提供的证言。④不具有合法性和真实性的其他证据。

（三）认定证据证明效力的大小

在确认了证据具有证明能力之后，就应当审核认定证据对案件事实的证明程度，即证据的证明效力大小问题。《行政证据规定》对证据的证明效力大小问题确定了两项基本规则。

1．优势证据规则。优势证据规则源于英美法，是指法庭就数个证据证明同一事实并都具有证明力，不同证据证明了相反的事实主张的情况下，法官选择占优势的证据和最有说服力的证据作为认定案件事实的根据所遵循的规则。

《行政证据规定》第63条规定的证明同一事实的数个证据，其优势证明效力的认定规则是：①国家机关以及其他职能部门依职权制作的公文文书优于其他书证。②鉴定意见、现场笔录、勘验笔录、档案材料以及经过公证或者登记的书证优于其他书证、视听资料和证人证言。这是以证据出具、制作、保管、登记的主体具有特殊性来确定证据证明力的优势的，尤其是经过公证和登记的书证和物证都经过证据合法性和真实性审查的。鉴定意见、现场笔录、勘验笔录、档案材料以及经过公证或者登记的书证是特定种类书证，其证明力优于其他种类书证。③原件、原物优于复制件、复制品。这里应当注意《行政证据规定》第 64 条规定："以有形载体固定或者显示的电子数据交换、电子邮件以及其他数据资料，其制作情况和真实性经对方当事人确认，或者以公证等其他有效方式予以证明的，与原件具有同等的证明效力。"④法定鉴定部门的鉴定意见优于其他鉴定部门的鉴定意见。⑤法庭主持勘验所制作的勘验笔录优于其他部门主持勘验所制作的勘验笔录。这是基于法院享有司法最终判断权的原则。⑥原始证据优于传来证据。⑦其他证人证言优于与当事人有亲属关系或者其他密切关系的证人提供的对该当事人有利的证言。这是从生活常理作出的推论。⑧出庭作证的证人证言优于未出庭作证的证人证言。这是因为证人出庭作证可以接受询问和质证，便于法庭查清事实，其证言可信程度高于书面证言。该项规定有利于防止证人随意出具证人证言。⑨数个种类不同、内容一致的证据优于一个孤立证据。这是因为数个种类不同但内容一致的证据可以从多方面对待证事实起印证作用。

2. 补强证据规则。补强证据规则最初出现在刑事诉讼中，它是为了保护被告人的权利，防止案件事实的错误认定，要求公诉机关提供足以排除合理怀疑的证据，对某些证明力显然薄弱的证据，要求有其他证据予以证实才可以作为定案根据的规则。在行政诉讼中，借鉴刑事诉讼补强证据规则，规定了行政诉讼补强证据规则，即在某些证据不能单独作为认定案件事实的根据的情况下，结合其他证据补强其证明力，以作为定案证据的规则。

在《行政证据规定》第 71 条中限定了 7 种不能单独作为定案依据的证据：①未成年人所作的与其年龄和智力状况不相适应的证言；②与一方当事人有亲属关系或者其他密切关系的证人所作的对该当事人有利的证言，或者与一方当事人有不利关系的证人所作的对该当事人不利的证言；③应当出庭作证而无正当理由不出庭作证的证人证言；④难以识别是否经过修改的视听资料；⑤无法与原件、原物核对的复制件或者复制品；⑥经一方当事人或者他人改动，对方当事人不予认可的证据材料；⑦其他不能单独作为定案依据的证据材料。

（四）无需证据而认定的案件事实

在诉讼中，认定案件事实有两种方式：①通过证据进行认定；②无需证据而进行认定。在后一种情况下，免除了当事人运用证据证明案件事实的义务。可见，诉讼中运用证据是原则，无需证据是例外。无需证据的认定是为了提高诉讼效率，节约诉讼成本，保证诉讼的顺利进行。在我国行政诉讼中，无需证据即可认定案件事实也包括了三种情况：①当事人对事实的正式承认即自认；②法院对公认的或者无可争议的事实的司法认知；③对主张一方有利的事实的推定。

1. 自认规则。自认一般是指一方当事人对其他当事人所主张的对其不利的事实予以承认。自认规则是指自认的提出、审查、采信所应遵循的准则。诉讼上的自认是一种法律行为，因此，它能够作为一种证据或证明方法来使用。其产生的法律后果是免除对方当事人的举证责任，或者无需其他证据对自认事实加以证明。

《行政证据规定》第65、66、67条对我国行政诉讼证据的自认规则作了规定。

（1）当事人的自认必须是庭审中所作出的，不是庭审外，更不是诉讼外作出的。

（2）自认的表示必须是明示的认可，当事人的默示认可不属于自认。这与民事诉讼中当事人默示认可具有法律效力是不同的。[1]

（3）自认的客体是事实，而不是事实的推断，或者权利的主张。作为自认客体的事实，可以是当事人陈述的事实，也可以是其他证据所表明的事实。

（4）自认一般是一种对自己不利事实的承认，但依第65条的规定，当事人对利己的、不利己的事实的陈述，都可以构成行政诉讼的自认。

（5）自认的效力是有条件的。法院对当事人自认的事实可以认定，而不是应当认定，法院是否认定，还需要进行审查。有相反证据足以推翻当事人自认的；法律另有规定不可自认的；法院依职权确认的；自认受胁迫或重大误解的；自认与事实不符的；自认有恶意的；等等，法院就不能认定，自认就不能发生证据效力。

（6）除对委托代理人的代理权限有特别限制外，一般情况下，委托代理人的承认与当事人的承认具有同等的法律效力。因为代为承认案件事实是委托代理人代理行为最基本的代理权利。

（7）行政赔偿诉讼调解程序中，当事人的自认不具有证据效力。因为行政赔偿诉讼是在已经确认被诉行政行为违法的前提下进行的，赔偿调解中不可避免地有妥协让步的情况，只有明确规定调解中的妥协让步不构成自认，才有

---

[1] 见最高人民法院《关于民事诉讼证据的若干规定》第8条的规定。

利于达成调解协议。

2. 司法认知。司法认知是指法官在审判过程中对某些事实，可以无需证明就认定存在，作为判决的依据。任何一个国家，不论法律有无明文规定，都存在司法认知问题。

司法认知是证明特定案件事实的诉讼行为，经法官司法认知的事实，其法律上的真实性得到确认，当事人无需举证证明，法院也无需进一步调查和审查，除非一方当事人提出合理的反证，或者法院发现了新的事实。司法认知的目的是提高诉讼效率。

《行政证据规定》中规定了两项以司法认知来确认案件事实的情形：①众所周知的事实；②自然规律及定理。可见，我国行政诉讼上的司法认知的特点是：①司法认知的事项具有客观性和公认性；②我国司法认知的对象是事实，而不包括法律；③对于自然规律及定理的直接认定，不允许当事人以相反的证据加以推翻。

3. 推定规则。推定是指根据法律规定，依据事实或者经验法则，从一个已知事实推论未知事实的一种证据法则。推定作为一种技术性手段，最重要的意义在于运用推定可以避免某些事实因为无法获得证据而使诉讼程序陷入窘境，从而节约诉讼成本，提高审判效率。

《行政证据规定》第68条第3~5项规定了推定规则。按性质和依据来划分，可以将推定分为法律推定和事实推定。

（1）法律推定。法律推定是指根据法律明文规定，从某一事实推定另一事实存在的一种证明法则。适用法律推定需要具备两个条件：①法律推定的任务就在于解决前提事实与推定事实之间的逻辑关系，因而适用法律推定的条件是首先必须确保前提事实的存在和真实。作为推定根据的前提事实，除了法院直接确认之外，都应由主张该事实的当事人予以证明，如果负举证责任的当事人没有提供证据，或者提供的证据不足以证明前提事实，推定就无法进行。可见，法律推定仅免除了推定有利方对推定事实的举证责任，而没有免除其对前提事实的举证责任。法院无法确定前提事实时，也不能确定推定事实。②由于推定事实是以无相反证据证明为条件而假定存在的，故适用推定还必须以无相反的证据推翻为条件。

对法律推定还可以按照是否需要前提事实为标准，划分为直接推定和推论推定。直接推定是指不需要任何前提事实就假定某一事实存在的推定。如《执行解释》第26条和《行政证据规定》第1条都规定，被告在收到起诉状副本之日起10日内，不提供或者无正当理由逾期提供证据、依据的，法院应当认定该行政行为没有证据。法院在适用直接推定时，不要求因推定事实而处于有利地位的当事人一方证明任何事实。直接推定的功能在于确定举证责任首先由谁负担。因此，直接推定并非真正的推定。而推论推定则是指建立在前提事实获得证明的基础上而进行的推定。如《行政证据规定》第 69 条规定："原告确有证据证明被告持有的证据对原告有利，被告无正当事由拒不提供的，可以推定原告的主张成立。"推论推定符合推定的本质特征，因而又被称之为真正的法律上的推定。

（2）事实推定。事实推定是相对于法律推定而言的，指法律没有规定，但在司法实践中，法庭可以根据日常生活经验法则证明另一事实是否存在的一种证明规则。事实推定区别于法律推定的明显标志就在于无法律的明文规定，而是以人类的日常生活经验法则为基础。而人类的日常生活经验法则范围极为广泛，而且这种经验法则会随着时代的发展而变化，因此，事实推定不宜由法律作出规定。而且，法律只能对重要的事实作出规定，故法律推定较少，而事实推定较多。事实推定是对法律推定的必要补充。对于法律推定，司法者必须适用，而事实推定却可以裁量决定是否适用。

适用事实推定应当具备的条件有：①待证事实必须无直接证据加以证明，只能借助间接事实来证明；②前提事实必须已得到法律上的确认，如《行政证据规定》第 68 条规定的已经依法证明的事实和根据日常生活经验法则推定的事实，第 70 条规定的法院裁判和仲裁裁决认定的案件事实；③前提事实与推定事实之间须有必然的联系；④事实推定均属可反驳推定，对方当事人的反证是否成立直接影响着推定的成立。

[复习思考题]

1. 行政证据与行政诉讼证据的关系是什么？
2. 举证责任与证明责任有何区别？
3. 原告和被告承担的举证责任分别是什么？
4. 可定案证据具有哪些特点？
5. 质证的范围和程序是什么？

第七章
行政诉讼的起诉与受理

[**学习目的与要求**] 掌握行政诉讼的起诉条件；掌握行政诉讼起诉期限的计算规则；掌握行政诉讼的起诉程序；掌握立案登记制度；掌握行政诉讼中法院对起诉的审查程序规定。能够对给定案例中原告起诉是否符合法定条件、法院应否立案作出正确评判。

如果说行政诉讼程序主要包括立案、审理、裁判和执行程序的话，那么行政诉讼的起诉与受理就是关于立案阶段的诉讼程序规定。行政诉讼的起诉与受理制度，一方面需要公平、公正地保护原告的起诉权利，另一方面，也要保证人民法院正常的工作效率和工作秩序。2014年《行政诉讼法》修改的主旨之一就是要解决立案难的问题，因此，当下行政诉讼的起诉和受理制度更应侧重于保障原告起诉权利的实现。同民事诉讼法关于立案方面的程序规定相比，行政诉讼起诉和受理的程序规定无疑更为严密，这不仅源于行政行为效力理论、民告官等特殊因素存在，还与行政法治仍处于发展的初级阶段有关。

第一节　行政诉讼的起诉

在行政诉讼中，起诉是指公民、法人或其他组织认为自己的合法权益受到行政主体所作出的行政行为或其他行为的侵害，而向人民法院提出诉讼请求，要求人民法院通过行使审判权，依法保护自己合法权益的诉讼行为。行政诉讼同样适用"不告不理"的诉讼原则，只有当公民、法人或其他组织依法起诉时，行政诉讼程序才能正式启动。起诉是原告的一项重要的诉讼活动，是行政诉讼程序开始的前提。原告单方面行使法律赋予的起诉权的行为，必须符合行政诉讼法所规定的起诉条件，法院才能立案受理。

根据法律的规定，起诉要能被人民法院立案受理需要满足很多条件，如不能超出起诉期限、符合起诉程序等具体规定。这些条件都会最终影响到起诉能否被人民法院实际受理和审理。这可以称其为广义的关于起诉条件的理解，即所有能够影响公民、法人或其他组织有效行使起诉权的因素。狭义的起诉条件是指《行政诉讼法》第49条所规定的起诉条件，即起诉条件是指《行政诉讼法》所规定的，公民、法人或其他组织起诉时必须满足的基本条件。

一、法定起诉条件

（一）原告必须是行政行为的相对人或其他与行政行为有利害关系的公民、法人或者其他组织

《行政诉讼法》第49条第1项规定："原告是符合本法第25条规定的公民、法人或者其他组织。"该规定是有关行政诉讼原告资格的规定。根据《行政诉讼法》第25条第1款的规定，适格原告包括行政行为的相对人和与行政行为有利害关系的公民、法人或者其他组织，即原告有值得司法保护的利益所在。行政诉讼的原告资格规定从一定程度上说明行政诉讼法是一部权利救济法，其立法目的在于为权益可能受到行政行为侵犯的公民、法人或其他组织提供司法救济。那些合法权益不可能受到行政行为侵犯的公民、法人或其他组织是不能以自己的名义提起行政诉讼的。同样，那些不以自己权利救济为目的的起诉也不应被人民法院受理。需要注意的是，当适格原告死亡或终止时，会发生原告资格的转移和承受，其权利继受主体有权提起诉讼。《行政诉讼法》第25条第2、3款规定："有权提起诉讼的公民死亡，其近亲属可以提起诉讼。有权提起诉讼的法人或者其他组织终止，承受其权利的法人或者其他组织可以提起诉讼。"法律规定了原告资格之所以发生转移和承受，是基于对权利继受主体的继受权益的保护。因此，笔者认为，当行政行为所涉权益属于特定身份的确认，而无直接财产价值时，就不应发生原告资格的转移和承受。例如，婚姻登记行为的相对人死亡，相对人的近亲属基于遗产分割对婚姻登记行为起诉，在相对人和其近亲属之间则不应发生原告资格的转移和承受，其近亲属不能以继受主体提起诉讼，尽管承认这种婚姻登记行为可能对近亲属继承的财产权益产生影响。

在行政诉讼过程中，判断原告是否适格具有十分重要的意义。《行政诉讼法》确立适格原告的标准是与行政行为有利害关系。而与行政行为之间有无利害关系在实践中争议很大。这主要是因为对何谓利害关系的认识和理解存在较大分歧。原告既然起诉，其当然是认为存在利害关系的，其主要是从事实上权益受损进行证明。而行政机关可能会从原告实际受损的事实中跳出来，积极主张这种实际受损是因为其他原因造成的，与行政行为之间无直接的因果关

系，应通过提起民事诉讼等其他途径进行救济。

（二）有明确的被告

公民、法人或其他组织在提起行政诉讼时，必须明确指出告哪个行政机关或者法律、法规、规章授权的组织。有明确的被告，这是民事诉讼、行政诉讼的共同要求。如果原告在起诉时不指明被告是谁，而是含糊其词，人民法院就无法明确行政争议的双方当事人，审理活动就无从谈起，更谈不上解决行政争议。当然，起诉状所列被告不一定是真正的作出行政行为的主体，但起诉人必须表明被告是谁。公民、法人或其他组织在起诉状中未列明被告的名称、地址等主体身份信息的，必须及时补正，才能符合法律的要求。至于在司法实践中错列被告或遗漏共同被告的情形，不属于对该条款的违反，应当按照法律的其他规定进行处理。

在起诉阶段，起诉状要列明被告，人民法院在受理时只作形式审查。因此，即使有明确的被告也并不意味被告就适格。按照《行政诉讼法》的规定，一般是按照"谁行为，谁被告"的规则来确立被告，但由于行政行为的违法性、行政主体之间的职权分配等因素的存在，导致现实中行政诉讼中的被告往往不是真正的行为主体。例如，对于经上级行政机关批准的行政行为，原告可能会将批准机关和实施机关作为共同被告起诉到法院，而事实上行政行为的作出主体只有一个，那么这种情形下，被告就应在实事求是的基础上，结合案情和相关司法解释规定，积极主张自己不是适格被告，从而达到比较好的诉讼效果。

（三）有具体的诉讼请求和事实根据

所谓诉讼请求，是当事人向人民法院提出的，希望获得司法保护的权利要求，是原告要求人民法院给予审判保护的具体内容。诉讼请求之所以要具体是"不告不理"的诉讼原则决定的。法院依法受理后，审理和裁判活动皆是紧紧围绕诉讼请求展开的，诉讼请求不具体的话，法院的审理和裁判活动就会失去方向，更难以为公民、法人或其他组织提供权利救济。行政主体行使职权的活动表现多样，其所适用的法律规定也很复杂。只有针对具体的诉讼请求，法院才能选择相应的法律规定对其涉及的行政行为进行合法性审查。否则，胡子眉毛一把抓不仅难以实现对相对人权益的救济，也难以实现司法对行政的法律监督。"具体的诉讼请求"要求起诉状有明确的针对性，即针对特定的被告、就特定的事（某一实际存在的行政行为等）提出特定的诉讼请求。司法实践中，公民、法人或其他组织与行政主体多次发生行政纠纷后起诉的，容易出现这种诉讼请求不明确的错误。例如，公民甲数年来多次向某行政机关申请履行法定

第七章

职责未果，遂向法院提起行政诉讼，提交了其数次向行政机关申请的事实材料，要求法院确认该行政机关多年来的不作为违法。该案诉讼请求不明确，法院难以确定到底针对哪一次申请的行政不作为进行审查。实际上，每一次申请所对应的行政不作为之诉的起诉期限以及所适用的法律规定情况可能存在不同，导致法院实际审理时无从下手。

《适用解释》第 2 条对前述《行政诉讼法》第 49 条第 3 项规定的"有具体的诉讼请求"作出明确并予以分类：①请求判决撤销或者变更行政行为；②请求判决行政机关履行法定职责或者给付义务；③请求判决确认行政行为违法；④请求判决确认行政行为无效；⑤请求判决行政机关予以赔偿或者补偿；⑥请求解决行政协议争议；⑦请求一并审查规章以下规范性文件；⑧请求一并解决相关民事争议；⑨其他诉讼请求。并规定了当事人未能正确表达诉讼请求的，人民法院应当予以释明。

所谓事实根据，是指公民、法人或其他组织向人民法院起诉时所依据的事实和根据，包括案件的案情事实和证据事实。案情事实是行政法律关系变动的事实及起诉人合法权益因此而受到损害（侵犯）的事实及与行政机关（对该行政法律关系）发生行政争议的事实。证据事实，是指证明这些案件事实客观存在的必要根据。缺少事实根据，就不可能证明起诉成立。法律上要求起诉人提供事实根据是为了证明行政争议是否存在，而不是要求起诉人提供证据证明行政行为违法，也不要求原告所提供的事实根据具有全面、真实的证明作用，只以能够证明因行政行为所发生的行政争议客观上存在为必要。"事实根据"是形式要件，不要求一定真实、全面和系统。起诉人的权益是否受到侵犯，属于立案后审理阶段要解决的问题。事实根据证明的主要内容表现为两个方面：一是行政行为的存在；二是行政行为对公民、法人或其他组织权益的侵犯。

在行政诉讼过程中，人民法院对起诉是否有具体的诉讼请求和事实根据仅作形式上的审查，至于这种请求和事实根据是否真实、能否成立，那是需要进一步审理的问题。

（四）属于人民法院的受案范围和受诉人民法院管辖

所谓人民法院受案范围，是指人民法院受理行政案件的权限，又称主管范围。公民、法人或其他组织所诉之行政主体的行为必须属于人民法院主管范围，人民法院才能立案受理，否则，即使侵犯了公民、法人或其他组织的权益，也只能通过其他救济途径进行维权。司法对行政争议的救济存在例外，这是行政诉讼区别于民事诉讼的重要方面。行政诉讼法对人民法院受案范围作了比较细致明确的规定。受案范围是人民法院行政审判权作用的领域。受案范围与起诉权的行使具有直接的关系，受案范围决定了当事人起诉权的范围，当事人只有在人民法院的受案范围内才能有效地行使起诉权。

在行政诉讼过程中，由于施行的是登记立案制度，人民法院立案并不意味着行政争议就属于人民法院主管的案件范围。目前，对于《行政诉讼法》第12条肯定列举的行政争议属于受案范围的争议不大。在实践中，主要是对一些特殊类型案件应否属于受案范围存在很大的讨论和应诉空间。例如，对行政机关的批复行为、行政复议机关所作出的维持决定以及驳回复议申请决定等案件是否属于行政诉讼受案范围，实务界争议较大。要正确理解立案登记制度，只有属于人民法院受案范围的案件，人民法院才能依法受理、审理并作出判决。

所谓属于受诉人民法院管辖，是指当事人起诉的行政案件，既属于人民法院的受案范围，也依法属于接受起诉状的人民法院管辖。需要注意的是，这一起诉条件仅要求受诉法院依法具有管辖权，而不要求受诉法院享有排他的管辖权。因为在共同管辖的情况下，只要未发生受诉法院丧失对该案管辖权的情形，有管辖权的法院就可以受理。司法实践中，当公民、法人或其他组织向无管辖权的人民法院起诉时，法院应告知其向有管辖权的法院起诉，若法院已经错误受理，则应当按照移送管辖的程序规定移送给有管辖权的人民法院管辖。管辖更多的是解决人民法院的内部分工问题。

二、起诉应当符合的其他条件

公民、法人或其他组织向人民法院提起诉讼除了需要满足上述基本条件外，还必须要满足法律规定的其他条件。

（一）法律、法规规定属于行政复议前置的案件，必须先向行政机关申请复议，对复议决定不服再向人民法院起诉

行政复议是一种由行政机关解决行政争议的法律制度，是指公民、法人或者其他组织以行政行为侵犯其合法权益为由，依法请求作出该行为的上一级行政机关或法律、法规规定机关对该行为进行审查，以保障其合法权益，受理复议申请的上一级行政机关或法律、法规规定的机关依照法定程序对该具体行政行为予以全面审查并作出决定的法律制度。行政复议的根本性质是行政行为，但和行政诉讼一样也属于法定救济途径。为合理配置和更好地发挥行政复议和行政诉讼在公民权益救济方面的效能，不同部门行政法律规范对行政复议和行政诉讼的关系作出不同规定。不同类型行政案件，行政复议对公民向人民法院提起诉讼所产生的法律影响可能不尽相同。依据我国行政诉讼法以及一些单行

行政法律的规定，行政复议与行政诉讼有下列三种关系：

1. 自由选择关系。所谓自由选择关系，是指公民、法人或其他组织既可以首先申请行政复议，对行政复议决定不服的，再向人民法院起诉，也可以不经过行政复议程序直接向人民法院提起诉讼。即有无经过行政复议不影响公民、法人或其他组织向人民法院起诉。但需要注意的有两点：①当公民、法人或其他组织首先向人民法院提起诉讼，已经被法院受理的，公民、法人或其他组织就不能再向行政复议机关提出行政复议；②当公民、法人或其他组织向行政复议机关提出复议申请，行政复议机关已经受理，公民、法人或其他组织同时又向人民法院提起诉讼的，人民法院不予受理。《行政诉讼法》第44条第1款规定："对属于人民法院受案范围的行政案件，公民、法人或者其他组织可以先向行政机关申请复议，对复议决定不服的，再向人民法院提起诉讼；也可以直接向人民法院提起诉讼。"行政诉讼法确立了处理行政复议和行政诉讼关系的一般原则，即法律、法规未作特别规定的情形下，都应适用《行政诉讼法》所规定的自由选择关系。

2. 行政复议前置关系。行政复议前置关系是指公民、法人或其他组织要想向人民法院提起行政诉讼，必须先经过行政复议，对行政复议决定不服的，才可以向人民法院提起行政诉讼。对于适用行政复议前置关系的行政案件，公民、法人或其他组织未经行政复议直接向人民法院提起行政诉讼的，人民法院不予受理。即行政复议的存在是起诉的必要条件之一，行政复议是行政诉讼的前置程序。《行政诉讼法》第44条第2款规定："法律、法规规定应当先向行政机关申请复议，对复议决定不服再向人民法院提起诉讼的，依照法律、法规的规定。"即行政诉讼法在确立前述自由选择关系的基础上，承认法律、法规有权作出行政复议前置的例外规定。这些例外规定散见于其他单行行政法律法规中。

司法实践中，常见的适用行政复议前置的案件有：①《行政复议法》所规定的侵犯已经取得的自然资源所有权或使用权的行政案件；②《税收征收管理法》所规定的有关征税数额、方式等税务争议适用行政复议前置；③《商标法》所规定的对商标局撤销注册商标的决定，向商标评审委员会申请复议，对复议决定不服，可以向人民法院起诉。④《专利法》所规定的对专利行政部门驳回申请的决定，向专利复审委员会申请复议，对复议决定不服的可以向法院起诉。从行政复议前置程序的立法例可以看出，作为自由选择关系的例外规定，行政复议前置程序主要是针对那些行政专业性相对较强的行政争议。行政复议前置程序规定的理论基础是旨在发挥行政机关在解决行政专业性较强的行政争议的积极作用，更有利于行政争议的高效解决，而不是对公民、法人行政诉权的约束和限制。

对于行政诉讼被告而言，从行政复议前置程序的角度进行答辩，尽管不能根本上解决行政争议，但是无疑可以缓解当前行政诉讼的现实压力，行政争议回到行政复议程序中加以解决或许能够更好地得到解决。所以，行政机关对于本部门行政执法中哪些行为应当适用行政复议前置程序应当做到心中有数。在诉讼过程中，可以运用行政复议前置程序请求法院驳回原告的起诉。

3. 排他性选择关系。排他性选择关系是指公民、法人或其他组织只能在行政复议与行政诉讼之间选择一种救济途径，如果选择了行政复议，则相应地就丧失了行政诉讼的权利。和前述自由选择关系相比，这种选择是排他性的选择。和行政复议前置程序正好相反，行政复议的不存在是公民、法人或其他组织向人民法院提起行政诉讼的必要条件之一。排他性选择关系意味着公民、法人或其他组织一旦选择行政复议，行政复议决定则为终局裁决。根据《行政诉讼法》的规定，只有法律才有作出限制公民、法人或其他组织司法最终救济的权力。我国加入世界贸易组织以后，法律规定行政机关终局裁决的案件愈来愈少。这主要与此种排他性选择关系的理论基础薄弱有关。

（二）必须在法律规定的行政诉讼起诉期限内提起诉讼

按照《行政诉讼法》第 46 条第 2 款的规定，不动产案件自行政行为作出之日起超过 20 年，其他案件自行政行为作出之日起超过 5 年提起诉讼的，人民法院不予受理。

行政诉讼中，起诉期限是指法律所规定的公民、法人或其他组织提起诉讼的期限，是法院对公民、法人或其他组织行使司法救济权的保护期限。行政诉讼起诉期限与民事诉讼时效二者都属于时效制度，其共同的理论基础是保障法的安定性。二者的区别是超期的法律后果有所不同。在我国，民事诉讼时效是一个实体规定，立案阶段法院不主动审查，当被告以超出诉讼时效作为抗辩理由提出时，法院才介入审查，确属超期的，则驳回原告诉讼请求。即超出诉讼时效，原告丧失的是胜诉权。而在行政诉讼中的一般做法是，原告超出期限起诉的，立案阶段查实则裁定不受立案，审理阶段查实则裁定驳回起诉。即超出起诉期限，原告丧失的是诉权。权利保护都是有期限的。由此可见，行政诉讼起诉期限有着较之民事诉讼时效更为重要的意义。

行政诉讼的起诉期限，按照规定期限的法律不同以及适用范围的不同，可以分为一般起诉期限和特殊起诉期限。

1. 一般起诉期限分别是 15 日和 6 个月。一般起诉期限是指如果没有法律特殊规定的话，一般行政诉讼的起诉都应当适用的期限。根据《行政诉讼法》第45条、第46条第1款的规定，对于经过行政复议仍然不服的，公民、法人或其他组织自收到行政复议决定之日起15日内起诉，复议机关逾期不作复议决定的，从复议期满之日起15日；公民、法人或者其他组织直接向人民法院提起诉讼的，其起诉期限是自知道或者应当知道作出行政行为之日起6个月。法律另有规定的除外。

2. 特殊起诉期限由其他法律加以规定。所谓特殊起诉期限，是指根据单行法律所规定的期限，具有特别法的效力。例如，《邮政法》、《统计法》规定的起诉期限为15日；《森林法》、《海关法》、《渔业法》规定的起诉期限为30日；《专利法》规定的起诉期限为3个月。按照《行政诉讼法》第45条、第46条的规定，只有法律才能对一般起诉期限作例外规定。法规、行政规章都无权对一般期限作例外规定。特殊起诉期限与一般起诉期限的区别主要是期限长短和所依据的法律不同。但无论是特殊起诉期限还是一般起诉期限，在起诉期限的计算方面却是统一的。

3. 起诉期限的起算点在司法实践中常常引发分歧。虽然起诉期限长短是既定的，但是起诉期限该如何计算又实际影响到公民、法人或其他组织起诉权的行使。起诉期限计算的核心问题是确立起算点。根据《行政诉讼法》第45~47条的规定，起诉期限有两种起算点。对于经过行政复议后提出行政诉讼的，起算点是收到行政复议决定之日，复议机关不作为的，起算点是从行政复议期满之日。公民、法人或者其他组织直接向人民法院提起诉讼的，起诉点是知道或者应当知道作出行政行为之日，对于申请行政机关履行保护人身权、财产权的案件，行政机关不作为的，起算点是从行政机关接到申请之日起2个月期满之日，法律、法规对履行职责期限另有规定或紧急情况下请求保护的案件除外。

根据《执行解释》第41条第1款的规定，起诉期限的起算点还与行政行为过程中行政机关教示义务的履行有关。若行政机关在作出具体行政行为时，未告知公民、法人或者其他组织诉权或者起诉期限的，起诉期限从公民、法人或其他组织知道或者应当知道诉权或者起诉期限之日起计算，但从知道或者应当知道具体行政行为内容之日起最长不得超过2年。因此，在实践中，只要行政机关没有告知相对人诉权，则《行政诉讼法》关于起诉期限起算点的规定就形同虚设了，实际生效的是从知道或者应当知道具体行政行为内容之日起最长不得超过2年。所以，从行政诉讼司法实务来看，这一关于起诉期限的司法解释规定等于变相地要求行政主体在作出具体行政行为时负有告知诉权的义务。尽管这一规定并不一定符合执法的逻辑，但由于其规定的刚性，法院一般会作出对原告较为有利的理解。

4. 起诉期限的耽误分为法定耽误和酌定耽误两种情况。法定耽误是指对于因不可抗力或者其他不属于其自身的原因耽误起诉期限的，被耽误的时间不计算在起诉期限内。即原告只要有这方面的证据，则起诉期限自然延长。如被行政拘留的人，拘留期间则应从起诉期限中自然扣除，不需要人民法院进行批准。酌定耽误是指对于因法定耽误原因之外的原因造成期限耽误的，必须依法申请人民法院批准延长起诉期限。《行政诉讼法》第48条规定："公民、法人或者其他组织因不可抗力或者其他不属于其自身的原因耽误起诉期限的，被耽误的时间不计算在起诉期限内。公民、法人或者其他组织因前款规定以外的其他特殊情况耽误起诉期限的，在障碍消除后10日内，可以申请延长期限，是否准许由人民法院决定。"

5. 最长起诉期限为不动产案件自行政行为作出之日起20年，其他案件为自行政行为作出之日起5年。从前述起诉期限的计算中可以看出，期限长短是固定的，但起算点还是有很大弹性空间的。这就可能导致时效制度的失效。为避免这种情形出现和保障法的安定性，时效制度中一般都有最长保护时效的制度。最长保护期限的起算点一般是比较既定和不存在争议的。在行政诉讼中，根据《行政诉讼法》第46条第2款的规定，最长起诉期限为不动产案件自行政行为作出之日起20年，其他案件自行政行为作出之日起5年。即无论什么原因，超出最长起诉期限提起诉讼的，法院则不予受理。

（三）起诉一般需要递交起诉状，并按照被告人数提出副本，特殊情况下，可以口头起诉

起诉状在行政诉讼中具有非常重要的地位和意义。起诉状是人民法院审查起诉是否符合法定条件的重要方面，是决定是否受理的重要依据之一。起诉的主要法定条件基本上在起诉状中都有所体现。因此，人民法院对起诉的审查对象主要就是起诉状。起诉状能比较全面地反映公民、法人或其他组织的诉讼请求和事实理由，构成了整个诉讼的基础。它为被告的答辩界定了方向。起诉状也是人民法院进行审判的重要材料。我国《行政诉讼法》未对起诉状作具体规定，参照《民事诉讼法》的相关规定以及《行政诉讼法》规定的起诉条件，行政诉讼的起诉状应包括以下主要内容：第一部分是当事人的情况。原告的姓名、性别、年龄、民族、职业、工作单位和住所，法人或其他组织的名称、住所和法定代表人或主要负责人的姓名、职务；被告行政机关的名称、所在地、法定代表人的姓名、职务；有诉讼代理人的，还应写明代理人的姓名、所在单

位、职业。第二部分是诉讼请求和所根据的事实和理由。证据和证据来源、证人姓名和住所。此外，起诉状还应写明接受起诉状的人民法院和具状的具体日期，并由原告签名或盖章。起诉状所载事项若有欠缺，接受起诉状的人民法院可要求限期补正。同时，起诉状提交时应按被告人数提交起诉状副本。为了充分保障基层群众的起诉权利，《行政诉讼法》第50条第2款规定："书写起诉状确有困难的，可以口头起诉，由人民法院记入笔录，出具注明日期的书面凭证，并告知对方当事人。"

第二节　行政诉讼的受理

保障公民、法人和其他组织的诉权，才能切实保护公民、法人和其他组织的合法权益。《行政诉讼法》第3条第1款规定，人民法院应当保障公民、法人和其他组织的起诉权利，对应当受理的行政案件依法受理。为了将保障诉权这一原则落到实处，《行政诉讼法》及《解释》、《立案登记规定》对立案阶段人民法院受理程序作出很多刚性的规范约束。

一、对符合法定起诉条件的案件，应当登记立案

所谓登记立案，是和过去的审查立案相对应的，审查立案是指人民法院接到起诉状后，在法定期限内进行审查并决定是否立案受理的制度，而登记立案是指人民法院在接到起诉状时对符合行政诉讼法规定起诉条件的，予以登记立案。同审查立案相比，登记立案仅对是否符合起诉条件作形式审查，不对原告所提交的材料进行实质性审查，所以不存在法定期限内进行审查的问题。《行政诉讼法》第51条第1款规定："人民法院在接到起诉状时对符合本法规定的起诉条件的，应当登记立案。"《适用解释》第1条第1、2款规定："人民法院对符合起诉条件的案件应当立案，依法保障当事人行使诉讼权利。对当事人依法提起的诉讼，人民法院应当根据行政诉讼法第51条的规定，一律接收起诉状。能够判断符合起诉条件的，应当当场登记立案；当场不能判断是否符合起诉条件的，应当在接收起诉状后7日内决定是否立案；7日内仍不能作出判断的，应当先予立案。"最高人民法院《关于人民法院推行立案登记制改革的意见》第2条第2项规定行政诉讼案件登记立案的范围为："行政行为的相对人以及其他与行政行为有利害关系的公民、法人或者其他组织提起的行政诉讼，有明确的被告、具体的诉讼请求和事实根据，属于人民法院受案范围和受诉人民法院管辖的。"《关于人民法院推行立案登记制改革的意见》第2条第5项还规定了不予登记立案的情形：①违法起诉或者不符合法定起诉条件的；

②诉讼已经终结的；③涉及危害国家主权和领土完整、危害国家安全、破坏国家统一和民族团结、破坏国家宗教政策的；④其他不属于人民法院主管的所诉事项。

二、对当场不予登记立案情形规定了严格的程序规范

为了避免和预防人民法院滥用登记立案的权力，法律对于当场不能登记立案的其他情形作出了严格的程序规范，确保有案必立、有诉必理的司法理念。①出具收到凭证。《行政诉讼法》第51条第2款规定："对当场不能判定是否符合本法规定的起诉条件的，应当接收起诉状，出具注明收到日期的书面凭证，并在7日内决定是否立案。不符合起诉条件的，作出不予立案裁定。裁定书应当载明不予立案的理由。原告对裁定不服的，可以提起上诉。"②一次性告知补正内容。《行政诉讼法》第51条第3款规定："起诉状内容有欠缺或者有其他错误的，应当给予指导和释明，并一次性告知当事人需要补正的内容。不得未经指导和释明即以起诉不符合条件为由不接受起诉状。"③违反登记立案程序规定应承担法律责任。《行政诉讼法》第51条第4款规定："对于不接收起诉状、接受起诉状后不出具书面凭证，以及不一次性告知当事人需要补正的起诉状的内容的，当事人可以向上级人民法院投诉，上级人民法院应当责令改正，并对直接负责的主管人员和其他直接责任人员依法给予处分。"④接收起诉状后法院不作为的，原告可以飞跃起诉。《行政诉讼法》第52条规定："人民法院既不立案，又不作出不予立案裁定的，当事人可以向上一级人民法院起诉。上一级人民法院认为符合起诉条件的，应当立案、审理，也可以指定其他下级人民法院立案、审理。"

在行政诉讼过程中，要对登记立案有一个正确的认识。登记立案的对象是符合法定起诉条件的案件，对于不符合起诉条件的案件，法院即使立案了，也并不代表人民法院就会对案件进行进一步的实体审理和判决。

三、立案应当驳回起诉的情形

登记立案只是从程序上便于公民、法人或其他组织行使起诉权，解决立案难的问题。但并不意味着所有立案的案件法院就一定会作出实体审理和判决，对于立案后发现存在一些不符合起诉条件、不应由法院继续进行实体审理和判决的案件，应当裁定驳回起诉。

按照《适用解释》第3条第1款的规定，有下列情形之一的，已经立案的，应当裁定驳回起诉：

1. 不符合《行政诉讼法》第49条规定的。
2. 超出法定起诉期限且无正当理由的。

3. 错列被告且拒绝变更的。

4. 未按照法律规定由法定代理人、指定代理人、代表人为诉讼行为的。

5. 未按照法律、法规规定先向行政机关申请复议的。

6. 重复起诉的。

7. 撤回起诉后无正当理由再行起诉的。

8. 行政行为对其合法权益明显不产生实际影响的。

9. 诉讼标的已为生效裁判所羁束的。

10. 不符合其他法定起诉条件的。

[复习思考题]

1. 提起行政诉讼的条件有哪些?

2. 行政复议和行政诉讼的关系有哪几种?

3. 提起行政诉讼的期限有哪几种?

4. 何谓立案登记制度?

第七章

第八章
行政诉讼的审理程序

[**学习目的与要求**]　熟练掌握行政诉讼一审程序、行政诉讼简易程序、行民交叉案件一并审理程序、行政诉讼二审程序和审判监督程序；掌握行政诉讼程序中的重要制度，主要包括撤诉和缺席判决、行政诉讼不调解原则及其例外、诉讼中的临时救济措施、司法建议等。

第一节　行政诉讼一审程序

行政诉讼一审程序是指从人民法院立案到作出第一审裁判这一期间所遵循的诉讼程序。在行政诉讼中，一审程序是最基本也是最重要的诉讼程序，它是所有行政诉讼的必经程序，是二审程序和审判监督程序的基础。

根据难易不同的案件所适用的规则的不同，行政诉讼一审程序分为普通程序和简易程序。首先，原则上，行政案件的审理适用普通程序，它是案件审理的一般性程序规则。其次，对于符合法定条件的案件，也可以适用简易程序审理，以提高诉讼效率。这两类程序中，《行政诉讼法》设专节详细规定了普通程序的审理规则，在此基础上，另设节规定了只适用于简易程序的特别规则。对于在简易程序一节中没有规定的其他诉讼程序，如回避制度、审前准备程序等，适用普通程序的相关规定。

根据法律规定，在一审程序中，当事人可以申请一并解决相关民事争议。这时适用行民交叉案件一并审理程序。

一、行政诉讼一审的普通程序

（一）审理前的准备

审理前的准备是指人民法院为保证案件审理的顺利进行，在开庭审理之前依法所做的、必要的准备工作，是法院审理案件的必经程序。

根据《行政诉讼法》和相关司法解释的规定，审理前的准备主要包括以下内容：

1. 组成合议庭。合议庭是人民法院行使审判权、审理行政案件时所采用的基本组织形式。法院审理案件可采用多种组织形式，而根据《行政诉讼法》的规定，除简易程序外，审理行政案件原则上采取合议庭形式，一般不采取独任审判的方式。这是行政诉讼规则的特点之一。

《行政诉讼法》第 4 条第 2 款规定："人民法院设行政审判庭，审理行政案件。"《行政诉讼法》第 68 条规定："人民法院审理行政案件，由审判员组成合议庭，或者由审判员、陪审员组成合议庭。合议庭的成员，应当是 3 人以上的单数。"根据该规定，合议庭的组成方式有两种，一种是单纯由审判员组成的合议庭，另一种是由审判员和人民陪审员组成的合议庭。人民法院可根据案件的实际情况，决定合议庭的组成方式。但不论采取何种形式，审判人员必须是 3 人以上的单数。

合议庭内设审判长一名，由人民法院院长或行政审判庭庭长指定合议庭中审判员一人担任。合议庭在审判长组织领导下活动，合议庭成员集体审理、共同评议。意见不一致时，按少数服从多数的原则表决。对少数人的不同意见，应如实记录在评议记录中。

2. 通知当事人应诉和发送诉讼文书。这一阶段的工作内容主要包括以下四项：

（1）通知被告应诉。人民法院应当在立案之日起 5 日内，将起诉状副本和应诉通知书发送被告，通知被告应诉、提交答辩状。送达应诉通知书时，法院应告知被告举证范围、举证期限、逾期提供证据的法律后果，并告知因正当事由不能按期提供证据时，应申请延期提供证据。

（2）被告提交答辩状。被告应当在收到起诉状副本之日起 15 日内，向法院提交作出行政行为的证据和所依据的规范性文件，并提出答辩状。被告因不可抗力或者客观上不能控制的其他正当事由，不能在法定期限内提供证据的，应当在收到起诉状副本之日起 15 日内，向人民法院提出延期提供证据的书面申请。人民法院准许延期提供的，被告应当在正当事由消除后 10 日内提供证据。逾期提供的，视为被诉行政行为没有相应的证据。[1]

---

[1] 《最高人民法院关于行政诉讼证据若干问题的规定》第 1 条第 2 款规定的延期提交证据的申请期限和阻碍事由消除后提交证据的期限都是 10 日。由于 2014 年修订的《行政诉讼法》将被告提交证据的期限由 10 日延长至 15 日。根据新法的立法宗旨与本条之间的关联性，本书认为被告申请延期的期限以及阻碍事由消除后提交证据的期限应和一般情况下提交证据的期限一致，因此，最高法院的该条解释应该根据 2014 年修正的《行政诉讼法》的规定，以 15 日为申请延期提交证据和重新提交证据的期限。

第八章

被告不提出答辩状的，不影响人民法院的审理。

（3）发送答辩状副本。人民法院应当在收到答辩状之日起5日内，将答辩状副本发送原告。

（4）通知第三人参加诉讼，并比照上述规定发送起诉状副本或答辩状副本。

3. 处理管辖异议。当事人对法院管辖有异议的，应当在接到人民法院应诉通知之日起10日内以书面形式提出。对当事人提出的管辖异议，人民法院应当进行审查。异议成立的，裁定将案件移送有管辖权的人民法院；异议不成立的，裁定驳回。

对指定管辖裁定有异议的，不适用管辖异议的规定。

4. 审查诉讼文书、调查收集证据。法院通过审查当事人提供的起诉状、答辩状和各种证据材料，了解原告的诉讼请求和理由，熟悉被告的答辩理由，全面掌握案情，并对当事人资格进行复核，根据情况变更或者追加当事人，决定或者通知第三人参加诉讼。

法院在审查起诉材料的基础上，根据案情需要，有权依当事人的申请或者依职权，调查、收集证据；对案件涉及的专门性问题，决定是否需要鉴定、勘验现场。

法院可以依申请或者依职权，采取证据保全措施。当事人申请证据保全的，人民法院可以要求其提供相应的担保。

5. 审查是否需要停止执行、先予执行、财产保全。为提高救济的实效性，《行政诉讼法》规定了临时救济措施。法院可以根据案件的具体情况，审查行政行为是否具有停止执行的条件，是否有需要先予执行和财产保全的情况存在，并依法作出相应的处理。

6. 审查其他内容。主要是根据案件具体情况，决定诉的分离与合并，确定开庭审理的时间、地点，决定是否公开审理等。

（二）开庭审理

开庭审理，是指在人民法院合议庭的主持下，在当事人和其他诉讼参与人的参加下，以被诉行政行为的合法性为核心，审查核实证据，查明案件事实，并依法作出裁判的诉讼活动。根据《行政诉讼法》的规定，所有第一审案件都应当开庭审理，不得进行书面审理。

开庭审理有公开审理与不公开审理两种方式。人民法院审理案件时，以公开审理为原则，不公开审理为例外。根据《行政诉讼法》第54条的规定，不公开审理的情形分为两种：①法定不公开审理。是指人民法院审理行政案件，涉及国家秘密、个人隐私以及其他法律另有规定的，应不予公开审理。②裁定不公开审理。是指人民法院审理行政案件，涉及商业秘密且当事人申请不公开审理的，法院有权根据案件情况，裁量决定是否公开审理。

开庭审理一般包括开庭准备、宣布开庭、法庭调查、法庭辩论、合议庭评议、宣读裁判等程序。

1. 开庭准备。

（1）通知、公告开庭。人民法院应在开庭前3日，传唤、通知当事人、诉讼参与人参加诉讼，告知其开庭的时间、地点等。案件公开审理的，应当在开庭前3日发布公告，内容包括：案由、当事人姓名或机关名称、开庭的时间和地点等。

（2）查明当事人等到庭情况、宣布法庭纪律。开庭前，由书记员查明当事人以及其他诉讼参与人是否到庭，并报告合议庭。如有必须到庭的人员未到庭的，还应查明不到庭原因，由审判长根据不同情况，依法决定是否延期审理或者按撤诉处理。查明情况后，书记员应宣布法庭纪律。

2. 宣布开庭。开庭审理时，首先由审判长宣布开庭，宣布案由，依次核对当事人身份，宣布合议庭组成人员和书记员及本案鉴定人、勘验人、翻译人员名单，告知当事人诉讼权利和义务，告知申请回避权，询问当事人是否申请回避。

回避制度是司法审判公正性的重要体现。关于回避的事由和具体程序，《行政诉讼法》、《民事诉讼法》以及相关司法解释都作出了明确规定。2011年，最高法院颁布《关于审判人员在诉讼活动中执行回避制度若干问题的规定》[1]，对回避制度作出了全面具体的规定。

（1）申请主体。回避分为自行回避和依申请回避。前者的申请主体是审判人员；后者的申请主体是当事人及其法定代理人。

（2）回避主体。回避主要针对审判人员，包括各级人民法院院长、副院长、审判委员会委员、庭长、副庭长、审判员和助理审判员；同时适用于书记员、翻译人员、鉴定人、勘验人。

（3）回避事由。根据性质的不同，回避事由分为两类：

第一类，审判人员具有下列情形之一的，应当自行回避，当事人及其法定代理人有权以口头或者书面形式申请其回避：①是本案的当事人或者与当事人

第八章

---

[1] 法释〔2011〕12号。

有近亲属关系的；②本人或者其近亲属与本案有利害关系的；③担任过本案的证人、翻译人员、鉴定人、勘验人、诉讼代理人、辩护人的；④与本案的诉讼代理人、辩护人有夫妻、父母、子女或者兄弟姐妹关系的；⑤与本案当事人之间存在其他利害关系，可能影响案件公正审理的。这里所称的近亲属，包括与审判人员有夫妻、直系血亲、三代以内旁系血亲及近姻亲关系的亲属。

第二类，当事人及其法定代理人发现审判人员违反规定，具有下列情形之一的，有权申请其回避：①私下会见本案一方当事人及其诉讼代理人、辩护人的；②为本案当事人推荐、介绍诉讼代理人、辩护人，或者为律师、其他人员介绍办理该案件的；③索取、接受本案当事人及其受托人的财物、其他利益，或者要求当事人及其受托人报销费用的；④接受本案当事人及其受托人的宴请，或者参加由其支付费用的各项活动的；⑤向本案当事人及其受托人借款，借用交通工具、通讯工具或者其他物品，或者索取、接受当事人及其受托人在购买商品、装修住房以及其他方面给予的好处的；⑥有其他不正当行为，可能影响案件公正审理的。

（3）申请的提出和审查。当事人申请回避，应在案件开始审理时提出，并说明理由；回避事由在案件开始审理后知道的，也可以在法庭辩论终结前提出。被申请回避的人员在人民法院作出是否回避的决定前，应当暂停参与本案的工作，但案件需要采取紧急措施的除外。人民法院对当事人提出的回避申请，应当在申请提出的3日内，以口头或者书面形式作出决定。申请人对决定不服的，可以在接到决定时申请复议一次。复议期间，被申请回避的人员，不停止参与本案的工作。人民法院对复议申请，应当在3日内作出复议决定，并通知复议申请人。

3．法庭调查。法庭调查是审判人员在法庭上，在当事人和其他诉讼参与人的参加下，全面调查案件事实、审查判断各项证据的诉讼活动。法庭调查的核心环节是举证和质证，根据《最高人民法院关于行政诉讼证据若干问题的规定》，证据应当在法庭上出示，并经庭审质证。未经庭审质证的证据，不能作为定案的依据。

法庭调查主要包括当事人陈述、证据的出示和质证两个环节。

（1）当事人陈述。当事人陈述按照如下顺序进行：①被告介绍行政行为；②原告宣读起诉状，讲明具体的诉讼请求和理由；③被告宣读答辩状，对原告的诉讼请求提出异议并说明理由；④第三人陈述。

（2）证据的出示和质证。关于行政诉讼中当事人出示证据的顺序，法律没有明确规定。基于行政诉讼中被告负主要举证责任的原则，一般首先由被告出示证据，原告进行质证；之后，原告出示证据，被告进行质证；当事人申请人民法院调取的证据，由申请调取证据的当事人在庭审中出示，并由其他当事人质证。人民法院依职权调取的证据，由法庭出示，并可就调取该证据的情况进行说明，听取当事人意见。

有关证据的出示顺序，原则上按照证人与证人证言、书证、物证、视听资料和电子数据、鉴定意见、勘验笔录和现场笔录的顺序依次出示、接受质证。

法庭调查过程中，审判人员可以对当事人、证人、鉴定人发问，当事人经审判长许可，可以向证人、鉴定人发问，当事人也可以互相发问。

法庭调查结束前，审判长应当就法庭调查认定的事实和当事人争议的问题进行归纳总结。

4. 法庭辩论。法庭辩论是指在审判人员的主持下，当事人及其代理人结合法庭调查的事实情况，围绕法律适用问题陈述意见、进行辩驳的诉讼活动。

法庭辩论是在法庭调查的基础上进行的，为了提高效率，合议庭可以归纳案件争议的焦点问题，要求当事人主要围绕焦点问题展开辩论。法庭辩论应按下列顺序进行：①原告及其诉讼代理人发言；②被告及其诉讼代理人发言；③第三人及诉讼代理人发言；④双方互相辩论。

当事人在法庭辩论中提出在法庭调查中没有提出的新的事实和证据的，审判长认为必要时，可以宣布暂停辩论，恢复法庭调查。待事实查清后，再继续法庭辩论。

辩论结束后，法庭告知当事人作最后陈述。

5. 合议庭评议。法庭辩论结束后，审判长宣布休庭，合议庭成员和书记员退出法庭进行案件评议。评议时，采取少数服从多数原则。书记员应当将合议庭成员的意见和理由如实记入笔录，并请合议庭成员核对后签字。合议庭合议后，根据多数意见作出裁判。合议庭不能形成多数意见或者认为案件重大、疑难的，应当报请庭长、院长讨论研究。院长认为需要提交审判委员会讨论决定的，由院长提交审判委员会讨论决定。合议庭应当根据审判委员会的决定制作裁判文书。

6. 宣读判决、裁定。无论是公开审理还是不公开审理的案件，一律公开宣判。法院可以当庭宣判，也可以定期宣判。当庭宣判的，由审判长宣布继续开庭，当庭公开宣读案件的判决或裁定，并在 10 日内将判决书或裁定书发送当事人。定期宣判的，由审判长宣布休庭，择期公开宣判。具体宣判的时间和地点既可以当庭告知，也可以另行通知，宣判后应立即发给裁判文书。

宣告判决后，人民法院必须告知当事人有关的上诉事宜，包括上诉的权利、上诉期限和上诉法院。

7. 法庭笔录。庭审过程中，书记员应当将法庭审理的全部活动记入笔录，由审判人员和书记员签名。庭审结束后，书记员应当庭宣读法庭笔录，也可以告知当事人和其他诉讼参与人当庭或者在 5 日内阅读。当事人和其他诉讼参与人认为对自己的陈述记录有遗漏或者差错的，有权申请补正。如果不予补正，应当将申请记录在案。法庭笔录由当事人和其他诉讼参与人签名或者盖章。拒绝签名盖章的，记明情况附卷。

（三）审理期限

第一审行政案件的审理期限，是指法律对行政案件从立案之日起至裁判宣告之日止的期间要求。人民法院应当自立案之日起 6 个月内作出一审判决。鉴定、处理管辖争议或者异议、中止诉讼的时间不计算在内，有特殊情况需要延长的，应当直接报请高级人民法院批准；基层人民法院报请延长时，还应同时报中级人民法院备案。高级人民法院申请延长的，由最高人民法院批准。

二、简易程序

所谓简易程序，是和普通程序并存的、独立的审判程序。相对于普通程序，更突出效率性，程序更为简捷，一般适用于案情简单、当事人争议不大的案件。

（一）适用的审级

根据《行政诉讼法》第 82 条第 1 款的规定，简易程序只适用于行政案件的一审程序，二审不适用简易程序。另外，对于二审法院裁定发回原审法院重新审理的案件，按照审判监督程序再审的案件，虽然也适用一审程序规则，但是，基于这类案件明显的争议性特征，都不能适用简易程序。

（二）适用范围

根据《行政诉讼法》第 82 条第 1 款的规定，简易程序适用于以下两种情形：

1. 法定情形。根据《行政诉讼法》的规定，适用简易程序要满足两个条件：

（1）法院认为案件事实清楚、权利义务关系明确、争议不大。

（2）审理的是下列三类案件之一：①被诉行政行为是依法当场作出的；②案件涉及款额 2000 元以下的；③属于政府信息公开案件的。

同时满足上述两个条件的，法院可以适用简易程序。

2. 基于当事人合意的情形。即使不符合上述条件，若当事人各方均同意适用简易程序，法院也可以适用简易程序。

（三）审判组织与审理程序

1. 审判组织。适用简易程序审理的案件，实行独任审判制。担任审判的必须是审判员，陪审员不能承担独任审判的职责。

2. 传唤当事人的方式。人民法院可以采取电话、传真、电子邮件、委托他人转达等简便方式传唤当事人。采取前述传唤方式的，如果没有证据证明或者未经当事人确认已经收到传唤内容的，不得按撤诉处理或者缺席审判。

3. 开庭审理。适用简易程序的案件，一般应当一次开庭并当庭宣判。法庭调查和辩论可以围绕主要争议问题进行，庭审环节可以适当简化或者合并。

4. 审理期限。适用简易程序审理的行政案件，应当在立案之日起45日内审结。

（四）简易程序向普通程序的转换

简易程序的适用以案情简单明了、当事人争议不大为前提，如果经过审理，发现案件并不满足这一条件的，应依法转换为普通程序。

1. 适用条件。法院在审理过程中，发现案件并不符合法定情形，或者当事人之间并未真正形成合意的，如遗漏了当事人的，应当以裁定的形式，将审理程序转为普通程序。

2. 转换的时限。应在简易程序审理期限届满之前转换。

3. 审理程序转换后的审限。简易程序转换为普通程序后，对于计算审限，法律并未作出明确规定。为了防止利用程序转换规避审限，简易程序转为普通程序后，审理期限仍应以立案之日为起算标准，而不宜从转换之日起重新计算审期。

三、行民交叉案件一并审理程序

所谓行民交叉案件一并审理程序，是指人民法院在审理行政案件过程中，基于当事人的申请，一并审理与被诉行政行为相关的民事争议并作出裁判的诉讼程序。由于行政权的功能、特点和社会关系的交错性，行政权的行使往往起因于民事纠纷，有时则会由于行政决定的作出导致民事法律关系发生变动。在这种情况下，分别处理民事和行政纠纷，既容易造成诉累，也容易导致案件裁判的反复性和不一致性。因此，《行政诉讼法》专门规定了行民交叉案件的一并审理程序，以期一次性彻底解决争议，保障和提高司法救济的实效性。

（一）适用要件

根据《行政诉讼法》第61条的规定，适用行民交叉一并审理程序应符合以下要件：

1. 行政案件和民事案件之间存在内在的关联性。行政诉讼和民事诉讼属于不同性质的审判诉讼，要将这两者合并在一个审理程序中一并解决，应具有合并审理的必要性。这种必要性一般表现为两个案件之间具有内在的关联性，一并审理有助于纠纷的彻底解决。前者为因，后者为果。这种案件的关联性往往导致诉讼请求上的依存性。例如，规划部门向甲公司颁发了建设工程规划许可证，居民乙认为该建筑影响了其通行权，由此引发针对该规划许可的撤销之诉和针对甲公司的侵权之诉。而要救济居民乙的相邻权必须以撤销规划部门颁发的规划许可为前提。又如，由于房屋赠与合同无效导致的针对房产登记行为的撤销之诉。当事人要撤销对其不利的房产登记行为，必须首先确认民事赠与合同无效。在上述两个例子中，民事案件（及其诉讼请求）和行政案件（及其诉讼请求）都存在内在的关联性，具有合并审理的利益。

2. 适用范围限制为涉及行政许可、登记、征收、征用和行政机关对民事争议所作的裁决的行政诉讼。

具有关联性的行政争议和民事争议的范围实际上是非常广泛的，例如，企业超标排放污染物引发的行政处罚和民事赔偿。不过，根据关联程度的紧密性，《行政诉讼法》规定，只有在针对行政许可、登记、征收、征用和对民事争议的裁决所提起的行政诉讼中，才可以适用行民交叉案件一并审理程序。

3. 当事人向法院提出一并处理的申请。首先，行民交叉案件一并审理程序的启动须基于当事人的申请，当事人未申请的，法院不得自行决定将两个案件合并审理。其次，申请的主体包括行政诉讼程序中的原告、被告和第三人。例如，房管部门错将甲所有的房屋登记在乙的名下，甲在以房管部门为被告提起行政诉讼的同时，如果以第三人乙为被告，向法院提起民事诉讼，请求法院一并处理时，具有第三人资格。

4. 一并审理请求是在行政诉讼一审过程中提出的。由于行民交叉案件一并审理程序是以行政诉讼为基础和主体的，因此，当事人申请一并审理必须在行政诉讼一审的过程中提起。《适用解释》第17条第1款规定："公民、法人或者其他组织请求一并审理行政诉讼法第61条规定的相关民事争议，应当在第一审开庭审理前提出；有正当理由的，也可以在法庭调查中提出。"当事人直至二审方提起民事诉讼，要求一并审理的，法院应告知当事人另行起诉。

（二）对当事人申请的审查

对于当事人提出的申请，人民法院应进行审查。符合法定条件的，决定一并审理。根据《适用解释》第17条第2款的规定，如果发现存在下列情形之一的，人民法院应作出不予准许一并审理民事争议的决定，并告知当事人可以依法通过其他渠道主张权利：

1. 法律规定应当由行政机关先行处理的。

2. 违反《民事诉讼法》专属管辖规定或者协议管辖约定的。

3. 已经申请仲裁或者提起民事诉讼的。

4. 其他不宜一并审理的民事争议。

对不予准许的决定，当事人可以申请复议一次。

（三）审理程序

1. 立案方式。根据《适用解释》第 18 条的规定，立案方式分为两种：

（1）一般情况下，人民法院在行政诉讼中一并审理相关民事争议的，民事争议应当单独立案，由同一审判组织审理。

（2）审理行政机关对民事争议所作裁决的案件，一并审理民事争议的，不另行立案。

2. 管辖和审判组织。原则上，受理行政案件的法院对民事案件也应享有管辖权。由于一并审理的方式是行政附带民事诉讼，所以，两个案件由受理行政案件的行政审判庭负责，由行政审判庭所组织的同一个合议庭一并审理。

3. 审理规则。行政诉讼和民事诉讼各自适用行政诉讼规则和民事诉讼规则。虽然两类案件是由同一个审判庭审理的，但是，诉讼性质的差别决定了两个案件应分别适用各自的诉讼程序规则，特别是在民事诉讼中，要注意贯彻当事人意思自治原则和民事诉讼证据规则。

4. 裁判方式。首先，行民交叉案件采取分别裁判的原则。合议庭应分别针对行政案件和民事案件作出裁判。其次，如果当事人仅对行政裁判或者民事裁判不服提出上诉的，未上诉的裁判在上诉期满后即发生法律效力。第一审人民法院应当将全部案卷一并移送第二审人民法院，由行政审判庭审理。第二审人民法院发现未上诉的生效裁判确有错误的，应当按照审判监督程序再审。

四、对规范性文件的一并审查程序

按照行政诉讼受案范围的规定，当事人不能单独针对规范性文件提起诉讼。但是，由于规范性文件对行政行为的直接影响，需要将这类文件纳入司法审查的范围。因此，《行政诉讼法》第 53 条第 1 款规定："公民、法人或者其他组织认为行政行为所依据的国务院部门和地方人民政府及其部门制定的规范性文件不合法，在对行政行为提起诉讼时，可以一并请求对该规范性文件进行审查。"

（一）审查对象

1. 层级性。对当事人产生普遍约束力的法律规范存在多种形式，而能够被纳入司法审查范围的，限制为国务院部门和地方人民政府及其部门制定的规范性文件，排除对行政立法以及国务院制定的规范性文件的审查。

2. 关联性。该规范性文件必须是被诉行政行为所适用的依据，二者之间不具有适用关系的，法院不予受理。

3. 作为性。这里的被诉行政行为仅限于作为性行政行为，行政不作为不包括在内。

（二）一并审查申请的提起

1. 提起方式。一并提起，即只能在提起行政诉讼时，对于行政行为所依据的规范性文件一并提出审查申请。单独向法院提起规范性文件审查之诉的，法院不予受理。

2. 提起的时间。与申请一并审理民事争议的时间要求相同，都应在一审开庭审理之前提出。有正当理由的，可以在法庭调查中提出。

（三）审查方式

1. 审查的范围。作为附带性审查，行政行为的违法性和规范性文件条款的违法性之间应具有因果关系，行政行为由于所适用的该规范性文件违法，而对当事人的合法权益造成侵害。因此，对规范性文件的附带性审查和对行政行为的审查范围完全不同，对前者应限制为行政行为所适用的具体条款，该规范性文件的其他规定的合法性问题由于缺乏案件上的关联性而不宜审查。进而，对该规范性文件整体的合法性、该规范性文件的制定程序等均不予审查。

2. 审查的标准。作为下位法，规范性文件应根据上位法，在其职权范围内作出具体规定。因此，对规范性文件的审查主要集中在其是否违反了上位法的规定。审查的标准可以参照2004年最高法院《关于审理行政案件适用法律规范问题的座谈会纪要》（法〔2004〕96号）第2条的规定。

（四）处理方式

1. 不予适用。法院经过审查，认为行政行为所依据的规范性文件不合法的，不作为认定行政行为合法的依据，并应在裁判理由中阐明。

2. 提出处理建议和抄送。针对该违法的规范性文件，审理法院应当向该文件的制定机关提出处理建议，并可以抄送制定机关的同级人民政府或者上一级行政机关。

五、对审判先决问题的处理

在行政诉讼中，人民法院认为行政案件的审理需要以民事诉讼的裁判为依据的，可以裁定中止行政诉讼。这种情况主要是针对行政诉讼中的先决问题。如果在行政诉讼的审判过程中，对当事人民事权利义务的确定成为判断行政行为合法性等的前提条件，而当事人又未申请一并审理的，法官有权根据自己的判断，决定是否需要裁定中止行政诉讼或者继续审理。如果裁定中止行政诉讼的，民事诉讼的审理期间不计算在行政诉讼审限之内。

第二节   行政诉讼二审程序

第二审程序是指当事人不服未生效的一审判决或裁定，在法定期限内向一审人民法院的上一级法院提起上诉，请求上一级法院进行审判，上一级法院依法对该上诉案件进行审理所适用的程序。二审程序既有利于及时纠正一审裁判中的错误，保护当事人的合法权益，又能监督下级人民法院的审判工作，防止司法权滥用，保障法律适用的统一性。

我国法律规定，人民法院审理案件实行两审终审制。因此，除了最高人民法院所作出的第一审判决、裁定不能上诉外，当事人对地方各级人民法院所作出的一审裁判不服的，均可依法向其上一级人民法院提起上诉。

与第一审程序相比，行政诉讼第二审程序具有如下特点：

1. 上诉是当事人的权利。只要当事人在法定期限内提起上诉，法院必须启动二审程序。

2. 二审并非行政诉讼的必经审判程序。只有当事人不服一审判决、裁定，在法定期限内，以合法的形式提出上诉，才会引发第二审程序。否则，一审判决、裁定作为终局裁判生效，审理程序终结。

3. 二审的审理对象是第一审裁判和被诉行政行为的合法性。一审程序中，法院和诉讼当事人等主要围绕被诉行政行为的合法性展开审查。而在二审程序中，法院应当对一审法院的裁判和被诉行政行为进行全面审查，这其中包括据以作出行政行为的所有证据、法律依据和程序以及一审法院作出裁判所依据的证据、事实、程序和法律依据等，不受上诉人上诉请求的限制。

4. 二审所作出的判决、裁定，是终局裁判，一经宣告和送达即产生法律效力，当事人不得再提起上诉。

（一）上诉的提起与受理

上诉是当事人不服地方各级人民法院未生效的一审判决或裁定，依法要求上一级人民法院进行审理，撤销或者变更原裁判的诉讼行为。

1. 上诉的提起。当事人提起上诉必须符合下列条件：

（1）主体条件。具有上诉人和被上诉人是上诉的法定要件之一。根据法律规定，上诉人和被上诉人必须是一审程序中的当事人。其中，上诉人是提起上诉的一方当事人，其他未上诉的当事人则是被上诉人。《行政诉讼法》第85

条规定，所有行政诉讼当事人对一审人民法院的判决、裁定不服，都有权提出上诉。《执行解释》第 65 条规定，第一审人民法院作出判决和裁定后，当事人均提起上诉的，上诉各方均为上诉人。诉讼当事人中的一部分人提出上诉，没有上诉的对方当事人为被上诉人，其他当事人依原审诉讼地位列明。

（2）对象条件。上诉的对象是一审人民法院的判决或裁定。其中，对一审判决不服都可以上诉。对于裁定，只有法律允许上诉的，当事人才能上诉。根据《执行解释》第 63 条的规定，允许上诉的裁定包括不予受理的裁定、驳回起诉的裁定和管辖异议的裁定三种。对于其他的裁定，如中止诉讼、终结诉讼、准许撤诉、财产保全等，当事人可以依法申请复议，但不能上诉。

（3）上诉期限。上诉必须在法定期限内提起，超出上诉权限，当事人就丧失了上诉权。《行政诉讼法》第 85 条规定，当事人不服第一审判决的，上诉期限为 15 日；当事人不服第一审裁定的，上诉期限为 10 日。上诉期限的计算，从第一审判决、裁定书送达当事人的第二天开始计算，送达之日不计算在内。[1]

在上诉期限内，当事人因不可抗力或者其他正当理由耽误期限的，在障碍消除后的 10 日内，可以申请顺延期限，是否准许，由人民法院决定。

（4）上诉方式。上诉应当以书面方式提出，当事人应当递交上诉状，内容包括上诉人的姓名或者名称，原审人民法院的名称，案件的编号和案由，上诉的请求和理由。

（5）上诉途径。原则上，上诉应当向原审人民法院提出，并按照其他当事人或者诉讼代表人的人数提交上诉状副本。但也允许直接向二审法院提出。当事人直接向第二审人民法院上诉的，第二审人民法院应当在 5 日内将上诉状移交原审人民法院。

原审人民法院收到上诉状后，应当在 5 日内将上诉状副本送达其他当事人，对方当事人应当在收到上诉状副本之日起 15 日内提出答辩状。[2] 原审人民法院应当在收到答辩状之日起 5 日内将副本送达当事人。原审人民法院收到上诉状、答辩状后，应当在 5 日内连同全部案卷和证据，报送第二审人民法

---

〔1〕《民事诉讼法》第 82 条规定，期间以日计算的，期间开始之日，不计算在期间内。

〔2〕 关于被上诉人提交答辩状的期限，行政诉讼法未作规定。最高人民法院《关于执行〈行政诉讼法〉若干问题的解释》（2000 年）规定为 10 天。由于 2014 年修正的《行政诉讼法》规定的一审被告提交答辩状的期限为 15 天，《民事诉讼法》第 167 条也规定被上诉人提交答辩状的期限为 15 天，因此，本书认为行政诉讼中被上诉人提交答辩状的期限应适用新的规定，以 15 天为宜。

院。已经预收诉讼费用的，一并报送。

2. 对上诉的审查。这是指第二审人民法院收到上诉状后，依法对其上诉要件进行审查，决定是否立案、开始第二审程序的诉讼活动。

二审法院经过审查，认为不符合上述法定条件的，应当裁定驳回。

（二）上诉案件的审理

第二审法院审理上诉案件，除《行政诉讼法》对第二审程序有特别规定的外，均适用第一审审理程序。以下仅对二审程序中的一些特殊审理规则做一说明。

1. 审判组织。第二审人民法院审理行政案件必须组成合议庭，不适用独任审判方式。合议庭成员必须均为审判员，陪审员不能作为合议庭成员参与上诉案件的审理。

2. 审理方式。行政诉讼二审以开庭审理为原则，书面审理为例外。

所谓书面审理，是指二审人民法院只对当事人提出的上诉状、上诉答辩状以及其他书面材料进行审理，并依之作出裁判，不需要诉讼参加人出席法庭，也不向社会公开的审理方式。书面审的核心是法律审，其适用条件是事实清楚。根据《行政诉讼法》第86条的规定，人民法院经过阅卷、调查和询问当事人，对没有提出新的事实、证据或者理由，合议庭认为不需要开庭审理的，也可以不开庭审理。

3. 审理对象。第二审人民法院审理上诉案件实行全面审查原则，即应当对原审人民法院的判决、裁定和被诉行政行为进行全面审查，不受上诉人上诉请求的限制。该原则包括以下两个方面：

（1）二审法院审理行政案件，既要对原审法院的裁判是否合法进行审查，又要对被诉行政行为的合法性进行审查。

（2）二审法院审理行政案件时，应对被诉行政行为的合法性进行全面审查，不受上诉请求和当事人争议的限制。

4. 审理期限。《行政诉讼法》第88条规定，人民法院审理上诉案件，自收到上诉状之日起3个月内作出终审判决。有特殊情况需要延长的，由高级人民法院批准，高级人民法院审理上诉案件需要延长的，由最高人民法院批准。

第三节　审判监督程序

审判监督程序又称再审程序，是指人民法院对已经发生法律效力的判决、裁定或者调解书，发现违反法律、法规的规定，依法按照第一审普通程序或者第二审程序对案件进行再次审理的程序。再审程序不构成一个审级，而是对两审终审制度的补充，是针对确实违法的生效判决、裁定的纠错制度。

与上诉不同，审判监督程序启动方式可分为三种，即当事人申请的再审、法院自行提起的再审、检察院抗诉或者检察建议引起的再审[1]。其中，当事人申请再审和检察院的检察建议并不会必然启动审判监督程序。

（一）当事人申请再审

1. 申请再审的形式要件。

（1）申请再审的主体。根据《行政诉讼法》第90条的规定，具有申请再审权的主体是"当事人"。这里的当事人是指与生效裁判具有利害关系的当事人。具体包括一审的原告、被告；二审的上诉人、被上诉人；法院裁判承担义务或者减损权益的第三人。这里的"义务"和"权益"，既包括行政法上的义务与权益，也包括民法上的义务与权益。

（2）申请审查的对象。申请再审所针对的对象是发生法律效力的判决、裁定或者调解书。其中，并非所有的裁定都能提起再审申请，对于不能上诉的裁定，当事人不具有申请再审权。

（3）申请期限。《行政诉讼法》对此没有明确规定。根据《民事诉讼法》和《适用解释》第24条的规定，当事人向上一级人民法院申请再审，应当在判决、裁定或者调解书发生法律效力后6个月内提出。

上述6个月的期限是原则性规定。如果存在特殊情况，当事人基于正当事由，超出上述期限才发现原审裁判确有错误的的，可以不受上述6个月期限的限制。根据《适用解释》第24条的规定，"有下列情形之一的，自知道或者应当知道之日起6个月内提出：①有新的证据，足以推翻原判决、裁定的；②原判决、裁定认定事实的主要证据是伪造的；③据以作出原判决、裁定的法律文书被撤销或者变更的；④审判人员审理该案件时有贪污受贿、徇私舞弊、枉法裁判行为的"。

（4）与上诉审的程序衔接。对法院裁判的纠错制度以上诉审为原则，再审为例外。因此，当事人申请再审的，原则上应在穷尽上诉程序后方能提起。当事人对可以上诉的一审判决、裁定未提起上诉，而在其在发生法律效力后提

---

[1] 根据《民事诉讼法》第227条的规定，执行程序中的案外人也有申请再审的权利，但对于该案外人申请再审的程序未作进一步规定，具体制度尚不明确，因此，本章仅对当事人、法院、检察院三方启动的再审制度进行介绍。

第八章

出申诉的，应当说明未提出上诉的理由；没有正当理由的，不予受理。[1]

（5）管辖。当事人申请再审，应当向作出生效裁判的原审人民法院的上一级人民法院提出。

当事人申请再审的，不影响生效判决、裁定的行政，被申请再审的判决、裁定不停止执行。

2.申请再审的实质要件——符合再审事由。法院生效的裁判具有既判力，其对有争议的法律关系、行为效力等的判断具有最终效力，不论是当事人、行政机关还是法院自身，都不能提出与该裁判相矛盾、相抵触的主张。然而，为保障当事人获得实质上的公正裁判，我国又在两审终审之外设置了再审程序。这一再审程序无疑是对裁判既判力的动摇，因此，对于再审事由就必须作出明确的限制和规定，以实现法院审判的公正性和权威性之间的平衡。

根据申请再审对象的不同，再审事由分为两种：

（1）对于生效的判决和裁定，根据《行政诉讼法》第91条的规定，当事人的申请符合下列情形之一的，人民法院应当再审：①不予立案或者驳回起诉确有错误的；②有新的证据，足以推翻原判决、裁定的；③原判决、裁定认定事实的主要证据不足、未经质证或者系伪造的；④原判决、裁定适用法律、法规确有错误的；⑤违反法律规定的诉讼程序，可能影响公正审判的；⑥原判决、裁定遗漏诉讼请求的；⑦据以作出原判决、裁定的法律文书被撤销或者变更的；⑧审判人员在审理该案件时有贪污受贿、徇私舞弊、枉法裁判行为的。

（2）对于生效的调解书，根据《民事诉讼法》第201条的规定，结合《行政诉讼法》第92、93条的规定，当事人对已经发生法律效力的调解书，提出证据证明调解违反自愿原则或者调解协议的内容违反法律的，可以申请再审。经人民法院审查属实的，应当再审。

只有法院经过审查，认为当事人的申请事由符合上述形式和实质要件的，才能启动再审程序。

3.当事人申请再审的程序。

（1）递交申请再审的材料。当事人向法院申请再审的，应当提交下列材料：①申请再审状，应当载明当事人的基本情况、申请再审的事实与理由；②原一、二审判决书、裁定书、调解书等法律文书；③以有新的证据证明原裁判认定的事实确有错误为由申请再审的，应当同时附有证据目录、证人名单和

---

[1]　《最高人民法院、最高人民检察院关于对民事审判活动与行政诉讼实行法律监督的若干意见（试行）》（高检会〔2011〕1号）第4条。

主要证据复印件或者照片；需要人民法院调查取证的，应当附有证据线索。申请再审不符合上述规定的，法院不予审查。[1]

（2）法院审查。对当事人再审申请的审查程序，《行政诉讼法》没有明确规定。根据《民事诉讼法》第 203、204 条的规定，对再审申请的审查程序，主要包括以下两方面：

第一，法院应当自收到再审申请书之日起 5 日内，将再审申请书副本发送对方当事人。对方当事人应当自收到再审申请书副本之日起 15 日内提交书面意见；不提交书面意见的，不影响法院审查。法院可以要求申请人和对方当事人补充有关材料，询问有关事项。

第二，法院应当自收到再审申请书之日起 3 个月内审查，符合法律规定的，裁定再审；不符合法律规定的，裁定驳回申请。

（二）法院依职权启动的再审

基于"不告不理"原则，一般情况下，诉讼的启动只能基于当事人的申请。而我国立法机关为了赋予当事人更多的救济途径，还规定了基于法院的自我审查而启动的再审程序。

1. 法院提起再审的要件。法院提起再审，需满足下列条件之一：

（1）生效的判决、裁定存在《行政诉讼法》第 91 条规定的申请再审事由的。

（2）生效调解书，违反自愿原则或者调解协议的内容违反法律的。

2. 法院提起再审的程序。基于提起主体的不同，分为两种程序：

（1）各级法院院长对本院已经发生法律效力的判决、裁定、调解书，认为符合再审要件、需要再审的，应当提交审判委员会讨论决定。审判委员会对于是否启动再审程序享有决定权。

（2）最高人民法院对地方各级人民法院已经发生法律效力的判决、裁定、调解书，上级人民法院对下级人民法院已经发生法律效力的判决、裁定、调解书，认为符合再审要件的，有权提审或者指令下级人民法院再审。

（三）检察院抗诉、提出检察建议

人民检察院作为国家的法律监督机关，有权对法院的审判活动进行监督。

1. 检察院抗诉的要件。与法院的权利救济功能不同，检察院的职责更多地在于保护国家利益和社会公益。因此，检察院提出抗诉应符合的要件和法院

第八章

---

〔1〕《最高人民法院关于规范人民法院再审立案的若干意见（试行）》（法发〔2002〕13 号）第 5 条。

略有不同。

（1）针对生效的判决、裁定，发现存在《行政诉讼法》第91条规定的再审事由之一的。

（2）针对生效的调解书，发现调解书损害国家利益、社会公共利益的。对于调解书违反自愿原则、损害第三人利益的，应通过当事人申请再审或者法院提起再审的方式予以救济。

2．检察院抗诉的程序。

（1）抗诉遵循"上一级抗诉"原则。由最高人民检察院对地方各级法院、上级人民检察院对下级法院的生效判决、裁定、调解书，向同级法院提出抗诉。

（2）地方各级人民检察院对同级人民法院已经发生法律效力的判决、裁定、调解书，发现符合抗诉条件的，也可以提请上级人民检察院向同级人民法院提出抗诉。

人民检察院提出抗诉的，法院应当再审，并在开庭审理时，通知人民检察院派员出庭。

3．检察院提出检察建议。检察院发现同级法院生效判决、裁定、调解书有应予抗诉的情形之一的，可以向该法院提出检察建议。具体程序如下：

（1）提起再审监察建议。地方各级人民检察院发现生效判决、裁定、调解书有应予抗诉的情形之一的，经检察委员会决定，可以向同级法院提出再审检察建议。同时，报上级人民检察院备案。

（2）法院审查。法院收到再审检察建议后，应当在3个月内进行审查，并将审查结果书面回复检察机关。法院认为需要再审的，应当通知当事人。

（3）提请抗诉。人民检察院认为法院不予再审的决定不当的，应当提请上级人民检察院提出抗诉。

4．当事人向检察院申请抗诉或者检察建议。根据最高法院《关于适用行政诉讼法若干问题的解释》（2015）第25条的规定，有下列情形之一的，当事人可以向人民检察院申请抗诉或者检察建议：

（1）人民法院驳回再审申请的。

（2）人民法院逾期未对再审申请作出裁定的。

（3）再审判决、裁定有明显错误的。

针对现实中当事人不断申请再审导致纠纷久拖不决的情况，最高法院规定，人民法院基于抗诉或者检察建议作出再审判决、裁定后，当事人申请再审的，人民法院不予立案。

(四) 再审案件的审理

1. 中止执行。按照审判监督程序决定再审的案件，应当裁定中止原判决的执行。上级法院决定提审或者指令下级法院再审的，应当作出裁定，裁定应当写明中止原判决的执行；情况紧急的，可以将中止执行的裁定口头通知负责执行的法院或者作出生效判决、裁定的法院，但应当在口头通知后 10 日内发出裁定书。

2. 重新组成合议庭。法院审理再审案件，应当另行组成合议庭进行审理，原合议庭成员不得参加新组成的合议庭。

3. 分别适用一、二审程序。按照《执行解释》第 76 条第 1 款的规定，法院按照审判监督程序再审的案件，发生法律效力的判决、裁定是由第一审法院作出的，按照第一程序审理，所作的判决、裁定，当事人可以上诉；发生法律效力的判决、裁定是由第二审法院作出的，按照第二审程序审理，所作的判决、裁定是发生法律效力的判决、裁定；上级法院按照审判监督程序提审的，按照第二审程序审理，所作的判决、裁定是发生法律效力的判决、裁定，当事人不得上诉。

法院对再审案件的宣判，同样应公开进行，可以采取两种方式，即自行宣判或者委托原审法院或者当事人所在地法院代为宣判。

第四节　行政诉讼审理程序中的若干重要制度

一、共同诉讼

诉是当事人因自己合法权益受到被诉行政行为的侵害而申请法院给予司法救济的请求。原则上，法院审理案件实行一案一诉，但也存在诉的合并。所谓诉的合并，是指法院为了提高审判效率，将两个或者两个以上具有一定关联性的诉合并于一个诉讼程序进行审理和裁判的诉讼制度。诉的合并一般应满足三个条件：①数个诉之间存在关联性，一般表现为诉讼主体相同或者诉讼标的之间具有关联性；②受诉法院起码对其中一个诉具有管辖权；③被合并之诉可以适用同一审判程序。《行政诉讼法》所规定的共同诉讼就属于诉的合并的一种情形。

《行政诉讼法》第 27 条规定，当事人一方或者双方为 2 人以上，因同一行政行为发生的行政案件，或者因同类行政行为发生的行政案件、人民法院认为可以合并审理并经当事人同意的，为共同诉讼。

根据这一规定，我国的共同诉讼包括两种情况：

1. 必要的共同诉讼。这是针对当事人一方或者双方为 2 人以上，因同一行政行为发生的行政案件。例如，行政机关对加害人作出行政处罚，被处罚人和受害人均对该处罚行为不服并起诉的。又如，两个以上行政机关共同署名作出一个行政行为，当事人不服而提起诉讼的。《行政诉讼法》规定的复议决定维持了原行政行为的，也属于这种情形。

对于这一类案件，由于其诉讼标的是共同的，因此，法院必须将这些案件合并审理，不需征求共同诉讼人的意见。

2. 普通的共同诉讼。这是针对因同类行政行为发生的行政案件。例如，出租车司机先后数次在同一路段违反交通法规，交警分别开出数张罚单。该司机对这些罚单均不服而起诉的。甲公司名下的两栋房屋分别因违章建筑被勒令限期拆除。甲公司不服而提起诉讼的。

与必要的共同诉讼相比，这类案件并不必然导致共同诉讼。只有法院认为可以合并审理，且经当事人同意的，才能作为共同诉讼合并审理。

二、撤诉与缺席判决

（一）撤诉

撤诉是指对于法院已经立案的案件，原告、上诉人、再审申请人（以下简称原告等）在法院宣告判决或者裁定之前，向法院表示撤回自己起诉（上诉、再审申请）的诉讼行为。撤诉是单纯的诉讼上的行为，原告等的实体权利不受撤诉行为的影响。

根据《行政诉讼法》的规定，撤诉分为申请撤诉和按撤诉处理两种情况。

1. 申请撤诉。申请撤诉，是指在法院宣告判决或者裁定之前，原告等明确向法院申请撤回起诉的诉讼行为。它是原告等对自己诉权的一种积极处分，是一种单方行为。原告等申请撤诉后，能否准许，须经法院审查、裁定。这种制度设置既是为了确保原告等撤诉是基于真实的意思表示，防止因受行政机关胁迫而申请撤诉，也是为了防止被告为让原告撤诉而违法损害公共利益或者他人合法权益。

根据《行政诉讼法》第 62 条的规定，法院对行政案件宣告判决或者裁定前，原告申请撤诉的，或者被告改变其所作的行政行为，原告同意并申请撤诉的，是否准许，由法院裁定。

对于被告改变被诉行政行为，原告申请撤诉的，最高人民法院《关于行政诉讼撤诉若干问题的规定》第 2 条规定，法院应审查是否符合如下条件：①申请撤诉是当事人真实意思表示；②被告改变被诉行政行为，不违反法律、法规的禁止性规定，不超越或者放弃职权，不损害公共利益和他人合法权益；

③被告已经改变或者决定改变被诉行政行为，并书面告知法院；④第三人无异议。符合上述条件的，法院应裁定准许撤诉。

对于原告基于被告改变被诉行政行为而申请撤诉的，经过审查，法院可以作出如下裁定：

（1）被告改变被诉行政行为，原告申请撤诉，有履行内容且履行完毕的，法院可以裁定准许撤诉；不能即时或者一次性履行的，法院可以裁定准许撤诉，也可以裁定中止审理。

（2）准许撤诉裁定可以载明被告改变被诉行政行为的主要内容及履行情况，并可以根据案件具体情况，在裁定理由中明确被诉行政行为或者原裁判全部或者部分不再执行。

（3）申请撤诉不符合法定条件，或者被告改变被诉行政行为后当事人不撤诉的，法院应当及时作出裁判。

2. 按照撤诉处理。按照撤诉处理，是指原告等并未明确向法院申请撤回起诉或者上诉，法院基于其拒绝履行法定诉讼义务的行为，推定其自愿申请撤诉并按照撤诉处理的诉讼制度。按照撤诉处理，不是基于当事人的意思表示，而是基于法律的明确规定。

根据《行政诉讼法》第58条和相关司法解释的规定，当原告等出现下列情况时，视为申请撤诉，法院可以按照撤诉处理：①经人民法院传票传唤，无正当理由拒不到庭的；②未经法庭许可中途退庭的；③未按规定的期限预交案件受理费，又不提出缓交、减交、免交申请，或者提出申请未获批准的。

出现法定事由时，法院对是否按照撤诉处理具有裁量权。

3. 撤诉的法律后果。

（1）法院准许撤诉或者按撤诉处理后，诉讼程序即告终结，法院不再对案件进行审理。

（2）法院裁定准许原告撤诉后，原告等以同一事实和理由重新起诉的，法院不予受理。准予撤诉的裁定确有错误，原告申请再审的，法院应当通过审判监督程序撤销原准予撤诉的裁定，重新对案件进行审理。

（3）原告等因诉讼费预交问题被按撤诉处理后，在法定期限内再次起诉或者上诉，并依法解决诉讼费预交问题的，法院应予受理。

（二）缺席判决

缺席判决是与对席判决相对应的概念，是指人民法院在当事人无正当理由拒不到庭或者未经许可中途退庭的情况下，依法对案件进行审理后作出的裁判。

第八章

根据针对主体的不同，可以将缺席判决分为两种：

1. 针对被告的缺席判决。根据《行政诉讼法》第 58 条的规定，被告无正当理由拒不到庭，或者未经法庭许可中途退庭的，可以缺席判决。根据这一规定，被告如果有正当理由不能到庭，应事前向法院提出，申请延期。法院经审查同意的，应决定延期并通知当事人。法院经审查不同意延期的，应通知被告。被告接到决定仍不按时到庭的，法院可以缺席判决。

2. 针对原告的缺席判决。原告是诉讼的启动者，一般会积极参加诉讼活动。但有时也会出现例外，不依法参加诉讼。对于这种情况，《民事诉讼法》和《执行解释》分别规定了针对原告的缺席判决。根据这些规定，原告等申请撤诉，人民法院裁定不予准许的，原告等经传票传唤，无正当理由拒不到庭的，或者未经法庭许可而中途退庭的，人民法院可以缺席判决。

三、诉讼程序的延阻

（一）延期审理

延期审理是指法院将已定的审理日期或正在进行的审理推延至另一日期再审理的制度。通知、公告开庭日期后，或者开庭审理期间，由于特殊情况，合议庭无法在原定审理期日进行审理的，应推迟审理期日。

对于延期审理的情况，《行政诉讼法》未作具体规定，参照《民事诉讼法》第 146 条的规定，有下列情形之一的，可以延期开庭审理：

1. 必须到庭的当事人和其他诉讼参与人有正当理由没有到庭的。

2. 当事人临时提出回避申请的。

3. 需要通知新的证人到庭，调取新的证据，重新鉴定、勘验，或者需要补充调查的。

4. 其他应当延期的情形。

（二）诉讼中止

诉讼中止，是指在诉讼进行过程中，由于发生某种特殊情况而暂时停止诉讼程序的一种法律制度。诉讼中止只是诉讼程序的暂时停止，中止的原因消除后，将重新恢复诉讼程序。中止之前已经作出的诉讼行为仍然有效，并对新进入到诉讼中的当事人具有约束力。

根据《执行解释》第 51 条的规定，行政诉讼中有下列情形之一的，中止诉讼：

1. 原告死亡，须等待其近亲属表明是否参加诉讼的。

2. 原告丧失诉讼行为能力，尚未确定法定代理人的。

3. 作为一方当事人的行政机关、法人或者其他组织终止，尚未确定权利义务承受人的。

4. 一方当事人因不可抗力的事由不能参加诉讼的。

5. 案件涉及法律适用问题，需要送请有权机关作出解释或者确认的。

6. 案件的审判须以相关民事、刑事或者其他行政案件的审理结果为依据，而相关案件尚未审结的。

7. 其他应当中止诉讼的情形。

（三）诉讼终结

诉讼终结，是指在诉讼程序因特殊情况的发生不能继续或者继续进行毫无意义的情况下，结束正在进行的诉讼程序的法律制度。

根据《执行解释》第 52 条，行政诉讼中有下列情形之一的，终结诉讼：

1. 原告死亡，没有近亲属或者近亲属放弃诉讼权利的。

2. 作为原告的法人或者其他组织终止后，其权利义务的承受人放弃诉讼权利的。

3. 因原告死亡，须等待其近亲属表明是否参加诉讼，或者原告丧失诉讼行为能力、尚未确定法定代理人，或者因作为一方当事人的法人或者其他组织终止、尚未确定权利义务承受人，因这三种情况诉讼中止满 90 日仍无人继续诉讼的。但有特殊情况的除外。

终结诉讼的裁决自作出之日起生效，当事人不得上诉。

四、诉讼中的临时救济措施

为保障司法救济的实效性，诉讼过程中，法院可以采取临时救济措施，主要包括停止执行、先予执行和财产保全。

（一）停止执行

停止执行是行政诉讼所特有的临时救济措施。由于行政行为具有公定力，在有权机关以法定程序否定其效力前，行政行为被推定合法，具有确定力、拘束力和执行力。从这一点来看，即使在行政诉讼过程中，在法院撤销或者确认行政行为无效前，行政行为依然可以继续执行。然而，从救济的角度看，如果允许被诉行政行为继续执行，有可能会造成原告即使胜诉也已经无法挽回损失的不利局面。因此，对于诉讼期间被诉行政行为是否停止执行属于政策考量问题，各国基于不同的利益权衡，规定并不相同。

《行政诉讼法》第 56 条规定："诉讼期间，不停止行政行为的执行。但有下列情形之一的，裁定停止执行……"根据该规定，我国采取的是以"以不停止执行为原则，以停止执行为例外"的制度模式。除非出现法定情形，在行政诉讼期间，原则上不停止被诉行政行为的执行，其目的是维护行政效率、实现行政管理的连续性。

作为例外，在出现下列四种情况之一时，可以停止被诉行政行为的执行：

1. 被告认为需要停止执行的。被诉行政行为是被告依自身职权作出的行为，不论是变更该行为，还是自行停止执行，本属于行政机关的固有权限。行政机关可以基于裁量，决定暂时中止执行被诉行政行为，并将该决定告知原告，书面报告法院。

2. 原告或者利害关系人申请停止执行的。原告或者利害关系人有权申请停止执行，是否准许，需经过法院的审查。法院经审查认为：①被诉行政行为的执行会造成难以弥补的损失，并且②停止执行不损害国家利益、社会公共利益的，可以裁定停止执行。

上述审查要件的设定要求法院在原告权益受损和公益受损之间进行权衡、考量。对于何为"难以弥补的损失"，一般要求是以金钱难以弥补、难以恢复原状的损失。但即使损失达到难以弥补的程度，如果停止执行会对公益造成损害，法院也不能决定停止执行。

3. 法院认为需要停止执行的。如果法院认为执行被诉行政行为会给国家利益、社会公共利益造成重大损害的，可以裁定停止执行。

4. 法律、法规规定停止执行的。法律、法规作出明文规定时，被诉行政行为依法应当停止执行。例如，《国有土地上房屋征收与补偿条例》（国务院令第590号）第28条第1款规定："被征收人在法定期限内不申请行政复议或者不提起行政诉讼，在补偿决定规定的期限内又不搬迁的，由作出房屋征收决定的市、县级人民政府依法申请人民法院强制执行。"根据该条规定，如果被征收人未提起诉讼，则行政机关可申请执行。这就意味着，如果被征收人提起行政诉讼，原则上，应停止该征收决定的执行。

对于停止执行的行政行为能否再次启动执行，《执行解释》第94条规定："在诉讼过程中，被告或者具体行政行为确定的权利人申请法院强制执行被诉具体行政行为，法院不予执行，但不及时执行可能给国家利益、公共利益或者他人合法权益造成不可弥补的损失的，人民法院可以先予执行。后者申请强制执行的，应当提供相应的财产担保。"

（二）先予执行

先予执行是相对于裁判生效后、对裁判的执行而言的。它是指在诉讼立案之后、裁判作出之前，法院根据当事人的申请，裁定一方当事人预先支付另一方当事人一定数额的金钱或者财物的法律制度。

先予执行是基于诉讼耗费时日的程序特点，为解决一方当事人生产、生活上的迫切需要而采取的一种临时救济措施。在行政诉讼中，主要针对行政机关尚未作出但根据情况应当履行的行政给付行为。根据《行政诉讼法》第57条的规定，法院决定先予执行应符合下列条件：

1. 适用范围。先予执行仅适用于被诉行政机关没有依法支付抚恤金、最低生活保障金和工伤、医疗社会保险金的案件。这类案件的共同特点是直接关系到当事人的生存、健康权，且以金钱给付为内容。

2. 损害后果。只限于不先予执行将严重影响原告生活的，即必须具有临时救济的紧迫性、必要性。

3. 程序条件。基于当事人的申请。

先予执行以裁定方式作出。当事人对先予执行裁定不服的，可以申请复议一次。复议期间不停止裁定的执行。

（三）财产保全

财产保全，是指法院根据当事人的申请或者依据职权，在必要时，对一定财产采取特殊保护措施，以保证将来生效判决能够得以实现的物质保障性法律制度。

财产保全主要是为了防止一方当事人恶意处分财产，导致裁判后的执行困难。因此，在行政诉讼中，财产保全多针对原告或者第三人作出。《执行解释》第48条第1款规定："人民法院对于因一方当事人的行为或者其他原因，可能使具体行政行为或者人民法院生效裁判不能或者难以执行的案件，可以根据对方当事人的申请作出财产保全的裁定；当事人没有提出申请的，人民法院在必要时也可以依法采取财产保全措施。"

五、行政诉讼不适用调解原则及其例外

调解是指在诉讼过程中，在法院的主持下，由双方当事人对争议的权益和法律关系通过自愿协商、互谅互让而达成协议，使纠纷得以解决的诉讼活动。调解必须具备两个条件：①当事人双方必须有实体处分权；②调解形成的结果，不能与法律和社会公共利益相抵触，不能损害他人的利益。基于行政权力的法定性，一般认为，行政机关没有随意处分职权的权力，因此，原则上，行政诉讼不能适用调解。所谓不适用调解，包括两项内容：①审理方式不采用调解的方法；②结案方式不采用调解书的形式，只能依法作出裁判。《行政诉讼法》第60条明确规定："人民法院审理行政案件，不适用调解……"

然而，行政诉讼的审查对象具有多样性，调解所需要的处分性在某些行政领域是客观存在的。在这种情况下，允许当事人之间的调解既有利于案件的彻底解决，也有利于减轻各方诉累，提高诉讼效率。

第八章

根据《行政诉讼法》第60条第1款的但书规定，行政赔偿、补偿以及行政机关行使法律、法规规定的自由裁量权的案件可以调解。同时，该条第2款规定，调解应当遵循自愿、合法原则，不得损害国家利益、社会公共利益和他人合法权益。根据这两款规定，行政诉讼适用调解遵循下列要求：

（一）属于可调解的范围

1. 行政赔偿案件。行政赔偿案件是由于行政机关及其工作人员违法行使职权，侵犯当事人合法权益，当事人向法院起诉要求赔偿的案件。对于行政赔偿案件的审理，一般分为两个步骤：①审查被诉行政机关是否存在违法的应赔偿情形；②审理如果存在法定的侵权行为，应如何确定赔偿方式、赔偿项目和赔偿数额。对于前一部分，原则上没有调解的空间，法院应根据事实、依据法律作出判断。而对于后一部分，审理的对象属于一种经济利益，不论是原告还是被告，都具有处分的空间。《国家赔偿法》第13条第1款规定，赔偿义务机关可以"与赔偿请求人就赔偿方式、赔偿项目和赔偿数额依照本法第四章的规定进行协商"。最高人民法院《关于审理行政赔偿案件若干问题的规定》第30条也规定："人民法院审理行政赔偿案件在坚持合法、自愿的前提下，可以就赔偿范围、赔偿方式和赔偿数额进行调解。调解成立的，应当制作行政赔偿调解书。"另外，由于《国家赔偿法》还规定了精神损害抚慰金，因此，不论是针对人身权、财产权损害的赔偿方式，还是针对精神损害的抚慰金，都可以适用调解。

2. 行政补偿案件。行政补偿是由于行政机关的合法行为导致当事人权益损失时，国家给予补偿的制度。其典型形态如行政征收、征用引发的补偿及其行政机关变更或者撤回生效的许可所引发的补偿。对于这类案件，当事人有权提起诉讼。对行政补偿案件的审理，我国尚无统一的法规范，主要散见于各单行法律法规中。而行政补偿案件的可调解性原理和调解范围与行政赔偿基本相同，对于补偿的方式、方法、数额，行政机关均可和当事人进行协商，并在法院主持下达成调解方案。

3. 行政机关行使法律、法规规定的自由裁量权的案件。行政裁量和行政羁束行为是根据行政机关行使职权时受依据法拘束的程度，对行政行为作出的分类。其中的自由裁量行为是行政机关在适用法律、作出决定和采取行动方面享有较大自由判断空间的行为。例如，对于案件是否符合法定要件的判断，对于是否做出行政行为的判断，对于以何种方式、作出何种内容的行政行为的判断，等等。自由裁量权源于立法授权，其依据是对行政专业性、技术性优势的承认。在法律授权范围内，行政机关有权在多个选项中进行选择，这也构成了调解的基础。

（二）遵循自愿、合法原则

1. 自愿原则。这是调解的基本原则指的是调解的开始、调解的进行、调节内容的确定都必须以诉讼各方当事人的自愿为基础，赋予当事人自主选择权，不得强迫。如果一方当事人不同意以调解形式解决争议，法院、行政机关不得强迫当事人进行调解。如果当事人之间无法达成一致意见，法院、行政机关不得强行确定调解书的内容。

自愿原则一方面要求法院在调解过程中要适时进行解释，充分说明调解和诉讼各自的风险与负担，引导当事人理性选择。另一方面，也不排除法院在调解过程中的协调作用，法院可以在各方争执不下时，提出调解方案供当事人参考。

2. 合法原则。合法原则在行政诉讼的调解中具有特别重要的作用。由于依法行政原则的要求，行政机关所享有的裁量权和民事主体所享有的处分权具有根本区别。即使在裁量范围内，行政机关的选择仍然受到行政法基本原则、依据法的立法目的、行政目标等的制约。因此，法院在主持调解的过程中，要保证调解方案的选定符合行政合法性、合理性原则的要求，符合该项行政权启动的目的。

（三）不损害国家利益、社会公共利益和他人合法权益原则

作为公权力的行使，行政机关不同的裁量选择必然会对公益产生不同的影响。为了防止不当裁量导致的公益受损，即使双方当事人是基于自愿达成的调解协议，如果法院经过审查认为存在损害国家利益、社会公益或者他人合法权益的情况，也不能认可该协议的有效性。这其实也是合法原则下的一个具体要求。

六、行政诉讼强制措施

行政诉讼强制措施，是指法院在审理行政案件过程中，为保证审判过程和执行的顺利进行，依法对故意妨害行政诉讼活动的个人或者单位采取强制性排除手段，制止其继续妨害的法律制度。

（一）妨害行政诉讼的行为

妨害行政诉讼行为应具备以下三个构成要件：①形式上必须是在行政诉讼过程中实施了扰乱、危害行政诉讼的行为；②主观上具有妨害诉讼的故意；③结果上造成对行政诉讼正常秩序的妨害。

根据《行政诉讼法》第59条第1款的规定，妨害行政诉讼的行为主要有如下7种：

第八章

1. 有义务协助调查、执行的人，对人民法院的协助调查决定、协助执行通知书，无故推拖、拒绝或者妨碍调查、执行的。

2. 伪造、隐藏、毁灭证据或者提供虚假证明材料，妨碍人民法院审理案件的。

3. 指使、贿买、胁迫他人作伪证或者威胁、阻止证人作证的。

4. 隐藏、转移、变卖、毁损已被查封、扣押、冻结的财产的。

5. 以欺骗、胁迫等非法手段使原告撤诉的。

6. 以暴力、威胁或者其他方法阻碍人民法院工作人员执行职务，或者以哄闹、冲击法庭等方法扰乱人民法院工作秩序的。

7. 对人民法院审判人员或者其他工作人员、诉讼参与人、协助调查和执行的人员恐吓、侮辱、诽谤、诬陷、殴打、围攻或者打击报复的。

（二）对妨害行政诉讼行为的强制措施

法院对于各种妨害行政诉讼行为，根据情节的轻重，分别适用不同的强制措施：

1. 训诫。即法院对妨害行政诉讼情节轻微者，进行批评、警告，指明其妨害行政诉讼的错误和违法事实，并责令其不许再犯的强制措施。

2. 责令具结悔过。即法院对妨害行政诉讼情节轻微者，责令其写出悔过书并保证不再重犯的强制措施。

3. 罚款。即法院对妨害行政诉讼情节较为严重者，责令其在指定期间内交纳一定数额金钱的强制措施。罚款的最高限额为 10 000 元。

4. 拘留。即法院对妨害行政诉讼情节严重者，在一定期限内限制其人身自由的强制措施。拘留期限为 1 日以上 15 日以下。

严重妨害行政诉讼构成犯罪的，应依法追究其刑事责任。

人民法院对有妨害行政诉讼行为之一的单位，可以对其主要负责人或者直接责任人员依照上述规定予以罚款、拘留；构成犯罪的，依法追究刑事责任。

（三）强制措施的实施程序

1. 训诫、责令具结悔过，由合议庭决定。

2. 罚款、拘留由合议庭提出，并经人民法院院长批准。当事人不服的，可以向上一级法院申请复议一次，复议期间不停止决定的执行。

七、司法建议

司法建议是法院行使审判权时，对于与案件有关的、但不属于法院审判权所能解决的问题，向有关方面提出的处理建议。司法建议不具有强制执行力，当事人不采纳司法建议的，不构成违法。但被建议机关应尊重司法机关的建议。

根据《行政诉讼法》的规定，司法建议适用于以下三种情况：

（一）针对规范性文件审查结果的司法建议

根据《行政诉讼法》的规定，原告在起诉时，可以申请对行政行为所依据的规范性文件一并审查。法院经过审理，如果认为该规范性文件不合法的，不仅不能将该文件作为认定行政行为合法的依据，还必须向制定机关提出司法建议，说明法院的审查结果，并提出相关的处理建议，以供行政机关参考。

（二）针对不依法参加诉讼的被告的司法建议

健全行政机关依法出庭应诉是提高司法权威性的必然要求。为此，《行政诉讼法》第66条第2款规定，被告经传票传唤无正当理由拒不到庭，或者未经法庭许可中途退庭的，法院不仅可以将被告拒不到庭或者中途退庭的情况予以公告，还可以向监察机关或者被告的上一级行政机关提出依法给予其主要负责人或者直接责任人员处分的司法建议。

（三）针对行政机关拒绝履行生效裁判的司法建议

尊重并执行法院生效裁判是实现司法实效性的基本要求。面对我国执行难的司法难题，《行政诉讼法》第96条规定了5种行政机关拒不执行情况下的强制措施。其中，第4项规定，法院可以向监察机关或者义务行政机关的上一级行政机关提出司法建议。接受司法建议的机关，根据有关规定进行处理，并将处理情况告知人民法院

以上是《行政诉讼法》明确规定的适用司法建议的情形。最高人民法院《关于当前形势下做好行政审判工作的若干意见》规定，[1] 要高度重视司法建议工作。对于个案审理中发现的行政执法方面存在的问题，及时向有关行政机关提出改进意见和建议。根据这些规定，行政诉讼中的司法建议主要是作为司法判决内容的补充以及法院执行生效的行政判决、裁定的一种手段，并对相关行政管理工作的完善与改革提供参考意见。在实践中，还存在通过司法建议，对难以通过司法途径获得救济的当事人争取法外救助的做法，以此推动相关矛盾和纠纷的解决。

[复习思考题]

1. 行政诉讼撤诉的种类和适用条件是什么？

---

〔1〕 法发〔2009〕38号。

第八章

2. 行政诉讼二审程序和再审程序的区别是什么？
3. 行政诉讼简易程序的适用条件是什么？
4. 行民交叉案件一并审理程序的适用条件是什么？
5. 请论述行政诉讼不调解原则及其例外的理论基础。

第八章

第九章
行政诉讼的法律适用

[学习目的和要求]　准确把握行政诉讼法律适用的概念、特点；准确把握行政诉讼法律适用的范围、种类。了解行政诉讼案件审理中各种法律适用冲突的情形。准确把握解决行政诉讼法律适用冲突时的规则。能够准确阐明给定案例中存在的法律适用问题并给出正确的解决方案。

第一节　法律适用

一、法律适用的概念与特征

所谓行政诉讼的法律适用，是指人民法院按照法定程序，根据实体行政法和行政程序法的规范，对行政诉讼中被诉行政行为的合法性进行审查并作出判决的活动。

行政诉讼的法律适用不是指法院审理案件时要依据行政诉讼法律规范所规定的诉讼程序，而是指评价被诉行政行为合法性时的判断过程、标准、方法。与行政机关在行政程序中的法律适用活动以及民事诉讼中的法律适用相比较，行政诉讼法律适用具有以下五个特征：

1. 适用的主体是人民法院。与行政管理中行政机关的法律适用不同，行政诉讼的法律适用，是由作为司法机关的人民法院适用具体的行政法律规范审查行政行为是否合法。被诉行政行为是被告在行政程序阶段适用行政法律规范的结果。在诉讼阶段，被告有义务提供作出行政行为的依据的规范性文件，不再有权决定法律规范的适用。

2. 是法律规范的第二次适用。与刑事诉讼和民事诉讼中的法律适用不同，行政诉讼中的法律适用是第二次法律适用。与此对应的是行政机关在作出行政行为时的第一次法律适用。即行政机关在作出行政行为时，应当依法行政，行政行为的作出过程就是一个法律适用的过程。人民法院在行政诉讼中要审查被

第九章

诉行政行为是否符合依法行政的要求，同样要适用行政机关在作出行政行为时适用的法律规范。当然，法院适用这些法律规范的范围尽管与行政机关一致，但选择适用的标准、方法以及对这些法律规范的理解与行政机关可能存在不同。

3. 具有最终法律效力的适用。人民法院在行政诉讼中的法律适用的效力高于被告作出行政行为时的法律适用，具有最终法律效力。公民、法人和其他组织以及被诉行政机关或法定授权组织必须遵守和服从人民法院通过行政诉讼的裁判表现出来的法律适用结果。

4. 法律适用原则上解决合法性问题。按照《行政诉讼法》第6条、第69条、第70条、第72~78条的规定，人民法院原则上只解决行政行为的合法性问题，除行政处罚和行政赔偿等涉及对款额的确定的行政行为认定确有错误以外，不解决合理性问题。合理性问题原则上由行政机关在行政程序中解决。行政协议纳入行政诉讼受案范围后，人民法院对行政协议也主要是通过审查行政机关单方面变更、解除协议等行为是否合法来谋求行政协议争议的解决。

5. 适用的是实体行政法和行政程序法。就其具体内容而言，应当是与行政机关进行行政管理、行使行政职权所适用的法律规范的范围一致。换言之，行政诉讼法律适用的范围应当是行政法渊源，这个范围只是行政诉讼法渊源的一部分。在行政诉讼法的渊源中，属于规范行政诉讼程序的法律制度，包括司法解释，不能成为行政诉讼法律适用的范围。

二、依据法律、法规及自治条例和单行条例

《行政诉讼法》第63条第1款规定："人民法院审理行政案件，以法律和行政法规、地方性法规为依据。地方性法规适用于本行政区域内发生的行政案件。"第2款规定："人民法院审理民族自治地方的行政案件，并以该民族自治地方的自治条例和单行条例为依据。"这一规定明确了法律、法规以及民族自治地方的自治条例和单行条例在行政诉讼的法律适用中作为"依据"的地位。所谓"依据"，就是指法律、法规是人民法院审查被诉行政行为是否合法的根据。

（一）法律

法律是指全国人民代表大会及其常务委员会制定的，在全国范围内具有普遍约束力的规范性文件。

需要指出，宪法是国家的根本大法，具有最高法律效力。但是，行政诉讼法并没有对宪法在行政诉讼中的适用作出规定。这主要是因为在观念上，一般认为宪法的规定应通过法律具体化，法律实践中应直接适用相关法律规范，而

不直接适用宪法。我们认为，宪法不能在法律实践中直接适用，与宪法的地位是不相称的，在法律实践中直接适用宪法不仅不会损害宪法作为根本法的地位，而且可以更好地强化宪法权威、落实宪法内容。尽管在我国，宪法的实施途径主要是通过法律将宪法规定具体化，但是实践表明，宪法通过法律的具体化需要一个长期过程，而且，对于某些行政案件，宪法具有直接适用的可能性，因此，在行政诉讼中，如果被诉行政行为违反宪法规定时，人民法院完全可以依据宪法规定认定其违法。

（二）行政法规

行政法规是指国务院根据宪法和法律制定的规范性文件。现行有效的行政法规有以下三种类型：①国务院制定并公布的行政法规；②《立法法》施行以前，按照当时有效的行政法规制定程序，经国务院批准、由国务院部门公布的行政法规；③在清理行政法规时，由国务院确认的其他行政法规。《立法法》施行以后，由国务院批准、国务院部门公布的规范性文件不属于行政法规。行政法规在我国法律体系中的效力层级仅次于宪法和法律，高于其他法律规范，在全国范围内有效。

行政法规是行政机关行使职权，作出各种行政行为的最主要法律依据之一。当然也应当属于行政诉讼中人民法院审查被诉行政行为合法性的重要依据。

（三）地方性法规

按照《立法法》第72条第1、2款的规定，地方性法规是指由省、自治区、直辖市的人民代表大会及其常务委员会根据本行政区域的具体情况和实际需要，在不同宪法、法律、行政法规相抵触的前提下制定的规范性文件。以及设区的市的人民代表大会及其常务委员会根据本市的具体情况和实际需要，在不同宪法、法律、行政法规和本省、自治区的地方性法规相抵触的前提下，制定有关城乡建设与管理、环境保护、历史文化保护等方面事项的规范性文件，法律对设区的市另有规定的，从其规定。[1]

按照《行政诉讼法》的规定，人民法院审理行政案件，以地方性法规作

---

〔1〕　目前，我国设区的市有284个。随着经济社会的发展，设区的市普遍有根据本地实际制定地方性法规的需要，适当放开地方立法权呼声也越来越高。2015年修正的《立法法》中赋予了设区的市地方立法权，并相应明确了地方立法的权限和范围。这样充分调动地方的积极性，有利于地方根据本地实际灵活应对。因此，省会城市、经济特区所在地的市、国务院已批准的较大的市和其他设区的市都享有地方性立法权。此外，全国人大赋予广东省东莞市和中山市、甘肃省嘉峪关市、海南省三沙市比照设区的市享有地方立法权。

第九章

为依据。地方性法规的效力具有地域性，只适用于本行政区域内发生的行政案件，超出地域界限，该地方性法规便失去了它对人民法院审理行政案件时的适用效力。例如，《陕西省封山禁牧条例》仅规范陕西省所辖行政区域内的封山禁牧活动，对陕西省以外的行政区域内不具有法律约束力。

（四）自治条例、单行条例

自治条例、单行条例是民族自治地方的人民代表大会依照当地的政治、经济和文化的特点，依照法定权限所制定的规范性文件。按照《行政诉讼法》的规定，人民法院审理民族自治地方的行政案件时，要以该民族自治地方的自治条例和单行条例为依据。例如，云南省西双版纳傣族自治州人民代表大会通过的《云南省西双版纳傣族自治州自治条例》就只在该州生效，具备法律效力。[1]

需要注意，按照《立法法》第75条第2款的规定，自治条例和单行条例可以依照当地民族的特点，对法律和行政法规的规定作出变通规定。人民法院在审理发生在民族自治地方的行政案件时，应当特别注意允许变通规定和不允许变通规定的区别适用问题。

三、参照规章

（一）参照规章的含义

按照《立法法》第80条第1款的规定，有权制定国务院部门规章的包括国务院各部、委员会、中国人民银行、审计署和具有行政管理职能的直属机构。按照《立法法》第82条第1、3款的规定，省、自治区、直辖市和设区的市、自治州的人民政府，可以根据法律、行政法规和本省、自治区、直辖市的地方性法规制定地方政府规章。其中，设区的市、自治州的人民政府限于制定城乡建设与管理、环境保护、历史文化保护等方面的规章。

《行政诉讼法》第63条第3款规定："人民法院审理行政案件，参照规章。""参照"一词，在汉语语义中是介于"参考"和"依照"之间的一个动词，其确切涵义并非简单地参考并依照，而是在参考、审视以后决定是否应该适用。它表明，行政规章总体上对人民法院审理行政案件没有必然的适用

---

[1] 1987年9月8日云南省西双版纳傣族自治州第七届人民代表大会第一次会议通过，1987年9月23日云南省第六届人民代表大会常务委员会第二十九次会议批准。2007年3月29日西双版纳傣族自治州第十一届人民代表大会第一次会议修订，2007年7月27日云南省第十届人民代表大会常务委员会第三十次会议批准，2007年8月30日西双版纳傣族自治州人民代表大会常务委员会公告公布，自2007年9月1日起施行。

效力。

1. 规章符合法律、行政法规规定的，人民法院应当适用。

2. 规章不符合或者不完全符合法律、法规规定的，人民法院不应当适用。

3. 对于应当适用规章的案件，如果被诉行政行为是符合规章规定的，人民法院应当认定该行为合法。

4. 对于不应当适用规章的案件，如果被诉行政行为不符合相应的法律、行政法规，人民法院应当认定该行为违法。

参照规章的上述意义表明，规章在行政诉讼中的地位与法律、法规不一致。人民法院对法律、法规的法律效力不容许怀疑和否定，无权拒绝适用，只要被诉行政行为符合法律、法规的规定，人民法院就应当认定该行为合法。对于规章，人民法院有权对其是否合法有效进行判断，适用合法有效的，不适用违法或无效的。但是，不得在判决中确认规章违法或无效。

（二）参照规章的理由

人民法院审理行政案件参照规章，对不合法的规章有权拒绝适用。规章不能作为行政审判依据的理由有三：

1. 有权制定规章的行政机关也有权作出行政行为，如果以规章为审理依据，等于行政机关自己确立行政行为是否合法的标准，这不符合依法行政的原则，不利于保护公民、法人和其他组织的合法权益。

2. 有权制定规章的行政机关（尤其是部门行政机关）职权交叉的问题目前尚未彻底解决，规章之间相互超越职权的现象大量存在，影响了规章的效力。

3. 规章的制定程序目前尚不完善、不严格，致使规章带有明显的部门保护主义和地方保护主义倾向，相互之间、与法律、法规之间经常发生冲突。从而导致以规章为行政审判依据不利于人民法院独立行使行政审判权。

但是，规章毕竟是具有法律效力的规范性文件：①宪法和有关法律确立了规章的制定权，并限制在一定级别的行政机关，意味着国家对规章制定权的授予与控制是相当严格的；②规章又是法律、法规的具体化，大量的行政行为同时依据法律、法规、规章作出；③行政机关作出行政行为时，在相当多情况下，都直接依据规章。所以，人民法院审查行政行为的合法性时，完全撇开规章又是不合适和不现实的，尤其在法律和法规对某一具体行政关系没有明确、具体的规定，而规章却作了具体规定时更是如此。

因此，人民法院在审查行政行为合法性时不能依据规章，但同时又离不开规章，这就需要给规章在行政诉讼中的地位作一特别的规定。"参照"就是对

第九章

这种立法意图的表述。

需要注意的是，对属于参照范围的规章不能作扩大理解。《立法法》第80、82条对规章的制定主体及其各自制定规章的权限内容有具体规定。同时，国务院于2001年11月16日颁布的《规章制定程序条例》对有权主体制定的规章的名称、程序、备案制度等都作出明确规定。非法定主体以及有权主体非依法定权限和程序制定的规范性文件都不属于规章。

为了正确理解和适用《行政诉讼法》关于参照规章的规定、统一司法文书，《执行解释》第62条第2款规定："人民法院审理行政案件，可以在裁判文书中引用合法有效的规章及其他规范性文件。"

（四）人民法院对规章的审查

人民法院参照规章时应首先对规章进行审查，以决定是否适用及如何适用。这表明人民法院在一定程度上对规章拥有司法审查权。但是，这种审查既不同于行政复议中复议机关按照《行政复议法》第7、26条的规定对复议申请人一并要求审查有关行政规定的制度，也不同于某些国家（如美国）的司法审查制度。

1. 这种审查是在对行政行为的合法性进行审查的过程中的附带审查，被审查的都是被诉行政行为依据的规章。人民法院无权单独对规章是否符合法律、法规进行审查。

2. 这种审查是人民法院为解决法律适用问题进行的主动审查，原告无权提出审查规章合法性的诉讼请求。

3. 人民法院审查的结果是选择适用或者不适用规章。法院无权对规章本身的效力作出裁判。即使规章违法，人民法院也无权在其裁判中撤销其效力。

我国行政诉讼法对规章的这种特殊处理方式既受制于现行的宪政体制和立法体制，又考虑了行政诉讼的特点和规章这种行政立法的实际状况，仅就目前我国法治建设水平和行政诉讼实践需要来看，这样规定是合适的。

四、其他规范性文件与行政诉讼

（一）其他规范性文件的概念

在行政审判中，经常涉及有关国家机关制定发布的规范性文件，以及为指导法律执行或者实施行政措施而作出的具体应用解释，我们把这些应用解释统称为其他规范性文件。最高人民法院在《关于审理行政案件适用法律规范问

第九章

题的座谈会纪要》中[1]将这类规范性文件限定为：国务院部门以及省、市、自治区和较大的市的人民政府或其主管部门对于具体应用法律、法规或规章作出的解释；县级以上人民政府及其主管部门制定发布的具有普遍约束力的决定、命令或其他规范性文件。但从实践来看，行政审判中出现的规范性文件远远不止最高人民法院所列举的这些类型。因此，我们将规范性文件界定为除法律、行政法规、地方性法规、自治条例和单行条例、规章以外的所有具有普遍约束力的规范性文件，包括单独制定发布的规范性文件以及对法律、行政法规、地方性法规和规章的具体应用作出的解释。这种规范性文件有以下几个特征：

1. 主体上，这里所谓的规范性文件制定主体非常广泛，包括国务院、国务院各部门等中央国家行政机关；地方各级人民代表大会及其常务委员会；地方各级人民政府及县级以上人民政府的职能部门等地方国家行政机关。

2. 形式上，这里所谓的规范性文件，均不属于法律、行政法规、地方性法规、自治条例和单行条例、规章。依法拥有上述规范制定权的国家机关制定的并非都是法律、行政法规、地方性法规、自治条例和单行条例、规章，如省级人大及其常委会有权制定地方性法规，但是他们通过和发布的决议并不都是地方性法规。

3. 内容上，这些规范性文件涉及经济、教育、文化、科学、治安、城乡建设等社会生活的各个方面，其覆盖范围与行政机关的行政管理范围一致。

4. 效力上，行政机关在作出行政行为时，可将这些规范性文件作为行政行为的直接依据。例如，江苏省昆山市人大及其常委会无权制定地方性法规，昆山市政府也无权制定地方性规章。但昆山市的这些国家机关制定的规范性文件，对于昆山市行政机关的行政管理活动当然有约束力。再如，上海市公安局无权制定地方性规章，同样，上海市公安局制定的规范性文件可以约束上海公安机关的公安行政管理活动。

（二）其他规范性文件在行政诉讼中的地位

其他规范性文件不是正式的法律渊源，不具有法的效力，对人民法院不具有法律规范意义上的约束力。但是，不具有法律规范意义上的约束力并不意味着人民法院在行政诉讼中可以无视其他规范性文件的存在，可以当然地排斥其他规范性文件的适用。

---

[1]　法〔2004〕96 号。

按照《行政诉讼法》第 53 条第 1 款的规定，公民、法人或者其他组织认为行政行为所依据的规范性文件不合法，在对行政行为提起诉讼时，可以一并请求对该规范性文件进行审查。第 64 条规定，人民法院审理行政案件中，经审查认为规范性文件不合法的，不作为认定行政行为合法的依据。这些规定表明，《行政诉讼法》赋予了人民法院对规范性文件的审查权，我们理解，这种审查权的行使包括两种情况：

1. 被诉行政行为依据规范性文件，原告在起诉时请求人民法院在审查被诉行政行为合法性时一并审查该规范性文件。

2. 被诉行政行为依据规范性文件，虽然原告在起诉时并未请求人民法院一并审查该规范性文件，但该规范性文件是否合法成为法院判断被诉行政行为是否合法的前提性问题。

换言之，无论原告在提起诉讼时是否请求人民法院审查被诉行政行为所依据的规范性文件，人民法院都需要对该规范性文件是否合法进行审查，并以此作为判断被诉行为是否合法的根据。规范性文件不合法的，法院不作为认定行政行为合法的依据；规范性文件合法的，法院应当作为认定行政行为合法的依据。

《执行解释》第 62 条第 2 款规定，人民法院审理行政案件可以在裁判文书中引用合法有效的其他规范性文件。最高人民法院在《关于审理行政案件适用法律规范问题的座谈会纪要》中进一步规定，人民法院可以在裁判理由中对其他规范性文件是否合法、有效、合理或适当进行评述。《适用解释》第 21 条规定："规范性文件不合法的，人民法院不作为认定行政行为合法的依据，并在裁判理由中予以阐明。作出生效裁判的人民法院应当向规范性文件的制定机关提出处理建议，并可以抄送制定机关的同级人民政府或者上一级行政机关。"这些规定从一个侧面表明，行政诉讼审判实践中是有条件地适用其他规范性文件的。人民法院经审查认为被诉行政行为依据的其他规范性文件合法、有效并合理、适当的，在认定被诉行政行为合法性时应承认其效力。

第二节 法律适用的冲突

一、法律适用冲突的概念

行政诉讼的法律适用冲突，是指人民法院在审判行政案件的过程中发现，对被诉行政行为所针对的事项，有两个或者两个以上的法律规范作出了不同规定，人民法院适用不同的法律规定会产生不同裁判结果的现象。行政诉讼中法律规范的冲突只存在于调整同一对象的两个或者两个以上的法律规范在形式上都有效力的前提下，如果一个是现行有效的法律规范，另一个是被废止的，被废止的法律规范根本就不能被法院在行政审判中适用。因此，两者之间不存在适用上的冲突问题。

一个国家的法律体系是由各法律部门组成的有机联系的整体，其法律规范之间应该具有统一性、相互联系性和协调性，但法律规范之间的冲突以及法院审理案件时对法律规范的选择适用有时仍难以避免。就我国的行政诉讼而言，引起法律适用冲突的原因很多，但主要是由于作为行政法渊源的法律表现形式繁多、立法的主体和效力多样，以及被诉行政行为所针对的事项比较复杂等因素造成的。

二、法律适用冲突的类型

从法律实践看，行政诉讼中法律适用冲突的表现形式多种多样，常见有以下几类：

（一）基本法与非基本法之间的冲突

《立法法》第 7 条第 2、3 款在划分全国人民代表大会与全国人民代表大会常务委员会的立法权时，有"基本法律"与基本法律以外的"其他法律"的区分，本书所谓的"基本法律"与"非基本法律"与此意义不同。所谓"基本法律"，是指立法机关就某类社会关系或者调整社会关系的某类方法制定的统一的、基础性的法律规范；所谓"非基本法律"，是指就某一种社会关系或者调整社会关系的某一种方法制定的单一性的、专门性的法律规范。

基本法律规范与非基本法律规范应当属于相同的效力层级。即都是法律，或者都是行政法规，或者都是其他同一效力层级的法律规范。如果不是同一效力层级，则属于层级冲突。

（二）一般法与特别法之间的冲突

一般法与特别法包括一般性法律规定与例外的特别性法律规定，也包括同一法律文件中的一般性规范与特别规范。例如，对港、澳、台同胞的出入境管理，法律作了特别的规定，它不同于中国大陆公民的出入境管理的法律规定，如果人民法院审理港、澳、台同胞出入境管理案件，就应在相冲突的法律规定间作出选择。

一般法与特别法应当属于相同的效力层级，如果不是同一效力层级，则属

第九章

于层级冲突，而非特别法与一般法之间的冲突问题。[1]

（三）不同效力层级的冲突

我国现行法律体系中，已经明确属于不同效力层级的情况包括：

1. 宪法的效力高于其他任何法律规范的效力。

2. 法律的效力仅次于宪法的效力，而高于其他任何法律规范的效力。

3. 行政法规的效力仅次于宪法和法律的效力，而高于其他任何法律规范的效力。

4. 地方性法规的效力高于本级和下级地方政府规章的效力。

5. 省级人民政府制定的规章的效力高于本行政区域内设区市、自治州人民政府制定的规章的效力。

（四）平级冲突

平级冲突是指效力等级相同的法律规范之间的适用冲突。《立法法》第91条规定："部门规章之间、部门规章与地方政府规章之间具有同等效力，在各自的权限范围内施行。"据此，在我国现行法律体系中效力等级相同的法律规范包括两种情况：

1. 国务院部门规章之间的冲突。

2. 国务院部门规章与地方政府规章之间的冲突。

理论上讲，相同级别不同地方的地方性法规、自治条例和单行条例、地方政府规章之间也属于平级，但如前文所述，就行政诉讼而言，它们之间不会在

---

〔1〕 我国的法学理论和司法实践中比较重视一般法与特别法的冲突问题，而对基本法与非基本法的冲突问题不够重视，甚至根本没有正确的认识，将这两种不同性质的冲突混为一谈。由于这两种冲突确实很容易混淆，因此，准确地将两种类型的冲突区分开，在司法实践中是非常重要的。基本法与非基本法冲突的，适用基本法；一般法与特别法发生冲突的，适用特别法。从立法语言上看，如果某一法律规范中规定有"某某事务依照本法规定处理，本法未作规定的，按照其他法律的规定处理"一类内容时，这里所谓的"本法"与"其他法律"就是基本法律与非基本法律的关系。如果某一法律规范中规定有"某某事务依照本法规定处理，其他法律另有规定的，按照其他法律的规定处理"一类内容时，其所谓的"本法"与"其他法律"就是一般法与特别法的关系。例如，《行政许可法》第四章第六节第51条规定："实施行政许可的程序，本节有规定的，适用本节规定；本节没有规定的，适用本章其他有关规定。"这意味着，实施行政许可的程序，凡第6节有规定的必须优先适用，只有第六节没有规定的才适用其他章节的有关规定。《行政处罚法》第四章第20条规定："行政处罚由违法行为发生地的县级以上地方人民政府具有行政处罚权的行政机关管辖。法律、行政法规另有规定的除外。"这意味着，行政处罚法虽然规定处罚由违法行为发生地的行政机关管辖，但只要法律、行政法规另有规定的，优先适用其他法律、行政法规的例外规定。就是说，《行政许可法》第51条规定的是基本法与非基本法冲突的情形，而《行政处罚法》第20条规定的是一般法与特别法冲突的情形。

第九章

实践中发生冲突。

（五）效力层级不明的冲突

效力层级不明是指现行《宪法》和《立法法》都没有明确其效力等级、位阶关系的法律规范之间的冲突。在我国现行法律体系中，效力层级关系不明的情形有两种：

1. 省级人大及其常委会制定的地方性法规与设区市、自治州的人大及其常委会制定的地方性法规之间的冲突。

2. 部门规章与地方性法规之间的冲突。

（六）新旧法冲突

根据立法的一般原则，调整同一领域问题的新法颁布以后，旧法就自然失去效力，这样就不会存在新旧法律规范的冲突问题。但是在立法实践中，往往有些领域在新法颁布后旧法并没有被废止，旧法没有被废止可能是因为立法工作的不完善，更多是因为旧法中的有些规范还需要继续实施，但这种现象就造成了行政执法以及行政审判中适用旧法还是适用新法的矛盾，如果适用主体各取所需，法律适用的混乱就不可避免。因此，在行政诉讼法律适用中，新旧法律规范之间的适用冲突成为常见现象。

需要说明，有学者提出，在行政诉讼的法律适用冲突中还包括人际冲突和区际冲突。前者是指由于公民的民族、种族或者身份的不同，法律规范对其权利义务作出不同的规定，从而产生冲突。后者是指社会主义性质的中国内地法律规范与香港、澳门特别行政区的法律规范之间的冲突，以及内地不同行政区域的地方性法律规范之间的冲突。[1]我们认为，人际冲突问题在理论上实质上是特别法与一般法的冲突问题，只是我国《立法法》没有将其按照这种模式处理，而是将其作为一种特殊的制度予以规定，我们在此不将其作为一种独立的冲突类型，在其后的法律适用冲突的解决中依据《立法法》的规定介绍其解决规则。区际冲突从行政诉讼司法实践的角度看，根本就不存在。行政诉讼不同于刑事诉讼或者民事诉讼，由于所有的行政诉讼案件都属于因不服内地行政机关所作出的行政行为的诉讼，基于行政管理的地区性，再加上香港、澳门特别行政区的司法终审权，不会发生引起所谓区际冲突的案件。同样基于行政管理地域性的理由，内地不同地区之间的地方性法规、自治条例和单行条例、规章之间也不会在行政诉讼中发生适用冲突。

---

〔1〕　参见应松年主编：《行政诉讼法学》，中国政法大学出版社 2002 年版，第 231 页。

第九章

应该指出，在实践中，法律适用冲突往往不是单一的，而是几种冲突交织在一起，这给行政诉讼中解决法律适用的冲突现象造成一定的困难。

第三节　法律适用冲突的解决

针对行政诉讼中法律适用冲突的现象，人民法院应当按照法律适用的基本规则正确地选择适用法律，审查并裁判被诉行政行为的合法性。

一、法律适用的基本规则

根据《立法法》第 87~94 条关于法律适用制度的规定，包括行政诉讼在内的法律实践中，法律适用的基本规则有五项：

（一）上位法规定优于下位法规定

法的位阶是指法的效力等级。效力等级高的是上位法，效力等级低的是下位法。在不同位阶的法律规范发生冲突时，选择适用位阶高的法律规范是解决法律适用冲突的一般规则。《立法法》按照制定机关的不同，明确了不同法律规范的效力等级。

1. 宪法具有最高的法律效力。宪法的这种最高效力等级地位在《宪法》序言和第 5 条有明确规定，《立法法》第 87 条对此作了重申，明确"一切法律、行政法规、地方性法规、自治条例和单行条例、规章都不得同宪法相抵触"。

2. 法律的效力高于行政法规、地方性法规、规章。《立法法》第 88 条第1 款规定："法律的效力高于行政法规、地方性法规、规章。"

3. 行政法规的效力高于地方性法规、规章。《立法法》第 88 条第 2 款规定："行政法规的效力高于地方性法规、规章。"

4. 地方性法规的效力高于本级和下级地方政府的规章。《立法法》第 89条第 1 款规定："地方性法规的效力高于本级和下级地方政府规章。"

5. 上级政府规章的效力高于下级政府规章。《立法法》第 89 条第 2 款规定："省、自治区的人民政府制定的规章的效力高于本行政区域内的设区的市、自治州的人民政府制定的规章。"

最高人民法院《关于审理行政案件适用法律规范问题的座谈会纪要》中列举了 11 种下位法不符合上位法的情形。包括：

1. 下位法缩小上位法规定的权利主体范围，或者违反上位法立法目的扩大上位法规定的权利主体范围。

2. 下位法限制或者剥夺上位法规定的权利，或者违反上位法立法目的扩大上位法规定的权利范围。

3. 下位法扩大行政主体或其职权范围。

4. 下位法延长上位法规定的履行法定职责期限。

5. 下位法以参照、准用等方式扩大或者限缩上位法规定的义务或者义务主体的范围、性质或者条件。

6. 下位法增设或者限缩违反上位法规定的适用条件。

7. 下位法扩大或者限缩上位法规定的给予行政处罚的行为、种类和幅度的范围。

8. 下位法改变上位法已规定的违法行为的性质。

9. 下位法超出上位法规定的强制措施的适用范围、种类和方式，以及增设或者限缩其适用条件。

10. 法规、规章或者其他规范文件设定不符合行政许可法规定的行政许可，或者增设违反上位法的行政许可条件。

11. 其他相抵触的情形。

（二）基本法律规定优于非基本法律规定

基本法律与非基本法律发生冲突的，应当适用基本法律的规定。基本法律通常属于法典性法律规范，制定基本法律具有统一制度、完善法制的意义。例如，行政复议制度，我们几乎每一部单行法律、法规都有规定，但在程序上极不统一，有的规定还存在制度设计不合理、不公正的问题。为此，《行政复议法》第 42 条规定："本法施行前公布的法律有关行政复议的规定与本法的规定不一致的，以本法的规定为准。"《行政复议法》于 1999 年 10 月 1 日起施行，此日期前公布的所有单行法律规范中与行政复议法规定不一致的，都以复议法为准。这一规定说明，《行政复议法》是行政复议制度的基本法律，其他法律规范中有关行政复议制度的规定属于非基本法律，两者发生适用冲突时，适用《行政复议法》。

（三）特别法的规定优于一般法的规定

《立法法》第 92 条规定："同一机关制定的法律、行政法规、地方性法规、自治条例和单行条例、规章，特别规定与一般规定不一致的，适用特别规定。"据此，一般法与特别法发生冲突时，按照"特别法优于一般法"的规则，应当适用特别法，而不适用一般法。例如，《行政处罚法》与《道路交通安全法》中均对行政处罚的简易程序作出了规定，《行政处罚法》规定的简易程序适用条件是对个人罚款 50 元以下，而《道路交通安全法》规定的简易程序适用条件是对个人罚款 200 元以下，在这种情况下，交警部门就应适用

第九章

《道路交通安全法》有关简易程序适用条件的规定。

（四）平级法律规范具有同等效力

1. 国务院各部、委员会和直属机构都是国务院的部门，它们之间的地位平等，按照《宪法》、《国务院组织法》和国务院的"三定方案"，它们都有各自的管理权限范围。因此，国务院部门规章之间具有同等效力。

2. 在职能范围内的具体业务上，国务院各部门对地方政府相应的部门有指导或者领导关系，但各部门是国务院的组成部门，不是一级人民政府，而地方政府是一级政府。国务院部门与地方政府之间没有谁领导谁的关系。因此，国务院部门规章与地方性规章之间没有效力高下之分，具有同等效力。

（五）新法规定优于旧法的规定

按照《立法法》第92条的规定，同一机关制定的法律、行政法规、地方性法规、自治条例和单行条例、规章，"新的规定与旧的规定不一致的，适用新的规定"。

按照最高人民法院《关于审理行政案件适用法律规范问题的座谈会纪要》的规定，根据行政审判中的普遍认识和做法，行政相对人的行为发生在新法施行以前，行政行为作出在新法施行以后，人民法院审查行政行为的合法性时，实体问题适用旧法规定，程序问题适用新法规定，但下列情形除外：

1. 法律、法规或规章另有规定的。

2. 适用新法对保护行政相对人的合法权益更为有利的。

3. 按照行政行为的性质应当适用新法的实体规定的。

需要提醒的是，新法优于旧法是在新、旧两个法律规范都是现行有效的情况下处理其适用冲突的规则。如果旧法被明令废止，则不存在与新法的适用冲突问题。

（六）法的适用不溯及既往

法不溯及既往解决的是法对其实施前的事件和行为的溯及力问题，在法不溯及既往所适用的场合下，不存在新、旧法律规范的冲突，因为有效的法律规范是唯一的。在新、旧法律规范都现行有效的情况下，适用冲突不是一个问题。

法不溯及既往是为了保护公民、法人和其他组织的合法权益，如果法不溯及既往，可能对公民、法人或者其他组织更不利时，就违背了法不溯及既往原则的初衷。因此，原则上如果溯及既往可以减轻公民、法人或者其他组织的责任或者增加其权益的，就可以溯及既往。

第九章

（七）自治条例和单行条例的优先适用

《立法法》第 90 条第 1 款规定："自治条例和单行条例依法对法律、行政法规、地方性法规作变通规定的，在本自治地方适用自治条例和单行条例的规定。"

自治条例和单行条例对法律、行政法规、地方性法规作出变通规定，它们之间实质上形成特别法（自治条例和单行条例的变通规定）与一般法的关系，但由于我国《立法法》划分法的效力位阶是按照制定主体这一形式标准，而不是按内容这个实质标准。因此，《立法法》对自治条例和单行条例在民族自治地方的优先适用作出专门规定。

需要注意，自治条例和单行条例的优先适用是在其规定与法律、行政法规、地方性法规的规定不一致情况下的冲突适用。优先适用有条件，即自治条例和单行条例的变通规定经过被变通的法律、行政法规、地方性法规的明确允许，如果没有允许变通，则不存在优先适用。

（八）经济特区法规的优先适用

《立法法》第 90 条第 2 款规定："经济特区法规根据授权对法律、行政法规、地方性法规作变通规定的，在本经济特区适用经济特区法规的规定。"

全国人大及其常委会先后授权广东、福建、海南三省和深圳、厦门、珠海、汕头四个市的地方人大及其常委会制定经济特区法规。经济特区法规享有的权限比一般地方性法规大，可以变通法律、行政法规和地方性法规的规定，以适应特区改革开放的实际需要。因此，其变通规定在经济特区范围内优先适用。

应该注意，《立法法》第 90 条允许优先适用的是经济特区人大及其常委会制定的经济特区法规，这些地方人大的同级政府依法有权制定规章，这些规章无权变通法律、行政法规和地方性法规，当然也就不存在优先适用的问题。其适用规则与其他地方政府规章一致。

需要强调，上述省、市人大及其常委会除了按照全国人大及其常委会的专门授权可以制定经济特区法规外，按照《立法法》第 72 条的规定，还有权制定一般性的地方性法规。这三省的地方性法规，不能变通法律、行政法规，这四个市的地方性法规，不能变通法律、行政法规和省人大及其常委会制定的地方性法规。也就不享有优先于法律、行政法规和省人大及其常委会制定的地方性法规适用的效力。

二、法律适用冲突的一般解决方法

按照以上法律适用的基本规则，通常就可以处理好大多数情形中行政诉讼的法律适用问题。但是，法律适用冲突现象有时会十分复杂，往往是几种冲突交织在一起，如一般法与特别法的适用冲突和新旧法律规范的适用冲突在同一案件中出现，给我们正确选择适用法律、审查被诉行政行为的合法性造成困难。因此，对如何正确适用法律规范进行总结，并建立一些法院能够自行决定在发生冲突的规章之间选择适用的方法制度，显得十分必要。根据最高人民法院《关于审理行政案件适用法律规范问题的座谈会纪要》的规定，行政诉讼法律适用冲突的一般解决方法有以下几种情形：

（一）新旧法律规范之间一般规定与特别规定冲突的处理

法律之间、行政法规之间或者地方性法规之间对同一事项的新的一般规定与旧的特别规定不一致的，人民法院原则上应按照下列情形适用：

1. 新的一般规定允许旧的特别规定继续适用的，适用旧的特别规定。

2. 新的一般规定废止旧的特别规定的，适用新的一般规定。

3. 不能确定如何适用的，应报请裁决。

此外，同一法律、行政法规、地方性法规、自治条例和单行条例、规章内的不同条文对相同事项有一般规定和特别规定的，优先适用特别规定。

（二）因法律规范修改引起适用冲突的处理

1. 法律对某一事项明确规定适用其他法律规定的，其他法律属于特别法。其修改的，适用修改后的特别法。

2. 法律、行政法规或者地方性法规修改后，其实施性规定未被明文废止的，人民法院在适用时应当区分下列情形：

（1）实施性规定与修改后的法律、行政法规或者地方性法规相抵触的，不予适用。

（2）因法律、行政法规或者地方性法规的修改，相应的实施性规定丧失依据而不能单独施行的，不予适用。

（3）实施性规定与修改后的法律、行政法规或者地方性法规不相抵触的，可以适用。

（三）地方性法规与部门规章冲突的选择适用

地方性法规与部门规章之间在《立法法》的规定中属于效力层级不明的规范。它们对同一事项的规定不一致的，人民法院一般可以按照下列情形适用：

1. 法律或者行政法规授权部门规章作出实施性规定的，其实施性规定优先适用。

2. 尚未制定法律、行政法规的，部门规章对于国务院决定、命令授权的事项，或者对于中央宏观调控的事项、需要全国统一的市场活动规则及对外贸易和外商投资等需要全国统一规定的事项作出的规定，应当优先适用。

3. 地方性法规根据法律或者行政法规的授权，根据本行政区域的实际情况作出的具体规定，应当优先适用。

4. 地方性法规对属于地方性事务的事项作出的规定，应当优先适用。

5. 尚未制定法律、行政法规的，地方性法规根据本行政区域的具体情况，对需要全国统一规定以外的事项作出的规定，应当优先适用。

6. 不能确定如何适用的，应报请裁决。

（四）参照规章的具体方法

1. 部门规章与地方政府规章之间对相同事项的规定不一致的，人民法院一般可以按照下列情形适用：

（1）法律或者行政法规授权部门规章作出实施性规定的，其规定优先适用。

（2）尚未制定法律、行政法规的，部门规章对于国务院决定、命令授权的事项，或者对属于中央宏观调控的事项、需要全国统一的市场活动规则及对外贸易和外商投资等事项作出的规定，应当优先适用。

（3）地方政府规章根据法律或者行政法规的授权，根据本行政区域的实际情况作出的具体规定，应当优先适用。

（4）地方政府规章对属于本行政区域的具体行政管理事项作出的规定，应当优先适用。

（5）不能确定如何适用的，应报请裁决。

2. 国务院部门之间制定的规章对同一事项的规定不一致的，人民法院一般可以按照下列情形选择适用：

（1）适用与上位法不相抵触的部门规章规定。

（2）与上位法均不抵触的，优先适用根据专属职权制定的规章规定。

（3）两个以上的国务院部门就涉及其职权范围的事项联合制定的规章规定，优先于其中一个部门单独作出的规定。

（4）不能确定如何适用的，应报请裁决。

国务院部门或者省、市、自治区人民政府制定的其他规范性文件对相同事项的规定不一致的，参照上列精神处理。

（五）违反公开程序的法律规范不予适用

凡是行政机关作为行政执法依据，据以作出涉及行政相对人权益的法律规范都应当公开，不公开的，原则上不得作为作出行政行为的依据。如《行政

第九章

处罚法》第4条第3款规定："对违法行为给予行政处罚的规定必须公布；未经公布的，不得作为行政处罚的依据。"从法理上讲，没有公布的法律规范，根本就没有生效。未生效的法律规范，人民法院当然不能用来审查被诉行政行为的合法性。从实践情况看，法律、行政法规、地方性法规、自治条例和单行条例、规章的公布程序都遵守得比较好。违反公开程序原则而没有公布的主要是其他规范性文件，特别是地方政府或者其职能部门制定的规范性文件。这些规定不公开，却往往又成为行政执法的依据，对公民、法人或者其他组织的权益造成极大损害。因此，确立此排除适用规则，极其必要。

（六）法律、行政法规、地方性法规与其实施性规定选择适用

许多法律、行政法规、地方性法规中规定有涉及行政相对人权利义务的内容，但这些规定都很原则、概括，如许多法律都规定有"对某种行为，主管的行政机关有权处罚"的内容，但如何处罚却没有具体规定。通常，这类规定必须经由制定机关授权的机关制定实施性规定。因此，该法律、行政法规、地方性法规的规定本身在没有相关实施性规定时，无法具体实施，人民法院不应当适用。

三、报请解释、裁决制度

在行政诉讼的法律适用过程中，经常会遇到对所发生的法律适用冲突按照法律适用的原则和方法仍然难以确定正确适用法律，或者冲突规范所涉及的事项比较重大、有关机关对是否存在冲突有不同意见、应当优先适用的法律规范的合法有效性尚有疑问或者按照法律适用规则不能确定如何适用，此时，人民法院应当依法报请有权机关对如何适用法律作出解释或者裁决。

《立法法》第94、95条对法律适用冲突时的请示裁决制度作出了规定。此外，国务院《法规规章备案条例》第9条、第12～15条也根据《立法法》的规定就国务院裁决法律适用冲突的制度作出了具体规定。这些规定同样是我们解决行政诉讼法律适用冲突的依据。

总结《立法法》、《行政诉讼法》以及国务院《法规规章备案条例》的规定，在行政诉讼中，解决发生法律适用冲突、审理案件的人民法院难以确定正确适用法律情形时的报请解释、裁决制度包括以下七种情形：

1. 法律之间对同一事项的规定不一致，不能确定如何适用时，由全国人大常委会裁决。

2. 行政法规之间对同一事项的规定不一致，不能确定如何适用时，由国务院裁决。

3. 同一机关制定的地方性法规、规章之间对同一事项的规定不一致，不

能确定如何适用时，由制定机关裁决。

4. 省、自治区人大及其常委会制定的地方性法规与其所辖的省会市、较大市人大及其常委会制定的地方性法规之间发生冲突，不能确定如何适用时，由省或者自治区人大常委会裁决。

5. 地方性法规与国务院部门规章之间对同一事项的规定不一致，不能确定如何适用时，由国务院提出意见。国务院认为应当适用地方性法规的，应当决定在该地方适用地方性法规的规定；认为应当适用部门规章的，应当提请全国人大常委会裁决。

6. 部门规章之间、部门规章与地方政府规章之间对同一事项的规定不一致，不能确定如何适用时，由国务院裁决。

7. 根据授权制定的行政法规或者经济特区法规与法律之间对同一事项的规定不一致，不能确定如何适用时，由全国人大常委会裁决。

审理案件的人民法院在行政诉讼中发现上述法律适用冲突，需要有权机关裁决的，应当裁定中止诉讼，将问题逐级送请有权机关裁决。

[复习思考题]

1. 简述行政诉讼法律适用的概念与特征。
2. 简述行政诉讼法律适用中参照适用规章的含义及意义。
3. 简述行政诉讼法律适用的基本规则。
4. 简述解决法律适用冲突的选择适用规则。
5. 简述行政诉讼法律适用中的报请解释裁决制度。
6. 如何从行政诉讼法律适用角度完善我国立法体制？

第九章

第十章
行政诉讼的裁判

[**学习目的和要求**] 掌握行政诉讼判决、裁定的概念、种类、特征、效力。准确把握行政诉讼第一审程序中的判决类型，特别是每一种判决的适用条件。掌握行政诉讼裁定的主要类型，特别是可以上诉的第一审程序中作出的裁定的类型。掌握第二审程序裁判的类型和适用条件。理解行政诉讼再审程序中特殊问题裁判的方法。

第一节 行政诉讼判决

一、行政诉讼判决概述

（一）行政诉讼判决的概念和效力

判决是人民法院在案件审理终结时，就案件实体问题所作的处理决定，是人民法院代表国家行使司法审判权的集中体现和主要形式。行政诉讼判决是指人民法院在审理行政案件终结时，就行政案件中的实体问题所作的处理决定。结合行政诉讼的审查对象一般是行政行为的合法性问题以及行政赔偿等相关行政争议，可将上述行政诉讼判决的概念进一步具体化，行政诉讼判决是指人民法院在审理行政案件终结时，就被诉行政行为的合法性以及行政赔偿等相关实体争议所作的处理决定。

行政诉讼判决在不同的诉讼审级程序中又具体地表现为行政诉讼一审判决、二审判决和再审判决。一审判决是指受理第一审行政案件的人民法院在审理行政案件终结时，就被诉行政行为的合法性以及行政赔偿等相关实体争议所作的处理决定。一审判决非终审判决，当事人在上诉期限内还可以上诉，所以又被称作初审判决。二审判决是指第二审人民法院在审理被上诉行政案件终结时，就被上诉一审判决以及所涉及的行政行为的合法性及其相关行政赔偿等争议性问题所作的处理决定。依据四级两审终审的审级制度，二审判决一经作出并依法送达后，立即生效，所以又被称作终审判决。最高人民法院审理的第一审行政案件所作的判决因无相应的上诉程序，所以也属于终审判决的范畴。再审判决是指人民法院在对确有错误且已生效的判决的申诉案件重新审理终结时，就已生效判决中所涉实体问题所作的处理决定。再审判决的效力情况较为复杂一些，主要看再审所适用的具体程序。如果适用的是一审程序，其效力则相当于一审判决，反之则相当于二审判决。

与民事诉讼、刑事诉讼判决以及行政诉讼裁定、决定相比，行政诉讼判决具有以下特征：

1. 行政诉讼判决是人民法院审理行政案件终结时所使用的一种法律决定。这是与民事诉讼判决、刑事诉讼判决相比较而言的。民事诉讼判决是人民法院审理民事案件终结时所使用的一种法律决定。刑事诉讼判决是人法院审理刑事案件终结时所使用的一种法律决定。这是三大诉讼判决在解决案件性质上的不同，也是三大诉讼判决分类的主要标准，但三大诉讼有关判决的其他方面又是基本相同的。

2. 行政诉讼判决必定是在人民法院审理行政案件终结时所作的决定。此点是行政诉讼判决和裁定、决定在作出时间上的区别。行政诉讼裁定既有可能是在案件审理终结时作出的，也有可能是在诉讼程序或执行程序中作出；而行政诉讼决定基本上是在诉讼中作出的。行政案件要经过一系列复杂的程序，这些程序的目的是为了使人民法院最终能够查明行政争议事实，就争议问题作出一个公正的决断。而一旦人民法院通过各种程序查明了案情，就应当运用国家审判权对争议问题作出一个处理决定，这个决定就是判决。因此，判决是人民法院在经过各种程序、查明案件事实后所作的终局处理决定。在案件的起诉、受理和审理阶段，均不得对案件进行判决。

3. 行政诉讼判决是人民法院就行政案件的实体问题所作的处理决定。具体言之，行政诉讼判决就是人民法院对被诉行政行为的合法性以及行政赔偿等相关行政实体争议所作的处理结论。在行政诉讼过程中，人民法院要解决的问题很多，其中有程序性问题，也有实体性问题。前者如是否受理起诉与上诉、是否中止诉讼等，对于该类问题，均不得以判决的方式来处理；后者如行政行为是否合法，行政处罚是否显失公正、行政协议应否履行等，对于该类实体问题才能以判决的方式作出处理。

总而言之，在行政诉讼程序中，行政诉讼判决是国家审判机关对行政活动进行法律监督的基本形式，是人民法院最终解决行政争议的基本手段，是人民法院行使司法监督权的重要体现。行政诉讼判决，常被简称为行政判决，具体

第十章

承载行政判决内容的书面材料被称作行政判决书。

第一审行政判决书的内容包括：人民法院的名称、判决书的类别；原告的姓名（名称）、性别和其他身份情况以及诉讼代理人的相关情况，被告的名称、法定代表人的姓名、职务以及诉讼代理人的相关情况；法庭组成人员的姓名；案由及其诉讼事实与理由；判决认定的事实、理由及法律适用；判决结果；上诉期限和上诉审理法院；判决宣告的日期。第二审行政判决书的内容包括：第二审人民法院的名称、判决书的类别；上诉人的姓名（名称）、性别和其他身份情况；法定代表人的姓名、职务以及诉讼代理人的姓名、职务；被上诉人的姓名（名称）、性别和身份情况；法定代表人的职务以及诉讼代理人的姓名与职务；法庭组成人员的姓名；上诉理由及事实；第一审人民法院认定的事实、理由及适用的法律；第二审人民法院认定的事实、理由及适用的法律；判决的结果；判决宣告的日期。再审判决书的内容随再审程序所适用的具体程序不同而不同，以第一审程序进行的再审则需要符合第一审判决书的内容；以第二审程序进行的再审则需要符合第二审判决书的内容。所有判决书均应由审判人员、书记员签名，并加盖人民法院印章方能生效。

行政诉讼判决依法一经宣告或送达当事人后，就会发生一定的法律效力。法律效力的内容具体表现如下：

1. 确定力。行政诉讼判决的确定力是指行政诉讼判决一经宣告或送达当事人后，对于人民法院来说，非经法定程序不得对判决进行任何改动。确定力是为了保障人民法院判决的稳定性和权威性。《行政诉讼法》第 90 条规定："当事人对已经发生法律效力的判决、裁定，认为确有错误的，可以向上一级人民法院申请再审，但判决、裁定不停止执行。"

2. 拘束力。行政诉讼判决的拘束力是指诉讼当事人必须依判决的内容为一定行为或者不为一定行为。人民法院的判决是代表国家行使审判权的结果，一经作出，就具备了法定效力。其法律依据是《行政诉讼法》第 94 条，即"当事人必须履行人民法院发生法律效力的判决、裁定、调解书"。

3. 执行力。行政诉讼判决的执行力是指当事人必须履行人民法院的判决，否则人民法院可以根据不同情况对拒不履行判决义务者采取强制执行的措施。《行政诉讼法》第 95 条规定："公民、法人或者其他组织拒绝履行判决、裁定、调解书的，行政机关或者第三人可以向第一审人民法院申请强制执行，或者由行政机关依法强制执行。"《行政诉讼法》第 96 条规定："行政机关拒绝履行判决、裁定、调解书的，第一审人民法院可以采取下列措施：①对应当归还的罚款或者应当给付的款额，通知银行从该行政机关的账户内划拨；②在规定期限内不履行的，从期满之日起，对该行政机关负责人按日处 50 元至 100 元的罚款；③将行政机关拒绝履行的情况予以公告；④向监察机关或者该行政机关的上一级行政机关提出司法建议。接受司法建议的机关，根据有关规定进行处理，并将处理情况告知人民法院；⑤拒不履行判决、裁定、调解书，社会影响恶劣的，可以对该行政机关直接负责的主管人员和其他直接责任人员予以拘留；情节严重，构成犯罪的，依法追究刑事责任。"

（二）主客观诉讼对判决内容的影响

根据判决内容与诉讼请求之间的关系不同，可以把行政诉讼分为主观之诉和客观之诉。所谓主观之诉，是指法院判决是为了呼应诉讼请求而作出的，而客观之诉并不以回应诉讼请求为唯一目的，还要考虑法律秩序维护等公共利益。行政诉讼制度若采取主观之诉的思路，则判决类型相对比较简单，从实体上来讲就是支持抑或驳回诉讼请求。相反，若采取客观之诉的思路，则判决类型相对比较复杂，法律则需要明确判决类型及其适用条件。客观地来看，我国《行政诉讼法》采取的是主客观相结合的诉讼类型模式。在主要围绕回应诉讼请求的基本格局下，兼顾法律秩序维护等公共利益。在一审判决中，确立了驳回诉讼请求、撤销判决、履行判决等多元化判决种类。

二、第一审判决及其适用

行政诉讼一审程序的任务不同于其他审级，是人民法院对行政案件的第一次全面审理，因此，把好第一关是至关重要的。对于行政机关而言，要充分重视行政诉讼一审活动。尽管一审判决改判的可能是有的，但要想改变一审判决事实上很不乐观的。因此，包括行政机关在内的所有当事人都不应对一审掉以轻心。从合法性审查来看，被诉的客体若是行政行为的话，那么审查结果只可能有两种，即合法或违法。按照此逻辑，一审判决只需要两种形式。但司法实践中，合法或者违法的具体情况不尽一样，而且，还要考虑当事人的诉讼请求以及我国主客观相结合的诉讼类型，所以行政诉讼一审判决的形式就超过了两种。依据我国《行政诉讼法》以及最高人民法院相关解释，我国行政诉讼的一审判决有以下几种形式：

（一）驳回原告的诉讼请求

驳回原告的诉讼请求是指人民法院对被诉行政行为进行审查后，认为行政行为合乎法律规定，从而驳回原告请求撤销等诉讼请求的判决。对于大多数被诉行政行为来说，驳回原告的诉讼请求是法院对行政行为合法性肯定的主要方式。按照《行政诉讼法》第 69 条之规定，人民法院经过审理，认定行政行为证据确凿，适用法律、法规正确，符合法定程序的，或者原告申请被告履行法定职责或给付义务理由不成立的，人民法院驳回原告的诉讼请求。

1. 行政行为证据确凿。证据确凿是指行政行为在证据确实充分、事实清楚的基础上作出的。确实是对证据真实性的要求，即证据必须真实可靠。充分是对证据总的证明力的要求，即证据必须能够充分证明被诉行政行为中所涉及的特定事实认定。

2. 适用法律、法规正确。适用法律法规正确是指行政诉讼的被告运用现行法律法规对所涉行政事务的处理符合法律法规所规定的适用条件和处理方式。我们知道，法律规范的构成要件简单地来看就是适用条件和处理方式，有的法理学书上称之为行为模式和法律责任。因此，适用正确就是指符合这两个方面的要求。

3. 符合法定程序。行政行为必须依据法定程序作出，所以，符合法定程序就是指行政诉讼的被告实施行政行为符合法律规定的方式、形式、步骤、时限等。一句话，符合行政行为的法定操作流程。程序违法导致整个行为违法已成为现代法治国家的共识，也为包括中国在内的世界很多国家立法所采纳。

4. 原告申请被告履行法定职责或给付义务理由不成立。这种情况仅针对原告起诉行政机关不作为的案件。原告诉请理由成立的话，则法院会作出履行判决或确认违法判决，若理由不能成立，则驳回原告的诉讼请求。

（二）撤销判决

撤销判决是指人民法院经审查认定被诉行政行为违法，对其全部或部分予以撤销的判决。对于一些特定情况，人民法院在作出撤销行政行为的同时，还可以责令被告重新作出具体行政行为。根据《行政诉讼法》的规定，驳回原告诉讼请求判决是人民法院对合法的行政行为进行效力肯定的主要方式，撤销判决则是人民法院对违法的行政行为进行效力否定的主要方式。撤销判决不仅宣告被诉行政行为违法，而且要消除行政行为所具有的法律效力。与后文中确认违法判决相比，撤销判决具有确认违法和撤销法律效力的双重功能。这种判决既有可能是回应原告的诉讼请求，也可能是对原告诉讼请求的偏离（如原告提出确认诉讼请求），也可能原告没有提出相应诉讼请求（如是行政处罚案件的话，原告一般不会请求重新作出处罚决定）。

撤销判决在行政诉讼中占有非常重要的地位。从立法宗旨来看，保护公民、法人和其他组织的合法权益不受行政权力的侵犯，始终是行政诉讼最重要的使命。原告在行政诉状中的核心要求应是请求人民法院对行政行为的合法与否进行认定，从而作出撤销判决，使得法律关系恢复到行政行为未作出的状态。从行政法治的高度来看，撤销判决是监督行政机关依法行政最重要的手段。对于行政机关违法的行政行为，人民法院通过撤销可以保证国家法治的统一和权威。

撤销判决和其他判决一样，有其适用的特定条件。依据《行政诉讼法》第 70 条，有下列情形之一的，人民法院判决撤销或部分撤销，并可以判决重新作出行政行为：

1. 主要证据不足。依照行政程序的基本逻辑，行政机关应当在证据确实充分、法律适用正确的基础上作出行政行为。因此，人民法院在审查被诉行政行为时，必然要审查行政机关所认定的事实是否是在证据确实充分的基础上作出的。主要证据不足，是指证据质和量两个方面存在缺陷。质的要求是对证据真实性、合法性、相关性等的要求。量的要求是对证据证明力大小的要求，即证据的证明力是否足够强。如果证据的缺陷影响到行政行为的合法性，就可以认定主要证据不足。但是，如果存在证据缺陷，没有影响到行政行为的合法性，还达不到主要证据不足的程度，则不能适用撤销判决。

2. 适用法律、法规错误。行政机关作出行政行为的过程实际上就是一个法律适用的过程。法律法规适用错误是指行政机关在运用法律法规处理具体问题时，错误地适用了不该适用或者没有适用应当适用的法律法规及其条款，或者是在运用具体条款时，对法律规则的适用条件和处理方式运用不当。

3. 违反法定程序。违反法定程序是指行政机关没有按照法律所规定的形式、手续、步骤或时限作出了行政行为的情形。例如，法律规定应采用书面形式，而行政机关却采用了口头形式；行政程序要求行政机关"先取证，后裁决"，而行政机关"先裁决，后取证"等。程序轻微违法，不损耗原告权益的，一般作出确认违法，所以，此处的违反法定程序一般不包括程序瑕疵。

4. 超越职权。行政机关的职权是由法律法规授予的，有权力就应当有制约。法律法规往往在赋予行政机关权力的同时，也规定了其行使权力的范围和幅度，这就是行政权限。超越职权就是指行政机关实施具体行政行为时超过了行政权限。例如，法律赋予一行政机关 50 元以下的罚款权，结果该行政机关给予某人 100 元的行政处罚，即超越了法律赋予职权的幅度。

5. 滥用职权。法律法规都是在一定的立法背景、立法宗旨下赋予行政机关特定行政职权，因此，行政机关行使行政权不仅要符合法律规则的具体规定，还要符合法律的目的、精神。所以，滥用职权是指行政机关在不违反法律规则具体规定的形式下，违背法律精神、目的而实施具体行政行为的情形。滥用职权是一种比较隐蔽的违法行为，其形式上的合法掩盖不了其实质上的违法。

第
十
章

6. 明显不当。以上五种情形，除了第一点是围绕事实问题的，其他四项都是围绕法律规定所作出的判定。当法律规定出现立法空白时，行政机关所作出的行为尽管没有构成违法，但却存在明显不当的行为。这种行为是对一般常理和公共秩序的突破，理应由人民法院撤销。例如，现行《行政处罚法》规定了简易程序、听证程序和一般程序，但对于发现违法行为后作出处罚的具体期限未作出明确规定，部门管理法律也没有具体规定的情况下，某部门发现一个违法行为 3 年后才作出行政处罚。这一案件尽管该部门未违反现行法律规定，但违反一般常理。如果 3 年是允许的，那么 5 年、10 年也没有理由违反，显然不利于公共管理秩序的稳定有序。

撤销判决有三种具体形式：①撤销整个行政行为。不管行政行为是否可分，如果人民法院认为行政行为整个违法的话，那么就会对行政行为的效力作完全的否定，使行政行为向前向后失去效力。②撤销部分行政行为。有的行政行为具有可分性。那么当一部分违法而另一部分合法的情况下，法院则对合法的部分采取维持或确认合法有效的判决，而对违法的部分则可以判决撤销。所以，涉及行政行为时，有可能既有维持判决又有撤销判决等。③撤销并责令被告重新作出行政行为。人民法院在作出撤销判决的过程中，认为需要重新作出行政行为的，如发现原告或其他行政相对人确实有违法事实，应在判决撤销的同时责令行政机关重新作出合法决定。行政机关应根据法院的判决重新作出行政行为。《行政诉讼法》第 71 条规定："人民法院判决被告重新作出行政行为的，被告不得以同一的事实和理由作出与原行政行为基本相同的行政行为。"人民法院以违反法定程序为由，判决撤销被诉具体行政行为的，行政机关重新作出具体行政行为。

在行政诉讼活动过程中，撤销判决一般是原告所积极追求的胜诉结果。相反，行政行为被撤销也是行政诉被告所不愿意看到的。因此，就要求行政机关在行政程序中，要严格执法，使得作出的行政行为能够达到证据确凿充分、法律法规适用正确、符合法定程序，不存在超越职权、滥用职权和明显不当的情形。在实际执法过程中，有些行政执法人员有时会感觉到委屈，觉得自己也公正执法了，但却被法院撤销了。之所以会发生这种情况，很重要的一个原因可能是，行政执法人员对合法性标准的理解与法官的认识有偏差。行政执法人员身在其中，往往不够客观理性。行政执法人员在执法过程中，可尝试换位思考，站在法官的角度上看待分析行政行为的合法性可能会是有益的。

（三）履行判决

所谓履行判决，是指人民法院经审查认定行政机关没有依法履行自己的法定职责的情况下，所作出的责令被告限期履行法定职责的判决。此类判决是针对行政机关不作为，且有必要继续履行的案件。依据《行政诉讼法》第72条的规定，其适用条件有以下两点：

1. 被告有法定职责，且相对人曾依法作出申请。行政机关的行政权既是一种权力，又是一种职责，当特定人需要其履行一定职责，而向特定行政机关申请时，该行政机关就有了特定的义务。因此，行政机关具有法定职责，相对人进行了申请是行政不作为成立的首要条件，也是人民法院作出履行判决的首要条件。当然，在特定情形下，行政机关不需要当事人申请应当依职权主动而为的除外。例如，一伙人在某公安派出所院内殴打他人，派出所就有保护某人的法定义务，而无须当事人申请。

2. 行政机关不履行法定职责。当行政机关有履行职责的特定义务后，其应当积极地去作为。当行政机关无正当理由不履行职责时，就会对公民、法人和其他组织的合法权益造成一种消极的侵害。所以，行政机关不履行法定职责是人民法院作出履行判决的主要条件。

（四）确认判决

所谓确认判决，是指人民法院审理行政案件终结时，认为被诉行政行为违法或无效所作出的确认判决，并不必然撤销行政行为的效力。如果被诉行政行为被人民法院认定为违法的话，大多数情况下作出的都是撤销判决。但当被诉行政行为出现一些特殊情形时，由于案件本身的特殊性或者人民法院行政审判权的局限或结合原告的诉讼请求而不适宜判决撤销的，就需要其他一些特殊判决。确认判决包括确认违法判决和确认无效判决。《行政诉讼法》第74条第1款规定："行政行为有下列情形之一的，人民法院判决确认违法，但不撤销行政行为：①行政行为依法应当撤销，但撤销会给国家利益、社会公共利益造成重大损害的；②行政行为程序轻微违法，但对原告权利不产生实际影响的。"第2款规定："行政行为有下列情形之一，不需要撤销或者判决履行的，人民法院判决确认违法：①行政行为违法，但不具有可撤销内容的；②被告改变原违法行政行为，原告仍要求确认原行政行为违法的；③被告不履行或者拖延履行法定职责，判决履行没有意义的。"《行政诉讼法》第75条规定："行政行为有实施主体不具有行政主体资格或者没有依据等重大且明显违法情形，原告申请确认行政行为无效的，人民法院判决确认无效。"在统一的行政程序法未颁行前，该条实质上是确立无效行政行为的认定标准，对依法行政具有重要的指导作用。

（五）变更判决

变更判决是指人民法院审理特定的行政案件时，运用国家审判权直接变更被诉的行政行为所作的判决。对于变更判决，需要特别注意的是，该判决的适用范围是非常有限的。依据行政合法性原则可知，人民法院只对被诉行政行为是否合法进行审查并宣告，不涉及行政权利义务的处理。否则，司法权就会干预行政权，代替行政权作行政决定，违反了权力分立的基本宪法构建。所以通常情况下，法院不能变更被诉行政行为。

但是，对于一些行政行为有关数额明显不当或错误的案件，经由撤销，再重新作出行政行为，虽然程序正当，但救济显然不经济，故《行政诉讼法》第77条规定："行政处罚明显不当，或者其他行政行为涉及对款额的确定、认定确有错误的，人民法院可以判决变更。人民法院判决变更，不得加重原告的义务或者减损原告的权益。但利害关系人同为原告，且诉讼请求相反的除外。"

（六）继续履行、采取补救措施或者赔偿（补偿）损失

《行政诉讼法》规定的主要是行政行为之诉的判决类型，对于已经依法纳入行政诉讼受案范围的行政协议而言，前述几种判决类型显然难以适用。根据行政协议的效力等情况，人民法院可以判决被告承担继续履行、采取补救措施或者赔偿损失或判决补偿。《行政诉讼法》第78条规定："被告不依法履行、未按照约定履行或者违法变更、解除本法第12条第1款第11项规定的协议的，人民法院判决被告承担继续履行、采取补救措施或者赔偿损失等责任。被告变更、解除本法第12条第1款第11项规定的协议合法，但未依法给予补偿的，人民法院判决给予补偿。"

法治政府就是诚信的政府。行政机关在签订和履行行政协议的过程中，不仅要遵守行政法律规范关于合法行政的规定，还需要遵守民法的诚实守信原则，遵守《合同法》的相关规定。这一点是由行政协议的行政性和民事性法律属性决定的。

（七）行政复议机关作为共同被告案件的判决

《行政诉讼法》第26条规定，经复议的案件，复议机关决定维持原行政行为的，作出原行政行为的行政机关和复议机关是共同被告。《行政诉讼法》第79条规定："复议机关与作出原行政行为的行政机关为共同被告的案件，人民法院应当对复议决定和原行政行为一并作出裁判。"这就表明行政复议机关作为共同被告的案件，人民法院不仅要对原告诉的行政行为进行审查判决，还需要对复议决定进行审查和判决。《适用解释》第10条第1款规定："人民

法院对原行政行为作出判决的同时，应当对复议决定一并作出相应判决。"根据《解释》第10条第2、3、4款的规定，一并对行政复议决定作出判决的具体种类包括：①撤销原行政行为一并撤销复议决定；②履行判决一并撤销复议决定；③驳回原告诉讼请求一并确认复议决定违法。

根据《适用解释》，行政复议机关维持行政决定也包括行政复议机关作出的驳回复议申请决定，除行政复议机关以不符合受理条件作出的驳回复议申请决定。在司法实践中，前述规定及其解释是否意味着行政复议维持决定本身不可单独被诉是存在较大争议的。一种观点认为，行政复议机关作为行政机关，其作出的行政复议决定就是一个行政行为，应属于行政诉讼受案范围。另一种观点认为，行政复议作为行政救济的法定途径之一，行政复议机关所作出的行政复议决定只要没有实质上作出一个新的行政行为，都不应被诉。

三、二审裁判及其适用

二审裁判是指第二审人民法院运用第二审程序对行政案件所作的裁定和判决。行政诉讼第二审虽然也是上诉审，但与民事诉讼二审仅以一审判决或裁定为审理对象不同。《行政诉讼法》第87条规定："人民法院审理上诉案件，应当对原审人民法院的判决、裁定和被诉行政行为进行全面审查。"因此，第二审裁判不仅要对行政诉讼当事人之间的行政争议所涉及的事实根据和法律依据作出结论，还要对第一审裁判的事实根据和法律依据作出结论。

我国行政诉讼二审裁定和判决有以下几种：

1. 判决或裁定驳回上诉，维持原判决、裁定。该类裁判是第二审人民法院认为第一审人民法院所认定的事实证据充分，法律、法规适用正确，从而对一审判决的合法性予以肯定并确认其法律效力的情况下所作的判决。依据《行政诉讼法》第89条的规定，该类裁判的适用条件是：认定事实清楚，即第一审判决所依据的事实有充分的证据可资证明；适用法律、法规正确，即第一审人民法院在事实认定清楚的基础上，严格按照法定程序，准确适用了法律法规。

2. 依法改判（裁定）、撤销或者变更。按照《行政诉讼法》第89条的规定，二审人民法院在两种情况下可作出改判（裁定）：原审判决、裁定认定事实错误或法律、法规适用错误的。

3. 裁定发回重审或查清改判。按照《行政诉讼法》第89条的规定，二审人民法院如果认为一审判决认定事实不清、证据不足，可以裁定撤销原判、发回重审。

4. 裁定发回原判决，发回重审。按照《行政诉讼法》第89条的规定，第一审判决遗漏了必须参加诉讼的当事人或者违法缺席判决的，第二审人民法院应当裁定撤销原审判决，发回重审。

在行政诉讼司法实践中，二审最常见的裁判包括以下三种：①驳回上诉，维持原判，主要是针对当事人对一审实体判决不服，既有可能是原审原告上诉的案件，也可能是原审被告上诉的案件。②撤销原判，发回重审。二审法院直接改判的案件并不多见。③二审法院对一审不予受理的裁定进行上诉的案件，所作出的驳回上诉，维持原裁定。从二审法院最常见的裁判类型可见，双方当事人重视一审及其裁判是非常重要的。

第二节　行政诉讼裁定和决定

一、行政诉讼裁定

行政诉讼裁定，是指人民法院在审理行政案件过程中或者在行政案件的执行过程中，就程序问题所作的处理。裁定针对程序问题，多数情形中，裁定针对的是纯粹的程序问题，如指定管辖。但有些情况下，裁定针对的虽然表面上是程序问题，却与当事人的实体权利密切相关，如驳回起诉、不予受理。因为一旦被驳回起诉或不予受理，当事人的实体权益肯定无法通过诉讼予以救济。判决是人民法院结案的主要方式，但有些裁定也包含着结案的意义，如诉讼终结的裁定、准予撤诉的裁定。

一般情况下，行政诉讼裁定一经作出立即发生法律效力。但不予受理、驳回起诉或管辖权异议这三种裁定的违法行使会影响到当事人诉权及其实体权益的保护，所以这三种裁定无论在民事诉讼中还是在行政诉讼中都允许上诉，而不是立即发生法律效力。

根据《执行解释》第63条的规定，行政诉讼裁定适用以下情形：①不予受理；②驳回起诉；③管辖权异议；④终结诉讼；⑤中止诉讼；⑥移送或指定管辖；⑦诉讼期间停止具体行政行为的执行或者驳回停止执行的申请；⑧财产保全；⑨先予执行；⑩准许或者不准许撤诉；⑪补正裁判文书中笔误；⑫中止或终结执行；⑬提审、指令再审或者发回重审；⑭准许或不准许执行行政机关的具体行政行为；⑮其他需要裁定的事项。对上述前三种裁定，当事人不服的，可以上诉。

《适用解释》第3条第1款规定：有下列情形之一，已经立案的，应当裁定驳回起诉：①不符合《行政诉讼法》第49条规定的；②超过法定起诉期限且无正当理由的；③错列被告且拒绝变更的；④未按照法律规定由法定代理人、指定代理人、代表人为诉讼行为的；⑤未按照法律、法规规定先向行政机关申请复议的；⑥重复起诉的；⑦撤回起诉后无正当理由再行起诉的；⑧行政行为对其合法权益明显不产生实际影响的；⑨诉讼标的已为生效裁判所羁束的；⑩不符合其他法定起诉条件的。

二、行政诉讼决定

行政诉讼决定是人民法院为了保证行政诉讼的顺利进行，就行政诉讼中的某些特定问题所作的处理。对于行政诉讼的判决或裁定，法律都规定了具体的适用对象，那么当出现一些判决裁定所不能容纳的特定情况时，人民法院就需要行政诉讼的决定来解决。把行政诉讼的决定和判决、裁定相比较，可以得出以下特征：

1. 决定所解决的问题，既不同于判决所解决的实体问题，也不同于裁定所解决的程序问题，而是解决诉讼过程中的一些特定问题。

2. 决定的功能旨在保证案件的正常审理和诉讼程序的正常进行。与判决相比较，相当于目的和手段的关系。

3. 决定不是对案件的审判行为，也不是对案件的裁定，当事人不能上诉。而当事人对行政诉讼判决和某些裁定不服都是可以上诉的，对于某些决定不服，当事人可以申请复议。所以，行政诉讼决定一旦作出就立即生效。

行政诉讼中的决定，无论其内容，一经向当事人宣布或者送达，即发生法律效力。依照法律规定当事人可以申请复议的，复议期间不停止决定的执行。凡未列入判决、裁定解决范围的特定问题，可以采用决定的方式解决。在司法实践中，决定主要有以下几种：

1. 有关回避事项的决定。当事人申请审判人员回避，依所申请回避的对象不同，由不同的组织或者人员作出是否回避的决定。院长担任审判长时的回避，由审判委员会决定；审判人员的回避，由院长决定；其他人员的回避由审判长决定。

2. 有关妨害行政诉讼行为采取强制措施的决定。予以训诫、责令具结悔过的，通常由审判长当庭作出口头决定。予以罚款、拘留的，经院长批准，由合议庭作出书面决定。

3. 有关诉讼期限事项的决定。公民、法人或者其他组织因不可抗力或其他特殊事由耽误法定期限的，依法申请延长期限的，是否延长由人民法院决定。

4. 有关审判委员会对已生效的行政判决认为应当再审的决定。裁判发生法律效力后，发现违反法律法规认为需要再审的，由院长提交审判委员会讨论决定是否再审。审判委员会决定再审的，院长应依照决定作出再审的裁定。

5. 有关审判委员会对重大疑难行政案件的处理决定。合议庭审理的重大疑难案件，经评议后应报告院长，由院长提交审判委员会讨论作出决定，再由合议庭根据决定制作判决书。

6. 有关执行程序事项的决定。当行政机关拒绝履行裁判的，人民法院可以对其作出罚款等决定。

7. 其他需要决定的事项。

决定的适用范围非常广泛，人民法院作为诉讼活动的组织者和指挥者，其在诉讼过程中的任何行为，都应当以某种法律形式表现出来。当在案件审理结束需要对当事人争议的实体问题表达意见时，用判决的形式；当在案件审理中对程序或者与实体相关的程序问题表达意见时，用裁定的形式，裁定的适用范围，诉讼法通常作出明确规定；对于其余不能用判决或者裁定形式表示意见的问题，人民法院都用决定的形式。因此，上述决定的种类，只是诉讼中比较重要事项的决定适用，并不意味着决定仅仅适用这些事项。

[复习思考题]

1. 行政诉讼判决有哪些法律效力？

2. 一审判决的种类及其条件是什么？

3. 当事人不服哪些裁定可以申请复议？

4. 判决驳回诉讼请求与驳回起诉有何区别？

第十一章
行政诉讼的执行与非诉行政案件的执行

[学习目的和要求]　掌握行政诉讼执行的概念、类型、特征、原则。掌握行政诉讼执行的条件、主体、对象、范围和措施。掌握行政诉讼的执行程序、执行阻却、执行回转等概念。掌握非诉行政案件执行的概念、特征。掌握非诉行政案件执行的适用范围、管辖、期限等程序制度。准确理解并掌握非诉行政案件执行的条件。

第一节　行政诉讼的执行

一、行政诉讼执行的概念、类型与特征

行政诉讼的执行，是指人民法院或者拥有强制执行权的行政机关对生效的行政裁判的法律文书，因义务人逾期拒不履行时，依法采取强制措施，使生效法律文书的内容得以实现的活动。《行政诉讼法》第94条规定："当事人必须履行人民法院发生法律效力的判决、裁定、调解书。"《执行解释》第83条规定："对发生法律效力的行政判决书、行政裁定书、行政赔偿判决书和行政赔偿调解书，负有义务的一方当事人拒绝履行的，对方当事人可以依法申请人民法院强制执行。"

行政诉讼的执行大体上分为两种类型：①公民、法人或者其他组织拒绝履行已经生效的判决、裁定、调解书的，不具有强制执行权的行政机关申请法院强制执行，或依法拥有强制执行权的行政机关采取强制措施予以执行。②行政机关拒不履行已经生效的判决、裁定、调解书的，公民、法人或者其他组织申请法院强制执行。

行政诉讼执行有四个特征：

1. 执行主体是人民法院或依法拥有强制执行权的行政机关。行政诉讼的执行是指经过诉讼审理与裁判后对法院生效的裁判文书的执行，不是对未经行政诉讼程序的行政行为的执行。《行政诉讼法》第95条规定："公民、法人或者其他组织拒绝履行判决、裁定、调解书的，行政机关或者第三人可以向第一审人民法院申请强制执行，或者由行政机关依法强制执行。"第96条规定："行政机关拒绝履行判决、裁定、调解书的，第一审人民法院可以采取以下措施……"对生效裁判的执行，被执行人可能是作为行政诉讼原告的公民、法人或者其他组织，也可能是作为被告的行政机关。执行主体可能是人民法院，也可能是依法拥有强制执行权的行政机关，这是行政诉讼执行与民事执行的区别。《行政强制法》第46条明确规定，在法律没有规定行政机关强制执行的情况下，作出行政决定的行政机关只能申请人民法院强制执行。

2. 执行申请人或被申请执行人必有一方是行政机关。这是由行政案件的性质与行政法律关系的基础所决定的，是行政法律关系在诉讼执行中的集中反映。行政诉讼发生在行政机关与行政相对人之间，人民法院作出生效判决、裁定后，当事人不自觉履行的问题当然也就或者发生在原告身上，或者发生在被告身上。因此，作为被告的行政机关不履行生效的判决书、裁定书或调解书等时，就会成为被申请执行人。而当作为原告的行政相对人不履行生效的判决书、裁定书或调解书等时，行政机关如果拥有强制执行权，则不发生申请人民法院的问题，如果没有强制执行权，自然就会成为执行申请人。

3. 执行的根据是已经生效的司法裁判文书。就行政诉讼而言，这些生效的裁判文书包括行政判决书、行政裁定书、行政调解书等。这是行政诉讼执行与非诉行政案件执行最重要的区别，因为非诉行政案件执行的是行政决定。

4. 执行程序适用的是司法程序，而不是行政程序。也就是说，行政诉讼执行的程序是由行政诉讼和民事诉讼法律规范的，而不是由行政程序法律加以规范的。

5. 执行的目的是实现生效法律文书所确定的行政法律关系。执行本身并不具有重新调整或确认新义务的性质，从根本上讲，它不过是通过方法上的强制性实现义务人本应自动履行的义务。执行是以义务人在法定的期限内未自动履行义务为条件，是促使义务人履行义务或者直接实现义务内容的方式。鉴于此，所有的强制执行措施都以达到这个目的为限度，绝对不允许越出这个范围。作为行政诉讼制度的重要组成部分的执行制度，它有利于保障当事人合法权益的实现，维护法律的权威与尊严，是建设社会主义法治国家的一个重要内容。

二、行政诉讼执行的原则

（一）执行当事人地位平等原则

行政诉讼法的基本原则之一就是当事人的诉讼地位平等，这一原则反映在执行上，就是执行申请人与被申请执行人的诉讼法律地位平等。双方都应当受人民法院裁判的约束，都有义务自觉履行法院的生效裁判，对拒绝履行的都应当承担相应的法律后果。

从理论上讲，当事人地位平等原则不等于对公民、法人或者其他组织所规定的强制措施以及能够执行的财产范围与行政机关完全相同。因为行政机关是国家职能机关，是为社会管理服务的机关，它的财产是实施管理行为履行管理职责的条件保障，如果不加区别地对待，就会损害国家利益与公共利益，不利于社会秩序与国家管理职能的正常运转。所以，行政诉讼法规定对行政机关所采取的强制措施与执行财产范围是不同于作为非行政机关的公民、法人或组织的。

（二）依法执行原则

强制执行以强迫、高压手段为特点，双方当事人不发生和解问题。在强制执行过程中，不可避免要涉及一些在常态法律秩序下不会采用的措施。因此，强制执行必须严格按照法律，在组织、对象、程序、措施等各个方面都要严格依照法律规定进行。

（三）目的实现原则

强制执行的目的实现包括两方面要求：①行政诉讼执行应以完全实现被执行法律文书的内容为目的，当事人和法院应不折不扣地实现法律文书的内容，维护当事人的合法权益和裁判的权威性。②执行程度与范围以法律文书所确定为限，只要当事人完全履行了义务，强制执行就应当停止，或者执行一旦达到目的即告结束，不应当超范围、超程度执行。而且，选用的执行方法也应以达到此目的为限，遵守比例原则。

三、行政诉讼执行的条件、主体、对象、范围及管辖

（一）执行的条件

行政诉讼的执行条件，是指法律规定的发生问题，启动行政诉讼执行程序的条件。总结《行政诉讼法》和2000年《执行解释》的有关规定，根据最高人民法院《关于人民法院执行工作若干问题的规定（试行）》（以下简称《执行规定》）第18条第1款的规定，行政诉讼的执行条件有五个：

1. 须有执行根据。作为执行依据的法律文书必须已经生效。根据《执行解释》第83条的规定，行政诉讼的执行根据为已经发生法律效力的行政判决

书、行政裁定书、行政赔偿判决书、行政赔偿调解书等法律文书。

2. 须有可供执行的内容。并非所有的生效法律文书都有可供执行的内容，只有生效裁判明确规定了承担义务的当事人作为义务的才有执行的可能，否则不存在发生执行的问题。例如，人民法院对被诉的行政机关的不具有可供撤销内容的行政行为作出了确认违法判决，该判决就不存在强制执行的问题。再如，人民法院判决要求被告停止侵害行为，而在该判决之前，被告已停止了侵害行为，因此，该判决就已经没有执行的内容，也没有执行的必要。一般来讲，行政诉讼中作为可供执行内容的义务有：赔偿等给付义务，恢复原状，实施特定行为的义务，如拆除违章建筑、收缴财物、作出特定行政行为等。

3. 被执行人有能力履行而拒绝履行义务。执行和履行是相对应的概念。执行是一种强制性的行为，是依靠国家强制力迫使义务人履行义务或者达到与履行义务相同的状态。而履行则具有主动性，是当事人自动完成自己应承担的义务。我国诉讼执行制度以当事人自觉履行为原则，只有在当事人在规定的期限内不履行其义务时，才能申请人民法院强制执行。另一方面，当事人拒绝履行应当是其有能力履行，如果根本没有条件自己履行法定义务，强制执行也没有任何实际意义。应该注意，当事人没有能力履行义务而不对其实施强制执行并没有免除其义务。

4. 申请当事人在法定期限以内提出了执行申请。当事人有依法申请的权利，而这种权利是要受到保护期限限制的。按照《执行解释》第84条第1款的规定，申请人是公民的，申请执行生效的行政判决书、行政裁定书、行政赔偿判决书和行政赔偿调解书的期限为1年，申请人是行政机关、法人或者其他组织的为180日。而《行政强制法》第53条规定，没有强制执行权的行政机关可自期限届满之日起3个月内向人民法院申请强制执行。《行政强制法》仅对没有强制执行权的行政机关申请人民法院强制执行的期限作出了规定，而没有对公民、法人或其他组织作为申请人的法定申请期限作出规定。因此，可以理解为申请人是行政机关的，申请执行的期限为3个月；申请人是公民的，申请执行的期限为1年；申请人是法人或者其他组织的，申请执行的期限为180日。申请执行的期限从法律文书规定的履行期间最后一日起计算；法律文书中没有规定履行期限的，从该法律文书送达当事人之日起计算。逾期申请的，除有正当理由外，人民法院不予受理。

5. 向有管辖权的人民法院提出申请。无论据以执行的法律文书是通过哪一级审判发生法律效力的，当事人只能向第一审人民法院提出执行申请。如果第一审人民法院认为应由第二审人民法院执行时，可报第二审人民法院同意后，由第二审人民法院执行；第二审人民法院也可以决定由第一审人民法院执行。

（二）执行的主体

所谓执行的主体，是指行政执行案件形成的诉讼法律关系中权利义务的承担者。在由行政机关执行的时候，就是行政执行程序上的权利义务的承担者，该部分内容参见《行政强制法》第四章。执行的主体包括执行组织、执行当事人、执行参与人和执行异议人。

1. 执行组织。又称执行机关，是指拥有行政诉讼执行权并主持执行过程的主体，包括人民法院和拥有强制执行权的行政机关。执行组织在执行程序上居于主导地位，主持整个执行过程，在法律上负责审查执行的申请，决定执行立案，决定选择执行措施，制定执行方案，组织执行活动的实施，并按规定收取执行费用，接受案外人的异议并进行审查，依法决定执行的中止、终结，并宣布执行完毕等。

由人民法院执行的部分，依据《执行解释》第 85 条的规定，执行主体是第一审人民法院。第一审人民法院认为情况特殊需要由第二审人民法院执行的，可以报请第二审人民法院执行；第二审人民法院可以决定由其执行，也可以决定由第一审人民法院执行。

拥有强制执行权的行政机关也可以成为执行主体。在行政法上，所有的行政机关都有一定的行政职权，但并非所有行政机关都拥有强制执行权。所以，能够成为执行组织的行政机关只能是依照法律具有强制权与强制手段、措施的行政机关。

2. 执行当事人。法院为执行主体时，执行当事人是指执行申请人与被申请执行人；行政机关为执行主体时，执行当事人是指执行人与被执行人。执行申请人与被申请执行人、执行人与被执行人，是行政诉讼第一审中的原告和被告，也就是行政管理中的管理者和被管理者。但需要注意，在人民法院作为执行主体时，一审中的原告或被告，都可能成为执行申请人，也可能成为被申请执行人，关键看行政裁判确定谁是权利人、谁是义务人。在行政机关作为执行主体的情况下，没有执行申请人与被申请执行人，只有执行人与被执行人。作为原争议一方当事人的行政机关是执行人，同时又是执行机关。

3. 执行参与人。执行参与人是指除执行当事人以外的其他参与执行过程的国家机关、企业、社会组织或者个人。执行参与人参加到执行程序的原因是他们对执行中涉及的财产转移、交付承担相应的义务。

具体而言，执行参与人主要有以下三种：

（1）如果执行涉及被申请执行人的存款、劳动收入的，那么该存款或劳动收入所在的机构（如银行、信用社或工作单位等）就有义务协助执行主体执行这部分财产。这些机构就是执行参与人。

（2）如果执行涉及物件或票证等的，那么掌握或保护这些物件、票证的单位或个人，有义务按通知内容交出这些物件、票证等。他们就是执行参与人。

（3）如果执行涉及财产手续登记或变更的，那么主管登记的机关或部门就有义务协助完成执行过程，从而成为执行参与人，如房产变卖执行中的房产管理机关等。

4. 执行异议人。执行异议人是指在执行过程中，当事人以外的对执行标的提出不同意见，主张全部或者部分权利的主体。根据《民事诉讼法》第227条的规定："在执行过程中，案外人对执行标的提出书面异议的，人民法院应当自收到书面异议之日起15日内审查，理由成立的，裁定中止对该标的的执行；理由不成立的，裁定驳回。案外人、当事人对裁定不服，认为原判决、裁定错误的，依照审判监督程序办理；与原判决、裁定无关的，可以自裁定送达之日起15日内向人民法院提起诉讼。"

可见，执行异议人的根本特征在于他就案件的执行标的向法院提出了自己的独立主张，主张自己的权利。对于执行异议人的理由成立的，法院在裁定中止执行后应当对执行标的作出调整，如把被申请执行人的执行标的调整为无权属争议的其他财产。执行标的不应当调整的而异议又成立的，通常是人民法院的生效裁判存在错误，应当按照审判监督程序对案件进行再审。

（三）执行对象

执行对象，是指执行根据所确定的，并由执行组织的执行行为所指向的客体。执行对象必须以执行根据，即以生效的行政判决书、行政裁定书、行政赔偿判决书、行政赔偿调解书等所确定的义务为基础。在法院作为执行组织的案件中，还必须以执行申请人在其执行申请中明确指明要求被申请执行人履行的义务为前提，执行申请人没有请求的内容，即使在生效裁判文书中存在，也不应成为执行的对象。执行对象与执行组织的义务存在密切联系，但并不等同。

行政诉讼的执行对象分三类：①物。既包括财物，又包括其他物件。如缴纳税款、退还证件等。②行为。指为完成执行义务实施的特殊行为，这一行为本应由义务人自动履行，由于拒不履行而引起强制执行，其所执行的对象就是该特定行为。如强制服兵役等。③人身。在民事诉讼中，是无人身作为执行的对象的，人身作为执行对象只在行政诉讼和刑事诉讼中存在。并且，在行政诉讼中，人身作为执行对象只发生在行政诉讼原告作为被执行人的情形，例如，一个公民被处以劳动教养，该公民起诉并经法院裁定暂时停止执行，在诉讼判决中该公民败诉，应收入劳动教养场所，而该公民又不自动前往，则由行政机关强制收押予以教养。可见，在一个具体的执行案件中，执行对象有时是特定的，不能以其他物体代替，如退还所扣车辆；有时是不特定的，如退还罚款、划拨款项等。

（四）执行范围

通过对执行对象采取强制的方法，可以实现生效裁判确定的义务，但不能为了实现这个目的对所有涉及被执行人的执行对象任意地采取强制执行措施。强制执行的存在是为了维护公正、合理、稳定的社会秩序，当执行超过必要的限度时，反而会破坏公正、合理、稳定的社会秩序。因此，要遵循执行有限原则，即在执行时，不得将被申请执行人财产以外的财产予以执行，这一有限性是由法官的司法自由裁量权来实现的。所谓执行范围，是指物、行为、人身成为执行对象的具体界限。它要解决哪些物是可以执行的对象，哪些必须给被执行人保留，对行为或人身的执行又应有何种限制。由于行为或者人身作为执行对象时都是特定的，因此，在理论与实践中，执行范围问题主要涉及的是作为执行对象的物。对此，有以下几项限制：

1. 只有属于被执行人本人所有的财产或物才能成为执行的对象，其他无论什么关系人的财产或物都不能被纳入执行的范围，即强制执行不能超出被执行人员应履行义务的范围。通过民事法律关系使用或暂时持有的财物不得执行。如属于两人以上共有的财产，只能把其中属于被执行人所有的部分作为执行对象。但如果该财产属于不动产，不能将财产整体予以执行再返还其他所有人部分，而只能将被执行人所有的部分产权予以执行，因此，这时不能执行该不动产物本身。

2. 被执行人是公民的，应当保留被执行人及扶养家属的生活必需费用和生活必需品。

3. 被执行人如果是以生产劳动为主要谋生手段的，该被执行人赖以谋生的生产工具不能作为执行的范围。

4. 被执行人是法人或组织的，该法人或组织未宣告破产或被撤销的，其必要的生产、工作设备、厂房、用房等不能纳入执行范围。

5. 被执行人是行政机关的，除可供执行的款项以外，行政机关履行职责所必需的财物均不能纳入执行范围。即使是款项，仍必须保留给行政机关足够的履行职责的经费。

（五）执行管辖

《执行解释》第85条规定："发生法律效力的行政判决书、行政裁定书、行政赔偿判决书和行政赔偿调解书，由第一审人民法院执行。第一审人民法院认为情况特殊需要由第二审人民法院执行的，可以报请第二审人民法院执行；第二审人民法院可以决定由其执行，也可以决定由第一审人民法院执行。"在特殊情况下，一审法院也可以委托外地法院执行。根据2011年5月16日施行的《最高人民法院关于委托执行若干问题的规定》，执行法院经调查发现被执行人在本辖区内已无财产可供执行，且在其他省、自治区、直辖市内有可供执行财产的，应当将案件委托异地的同级人民法院执行。执行案件中有3个以上被执行人或者3处以上被执行财产在本省、自治区、直辖市辖区以外，且分属不同异地的，执行法院根据案件具体情况，报经高级人民法院批准后可以异地执行。根据《民事诉讼法》第226条的规定："人民法院自收到申请执行书之日起超过6个月未执行的，申请执行人可以向上一级人民法院申请执行。上一级人民法院经审查，可以责令原人民法院在一定期限内执行，也可以决定由本院执行或者指令其他人民法院执行。"

四、行政诉讼的执行措施

（一）执行措施概述

所谓执行措施，是指执行机关所采用的具体执行手段与方法。执行措施必须有法律的明确规定，不能由执行机关任意创造。

规定行政诉讼执行措施的主要有三类法律文件：①《行政诉讼法》，该法第96条规定了被执行人是行政机关时的执行措施。②《民事诉讼法》，该法第245～255条规定的执行措施在行政诉讼中适用于被执行人是公民、法人、其他组织的情形。③单行法律的规定，如《税收征收管理法》等法律都规定有强制手段。

（二）执行措施的种类及适用规则

行政诉讼执行措施，可以按不同标准分为不同种类，常用的是按照执行措施适用对象的不同，分为针对行政机关的执行措施与针对公民、法人或者其他组织的执行措施。

1. 对行政机关的执行措施。按照《行政诉讼法》第96条的规定，行政机关拒绝履行人民法院生效的判决、裁定、调解书的，第一审人民法院可以采取下列措施：

（1）对应当归还的罚款或者应当给付的款额，通知银行从该行政机关的账户内划拨。

（2）在规定期限内不履行的，从期满之日起，对该行政机关负责人按日处 50～100 元的罚款。

（3）将行政机关拒绝履行的情况予以公告。

（4）向监察机关或者该行政机关的上一级行政机关提出司法建议。接受司法建议的机关，根据有关规定进行处理，并将处理情况告知人民法院。

（5）拒不履行判决、裁定、调解书，社会影响恶劣的，可以对该行政机关直接负责的主管人员和其他直接责任人员予以拘留；情节严重，构成犯罪的，依法追究刑事责任。

2. 对公民、法人或者其他组织的执行措施。对公民、法人或者其他组织的执行措施种类较多。除了《民事诉讼法》规定的以外，单行法律中规定的执行措施几乎都是针对公民、法人或者其他组织的。主要有：

（1）冻结。是指封存被执行人在金融储蓄机构等有关单位的账户，禁止其提取或转移一定数额的款项，是对被执行人的存款依法不准被执行人动用的一种措施。目的是为了促使被执行人履行义务。如果存款被冻结后，被执行人仍不履行义务，冻结则为划拨、提取做好了准备。可见，冻结并不发生被执行人存款的所有权转移。

（2）划拨或者扣缴。是指将被执行人的款项从存款机构账户内划出，并直接划入执行组织所指定账户的强制执行措施。

（3）扣留、提取。是指对被执行人的劳动收入直接从发放或存放处扣留与提取的执行措施。如对公民所在工作单位发出协助执行通知书，从其工资中逐月扣除等。它适用于被执行人有合法收入的一种执行措施。这里的收入主要包括被执行人的工资、奖金、稿酬、农副业收入、股息或红利等。

（4）查封、扣押、拍卖、变卖和收购被执行人应当履行义务部分的财产。针对查封、扣押的执行措施，被执行人是公民的，应当通知被执行人或者他的成年家属到场；被执行人是法人或者其他组织的，应当通知其法定代表人或者主要负责人到场。拒不到场的，不影响执行。被执行人是公民的，其工作单位或者财产所在地的基层组织应当派人参加。《行政强制法》第 46 条第 3 款设定了一例外情形规定："没有行政强制执行权的行政机关应当申请人民法院强制执行。但是，当事人在法定期限内不申请行政复议或者提起行政诉讼，经催告仍不履行的，在实施行政管理过程中已经采取查封、扣押措施的行政机关，可以将查封、扣押的财产依法拍卖抵缴罚款。"该法之所以设定这一例外情形，主要是考虑到查封、扣押的时限要求。根据《行政强制法》第 25 条的规定，查封、扣押的最长期限不得超过 60 日；同时，根据《行政强制法》第 28

条的规定，查封、扣押的期限已经届满的，行政机关应当及时解除查封、扣押的决定。因此，没有执行权的行政机关若需要申请法院强制执行，可能会出现行政机关因查封、扣押期限已经届满而不得不解除查封、扣押决定的情形，但此时法院又尚未进入实际执行阶段，从而导致被查封、扣押的财物逃脱。所以才设定了上述例外情形。

（5）强制交付。是指以强制方法实际交付特定物给执行申请人的措施。一般必须是特定物才有交付的必要。交付的形式可以是当事人双方当面交付，也可由执行组织转交。

（6）强行拆除。是指对建筑物及其附属物的执行措施，用于对违章建筑的拆除。

（7）强制迁出房屋或者强制退出土地。是指对人及物品违法占据建筑物或者其他场所，如工厂、农田、建筑工地等情形的强制措施，包括人及物品搬迁。

（8）强行销毁。是指将被执行人拥有的违法的有形物品予以损毁，如盗版音像制品、侵犯专利权或侵犯商标权的产品等。

五、行政诉讼的执行程序

行政诉讼的执行程序，简称执行程序，是指在行政诉讼执行的全部过程中，迫使被执行人履行义务，实现其行政法律关系内容的法定阶段、过程与步骤。我国还没有关于行政机关为执行机关时统一的执行程序规定，有些单行法律规定的执行程序不尽完善。我们这里仅介绍人民法院为执行机关时法律规定的执行程序。

（一）执行提起

提起执行是执行程序发生的原因。执行是要式行为，必须依据法律规定的方式提起。在西方国家，基于不同的执行体制，执行官在进行执行时必须先取得由法院签发的强制执行令状，始得开始执行。在我国，由于执行机构设在法院内部，故无须再由法院签发令状。按照《民事诉讼法》第236、240条的规定，行政诉讼执行程序的提起方式有两种：

1. 申请执行。申请是提起执行的主要方式。依据《执行解释》第83～88条的规定，对生效法律文书负有义务的一方当事人拒绝履行的，对方当事人可以依法申请人民法院强制执行。所有行政诉讼的执行均由第一审人民法院进行，因此，执行申请人只能向第一审人民法院提出。第一审法院如果认为案件情况特殊，需要由第二审人民法院执行时，可报请第二审人民法院决定同意。公民提出申请执行的期限为1年，法人或者其他组织提出申请执行的期限为

180 天，行政机关提出申请执行的期限为 3 个月，申请执行的期限从法律文书规定的履行期间的最后一日起计算；法律文书中没有规定履行期限的，则以该文书生效之日起计算。逾期申请的，除有正当理由外，人民法院不予受理。依据《执行规定》第 20～23 条的规定，申请人须向第一审人民法院提交强制执行申请书，申请执行的生效法律文书副本及其他应当提交的证明材料、文件或证件，并预交执行费用。申请人应当提交的上述文件和证件中，强制执行申请书和生效法律文书副本是最核心的文件，它们是启动行政诉讼执行程序的必备文件。申请执行人可以委托代理人代为申请执行，应当向人民法院提交经委托人签字或者盖章的授权委托书，写明委托事项和代理人的权限。申请执行是当事人的一项重要诉讼权利，人民法院以及任何人、任何组织都不能干涉，也就是说，除法律特别规定的外，执行程序非依当事人的申请，不得启动。

2. 移送执行。移送执行，是指无须当事人申请，而由案件审判庭的审判人员直接将生效法律文书移交法院执行庭的执行人员进行执行的制度，是人民法院依职权的主动执行。它是启动执行程序的一种补充方式。目的仅在于保证案件审理的顺利进行和实现的方便、快捷，以及帮助弱者依法保护其合法权益。它只能适用于特殊类型的案件。依据《执行规定》第 19 条第 2 款的规定："发生法律效力的具有给付赡养费、扶养费、抚育费内容的法律文书、民事制裁决定书，以及刑事附带民事判决、裁定、调解书，由审判庭移送执行机构执行。"可见，移送执行的范围应由法律明文规定，没有规定可以移送执行的，法院应当依当事人的申请执行。移送执行应由审判员填写移送执行书，说明执行的事项和应注意的问题，连同生效的法律文件一并移送立案庭立案。司法解释这里规定的移送执行情形都与行政诉讼无关，目前也没有其他关于行政诉讼中适用移送执行的范围规定。我们认为，参照《民事诉讼法》中有关适用移送执行的案件范围的规定，在行政诉讼中，起诉行政机关没有依法发给抚恤金、社会保险金、最低生活保障费等案件，审理案件的行政审判庭可以将生效的具有这些给付内容的法律文书移送执行机构执行。其他行政诉讼案件原则上不应当适用移送执行制度。

由此，提及一项代为实现执行结果的委托执行制度。所谓委托执行，是指有执行管辖权的法院，因被执行人或者被执行人的财产在外地法院管辖范围内，在不便于直接执行的情况下，按照法律规定的条件和程序，将本院对特定生效法律文书所享有的执行权，以委托的方式转移给被执行人住所地或财产所在地法院的一项制度。委托执行体现了人民法院之间的相互协作关系，这种关系是统一的立法和司法制度下各司法管辖区域之间的互助关系，它以维护一国法律的统一实施为宗旨，因而具有较强的义务性或强制性。依据《民事诉讼法》第 229 条、《执行规定》第 111～123 条以及《最高人民法院关于委托执行若干问题的规定》[1] 的规定，执行法院经调查发现被执行人在本辖区内已无财产可供执行，且在其他省、自治区、直辖市内有可供执行财产的，应当将案件委托异地的同级人民法院执行。执行案件中有 3 个以上被执行人或者 3 处以上被执行财产在本省、自治区、直辖市辖区以外，且分属不同异地的，执行法院根据案件具体情况，报经高级人民法院批准后可以异地执行。被执行人或被执行的财产在本省、自治区、直辖市辖区内，需跨中级人民法院、基层人民法院辖区执行的案件，亦应以委托执行为主。

（二）审查立案

行政诉讼执行的审查立案，是指执行机构接到强制执行申请书和移送执行书后，在法定期限内，对有关文书、材料进行审查，对案情进行了解，并决定是否立案执行的制度。在委托执行中，受托法院不得拒绝执行，所以，对受托法院而言，不存在立案问题。但当受托法院发现据以执行的生效法律文书有瑕疵的，不得自行作出判断，而应当交由作出该生效法律文书的法院处理。

依据《执行规定》第 18 条的规定，行政诉讼执行审查立案的主要事项有：

1. 申请人资格是否适当。即申请执行人是否是生效法律文书确定的权利人或其继承人、权利承受人。

2. 申请或者移送执行的法律文书是否已经生效。

3. 申请执行人是否在法定期限内提出申请。

4. 生效的法律文书是否具有给付内容。

5. 执行标的和被执行人是否明确。

6. 义务人是否在生效法律文书确定的期限内未履行义务。

7. 是否属于受申请执行的人民法院管辖。

8. 其他需要审查的事项。

人民法院的执行机构应当在接到强制执行申请书或者移送执行书之日起 7 日内完成审查，符合条件的，决定立案；不符合条件的，应当在 7 日内裁定不予受理。

---

〔1〕《最高人民法院关于委托执行若干问题的规定》（2011 年 4 月 25 日由最高人民法院审判委员会第 1521 次会议通过，自 2011 年 5 月 16 日起施行）。

（三）执行准备与实施

执行准备是执行进行必不可少的阶段，也是人民法院一项重要的执行职责。决定立案执行的，执行机构在实施具体执行措施之前，应当阅读案卷材料、全面了解案情，特别是要了解被执行义务人拒不履行义务的原因，是否有能力及其财产状况等情况，做好执行的准备工作。按照《执行规定》第24条的规定，人民法院受理执行案件后，应当在3日内通知被执行人在指定的期限内自动履行义务。被执行人未按判决、裁定和其他法律文书指定的期间履行给付金钱义务的，应当加倍支付迟延履行期间的利息。被执行人未按判决、裁定和其他法律文书指定的期间履行其他义务的，应当支付迟延履行金。同时，要制定强制执行的方案，决定所要采取的执行措施，确定执行的时间、地点，划分执行范围，明确执行对象，并办理好有关执行措施的批准手续，通知执行参与人以及有关人员到场。准备就绪进入执行的实现阶段，人民法院应当运用强制措施，保证实现法律文书所确定的义务内容，保护当事人的合法权益。

（四）执行阻却

执行阻却，是指在执行过程中，因发生法定事由，使执行不能继续或继续执行已无必要，因而执行程序中断的现象。《行政诉讼法》并没有就执行阻却作出规定，参照《民事诉讼法》第231条、第256～258条的规定，执行阻却主要体现为暂缓执行、执行中止和执行终结三种基本形式。[1]

1. 暂缓执行。暂缓执行也称延缓执行，是指强制执行程序启动后，被执行人向人民法院提供担保，并经申请执行人同意的，人民法院可以决定暂缓执行及暂缓执行的期限。被执行人逾期仍不履行的，人民法院有权执行被执行人的担保财产或者担保人的财产。这里的暂缓执行是作为执行担保法律效力的直接表现。

暂缓执行仅是暂时停止执行程序，而且附有较严格的条件限制，它不能改变原生效法律文书的内容，也并不重新确定当事人之间的权利义务关系。根据我国现有立法、司法解释的规定以及执行实践的做法，暂缓执行应具备一定的条件：①当事人或利害关系人向法院提出申请或人民法院依职权提出。②必须有法律规定的事实和理由，依据《关于正确适用暂缓执行措施若干问题的规

---

[1] 有学者认为执行阻却包括执行异议、执行和解、执行担保、执行中止和执行终结五种情形；有学者认为执行阻却包括执行担保、执行和解、执行中止与执行终结四种情形；有学者认为执行阻却包括暂缓执行、执行中止及执行和解三种；有学者认为执行阻却包括执行中止、执行终结、暂缓执行三种情形。

定》第 1 条的规定，执行程序开始后，除法定事由外，人民法院不得决定暂缓执行。③当事人必须在指定的期限内提供相应的财产担保。④暂缓执行有一定的期限。暂缓执行由执行法院或上级法院作出决定，并由该级法院的执行局制作暂缓执行决定书。决定书送达当事人后立即发生法律效力，它不存在复议和上诉的问题。暂缓执行期限届满后，人民法院应立即恢复执行。

2. 执行中止。执行中止，是指在行政诉讼的执行过程中，由于法定事由的出现，暂时中断执行，待事由消失后执行程序继续进行的制度。参照《民事诉讼法》第 256 条的规定，在行政诉讼中引起执行中止的法定事由应当包括：

（1）申请人表示可以延期执行的。

（2）案外人执行标的提出确有理由的异议的。

（3）作为一方当事人的公民死亡，需要等待继承人继承权利或承担义务的。

（4）作为一方当事人的法人或者其他组织终止，尚未确定权利义务承受人的。

（5）人民法院认为应当中止执行的其他情形。

需要强调，中止执行的上述第 3、4 种情形是专门针对执行申请人是行政机关，被执行人为行政诉讼中的原告，执行根据是人民法院裁判维持行政行为效力的情况。在这两种情况下，如果公民死亡，或者法人或社会组织终止，需要确定权利义务承受者，但不能无限期等待，参照《执行解释》第 52 条第 2款的规定，执行中止满 90 天仍然没有确定这两种情况下的权利承受人的，人民法院应当裁定执行终结。

3. 执行终结。执行终结，是指在行政诉讼的执行过程中，因法定事由出现，使执行已无必要或不可能继续进行，因而结束执行程序的制度。与执行中止不同，执行中止是暂时中断，待导致中止的事由消失后还要继续执行，而执行终结则是执行程序的结束，以后不再恢复或继续。执行终结也不同于执行完毕，执行完毕是指被执行法律文书的内容的实现而结束执行程序，执行终结的结束程序并不是由于义务的实现。参照《民事诉讼法》第 257 条的规定，在行政诉讼中引起执行终结的法定事由应当包括：

（1）申请人撤销执行申请的。

（2）据以执行的法律文书被依法撤销的。

（3）作为被执行人的公民死亡，无遗产可供执行，又无义务承担人的。

（4）追索赡养费、扶养费、抚育费案件的权利人死亡的。

（5）作为被执行人的公民因生活困难无力偿还借款，无收入来源，又丧失劳动能力的。

（6）人民法院认为应当终结的其他情形。

按照《执行解释》第 63 条的规定，参照《民事诉讼法》第 258 条的规定，终结执行的，法院应当作出终结执行裁定书，该裁定书一经送达当事人，立即生效。

（五）执行完毕

执行完毕，是指执行机关采取执行措施，实现执行根据确定的义务，完成执行任务，从而结案。执行完毕是执行案在内容和程序上的终结，当事人权利得以实现，执行案件结束。这就意味着据以执行的生效法律文书的内容得以全部实现，它是强制执行程序结束的最主要的方式。执行完毕前应结清执行交付的各种手续、费用等，从而告知程序完毕。如果执行确有错误，只有通过执行回转方式予以补救。

（六）执行回转

执行回转是一种事后弥补性的救济方式，是指在执行中或执行结束后，因法定事由而将已执行的对象恢复到执行前的状态，即回转。执行回转的本质是纠正错误的执行。按照《执行解释》第 48 条，并参照《民事诉讼法》第 233 条、《执行规定》第 109 条的规定，行政诉讼中执行回转的事由包括：

1. 执行完毕后，据以执行的行政判决书、行政裁定书、行政赔偿判决书、行政赔偿调解书被人民法院按照审判监督程序撤销的。

2. 第一审法院作出的先行给付裁定已经执行完毕后，从而使得先行给付裁定失去合法基础与效力的。

3. 执行人员违法执行的。

第二节　非诉行政案件的执行

一、非诉行政案件执行的概念

非诉行政案件的执行是指行政机关作出具体行政案件后，公民、法人或者其他组织在法定期限内，既不向人民法院提起行政诉讼，又拒不履行已生效的行政行为所确定的义务时，行政机关或行政裁决行为确定的权利人向人民法院提出执行申请，由人民法院采取强制措施，使行政行为的内容得以实现的制度。《行政强制法》第 53 条规定，当事人在法定期限内不申请行政复议或者提起行政诉讼，又不履行行政决定的，没有行政强制执行权的行政机关可以自期限届满之日起3个月内，依照《行政强制法》第五章申请人民法院强制执行的规定申请人民法院强制执行。

非诉行政案件的执行有四个特征：

1. 非诉行政案件的执行机关是人民法院而不是行政机关。

2. 非诉行政案件的执行根据是行政机关作出的已生效的行政行为。该行政行为没有进入行政诉讼程序，没有经过人民法院的裁判。

3. 非诉行政案件的执行申请人是行政机关或行政裁决行为确定的权利人，被执行人是公民、法人或者其他组织。

4. 非诉行政案件的执行前提是公民、法人或者其他组织在法定期限内，既不申请行政复议，又不提起行政诉讼，且拒不履行具体行政案件所确定的义务。

二、非诉行政案件执行的权力根据与范围

（一）非诉行政案件执行的权力根据

非诉行政案件执行的权力根据，是指在何种情况下行政机关可以申请人民法院强制执行行政行为，在何种情况下行政机关不能申请人民法院强制执行行政行为的问题。即人民法院与行政机关对行政行为强制执行的分工。它解决的是行政行为的强制执行权在人民法院与行政机关之间的划分问题。

结合《执行解释》第87条、《行政强制法》第53条的规定，人民法院行使对非诉行政案件的执行权包括以下三种情况：

1. 法律没有赋予行政机关强制执行权，行政机关申请人民法院强制执行的，人民法院应当依法受理。

2. 法律规定既可以由行政机关依法强制执行，也可以申请人民法院强制执行，行政机关申请人民法院强制执行的，人民法院可以依法受理。

3. 行政机关依照法律规定部分享有强制执行权的，行政机关对没有强制执行权部分申请人民法院强制执行，人民法院也应当依法受理。

（二）非诉行政案件执行的范围

非诉行政案件执行的范围是指哪些行政行为可以通过人民法院的非诉强制执行程序来实现其内容。这个问题类似于人民法院对行政诉讼案件的受案范围问题。

按照《行政诉讼法》第97条的规定，只要行政机关作出行政行为后，该行为所确定的承担义务的公民、法人或者其他组织在法定期限内既不自觉履行，又不申请行政复议或提起诉讼的，行政机关可以申请人民法院强制执行。可见，这条规定将执行的范围限于行政行为。然而，在司法实践中，这条规定

由于过于笼统，往往存在着两类问题：①如何从司法实践的角度界定这里的行政行为？②是否所有的行政行为都可以执行，有没有例外？我们根据学术界的意见，以及司法实践中的具体情况，认为非诉行政案件执行的范围应当遵循以下三项具体限定：

1. 按照《行政诉讼法》第13条以及《执行解释》第1条第2款的规定不允许提起行政诉讼的行为，人民法院不予执行。

2. 行政行为的内容不具体，或者没有可供执行内容的。

3. 其他不宜由法院执行的行为。如限制人身自由的行政行为。

三、非诉行政案件执行的管辖与期限

（一）非诉行政案件执行的管辖

非诉行政案件执行的管辖，是指上下级人民法院之间以及同级人民法院之间受理行政机关强制执行申请的权限分工。《执行解释》第89条的规定："行政机关申请人民法院强制执行其行政行为的，由申请人所在地的基层人民法院受理；执行对象为不动产的，由不动产所在地的基层人民法院受理。基层人民法院认为执行确有困难的，可以报请上级人民法院执行；上级人民法院可以决定由其执行，也可以决定由下级人民法院执行。"《行政强制法》第54条规定："行政机关申请人民法院强制执行前，应当催告当事人履行义务。催告书送达10日后当事人仍未履行义务的，行政机关可以向所在地有管辖权的人民法院申请强制执行；执行对象是不动产的，向不动产所在地有管辖权的人民法院申请强制执行。"这里的不动产是指依自然性质或法律规定不可移动的土地、土地定着物、与土地尚未脱离的土地生成物、因自然或者人力添附于土地并且不能分离的其他物。据此，并参照《行政诉讼法》第3章、《行政强制法》第5章、《执行解释》第6、8条关于行政诉讼案件管辖制度的规定，我们认为，非诉行政执行案件的管辖包括八种情况：

1. 专门人民法院、人民法院的派出法庭不受理非诉行政执行案件。

2. 非诉行政执行案件原则上由执行申请人所在地的基层人民法院管辖。

3. 国务院各部门、省级人民政府申请执行的案件，专利、海关行政机关申请执行的案件，以及重大涉外或者重大涉港、澳、台的案件，中级人民法院辖区内重大复杂的案件，以及其他基层人民法院不适宜执行的案件，由中级人民法院受理。

4. 执行对象为不动产的，由不动产所在地的基层人民法院管辖。这是由于不动产在执行过程中不能移动，为了便于人民法院事后的执行，避免法院异地执行带来的人力物力财力的浪费，所以规定涉及不动产的强制执行案件由不动产所在地人民法院受理。

5. 执行申请人申请人民法院强制执行行政行为，基层人民法院认为执行有困难的，可以报请上级人民法院受理。上级人民法院可以决定自己执行，也可以决定由下级人民法院执行。

6. 两个以上人民法院对案件都有管辖权的，执行申请人可以选择其中一个人民法院申请执行。执行申请人分别向两个以上有管辖权的人民法院申请强制执行的，由最先立案的人民法院管辖。两个以上人民法院对同一非诉执行案件同时立案的，报请其共同的上级人民法院指定管辖。

7. 人民法院对非诉行政执行案件的管辖权发生争议的，由争议的人民法院协商确定管辖，协商不成的，报共同的上一级人民法院指定管辖。

8. 人民法院发现所受理的非诉行政执行案件不属于本院管辖的，应当移送至有管辖权的人民法院处理，受移送的法院不得再自行移送。

（二）非诉行政案件执行的期限

根据《行政强制法》第 53 条和《执行解释》第 88、90 条的规定，非诉行政案件申请执行的期限分两种情况：

1. 行政机关申请执行其行政行为的，应当自被申请执行人的法定起诉期限届满之日起 3 个月内提出。逾期申请的，除有正当理由外，人民法院不予受理。

2. 行政机关根据法律的授权对平等主体之间民事争议作出裁决后，当事人在法定期限内，既不申请复议或提起诉讼又不履行，作出裁决的行政机关在申请执行的期限内不申请执行的，生效行政裁决行为所确定的权利人或者其继承人、权利承受人申请人民法院强制执行的，应当在行政机关申请期限届满之日起 90 日内提出。

四、非诉行政案件的执行条件

非诉行政案件的执行以国家强制力为后盾，直接针对公民、法人或者其他组织权益，并影响到行政法治目标的实现，因而非诉行政案件执行的条件应当明确，以避免执行不当损害公民、法人或者其他组织的合法权益，或者影响行政效率。根据《行政诉讼法》第 97 条、《行政强制法》第 55 条以及《执行解释》第 86 条的规定，申请人民法院执行行政行为应当具备以下九个条件：

1. 行政行为依照法律规定可以或应由人民法院执行，即属于前述非诉行政案件执行的范围。

2. 行政行为已经生效并具有可执行内容。申请强制执行的行政行为必须已经生效，并具有可供执行的内容，如给付或作为义务。

3. 申请执行人是作出该行政行为的行政机关或者法律、法规、规章授权的组织，或者是行政裁决行为所确定的权利人、权利人的继承人、权利承受人。

4. 被执行申请人是该行政行为所确定的义务人。

5. 被执行申请人对行政行为在法定期限内既不申请行政复议、提起行政诉讼，又不履行义务。

6. 行政行为确定的履行义务的期限已经届满，或者行政机关另行指定的履行义务的期限内已经届满。

7. 申请执行人在法定期限内提出申请。

8. 申请执行人向人民法院提出书面申请。

9. 受理执行申请的人民法院拥有管辖权。

五、非诉行政案件的执行程序

非诉行政案件的执行程序包括申请与受理、审查、告知履行和强制执行等环节。

（一）申请与受理

非诉行政案件的执行始自行政机关或者行政裁决所确定的权利人、权利人的继承人或者权利承受人的申请，向人民法院提出申请是非诉行政案件执行开始的唯一方式，法院无权自行开始非诉行政案件的执行，这一点与行政诉讼的执行有所不同。按照《行政强制法》第55条、《执行解释》第91条的规定，依法申请人民法院强制执行行政行为的，应当提供以下申请材料：

1. 强制执行申请书。行政强制执行申请书属于格式文本，一般需要写明以下几方面内容：标题、申请人和被申请人、申请事项、事实和理由、附件、申请人签章。

2. 行政决定书及作出决定的事实、理由和依据，即证明被申请执行的行政行为合法的材料。行政决定书是指行政机关在行政管理的过程中，针对行政相对人的行为依法作出行政处理的法律文书。

3. 当事人的意见及行政机关催告情况。当事人的意见是指行政相对人在行政决定过程中进行的陈述和辩解。行政机关的催告也是行政机关申请人民法院强制执行的必经程序。《行政强制法》第54条规定，行政机关申请人民法院强制执行前，应当催告当事人履行义务。催告当事人履行义务的时间是10日。

4. 申请强制执行标的情况。此处的执行标的一般分为动产和不动产。区别两者的目的主要涉及人民法院管辖的问题。这里申请强制执行标的的情况主要包括标的名称、性质、现实状况以及目前所在的地点。

　　5. 法律、行政法规规定的其他材料。行政机关申请人民法院强制执行需要提交的材料除了上述四种类型外，其他法律、行政法规如果规定行政机关还需要提交其他材料，那么行政机关也应当提交给人民法院。如行政机关在作出行政决定前进行鉴定的，在申请人民法院强制执行时，应当一并提交鉴定结论。

　　人民法院在接到申请人的申请后，应当进行审查以决定是否受理立案。依据《行政强制法》第56条的规定："人民法院接到行政机关强制执行的申请，应当在5日内受理。行政机关对人民法院不予受理的裁定有异议的，可以在15日内向上一级人民法院申请复议。上一级人民法院应当自收到复议申请之日起15日内作出是否受理的裁定。"

　　（二）非诉行政案件执行中的财产保全

　　执行中的财产保全通常是为了防止被执行人隐匿、转移财产，恶意逃避执行的财产处分行为而由人民法院依法对被执行人的财产采取一种强制性的保护措施。按照《执行解释》第92条的规定："行政机关或者行政行为确定的权利人申请人民法院强制执行前，有充分理由认为被执行人可能逃避执行的，可以申请人民法院采取财产保全措施。后者申请强制执行的，应当提供相应的财产担保。"

　　（三）人民法院对行政行为的合法性审查

　　根据《执行解释》第93条的规定，人民法院对非诉行政案件决定立案执行后，应当对被申请执行的行政行为进行合法性审查。这种审查既不同于是否受理执行申请的立案审查，也不同于行政诉讼程序中对被诉行政行为的合法性审查。是否受理执行申请的立案审查属于程序性审查，而这种审查是实质审查，既不开庭，也没有严格的程序。

　　申请人民法院强制执行在人民法院立案受理之后就进入审查程序。审查程序包括审查的主体、内容、标准、期限、审查方式以及结论。根据《执行解释》第93条的规定，负责对被执行的行政行为的合法性进行审查的机构是行政审判庭，行政审判庭对被执行的行政行为进行审查实行合议制，由行政审判庭组成合议庭审查。经合议庭审查认定行政行为合法正确，人民法院应作出准予强制执行的裁定，否则，人民法院应当作出不予强制执行的裁定。该裁定应当送达申请人民法院强制执行的行政机关或者行政裁决行为的权利人，但不得上诉。上述内容可知，审查主体应当是人民法院行政审判庭组成的合议庭，审查内容是对行政行为是否合法进行的实质性审查，而非程序性审查。

关于人民法院对申请执行的行政行为审查的标准，《执行解释》第95条作出相应的规定，被申请执行的行政行为有下列三种情形之一的，人民法院应当裁定不准予执行：

1. 明显缺乏事实根据的。如申请执行的行政机关没有提供认定事实的重要证据，或者其提供的证据不能证明所作行政行为所认定的事实等。

2. 明显缺乏法律依据的。例如，被申请执行的行政行为根本没有适用任何法律规范，行政行为所适用的法律规范明显与其针对事项没有关系，行政行为所适用的法律规范违反法律适用的一般原则，等等。

3. 其他明显违法并损害被执行人合法权益的。如明显滥用职权、行政处罚显失公正、重复处理行为等。

该规定也得到了《行政强制法》第58条的认可，根据该条的规定，对于具有前述情形的行政行为，在作出裁定前，可以听取被执行人和行政机关的意见。由此可知，对于非诉行政案件的审查标准应当是被申请执行的行政行为是否"明显违法并损害被执行人合法权益"。即采用适度审查的标准。因为非诉行政案件执行的目的是以司法手段强化行政管理，保证行政权的完善统一，促使相对人自觉、及时、全面履行义务。为降低诉讼成本，客观上要求对非诉行政案件的执行采取适度审查的标准。此外，如果行政行为依法没有成立或者属于无效的行为时，人民法院亦应当裁定不准予执行。

关于审查方式和审查期限部分，《行政强制法》第57条也作出明确规定，人民法院对行政机关强制执行的申请进行书面审查，对符合《行政强制法》第55条（即行政机关向人民法院申请强制执行时需提交的材料）规定，且行政决定具备法定执行效力的，除《行政强制法》第58条（作出裁定前可以听取被执行人和行政机关意见的情形）规定的情形外，人民法院应当自受理之日起7日内作出执行裁定。即需要有必要听取被执行人和行政机关意见的，不必受7日时间的限制。

（四）听取意见与作出执行裁定

根据《行政强制法》第58条的规定，人民法院发现有下列情形之一的，在作出裁定前可以听取被执行人和行政机关的意见：

1. 明显缺乏事实根据的。

2. 明显缺乏法律、法规依据的。

3. 其他明显违法并损害被执行人合法权益的。

人民法院应当自受理之日起30日内作出是否执行的裁定。裁定不予执行的，应当说明理由，并在5日内将不予执行的裁定送达行政机关。行政机关对人民法院不予执行的裁定有异议的，可以自收到裁定之日起 15 日内向上一级人民法院申请复议，上一级人民法院应当自收到复议申请之日起 30 日内作出是否执行的裁定。

上述内容是关于人民法院在行政强制执行过程中听取意见和作出裁定的时限以及行政机关不服人民法院裁定时如何救济的规定。

（五）案件移交与通知履行

按照《执行解释》第 93 条的规定，人民法院的行政审判庭裁定准予执行的非诉行政案件需要采取强制执行措施的，行政审判庭应当将案件交由本院负责强制执行非诉行政案件的机构具体执行。

参照前述行政诉讼执行制度，负责执行非诉行政案件的机构，在强制执行前，应当再次书面通知被执行人，告诫被执行人履行义务，并附履行期限，促使被执行人自觉履行义务。如果被执行人逾期仍不履行义务的，则由执行机构实施强制执行。

《行政强制法》第 59 条规定了在特殊情况下人民法院可以依照行政机关的申请立即实施强制措施。即因情况紧急，为保障公共安全，行政机关可以申请人民法院立即执行。经人民法院院长批准，人民法院应当自作出执行裁定之日起 5 日内执行。立即执行类似于民事诉讼中的先予执行。行政强制立即执行的程序包括立即执行的申请程序和立即执行的裁定与执行程序。立即执行的申请由行政机关向人民法院以书面的形式提出，人民法院不能在没有行政机关提出申请的情况下依职权主动采取措施。人民法院在收到行政机关提交的立即执行申请后，应当及时对申请的事项进行审查。审查的内容包括该申请立即执行的案件是否属于强制执行的范围和是否符合立即执行的条件。人民法院对符合立即执行条件的申请，应当及时作出立即执行的裁定。裁定送达后即发生法律效力。义务人应当依裁定履行义务，拒不履行的，人民法院可以采取强制执行措施。

（六）实施强制执行及费用承担

准备强制执行阶段，人民法院应当出具强制执行手续，填写强制执行的有关法律文书，通知有关单位、人员到场，制定强制执行方案等。非诉强制执行的具体措施以及实施方法与前述行政诉讼的相关内容相同，主要是要参照《民事诉讼法》及《最高人民法院关于适用〈中华人民共和国民事诉讼〉若干问题的意见》的有关规定执行，此处不再赘述。

关于申请人民法院强制执行费用如何承担部分，《行政强制法》第 60 条规定："行政机关申请人民法院强制执行，不缴纳申请费。强制执行的费用由被执行人承担。人民法院以划拨、拍卖方式强制执行的，可以在划拨、拍卖后将强制执行的费用扣除。依法拍卖财物，由人民法院委托拍卖机构依照《中华人民共和国拍卖法》的规定办理。划拨的存款、汇款以及拍卖和依法处理所得的款项应当上缴国库或者划入财政专户，不得以任何形式截留、私分或者变相私分。"该条规定的费用主要包括两部分：一部分是申请人民法院强制执行时的费用；另一部分是人民法院裁定执行时，强制执行所产生的费用。前一种申请费用行政机关不用缴纳；后一种费用由被执行人承担。

[复习思考题]

1. 如何理解行政诉讼的执行原则？
2. 简述行政诉讼的执行措施。
3. 简述非诉行政执行的根据和范围。
4. 试述行政诉讼的执行与非诉行政案件执行的执行条件的区别。

第十二章
行政诉讼的期间、送达和费用

〔**学习目的与要求**〕掌握行政诉讼期间、期日的概念，把握行政诉讼的期间种类、计算、期间耽误及其补救以及期日的变更、期日的耽误与处理；掌握行政诉讼送达的概念、意义及几种送达方式；了解行政诉讼费用的概念、意义、收费范围、收费标准、诉讼费用的负担、执行费用等问题。学会应对与处理行政诉讼中出现的相关问题。

第一节　行政诉讼的期间

《行政诉讼法》第 101 条明确规定："人民法院审理行政案件，关于期间、送达、财产保全、开庭审理、调解、中止诉讼、终结诉讼、简易程序、执行等，以及人民检察院对行政案件受理、审理、裁判、执行的监督，本法没有规定的，适用《中华人民共和国民事诉讼法》的相关规定。"因此，《民事诉讼法》在这些方面的规定同样适用于行政诉讼过程。

一、期间概念和意义

行政诉讼中的期间是指人民法院、当事人与其他诉讼参与人进行或完成特定诉讼行为必须遵守的期限和期日，迟误则应当承担相应的法律后果。可见，期间涵盖了期限和期日两个内容。期限是指人民法院、当事人或其他诉讼参与人单方面进行某种诉讼行为的时限，如人民法院对行政案件的审理期限、原告的起诉期限、被告提交答辩状的期限等。狭义上的期间仅指期限，广义上的期间还包括期日。

行政诉讼的期日是指人民法院、当事人与其他诉讼参与人共同进行特定诉讼行为的具体日期。如开庭审理的期日等。一般来说，按其诉讼行为种类的不同，期日可以分为准备程序期日、调查证据期日、开庭审理期日和宣判期日等。

期间与期日的区别表现在以下四个方面：

1. 期间是人民法院、当事人与其他诉讼参与人单方面进行或完成某种诉讼行为的时间限制；而期日是人民法院、当事人与其他诉讼参与人共同进行特定诉讼行为的具体时间。

2. 期间有明确的开始时间和终止时间，表现为一段时间的持续过程；期日则为时间点，表现为某一具体的时间或日期。期日仅确定诉讼行为的开始时间，该诉讼行为何时终止，由审判人员根据诉讼行为的具体情况而定。

3. 期间开始时，不一定立即实施某种诉讼行为，只要在该期限内实施均为有效；而期日到来时，则必须开始实施某种诉讼行为，即期日一旦开始，特定的诉讼行为必然发生。

4. 期间有法定期间和指定期间之分。法定期间为不变期间，非有法定事由不能变更。指定期间为可变期间，可以变更。而期日都是人民法院根据具体的诉讼情况指定的，是可以变更的。

5. 期间以时、日、月、年计算，期日以时、日计算。

确立期间、期日制度在行政诉讼中具有十分重要的意义，具体表现在以下三个方面：

1. 有利于提高行政审判效率，有利于人民法院及时、有效地处理行政案件。期间为人民法院的审判活动设定了必须遵守的时间，要求法官按期完成审判工作任务，既可增强审判人员的工作责任感，提高办案质量，也能防止和避免拖拉作风及不负责任的现象发生。

2. 规范诉讼主体的诉讼行为，保障诉讼过程的严肃性和统一性。作为一种统一诉讼行为的基本手段，期间制度一方面有利于人民法院协调各方诉讼参与人的诉讼行为，指挥整个诉讼活动，使各诉讼主体严肃认真地参与诉讼活动，另一方面也规范自己的诉讼行为，进而保障诉讼活动有秩序地顺利进行。

3. 有利于增强诉讼参与人尤其是当事人的法治观念，保护当事人的合法权益。行政诉讼涉及公民、法人或者其他组织的合法权益，同时也涉及行政管理效率及社会公共利益，设定期间可以使各诉讼主体预知自己的行为及其后果，并据此安排自己的诉讼活动，在法律规定的期限内充分、有效地行使诉讼权利，履行诉讼义务，权衡利弊，作出理性的判断与决定。

第十二章

二、期间的种类、计算、耽误及其补救

(一) 期间的种类

以期间是由法律直接规定还是由人民法院指定为标准，可以分为法定期间和指定期间两种。

1. 法定期间。法定期间是由行政诉讼法和其他法律、法规直接规定的期间。法定期间除法律另有规定的情况外，人民法院不能依职权或因当事人的要求任意改变，因而也被称为不变期间。例如，《行政诉讼法》第 46 条规定："公民、法人或者其他组织直接向人民法院提起诉讼的，应当自知道或者应当知道作出行政行为之日起 6 个月内提出。法律另有规定的除外。因不动产提起诉讼的案件自行政行为作出之日起超过 20 年，其他案件自行政行为作出之日起超过 5 年提起诉讼的，人民法院不予受理。"这里规定的都是法定起诉期间。超过法定起诉期间，法院则不受理当事人的起诉。再如，《行政诉讼法》第 85 条规定："当事人不服人民法院第一审判决的，有权在判决书送达之日起 15 日内向上一级人民法院提起上诉。当事人不服人民法院第一审裁定的，有权在裁定书送达之日起 10 日内向上一级人民法院提起上诉。逾期不提起上诉的，人民法院的第一审判决或裁定发生法律效力。"如果当事人在法定期间内不上诉，则丧失上诉权。当事人在法定期间外进行的上诉行为，是无效行为，不会产生法律后果。

2. 指定期间。指定期间是指人民法院根据案件的具体情况，依职权决定当事人或其他诉讼参与人进行或完成某种诉讼行为的期间。如人民法院指定当事人补正起诉状欠缺之处的时间等。指定期间是法定期间的必要补充，是一种可变期间。人民法院在指定期间时，应当充分考虑各方面的具体情况，灵活地决定指定期间的长短，但必须做到合理、恰当、明确，不能过长而影响案件的及时处理，也不能过短而使当事人在指定期间内难以完成诉讼行为。期间一经指定，应保证其相对稳定性，没有特殊情况不要任意改变。否则，不仅会影响当事人及其他诉讼参与人诉讼权利的行使，也可能降低审判效率，还有损司法公信力。

在诉讼理论中，根据期间的稳定性程度，又可分为不变期间和可变期间。不变期间是指人民法院、当事人以及其他诉讼参与人必须严格遵守、不可改变的期间。可变期间是指当事人可依正当理由申请延长的期间。法定期间具有确定性，非有法定的例外情形，人民法院、当事人和其他诉讼参与人都是不得变更的。因此，法定期间一般被理解为不变期间。

（二）期间的计算

期间的计算直接关系着当事人和其他诉讼参与人的诉讼权利的实现，也关系到人民法律能否在有效的时间里完成审判工作，实现预期的诉讼任务。具体而言，就是人民法院能否及时、有效、公正地审判行政案件，当事人程序上的权利，尤其是实体上的权利是否能够得到真正保护。

《民事诉讼法》第82条规定："期间包括法定期间和人民法律指定的期间。期间以时、日、月、年计算。期间开始的时和日，不计算在期间内。期间届满的最后一日是节假日的，以节假日后的第一日为期间届满的日期。期间不包括在途时间，诉讼文书在期满前交邮的，不算过期。"

据此，行政诉讼期间以时、日、月、年计算。具体的期间计算标准应按《行政诉讼法》规定或人民法院指定的具体事项来确定。在计算期间时，应注意以下几个问题：

1．期间起算点的确定。期间开始的时和日不计算在期间内。《最高人民法院关于适用〈中华人民共和国民事诉讼法〉若干问题的意见》第79条对该款作了进一步明确规定。无论法定期间还是指定期间，期间以时、日起算的，其开始的时和日不计算在期间内，应从开始时、日的次时、日起算，经过期间的实际时数或日数，即为期间届满；期间以月、年计算的，其起算以日为标准，经过期间的实际月数或年数，以与始期对应的那一日为期间届满。

2．期间终结点的确定。对于指定的期间届满日即为指定日期，但对于法定的期间届满日需要注意两种情况：①期间以月计算的，不分大月、小月；以年计算的，不分平年、闰年。期间届满日期应当是最后一个月的相当于开始月份的那一天，没有相当于开始月份的那一天的，应当是最后一个月的最后一天。例如，行政处罚决定书是2011年3月3日送达的，行政相对人提起行政诉讼的最后期限是2011年6月3日。行政处罚决定书是2011年11月30日送达的，那么行政相对人提起行政诉讼的最后期限是2012年2月29日（闰年）。②期间届满的最后一日是法定节假日的，以节假日后的第一日为期间届满日期。如果节假日在期间中间，则不予扣除。此处的节假日应为国家法定节假日，是指由法律统一规定的用以进行庆祝及度假等活动的休息时间，包括周休日和法定节日，以国务院公布的为准。但还应注意的是，当国务院对放假调休日进行调整并予以公布，某星期日照常上班的，该星期日不计入节假日的范畴，其仍为期间届满日。

3．必须扣除的时间。期间计算不包括诉讼文书的在途时间，在途时间必须扣除。所谓在途时间，是指人民法院邮寄送达文书，或者当事人邮寄诉讼文书在旅途中所用去的时间。诉讼文书在期间届满前交邮的，不论人民法院收到诉讼文书是在多少日后，都不算过期。确定期满前是否交邮，应以诉讼文书邮寄地的邮局所盖邮戳上的日期为准。扣除在途时间旨在减少因距离上的原因形成的事实上的不平等，同时，也有利于当事人在规定的时间内有效地进行诉讼活动。

（三）期间的耽误及其补救

期间的耽误是指当事人或其他诉讼参与人没有在法定期间或指定期间内完成应当完成的诉讼行为。期间耽误可能产生的法律后果包括：①实体法上的权利消灭。如《工伤保险条例》第17条第2款规定："用人单位未按前款规定提出工伤认定申请的，工伤职工或者其直系亲属、工会组织在事故伤害发生之日或者被诊断、鉴定为职业病之日起1年内，可以直接向用人单位所在地统筹地区社会保险行政部门提出工伤认定申请。"如果工伤职工或者其直系亲属、工会组织在该期间内未行使此权利，则该权利消灭。②程序权利的丧失。如对一审裁判不服的当事人未在法定期间内向人民法律提起上诉的，将丧失上诉权。③不利诉讼后果的负担。如根据《行政诉讼法》第34、67条规定，被告对作出行政行为负有举证责任，应当在收到起诉书副本之日起15日内向人民法院提交作出该行政行为的证据和所依据的规范性文件，并提出答辩状。被告不提供或者无正当理由逾期提供证据，视为没有相应证据。④审判程序违法之理由。人民法院审判人员违反期间规定，如审理案件超过审判期限的，属于程序违法，该审判人员可能被追究相关的行政责任。当然，这些制度还需要在理论上及实践中进一步完善。

耽误法定期间的法律后果会因当事人权利与义务所受影响之不同而有所区别。如果义务人因主观原因耽误了诉讼期间，应根据义务的性质具体处理。有的可能使义务人丧失某种机会，如经人民法院传票传唤，被告拒不出庭应诉，人民法院可以缺席判决；有的原则上应当由义务人继续完成未完成的诉讼行为，人民法院也可以指令他们依法继续完成诉讼行为，履行诉讼义务；法律规定了其他法律后果的，则应当依法承担法律后果。如根据《行政诉讼法》第96条的规定，行政机关在规定的期间内不执行人民法院的判决或裁定，人民法院可以从期满之日起，对该行政机关负责人按日处50~100元的罚款。

期间耽误的情况多种多样，但究其原因不外乎两种原因：即主观原因与客观原因。由于诉讼当事人自身的故意或过失造成的期间耽误属于主观原因。由于当事人意志以外的事由（如地震、洪水、车祸、生病等）造成的期间耽误属于客观原因。通常情况下，期间耽误就意味着当事人及其他诉讼参与人丧失了相应的诉讼权利或进行有关诉讼行为的资格，期间经过后，即使再行此诉讼行为，也不产生相应的法律后果。如果是因当事人意志之外的客观原因造成期间的耽误，则可予以相应的补救。《行政诉讼法》第48条规定："公民、法人或者其他组织因不可抗力或者其他不属于其自身的原因耽误起诉期限的，被耽误的时间不计算在起诉期限内。公民、法人或者其他组织因前款规定以外的其他特殊情况耽误起诉期限的，在障碍消除后的10日内，可以申请延长期限，是否准许由人民法院决定。"可见，作为一种补救措施，期限的顺延必须符合法律规定的条件：

1. 期间的耽误的主体是当事人及其他诉讼参与人。如果期间是由人民法院耽误的，如无法律的特别规定，该期间不得顺延。

2. 当事人及其他诉讼参与人耽误期限的原因是不可抗力的事由或者其他正当理由。

3. 当事人及其他诉讼参与人提出顺延期间之申请。

4. 顺延期间之申请应当在障碍消除后的10日内提出。该10日为不变期间，逾期当事人和其他诉讼参与人则不得再申请顺延。

5. 人民法院为是否准许顺延期间的决定机关。

三、期日的变更、耽误及处理

（一）期日的变更

期日是人民法院、当事人和其他诉讼参与人会合在一起进行诉讼行为的时间。在行政诉讼中，期日是实施某一诉讼行为的开始时间，其终止期日由审判人员根据具体情况决定。

期日的变更是指在期日开始前改变原来的日期，另定日期进行诉讼行为。期日确定后，如遇到特殊情况的发生，使诉讼行为无法在原定时间进行，人民法院可以根据具体情况决定变更期日。设定期日变更制度是为了应对诉讼中可能遇到的预想不到的情况发生，以制度的灵活性应对司法实践的复杂性。如果当事人及其他诉讼参与人有正当理由不能按期进行某种诉讼行为，可以向人民法院申请变更期日。人民法院如遇有不能在原定期日进行某种诉讼行为时，也可以变更期日。

变更期日后，人民法院应及时通知当事人和其他诉讼参与人，防止发生失误或造成当事人或其他诉讼参与人的损失，从而保证诉讼活动顺利进行。

（二）期日的耽误及处理

期日的耽误是指当事人和其他诉讼参与人没有按人民法院指定的期日、地点进行某种诉讼行为。对于期日没有顺延之概念，当事人和其他诉讼参与人有正当理由而耽误期日的，人民法院可以改变期日。没有正当理由耽误期日的，当事人或其他诉讼参与人应承担一定的法律后果。如《行政诉讼法》第58条规定："经人民法院传票传唤，原告无正当理由拒不到庭，或者未经法庭许可中途退庭的，可以按照撤诉处理；被告无正当理由拒不到庭的，或者未经法庭许可中途退庭的，可以缺席判决。"

第二节　行政诉讼的送达

一、送达的概念与意义

行政诉讼中的送达是指在诉讼过程中，人民法院依照法定程序和方式，以交付诉讼文书的形式，通知当事人及其他诉讼参与人相关事项的行为。送达具有以下几个法律特征：

1. 人民法院为送达的法定主体。送达的主体只能是人民法院，当事人和其他诉讼参与人向人民法院递交诉讼文书或其他文书的行为都不能称为送达。

2. 送达发生在诉讼过程中。送达是人民法院在诉讼过程中向当事人以及其他诉讼参与人所为的诉讼行为。人民法院在诉讼外向公民、法人或其他组织送交的其他文书的行为以及法院内部相互递送材料的行为同样不是送达，不能适用《行政诉讼法》有关送达的规定。

3. 送达的对象是当事人及其他诉讼参与人。

4. 送达的文书是诉讼文书或其他法律文书，包括起诉状、答辩状、上诉状、传票、通知、判决书、裁定书等，不包括人民法院之间的请求、报告和其他行政文书。人民法院与有关单位之间的报告和公函属于司法行政文书，不属于诉讼文书，不适用送达制度。

5. 送达必须依照法定程序进行。送达是一种法律行为，能够产生一定的法律后果。所以，必须按照法定的程序和方式进行，法院也不得随意创设法律规定以外的其他送达方式，否则就不是有效的送达。

6. 送达行为一旦完成，将产生相应的诉讼法和实体法上的法律效力。如当事人的诉讼或实体权利义务得以确立，期间开始计算，裁判文书生效，等等。

送达是诉讼上的一项重要制度，送达的意义主要体现在：

1. 送达是人民法院依法履行诉讼义务的重要表现。通过送达，人民法院能够有效地组织、指挥和协调诉讼活动，保证诉讼活动正常、有序地进行，使行政案件得到及时审理、及时解决。

2. 送达将诉讼文书或法律文书及时送交受送达人，可以使他们及时了解文书内容，并根据其内容确定自己的诉讼行为，及时参加诉讼活动，有效行使诉讼权利，切实履行诉讼义务，从而保护自己的合法权益，保证诉讼活动顺利地进行。

3. 送达能够明确当事人和其他诉讼参与人在规定的期间内应为的诉讼行为，有利于确认诉讼行为的法律效力。

二、送达的方式

根据我国的法律制度规定，送达的方式有直接送达、留置送达、委托送达、邮寄送达、转交送达、公告送达、电子送达等方式。

（一）直接送达

直接送达，也称交付送达、当面送达、送达人送达，是指人民法院派送达人（即法院的工作人员）直接将应送达之诉讼文书交给受送达人本人或其他代收人签收的送达方式。

直接送达是送达的基本方式，对于居住在国内的受送达人，凡是能够直接送达的都应当直接送达。尤其对于判决书、裁定书、调解书及执行通知书等可能对受送达人权益造成重大影响的诉讼文书，更应尽量采取直接送达方式，人民法院只有在客观上无法直接送达的情况下，才能选择其他送达方式。

直接送达以将应送达的文书交给受送达人本人为原则。受送达人是公民的，本人不在的交他的同住成年家属签收；受送达人是法人或者其他组织的，应当由法人的法定代表人、其他组织的主要负责人或者该法人、组织负责收件的人签收；受送达人有诉讼代理人的，可以送交其代理人签收；受送达人已向人民法院指定代收人的，送交代收人签收。

受送达人或其他代收人收到诉讼文书后，应当在送达回证上签名或者盖章，并写明收到日期。受送达人在送达回证上的签收日期为送达日期。

直接送达的优势在于：①迅速可靠，能保障诉讼活动的正常开展，诉讼程序的顺利进行；②通过直接送达，能够加强审判人员与当事人及其他诉讼参与人之间的有效沟通，形成与诉讼文书本身说理作用的功能互补，有效减少对诉讼文书公信力的不必要的质疑。③直接送达强化了诉讼程序的透明度。

（二）留置送达

留置送达是在应接受送达文书的人无正当理由拒收诉讼文书，送达人依法将送达的诉讼文书或其他法律文书留置于送达场所的送达方式。

留置送达的适用必须遵循法定的条件和程序。根据 2012 年修正的《民事诉讼法》第 86 条的规定："受送达人或者他的同住成年家属拒绝接收诉讼文书的，送达人可以邀请有关基层组织或者所在单位的代表到场，说明情况，在送达回证上注明拒收事由和日期，由送达人、见证人签名或者盖章，把诉讼文书留在受送达人的住所；也可以把诉讼文书留在受送达人的住所，并采用拍照、录像等方式记录送达过程，即视为送达。"

人民法院在留置送达时，可以根据实际情况，选择上述两种方式，完成送达行为。其中，采用拍照、录像等方式记录送达过程，通过照片或录像将送达过程完整地记录并固定下来，确保了送达过程的程序合法性。但是，人民法院在采取这种方式送达时，应当特别注意以下几点：①接受诉讼文书的人是特定的，必须有是受送达人或者其同住成年家属。受送达人的自然人的，本人不在，交受送达人的同住成年家属签收，对于居住同一住所的其他人员或者未共同居住的家属，不得适用留置送达。受送达人是法人、其他组织的，应当由法定代表人、主要负责人签收，上述人员不在，由法人、其他组织的负责收件的人签收，对于其他人员不得适用留置送达。②受送达人民或者其同住成年家属明确表示拒绝接收诉讼文书时，人民法律的送达人才可以对其适用留置送达。不得在受送达人住所无人或者没有同住成年家属时，张贴诉讼文书并拍照、录像后作为送达凭证。③留置的地点必须是受送达人的住所。不得在人民法院内部适用留置送达。审判实践中，较多时候是由送达人通知当事人到人民法院领取诉讼文书，当事人来人民法院领取诉讼文书时，也会发生拒绝接收诉讼文书的情况。遇此情况，送达人不得采取留置方式送达诉讼文书。

（三）委托送达

委托送达是指人民法院在直接送达有困难的情况下，将应由自己送达的诉讼文书委托有关人民法院代为送达的送达方式。委托送达是对直接送达的一种补充，其前提条件是受诉人民法院直接送达有困难，它一般发生于受送达人在外地，受诉人民法院派工作人员直接送达确有困难。因此，委托受送达人所在地的人民法院代为送达。委托送达应当由委托人民法院出具委托函，明确委托事项及要求，并附需要送达的诉讼文书和送达回证。委托送达函应为两联，一份寄送委托法院，一份由委托法院留存并入卷备查。

委托送达属人民法院间的相互协作，它与直接送达具有同等法律效力。

委托送达时应注意以下几个问题：

1. 委托送达中的受托法院应为同级法院或下级法院。委托时应采用直接委托的方式，跨辖区委托送达无须上级法院转递。

2. 委托法院可以一次性委托受托法院向同一受送达人送达多种诉讼文书。

3. 下列情形人民法律不宜委托送达：①受送达人地址不详或下落不明的；

②委托法院在诉讼过程中已通过公告方式向受送达人送达诉讼文书，受送达人未在诉讼过程中出现的；③委托法院通过邮寄送达方式无法送达的（受送达人签收的除外）；④受送达人主营业地、住所地、羁押地在委托法院所在的区（县）一级行政辖区的；⑤受送达人的诉讼代理人、指定代收人的住所地或工作地址在委托法院区（县）一级行政辖区的。

（四）邮寄送达

邮寄送达是指人民法院将所送达的诉讼文书通过邮局挂号信或法院专递（法院诉讼文书特快专递）形式寄给受送达人的一种送达方式，这是人民法院直接送达有困难时采用的另一种简便易行的送达方式。采取邮寄送达时，邮寄的挂号信或法院专递上应写明送达人民法院、案号、诉讼文书名称、受送达人姓名、送达地址等信息，由人民法院工作人员直接交寄邮局，邮局的挂号收据是邮局送达的凭证，受送达人在挂号回执上注明的收件日期为送达日期。

（五）转交送达

转交送达是指人民法院基于受送达人的特殊情况而将需要送达的法律文件、诉讼文书通过有关单位代为转交的送达方式。一般情况下，送达文书应交受送达人，但在特定情形下，需要通过受送达人所在单位代为转交。依据有关法律规定，转交送达适用于以下三种情形：

1. 受送达人是军人的，应通过其所在部队团以上单位的政治机关转交。

2. 受送达人是被监禁的，应通过其所在监所转交。

3. 受送达人是被采取强制性教育措施的，应通过其所在强制性教育机构转交。

代为转交的机关、单位收到诉讼文书后，必须立即转交给受送达人签收，不得以任何借口拒绝送达或扣押诉讼文书。转交送达以在送达回证上的签收日期为送达日期。

（六）公告送达

公告送达是指在受送达人下落不明，或者以其他方式无法送达的情况下，人民法院以张贴公告、登报等方式发出公告，通知受送达人在一定期间为一定诉讼行为，或将诉讼文书的内容公开告知受送达人的一种拟制送达方式。公告发出后经过一定的时间即发生法律效力。

公告送达必须是在受送达人下落不明或者用其他方式无法送达的情况下才能采用，可以运用登报、张贴告示或者利用广播、电视等传播媒介进行。公告送达的，应当在案卷中记明原因和经过，以便附卷存查。根据法律规定，自公告发出之日起经过 60 日，即视为送达。

公告送达与其他的送达方式具有同等的法律效力。如果在公告期间，受送达人或其代理人找到法院受领了诉讼文书，受领之日即为送达日期。公告送达由人民法院保管应送达的文书，以备受送达人随时领取。

（七）电子送达

电子送达是指在受送达人同意的情况下，采用传真、电子邮件等形式送达除判决书、裁定书、调解书之外的法律文书。《民事诉讼法》第87条规定："经受送达人同意，人民法院可以采用传真、电子邮件等能够确认其收悉的方式送达诉讼文书，但判决书、裁定书、调解书除外。采用前款方式送达的，以传真、电子邮件等到达受送达人特定系统的日期为送达日期。"

电子送达是随着电子通讯技术的发展而衍生出来的一种送达方式，这种送达方式在诉讼中的适用，可以提高法院工作效率，减少当事人或诉讼代理人往返法院的负担，尤其是在域外送达中具有不可替代的作用。但是，适用电子送达方式需要身份认证技术、数字签名技术以及"不可否认"机制等来保证受送达人已经"确认收悉"，否则，送达将是无效的。

适用电子送达时应注意二点：①送达方式不限于传真、电子邮件，只要是受送达人同意且能够确认受送达人收悉的方式即可。②所送达文书不能是判决书、裁定书和调解书。因为这三类文书直接影响当事人的实体及程序权利，必须以送达盖章的纸质文书为依据。

三、送达回证和送达的效力

（一）送达回证

送达回证是人民法院按照法定的格式制作的，用以证明人民法院完成送达行为的书面制式凭证。送达回证上载明了送达的程序、方式与时间，既是人民法院履行送达义务的证明，也是受送达人是否接受所送文书、送达人是否完成送达任务的凭证，同样也是判断当事人和其他诉讼参与人诉讼行为是否有效的依据。

送达回证所记载的内容包括：送达法院名称以及印章；所涉案件的案由及案号；应送达文书的名称、数量；受送达人的姓名、职务、住所；送达日期；送达人与受送达人签名、盖章、签收日期及注意事项等。对于非直接送达的，还应注明送达方式。

我国《民事诉讼法》第84条明确规定："送达诉讼文书必须有送达回证，由受送达人在送达回证上记明收到日期，签名或者盖章。受送达人在送达回证上的签收日期为送达日期。"此日期即为人民法院送达行为完成之日期，相应法律后果由此开始发生。经受送达人签字的送达回证，人民法院应及时收回并附入正卷备查。

在司法实践中也存在无须制作送达回证的例外情形，主要有：

1. 经公告送达的，在公告送达中，无须送达回证，公告的载体与内容是人民法院送达行为的证明，公告期间届满日即为送达日。

2. 依照《最高人民法院关于适用〈中华人民共和国民事诉讼法〉若干问题的意见》第90条之规定，人民法院定期宣判时，当事人拒不签收判决书、裁定书的，应视为送达，并在宣判笔录中记明。定期宣判的，宣判完毕即可要求当事人签收裁判书，如果当事人同意签收的，则也应有送达回证，在当事人拒收的情况下，可以不制作送达回证。但是，此时不制作送达回证必须满足三个条件：①仅适用于人民法院定期宣判的情形，非定期宣判的则不适用。②当事人拒绝签收人民法院的判决书、裁定书。③应当在宣判笔录中载明。

3. 以邮寄方式送达，当事人没有或拒绝寄回送达回证的，可以以邮寄回执作为送达之凭证，当事人签收邮件的日期为送达日期。

（二）送达的效力

诉讼文书或法律文书一经送达，即产生一定的法律效力。送达的法律后果主要表现在如下几个方面：

1. 诉讼文书送达后，能够引起诉讼法律关系的产生、变更或消灭。如人民法院立案后，将起诉书副本送达被告，就产生了人民法院与被告人之间的诉讼法律关系；原告申请撤诉，人民法院经审查准予撤诉的裁定书送达后，诉讼法律关系即告消灭。

2. 送达是某些法律文书产生法律关系的条件。如二审判决书一经送达，既产生实体法上的后果，又产生程序法上的后果。裁定书一经送达即产生程序法上的后果，但是并不是所有的法律文书都是一经送达即产生法律效力，例如，第一审判决送达后，只有当事人在上诉期内不上诉，即上诉期满后才能产生法律效力。

3. 诉讼文书送达后，将对受送达人产生一定的拘束力，受送达人应当在诉讼文书规定的期间内行使某种诉讼权利，履行某种诉讼义务，否则，将丧失进行某种诉讼行为的权利，或者要承担《行政诉讼法》规定的法律后果。例如，开庭通知书送达后，受送达人须准时到庭。原告经传票传唤，无正当理由拒不到庭，或者未经法庭许可中途退庭的，可以按照撤诉处理；被告无正当理由拒不到庭，或者未经法庭许可中途退庭的，可以缺席判决。

4. 送达能够使某一诉讼期间开始起算。如上诉期间自第一审判决书送达之次日开始起算。

第三节　行政诉讼的费用

一、行政诉讼费用的概念和意义

行政诉讼费用是指当事人进行行政诉讼依法应当向人民法院交纳和支付的费用。我国《行政诉讼法》第102条规定："人民法院审理行政案件，应当收取诉讼费用，诉讼费用由败诉方承担，双方都有责任的由双方分担。收取诉讼费用的具体办法另行规定。"这是人民法院审理行政案件收取诉讼费用的法律根据。

法院审理行政案件收取诉讼费是世界各国的通例。实践证明，建立一种制度合理解决费用负担问题是十分必要的。一方面，人民法院解决行政争议必然要花费一定的人力、物力和财力；另一方面，法院收取诉讼费用也是对某些行政违法行为设定的不利的法律后果，可以经济制裁的方式起到控制滥诉、减少无理缠诉的作用。我国现行的诉讼费用制度建立始于20世纪80年代初。正式在全国范围内确立统一的诉讼费用制度是以1984年8月30日最高人民法院审判委员会第203次会议通过的《民事诉讼收费办法（试行）》为标志。1989年6月29日，最高人民法院又正式通过了《人民法院诉讼收费办法》，对诉讼费用的征收范围、标准、费用的交纳、负担等作了具体规定。2006年12月29日，国务院发布第481号令，公布了《诉讼费用交纳办法》，结合我国国情以及司法实践活动，对诉讼费用的收取进行了进一步改进与完善。该办法自2007年4月1日起施行，在诉讼活动中发挥着重要作用。

人民法院审理行政案件依法收取诉讼费用的意义在于：①减少国家财政开支，减轻人民群众的负担；②增强公民、法人或者其他组织的法治观念，减少滥诉和无理缠诉行为，减少由此种行为而导致的人力、财力、物力浪费现象的发生；③促进行政机关依法行政，促使行政机关认真负责地处理各种行政纠纷，加强行政机关及其工作人员对自身行为的监督与约束；④有利于保障当事人或其他诉讼参与人依法行使诉讼权利，履行诉讼义务；⑤有利于实现国家交往中的对等原则，维护国家的主权和经济利益。

二、行政诉讼收费范围与标准

（一）行政诉讼收费范围

概括而言，人民法院审理行政案件所收费用包括案件受理费和其他诉讼费用。

1. 案件受理费。这是人民法院决定受理行政案件，由原告按规定向法院预交的费用。这是诉讼费用中最主要的部分，具有国家"规费"的性质，须全部上缴国家财政。可见，案件受理费的交纳是诉讼活动开始的重要条件之一。

根据《诉讼费用交纳办法》第6条的规定："当事人应当向人民法院交纳的诉讼费用包括：①案件受理费；②申请费；③证人、鉴定人、翻译人员、理算人员在人民法院指定日期出庭发生的交通费、住宿费、生活费和误工补贴。"其中，根据《诉讼费用交纳办法》第7条的规定，案件受理费包括：①第一审案件受理费；②第二审案件受理费；③再审案件中，依照本办法规定需要交纳的案件受理费。

但是，根据《诉讼费用交纳办法》第8条的规定，下列案件不交纳案件受理费：①依照《民事诉讼法》规定的特别程序审理的案件；②裁定不予受理、驳回起诉、驳回上诉的案件；③对不予受理、驳回起诉和管辖权异议裁定不服，提起上诉的案件；④行政赔偿案件。

《诉讼费用交纳办法》第9条规定，人民法院按照审判监督程序审理的案件，当事人不交纳案件受理费。但是，下列情形除外：①当事人有新的证据，足以推翻原判决、裁定，向人民法院申请再审，人民法院经审查决定再审的案件；②当事人对人民法院第一审判决或者裁定未提出上诉，第一审判决、裁定或者调解书发生法律效力后又申请再审，人民法院经审查决定再审的案件。

2. 其他诉讼费用。这是指除案件受理费之外，人民法院在审理行政案件中实际耗费的需当事人支付的费用。包括当事人依法向人民法院申请执行人民法院发生法律效力的判决、裁定及行政附带民事诉讼中的调解协议财产部分，或者向人民法院申请保全措施应当交纳的申请费，以及证人、鉴定人、翻译人员、理算人员在人民法院指定日期出庭发生的交通费、住宿费、生活费和误工补贴；当事人复制案件卷宗材料和法律文书所产生的工本费。

（二）行政诉讼收费标准

按照《诉讼费用交纳办法》的收费标准不同，可将人民法院受理的案件分为五类：财产案件、财产保全案件、执行案件、非财产案件以及其他案件，五类案件的受理费标准不一，交纳标准因案件内容不同而有所不同。有的按诉讼标的金额大小交纳，即根据诉讼请求的金额或者价额，按照一定比例分段累计交纳。如财产案件、执行案件、财产保全案件、非财产案件中涉及财产金额或者价额部分超过一定额度的部分。有的按件交纳，如非财产案件、没有争议金额或者价额的知识产权民事案件、劳动争议案件、行政案件以及当事人提出案件管辖权异议，异议不成立的案件。按件交纳的受理费也因案件内容之不同而有所不同。

1. 根据《诉讼费用交纳办法》的规定，财产案件的收费标准根据诉讼请求的金额或者价额，按照下列一定比例分段累计交纳，具体标准为：①不超过1万元的，每件交纳50元；②超过1万元至10万元的部分，按照2.5%交纳；③超过10万元至20万元的部分，按照2%交纳；④超过20万元至50万元的部分，按照1.5%交纳；⑤超过50万元至100万元部分，按照1%交纳；⑥超过100万元至200万元的部分，按照0.9%交纳；⑦超过200万元至500万元的部分，按照0.8%交纳；⑧超过500万元至1000万元的部分，按照0.7%交纳；⑨超过1000万元至2000万元的部分，按照0.6%交纳；⑩超过2000万元的部分，按照0.5%交纳。

2. 非财产案件按照下列标准交纳：①离婚案件。每件交纳50~300元，涉及财产分割，财产总额不超过20万元的，不另行交纳；超过20万元的部分，按照0.5%交纳；②侵害姓名权、名称权、肖像权、名誉权以及其他人格权的案件。每件交纳100~500元。涉及损害赔偿，赔偿金额不超过5万的，不另行收费；超过5万元至10万元的部分，按照1%交纳；超过10万元的部分，按照0.5%交纳；③其他非财产案件。每件交纳50~100元。

3. 知识产权民事案件。没有争议金额或价额的，每件交纳500~1000元；有争议金额或者价额的，按照财产案件的标准交纳。

4. 劳动争议案件每件交纳10元。

5. 行政案件的受理费按照下列标准交纳：①商标、专利、海事行政案件每件交纳100元。②其他行政案件每件交纳50元。另外，2014年修正的《行政诉讼法》已将政府特许经营协议、土地、房屋等征收征用补偿协议以及其他行政协议纳入受案范围。公民、法人或其他组织认为行政机关不依法履行、未按照约定履行或者违法变更、解除上述行政协议的，人民法院应当依法受理。其中，对行政机关不依法履行、未按照约定履行协议提起诉讼的，诉讼费用准用民事案件交纳标准；对行政机关单方变更、解除协议等行为提起诉讼的，诉讼费用适用行政案件交纳标准。

6. 当事人提出案件管辖权异议，异议不成立的，每件交纳50~100元。省、自治区、直辖市人民政府可以结合本地实际情况在对财产案件、知识产权民事案件以及当事人提出管辖权异议、异议不成立的案件规定的幅度内制定具体交纳标准。

7. 当事人申请执行人民法院发生法律效力的行政判决、裁定及附带民事诉讼中的调解协议财产部分，所产生的申请费在执行结束后由被执行人交纳。

具体收费标准如下：①没有执行金额或者价额的，每件交纳 50 元或 500 元。②执行金额或者价额不超过 1 万元的，每件交纳 50 元；超过 1 万元至 50 万元的部分，按照 1.5% 交纳；超过 50 万元至 500 万元的部分，按照 1% 交纳；超过 500 万元至 1000 万元的部分，按照 0.1% 交纳。

8. 当事人向人民法院申请诉讼保全措施应交纳的申请费根据实际保全的财产数额按照下列标准交纳：财产数额不超过 1000 元或者不涉及财产数额的，每件交纳 30 无；超过 1000 元至 10 万元的部分，按照 1% 交纳；超过 10 万元的部分，按照 0.5% 交纳。但是，当事人申请保全措施交纳的费用最多不超过 5000 元。

9. 证人、鉴定人、翻译人员、理算人员在人民法院指定日期出庭发生的交通费、住宿费、生活费和误工补贴，待实际发生后，由人民法院按照国家规定标准代为收取。当事人复制案件卷宗材料和法律文书，应当按实际成本向人民法院交纳的工本费。

三、行政诉讼费用的负担

《行政诉讼法》第 102 条规定："诉讼费用由败诉方承担，双方都有责任的由双方负担。"这是对行政诉讼费用负担的原则规定，《诉讼费用交纳办法》的规定将此原则具体化，使得诉讼收费更具可操作性。

1. 诉讼费用由败诉方负担，胜诉方自愿承担的除外。

2. 按比例负担。部分胜诉、部分败诉的，人民法院根据案件具体情况决定当事人各自负担的诉讼费用数额。共同诉讼当事人败诉的，人民法院根据其对诉讼标的的利害关系，决定当事人各自负担的诉讼费用数额。第二审人民法院改变第一审人民法院作出的判决、裁定的，应当相应地变更第一审人民法院对诉讼费用负担的决定。

3. 行政案件的被告改变或者撤销具体行政行为，原告申请撤诉，人民法院准许的，案件受理费由被告负担。

4. 当事人在法庭调查终结后提出减少诉讼请求数额的，减少请求数额部分的案件受理费由变更诉讼请求的当事人负担。向人民法院申请保全措施的申请费由申请人负担。申请人提起诉讼的，可以将该申请费列入诉讼请求。

四、行政诉讼费用的缓交、减交和免交

诉讼费用的缓交、减交、免交是指依照法律规定应当交纳诉讼费用，由于当事人经济上确有困难，无力负担或暂时无力负担以及无力负担全部诉讼费用而对他们采取的司法救助办法。

为了确保经济上确有困难的当事人能够充分行使其诉讼权利，《诉讼费用

交纳办法》第 44 条规定："当事人交纳诉讼费用确有困难的，可以依照本办法向人民法院申请缓交、减交或者免交诉讼费用的司法救助。诉讼费用的免交只适用于自然人。"当事人申请司法救助，应当在起诉或者上诉时提交书面申请、足以证明其确有经济困难的证明材料以及其他相关证明材料。因生活困难或者追索基本生活费用免交、减交诉讼费用的，还应当提供本人及其家庭经济状况符合当地民政、劳动保障等部门规定的公民经济困难标准的证明。

经审查后，当事人的情况符合规定的救助条件，人民法院应当准予免交、减交或者缓交诉讼费用。人民法院对当事人的司法救助申请不予批准的，应当向当事人书面说明理由。

[本章思考题]

1. 什么是期间？期间在行政诉讼中有什么意义？
2. 送达的方式有哪些？送达制度对保护当事人的权益有何意义？
3. 建立行政诉讼费用交纳制度有何意义？
4. 行政诉讼的费用负担原则是什么？

第十三章
涉外行政诉讼

[**学习目的与要求**] 了解涉外行政诉讼的基本特点，掌握涉外行政诉讼的特别规定。

第一节　涉外行政诉讼的概述

一、涉外行政诉讼的概念

涉外行政诉讼，是指外国人、无国籍人、外国组织作为当事人一方在我国进行的行政诉讼。即外国人、无国籍人、外国组织认为我国行政机关及其工作人员的具体行政行为侵犯其合法权益的，依照我国行政诉讼法以及其他有关法律、法规的规定，向人民法院提起诉讼，由人民法院依法对该行政行为进行审查裁判的诉讼活动。

涉外行政诉讼具有以下几个特征：

1. 原告或第三人是外国人、无国籍人或者外国组织。涉外行政诉讼的根本特征在于诉讼当事人的涉外性。涉外行政诉讼当事人的涉外性就是原告或者第三人是：①外国人，即在我国境内具有外国国籍的自然人；②无国籍人，指在我国境内不具有任何国家国籍或者国籍不明的自然人；③外国组织，包括外国的法人或者其他组织。

2. 被诉行政行为发生在我国领域内。涉外行政诉讼审查的行政行为，必须是发生在我国领域内，作出具体行政行为的主体，应是我国的行政机关或法律、法规、规章授权的组织。

3. 涉外行政案件由我国的人民法院依法定诉讼程序进行审理裁判。涉外行政案件由我国的人民法院管辖，在诉讼程序上，依照我国行政诉讼程序规则进行，并依据我国有关行政行为的法律规范对案件实体问题进行审理、作出裁决。

4. 原则与具体制度具有特殊性。涉外行政诉讼当事人的涉外性决定了涉外行政诉讼原则与具体制度上有一定的特殊性。例如，涉外行政诉讼要求实行国民待遇原则、对等原则，另外，在涉外行政诉讼的委托律师代理诉讼、期间、送达方式等方面都有一些不同于非涉外行政诉讼的规定。

二、涉外行政诉讼的范围

根据《行政诉讼法》第 99、100 条的规定，外国人、无国籍人、外国组织在我国进行行政诉讼，适用我国行政诉讼法，同中华人民共和国公民、组织有同等的诉讼权利和诉讼义务。我国的人民法院依据行政诉讼法关于受案范围的一般规定以及司法解释，受理涉外行政案件。那么，外国人、无国籍人、外国组织认为中华人民共和国具有国家行政职权的机关和组织及其工作人员的具体行政行为侵犯其合法权益的，可以依照行政诉讼法以及其他有关法律、法规的规定，向人民法院提起行政诉讼。

第二节　涉外行政诉讼的原则

一、国民待遇原则

《行政诉讼法》第 99 条第 1 款规定："外国人、无国籍人、外国组织在中华人民共和国进行行政诉讼，同中华人民共和国公民、组织有同等的诉讼权利和义务。"这就是国际法上国民待遇原则在涉外行政诉讼中的体现，它要求在诉讼权利和诉讼义务方面给予本国境内的外国公民或组织相同于本国公民或组织享有的待遇。即在涉外行政诉讼中的外国人和外国组织，享有和承担与我国公民、组织在行政诉讼中同样内容、范围与性质的诉讼权利和诉讼义务。不能因其外国人身份而增设权利或减少义务，也不能因此而限制权利或增加义务。

国民待遇原则是现代国际关系的基本原则之一，体现了主权国家之间平等互惠的友好交往关系。各国政治经济制度和文化传统存在差异，必然导致法律制度上的不同，任何外国公民或组织不能以自己国家规定的权利义务标准要求别国。本国境内的外国公民或组织享有与本国公民或组织同等的诉讼权利和义务，是对主权国家的法律体制的尊重。

二、对等原则

《行政诉讼法》第 99 条第 2 款规定："外国法院对中华人民共和国公民、组织的行政诉讼权利加以限制的，人民法院对该国公民、组织的行政诉讼权利，实行对等原则。"这个原则的含义是：

1. 中国公民、组织在外国进行行政诉讼，应享有与该国公民、组织同等的诉讼权利，即该国对中国公民、组织实行国民待遇。如果在诉讼权利方面，中国公民、组织享有的待遇低于该国公民、组织的待遇，则构成对中国公民、组织诉讼权利的限制。

2. 对等原则是诉讼权利的限制方面的对等。也就是说，只有在外国对中国公民、组织的行政诉讼权利加以限制时，才适用对等原则。当中国公民、组织在外国进行行政诉讼，依据该国法律享有与该国公民、组织相同的诉讼权利，并且其诉讼权利内容比我国法律规定的诉讼权利内容更为广泛时，该国公民、组织不能因此在我国的行政诉讼中要求享有那些更为广泛多样的诉讼权利。即对等原则不适用于诉讼权利的赋予方面。

3. 实行对等原则要根据具体情况加以分析决定。我国的行政诉讼法与外国的行政诉讼法内容有所差异，如果外国法院对我国公民、组织的诉讼权利加以限制，我国法律也有相应的规定，可以就相同的内容实行对等限制；如果外国法院对我国公民、组织诉讼权利的限制内容在我国行政诉讼法中没有相应的制度规定，则应当以相近内容或相同性质的规定实行限制。

对等原则是国民待遇原则的必要补充。按照国民待遇原则的要求，我国给予外国公民、组织与我国公民、组织同等的行政诉讼权利，相应的，我国也要求外国给予中国公民、组织与其本国公民、组织同等的诉讼权利，不得在法律上歧视、限制中国公民、组织，这是主权国家间平等交往的体现。

第三节 涉外行政诉讼的特殊制度

《行政诉讼法》第九章"涉外行政诉讼"直接规定的特殊制度范围比较有限，对于本章没有明确涉及的制度，根据《行政诉讼法》第101条的规定："人民法院审理行政案件，关于期间、送达、财产保全、开庭审理、调解、中止诉讼、终结诉讼、简易程序、执行等，以及人民检察院对行政案件受理、审理、裁判、执行的监督，本法没有规定的，适用《中华人民共和国民事诉讼法》的相关规定。"据此，我们可以参照《民事诉讼法》第四编"涉外民事诉讼程序的特别规定"，对涉外行政诉讼的代理、期间、送达等特殊制度予以进一步明确。

一、涉外行政诉讼的代理

《行政诉讼法》第100条规定："外国人、无国籍人、外国组织在中华人民共和国进行行政诉讼，委托律师代理诉讼的，应当委托中华人民共和国律师机构的律师。"本条对涉外行政诉讼中外国人与外国组织委托律师进行诉讼作了特别规定。结合行政诉讼法的其他有关规定，外国当事人在我国进行行政诉讼的诉讼代理人制度主要有以下几点内容：

1. 外国当事人在我国进行行政诉讼，有权委托诉讼代理人代理诉讼。

2. 外国当事人在我国进行行政诉讼，如果要委托律师以律师身份或名义代理诉讼、担任诉讼代理人，只能委托我国律师机构的律师。这是外国人委托律师代理诉讼的限制性规定。根据我国的律师制度规定，外国律师不得以律师名义在我国代理诉讼和出庭。

3. 外国当事人在我国进行行政诉讼，如果要委托诉讼代理人，可以委托我国律师，也可以委托除律师以外的其他人作为诉讼代理人。

另外，外国当事人委托诉讼代理人时，从中国域外寄交或托交的授权委托书，还应当具备特定的形式要件才能产生效力。这一点虽然在《行政诉讼法》中没有明确规定，但是根据《行政诉讼法》第 100 条并参照《民事诉讼法》的规定，在中华人民共和国领域内没有住所的外国人、无国籍人、外国企业和组织委托中华人民共和国律师或者其他人代理诉讼，从中华人民共和国领域外寄交或者托交的授权委托书，应当经所在国公证机关证明，并经中华人民共和国驻该国使领馆认证，或者履行中华人民共和国与该所在国订立的有关条约中规定的证明手续后，才具有效力。

二、涉外行政诉讼的期间和送达

涉外行政诉讼的期间和送达，原则上应按照行政诉讼法的一般规定执行。针对当事人的域外居住这一特殊情况，考虑到通讯、交通等不便的因素，为了便于当事人行使诉讼权利，承担诉讼义务，保证诉讼程序的顺利进行和裁决的执行，维护当事人的合法权益，可以根据《行政诉讼法》第 101 条的规定，参照《民事诉讼法》第四编"涉外民事诉讼程序的特别规定"，在期间和送达等方面给予特别对待。

（一）涉外行政诉讼的期间

涉外行政诉讼的期间可以依法给予特别延长。特别延长的规定一般适用于当事人居住在我国境外的情形，因此，涉外行政诉讼中，如果当事人在我国境内已有住所的，则不能延长有关期间。特别延长的期间包括：

1. 不服一审人民法院判决、裁定的上诉期间。在国内没有住所的当事人，不服一审判决、裁定的，其上诉期限为自判决书、裁定书送达之日起 30 日内，而不是一般的 15 日或 10 日。

如果一个案件涉及分别居住在我国领域内和领域外的两个以上当事人，对于在国内居住的当事人，不适用特别延长期间，而仍然适用一般规定期间；对于在国外居住的当事人，则适用特别延长期间。那么，不服一审人民法院判决或裁定的，对在国内有住所的当事人，上诉期间为 15 日或 10 日，即适用一般规定期间；对在国内没有住所的当事人，适用特别延长期间，上诉期间为 30 日。各当事人的上诉期间均已届满没有上诉的，一审人民法院的判决或裁定即发生法律效力。

2. 被上诉人提出答辩状的期间。如果在国内没有住所的当事人提出上诉，被上诉人在收到上诉状副本以后，提出答辩状的期间为 30 日，而不是一般的 15 日。

3. 送达期间。对居住域外的当事人送达有关诉讼法律文书时，如果采用的是邮寄送达方式，自邮寄之日起满 3 个月，送达回证没有退回，但根据各种情况足以认定已经送达的，期间届满之日视为送达；如果采用公告送达的方式，则公告之日起满 3 个月，即视为送达，而不是一般规定的 60 日。

涉外行政诉讼期间的特别延长，还涉及一个问题，即人民法院审理涉外行政案件是否适用关于审理期间的一般规定。《行政诉讼法》对该问题亦无明确说明。《民事诉讼法》第 270 条直接规定："人民法院审理涉外民事案件的期间，不受本法第 149 条、第 176 条规定的限制。"这里《民事诉讼法》第 149 条和 176 条分别规定的是一审普通程序和二审的审理期间。根据《行政诉讼法》第 101 条的规定精神，人民法院审理涉外行政案件，似可参照上述《民事诉讼法》第 270 条的规定，一审普通程序和二审的审理期间也可以不受《行政诉讼法》相关规定的限制。

（二）涉外行政诉讼的送达

涉外行政诉讼的送达适用于在中华人民共和国领域内没有住所的当事人，实际上指两种当事人：在我国境内没有住所的外国人、无国籍人和外国组织等以及在我国境内没有住所的我国公民。

涉外行政诉讼的法律文书送达方式，参照《民事诉讼法》第四编"涉外民事诉讼程序的特别规定"，具体情形有以下几种：

1. 依照受送达人所在国与中华人民共和国缔结或者共同参加的国际条约中规定的方式送达。

2. 通过外交途径送达。

3. 对具有中华人民共和国国籍的受送达人，可以委托中华人民共和国驻受送达人所在国的使领馆代为送达。

4. 向受送达人委托的有权代其接受送达的诉讼代理人送达。

5. 向受送达人在中华人民共和国领域内设立的代表机构或者有权接受送达的分支机构、业务代办人送达。

6. 受送达人所在国的法律允许邮寄送达的，可以邮寄送达，自邮寄之日起满 3 个月，送达回证没有退回，但根据各种情况足以认定已经送达的，期间届满之日视为送达。

7. 采用传真、电子邮件等能够确认受送达人收悉的方式送达。

8. 公告送达。必须是在上述 7 种方式都不能使用的情况下，才可以采用公告送达方式，自公告之日起满 3 个月，即视为送达。

[复习思考题]

1. 如何认定行政诉讼具有涉外性质？

2. 涉外行政诉讼应当遵循哪些基本原则？

3. 涉外行政诉讼有哪些特殊制度？

第十三章

附录一
相关法律、法规与司法解释

中华人民共和国行政诉讼法

(1989 年 4 月 4 日第七届全国人民代表大会第二次会议通过。根据 2014 年 11 月 1 日第十二届全国人民代表大会常务委员会第十一次会议《全国人民代表大会常务委员会关于修改〈中华人民共和国行政诉讼法〉的决定》修正，自 2015 年 5 月 1 日起施行)

目 录
第一章 总则
第二章 受案范围
第三章 管辖
第四章 诉讼参加人
第五章 证据
第六章 起诉和受理
第七章 审理和判决
  第一节 一般规定
  第二节 第一审普通程序
  第三节 简易程序
  第四节 第二审程序
  第五节 审判监督程序
第八章 执行
第九章 涉外行政诉讼
第十章 附则

第一章　总　则

第一条　为保证人民法院公正、及时审理行政案件，解决行政争议，保护公民、法人和其他组织的合法权益，监督行政机关依法行使职权，根据宪法，制定本法。

第二条　公民、法人或者其他组织认为行政机关和行政机关工作人员的行政行为侵犯其合法权益，有权依照本法向人民法院提起诉讼。

前款所称行政行为，包括法律、法规、规章授权的组织作出的行政行为。

第三条　人民法院应当保障公民、法人和其他组织的起诉权利，对应当受理的行政案件依法受理。

行政机关及其工作人员不得干预、阻碍人民法院受理行政案件。

被诉行政机关负责人应当出庭应诉。不能出庭的，应当委托行政机关相应的工作人员出庭。

第四条　人民法院依法对行政案件独立行使审判权，不受行政机关、社会团体和个人的干涉。

人民法院设行政审判庭，审理行政案件。

第五条　人民法院审理行政案件，以事实为根据，以法律为准绳。

第六条　人民法院审理行政案件，对行政行为是否合法进行审查。

第七条　人民法院审理行政案件，依法实行合议、回避、公开审判和两审终审制度。

第八条　当事人在行政诉讼中的法律地位平等。

第九条　各民族公民都有用本民族语言、文字进行行政诉讼的权利。

在少数民族聚居或者多民族共同居住的地区，人民法院应当用当地民族通用的语言、文字进行审理和发布法律文书。

人民法院应当对不通晓当地民族通用的语言、文字的诉讼参与人提供翻译。

第十条　当事人在行政诉讼中有权进行辩论。

第十一条　人民检察院有权对行政诉讼实行法律监督。

第二章　受案范围

第十二条　人民法院受理公民、法人或者其他组织提起的下列诉讼：

（一）对行政拘留、暂扣或者吊销许可证和执照、责令停产停业、没收违法所得、没收非法财物、罚款、警告等行政处罚不服的；

（二）对限制人身自由或者对财产的查封、扣押、冻结等行政强制措施和行政强制执行不服的；

（三）申请行政许可，行政机关拒绝或者在法定期限内不予答复，或者对行政机关作出的有关行政许可的其他决定不服的；

（四）对行政机关作出的关于确认土地、矿藏、水流、森林、山岭、草原、荒地、滩涂、海域等自然资源的所有权或者使用权的决定不服的；

（五）对征收、征用决定及其补偿决定不服的；

（六）申请行政机关履行保护人身权、财产权等合法权益的法定职责，行政机关拒绝履行或者不予答复的；

（七）认为行政机关侵犯其经营自主权或者农村土地承包经营权、农村土地经营权的；

（八）认为行政机关滥用行政权力排除或者限制竞争的；

（九）认为行政机关违法集资、摊派费用或者违法要求履行其他义务的；

（十）认为行政机关没有依法支付抚恤金、最低生活保障待遇或者社会保险待遇的；

（十一）认为行政机关不依法履行、未按照约定履行或者违法变更、解除政府特许经营协议、土地房屋征收补偿协议等协议的；

（十二）认为行政机关侵犯其他人身权、财产权等合法权益的。

除前款规定外，人民法院受理法律、法规规定可以提起诉讼的其他行政案件。

第十三条　人民法院不受理公民、法人或者其他组织对下列事项提起的诉讼：

（一）国防、外交等国家行为；

（二）行政法规、规章或者行政机关制定、发布的具有普遍约束力的决定、命令；

（三）行政机关对行政机关工作人员的奖惩、任免等决定；

（四）法律规定由行政机关最终裁决的行政行为。

第三章　管辖

第十四条　基层人民法院管辖第一审行政案件。

第十五条　中级人民法院管辖下列第一审行政案件：

（一）对国务院部门或者县级以上地方人民政府所作的行政行为提起诉讼的案件；

（二）海关处理的案件；

（三）本辖区内重大、复杂的案件。

（四）其他法律规定由中级人民法院管辖的案件。

第十六条　高级人民法院管辖本辖区内重大、复杂的第一审行政案件。

第十七条　最高人民法院管辖全国范围内重大、复杂的第一审行政案件。

第十八条　行政案件由最初作出行政行为的行政机关所在地人民法院管辖。经复议的案件，也可以由复议机关所在地人民法院管辖。

经最高人民法院批准，高级人民法院可以根据审判工作的实际情况，确定若干人民法院跨行政区域管辖行政案件。

第十九条　对限制人身自由的行政强制措施不服提起的诉讼，由被告所在地或者原告所在地人民法院管辖。

第二十条　因不动产提起的行政诉讼，由不动产所在地人民法院管辖。

第二十一条　两个以上人民法院都有管辖权的案件，原告可以选择其中一个人民法院提起诉讼。原告向两个以上有管辖权的人民法院提起诉讼的，由最先立案的人民法院管辖。

第二十二条　人民法院发现受理的案件不属于本院管辖的，应当移送有管辖权的人民法院，受移送的人民法院应当受理。受移送的人民法院认为受移送的案件按照规定不属于本院管辖的，应当报请上级人民法院指定管辖，不得再自行移送。

第二十三条　有管辖权的人民法院由于特殊原因不能行使管辖权的，由上级人民法院指定管辖。

人民法院对管辖权发生争议，由争议双方协商解决。协商不成的，报它们的共同上级人民法院指定管辖。

第二十四条　上级人民法院有权审理下级人民法院管辖的第一审行政案件。

下级人民法院对其管辖的第一审行政案件，认为需要由上级人民法院审理或者指定管辖的，可以报请上级人民法院决定。

第四章　诉讼参加人

第二十五条　行政行为的相对人以及其他与行政行为有利害关系的公民、法人或者其他组织，有权提起诉讼。

有权提起诉讼的公民死亡，其近亲属可以提起诉讼。

有权提起诉讼的法人或者其他组织终止，承受其权利的法人或者其他组织可以提起诉讼。

第二十六条　公民、法人或者其他组织直接向人民法院提起诉讼的，作出行政行为的行政机关是被告。

经复议的案件，复议机关决定维持原行政行为的，作出原行政行为的行政机关和复议机关是共同被告；复议机关改变原行政行为的，复议机关是被告。

复议机关在法定期限内未作出复议决定，公民、法人或者其他组织起诉原行政行为的，作出原行政行为的行政机关是被告；起诉复议机关不作为的，复议机关是被告。

两个以上行政机关作出同一行政行为的，共同作出行政行为的行政机关是共同被告。

行政机关委托的组织所作的行政行为，委托的行政机关是被告。

行政机关被撤销或者职权变更的，继续行使其职权的行政机关是被告。

第二十七条　当事人一方或双方为2人以上，因同一行政行为发生的行政案件，或者因同类行政行为发生的行政案件、人民法院认为可以合并审理并经当事人同意的，为共同诉讼。

第二十八条　当事人一方人数众多的共同诉讼，可以由当事人推选代表人进行诉讼。代表人的诉讼行为对其所代表的当事人发生效力，但代表人变更、放弃诉讼请求或者承认对方当事人的诉讼请求，应当经被代表的当事人同意。

第二十九条　公民、法人或者其他组织同被诉行政行为有利害关系但没有提起诉讼，或者同案件处理结果有利害关系的，可以作为第三人申请参加诉讼，或者由人民法院通知参加诉讼。

人民法院判决第三人承担义务或者减损第三人权益的，第三人有权依法提起上诉。

第三十条 没有诉讼行为能力的公民，由其法定代理人代为诉讼。法定代理人互相推诿代理责任的，由人民法院指定其中一人代为诉讼。

第三十一条 当事人、法定代理人，可以委托1~2人作为诉讼代理人。

下列人员可以被委托为诉讼代理人：

（一）律师、基层法律服务工作者；

（二）当事人的近亲属或者工作人员；

（三）当事人所在社区、单位以及有关社会团体推荐的公民。

第三十二条 代理诉讼的律师，有权按照规定查阅、复制本案有关材料，有权向有关组织和公民调查，收集与本案有关的证据。对涉及国家秘密、商业秘密和个人隐私的材料，应当依照法律规定保密。

当事人和其他诉讼代理人有权按照规定查阅、复制本案庭审材料，但涉及国家秘密、商业秘密和个人隐私的内容除外。

第五章 证据

第三十三条 证据包括：

（一）书证；

（二）物证；

（三）视听资料；

（四）电子数据；

（五）证人证言；

（六）当事人的陈述；

（七）鉴定意见；

（八）勘验笔录、现场笔录。

以上证据经法庭审查属实，才能作为认定案件事实的根据。

第三十四条 被告对作出的行政行为负有举证责任，应当提供作出该行政行为的证据和所依据的规范性文件。

被告不提供或者无正当理由逾期提供证据，视为没有相应证据。但是，被诉行政行为涉及第三人合法权益，第三人提供证据的除外。

第三十五条 在诉讼过程中，被告及其诉讼代理人不得自行向原告、第三人和证人收集证据。

第三十六条 被告在作出行政行为时已经收集了证据，但因不可抗力等正当事由不能提供的，经人民法院准许，可以延期提供。

原告或者第三人提出了其在行政处理程序中没有提出的理由或者证据的，经人民法院准许，被告可以补充证据。

第三十七条 原告可以提供证明行政行为违法的证据。原告提供的证据不成立的，不免除被告的举证责任。

第三十八条　在起诉被告不履行法定职责的案件中，原告应当提供其向被告提出申请的证据。但有下列情形之一的除外：

（一）被告应当依职权主动履行法定职责的；

（二）原告因正当理由不能提供证据的。

在行政赔偿、补偿的案件中，原告应当对行政行为造成的损害提供证据。因被告的原因导致原告无法举证的，由被告承担举证责任。

第三十九条　人民法院有权要求当事人提供或者补充证据。

第四十条　人民法院有权向有关行政机关以及其他组织、公民调取证据。但是，不得为证明行政行为的合法性调取被告作出行政行为时未收集的证据。

第四十一条　与本案有关的下列证据，原告或者第三人不能自行收集的，可以申请人民法院调取：

（一）由国家机关保存而须由人民法院调取的证据；

（二）涉及国家秘密、商业秘密和个人隐私的证据；

（三）确因客观原因不能自行收集的其他证据。

第四十二条　在证据可能灭失或者以后难以取得的情况下，诉讼参加人可以向人民法院申请保全证据，人民法院也可以主动采取保全措施。

第四十三条　证据应当在法庭上出示，并由当事人互相质证。对涉及国家秘密、商业秘密和个人隐私的证据，不得在公开开庭时出示。

人民法院应当按照法定程序，全面、客观地审查核实证据。对未采纳的证据应当在裁判文书中说明理由。

以非法手段取得的证据，不得作为认定案件事实的根据。

第六章　起诉和受理

第四十四条　对属于人民法院受案范围的行政案件，公民、法人或者其他组织可以先向行政机关申请复议，对复议决定不服的，再向人民法院提起诉讼；也可以直接向人民法院提起诉讼。

法律、法规规定应当先向行政机关申请复议，对复议决定不服再向人民法院提起诉讼的，依照法律、法规的规定。

第四十五条　公民、法人或者其他组织不服复议决定的，可以在收到复议决定书之日起15日内向人民法院提起诉讼。复议机关逾期不作决定的，申请人可以在复议期满之日起15日内向人民法院提起诉讼。法律另有规定的除外。

第四十六条　公民、法人或者其他组织直接向人民法院提起诉讼的，应当自知道或者应当知道作出行政行为之日起6个月内提出。法律另有规定的除外。

因不动产提起诉讼的案件自行政行为作出之日起超过20年，其他案件自行政行为作出之日起超过5年提起诉讼的，人民法院不予受理。

第四十七条　公民、法人或者其他组织申请行政机关履行保护其人身权、财产权等合法权益的法定职责，行政机关在接到申请之日起 2 个月内不履行的，公民、法人或者其他组织可以向人民法院提起诉讼。法律、法规对行政机关履行职责的期限另有规定的，从其规定。

公民、法人或者其他组织在紧急情况下请求行政机关履行保护其人身权、财产权等合法权益的法定职责，行政机关不履行的，提起诉讼不受前款规定期限的限制。

第四十八条　公民、法人或者其他组织因不可抗力或者其他不属于其自身的原因耽误起诉期限的，被耽误的时间不计算在起诉期限内。

公民、法人或者其他组织因前款规定以外的其他特殊情况耽误起诉期限的，在障碍消除后 10 日内，可以申请延长期限，是否准许由人民法院决定。

第四十九条　提起诉讼应当符合下列条件：

（一）原告是符合本法第 25 条规定的公民、法人或者其他组织；

（二）有明确的被告；

（三）有具体的诉讼请求和事实根据；

（四）属于人民法院受案范围和受诉人民法院管辖。

第五十条　起诉应当向人民法院递交起诉状，并按照被告人数提出副本。

书写起诉状确有困难的，可以口头起诉，由人民法院记入笔录，出具注明日期的书面凭证，并告知对方当事人。

第五十一条　人民法院在接到起诉状时对符合本法规定的起诉条件的，应当登记立案。

对当场不能判定是否符合本法规定的起诉条件的，应当接收起诉状，出具注明收到日期的书面凭证，并在 7 日内决定是否立案。不符合起诉条件的，作出不予立案的裁定。裁定书应当载明不予立案的理由。原告对裁定不服的，可以提起上诉。

起诉状内容欠缺或者有其他错误的，应当给予指导和释明，并一次性告知当事人需要补正的内容。不得未经指导和释明即以起诉不符合条件为由不接收起诉状。

对于不接收起诉状、接收起诉状后不出具书面凭证，以及不一次性告知当事人需要补正的起诉状内容的，当事人可以向上级人民法院投诉，上级人民法院应当责令改正，并对直接负责的主管人员和其他直接责任人员依法给予处分。

第五十二条　人民法院既不立案，又不作出不予立案裁定的，当事人可以向上一级人民法院起诉。上一级人民法院认为符合起诉条件的，应当立案、审理，也可以指定其他下级人民法院立案、审理。

第五十三条　公民、法人或者其他组织认为行政行为所依据的国务院部门和地方人民政府及其部门制定的规范性文件不合法，在对行政行为提起诉讼时，可以一并请求对该规范性文件进行审查。

前款规定的规范性文件不含规章。

第七章 审理和判决

第一节 一般规定

第五十四条 人民法院公开审理行政案件，但涉及国家秘密、个人隐私和法律另有规定的除外。

涉及商业秘密的案件，当事人申请不公开审理的，可以不公开审理。

第五十五条 当事人认为审判人员与本案有利害关系或者有其他关系可能影响公正审判，有权申请审判人员回避。

审判人员认为自己与本案有利害关系或者有其他关系，应当申请回避。

前两款规定，适用于书记员、翻译人员、鉴定人、勘验人。

院长担任审判长时的回避，由审判委员会决定；审判人员的回避，由院长决定；其他人员的回避，由审判长决定。当事人对决定不服的，可以申请复议一次。

第五十六条 诉讼期间，不停止行政行为的执行。但有下列情形之一的，裁定停止执行：

（一）被告认为需要停止执行的；

（二）原告或者利害关系人申请停止执行，人民法院认为该行政行为的执行会造成难以弥补的损失，并且停止执行不损害国家利益、社会公共利益的；

（三）人民法院认为该行政行为的执行会给国家利益、社会公共利益造成重大损害的；

（四）法律、法规规定停止执行的。

当事人对停止执行或者不停止执行的裁定不服的，可以申请复议一次。

第五十七条 人民法院对起诉行政机关没有依法支付抚恤金、最低生活保障金和工伤、医疗社会保险金的案件，权利义务关系明确、不先予执行将严重影响原告生活的，可以根据原告的申请，裁定先予执行。

当事人对先予执行裁定不服的，可以申请复议一次。复议期间不停止裁定的执行。

第五十八条 经人民法院传票传唤，原告无正当理由拒不到庭，或者未经法庭许可中途退庭的，可以按照撤诉处理；被告无正当理由拒不到庭，或者未经法庭许可中途退庭的，可以缺席判决。

第五十九条 诉讼参与人或者其他人有下列行为之一的，人民法院可以根据情节轻重，予以训诫、责令具结悔过或者处 1 万元以下的罚款、15 日以下的拘留；构成犯罪的，依法追究刑事责任：

（一）有义务协助调查、执行的人，对人民法院的协助调查决定、协助执行通知书，无故推拖、拒绝或者妨碍调查、执行的；

（二）伪造、隐藏、毁灭证据或者提供虚假证明材料，妨碍人民法院审理案件的；

（三）指使、贿买、胁迫他人作伪证或者威胁、阻止证人作证的；

（四）隐藏、转移、变卖、毁损已被查封、扣押、冻结的财产的；

（五）以欺骗、胁迫等非法手段使原告撤诉的；

（六）以暴力、威胁或者其他方法阻碍人民法院工作人员执行职务，或者以哄闹、冲击法庭等方法扰乱人民法院工作秩序的；

（七）对人民法院审判人员或者其他工作人员、诉讼参与人、协助调查和执行的人员恐吓、侮辱、诽谤、诬陷、殴打、围攻或者打击报复的。

人民法院对有前款规定的行为之一的单位，可以对其主要负责人或者直接责任人员依照前款规定予以罚款、拘留；构成犯罪的，依法追究刑事责任。

罚款、拘留须经人民法院院长批准。当事人不服的，可以向上一级人民法院申请复议一次。复议期间不停止执行。

第六十条　人民法院审理行政案件，不适用调解。但是，行政赔偿、补偿以及行政机关行使法律、法规规定的自由裁量权的案件可以调解。

调解应当遵循自愿、合法原则，不得损害国家利益、社会公共利益和他人合法权益。

第六十一条　在涉及行政许可、登记、征收、征用和行政机关对民事争议所作的裁决的行政诉讼中，当事人申请一并解决相关民事争议的，人民法院可以一并审理。

在行政诉讼中，人民法院认为行政案件的审理需以民事诉讼的裁判为依据的，可以裁定中止行政诉讼。

第六十二条　人民法院对行政案件宣告判决或者裁定前，原告申请撤诉的，或者被告改变其所作的行政行为，原告同意并申请撤诉的，是否准许，由人民法院裁定。

第六十三条　人民法院审理行政案件，以法律和行政法规、地方性法规为依据。地方性法规适用于本行政区域内发生的行政案件。

人民法院审理民族自治地方的行政案件，并以该民族自治地方的自治条例和单行条例为依据。

人民法院审理行政案件，参照规章。

第六十四条　人民法院在审理行政案件中，经审查认为本法第53条规定的规范性文件不合法的，不作为认定行政行为合法的依据，并向制定机关提出处理建议。

第六十五条　人民法院应当公开发生法律效力的判决书、裁定书，供公众查阅，但涉及国家秘密、商业秘密和个人隐私的内容除外。

第六十六条　人民法院在审理行政案件中，认为行政机关的主管人员、直接责任人员违法违纪的，应当将有关材料移送监察机关、该行政机关或者其上一级行政机关；认为有犯罪行为的，应当将有关材料移送公安、检察机关。

人民法院对被告经传票传唤无正当理由拒不到庭，或者未经法庭许可中途退庭的，可以将被告拒不到庭或者中途退庭的情况予以公告，并可以向监察机关或者被告的上一级行政机关提出依法给予其主要负责人或者直接责任人员处分的司法建议。

第二节　第一审普通程序

第六十七条　人民法院应当在立案之日起5日内，将起诉状副本发送被告。被告应当在收到起诉状副本之日起 15 日内向人民法院提交作出行政行为的证据和所依据的规范性文件，并提出答辩状。人民法院应当在收到答辩状之日起 5 日内，将答辩状副本发送原告。

被告不提出答辩状的，不影响人民法院审理。

第六十八条　人民法院审理行政案件，由审判员组成合议庭，或者由审判员、陪审员组成合议庭。合议庭的成员，应当是 3 人以上的单数。

第六十九条　行政行为证据确凿，适用法律、法规正确，符合法定程序的，或者原告申请被告履行法定职责或者给付义务理由不成立的，人民法院判决驳回原告的诉讼请求。

第七十条　行政行为有下列情形之一的，人民法院判决撤销或者部分撤销，并可以判决被告重新作出行政行为：

（一）主要证据不足的；

（二）适用法律、法规错误的；

（三）违反法定程序的；

（四）超越职权的；

（五）滥用职权的；

（六）明显不当的。

第七十一条　人民法院判决被告重新作出行政行为的，被告不得以同一的事实和理由作出与原行政行为基本相同的行政行为。

第七十二条　人民法院经过审理，查明被告不履行法定职责的，判决被告在一定期限内履行。

第七十三条　人民法院经过审理，查明被告依法负有给付义务的，判决被告履行给付义务。

第七十四条　行政行为有下列情形之一的，人民法院判决确认违法，但不撤销行政行为：

（一）行政行为依法应当撤销，但撤销会给国家利益、社会公共利益造成重大损害的；

（二）行政行为程序轻微违法，但对原告权利不产生实际影响的。

行政行为有下列情形之一，不需要撤销或者判决履行的，人民法院判决确认违法：

（一）行政行为违法，但不具有可撤销内容的；

（二）被告改变原违法行政行为，原告仍要求确认原行政行为违法的；

（三）被告不履行或者拖延履行法定职责，判决履行没有意义的。

第七十五条　行政行为有实施主体不具有行政主体资格或者没有依据等重大且明显违法情形，原告申请确认行政行为无效的，人民法院判决确认无效。

第七十六条　人民法院判决确认违法或者无效的，可以同时判决责令被告采取补救措施；给原告造成损失的，依法判决被告承担赔偿责任。

第七十七条　行政处罚明显不当，或者其他行政行为涉及对款额的确定、认定确有错误的，人民法院可以判决变更。

人民法院判决变更，不得加重原告的义务或者减损原告的权益。但利害关系人同为原告，且诉讼请求相反的除外。

第七十八条 被告不依法履行、未按照约定履行或者违法变更、解除本法第 12 条第 1 款第 11 项规定的协议的，人民法院判决被告承担继续履行、采取补救措施或者赔偿损失等责任。

被告变更、解除本法第 12 条第 1 款第 11 项规定的协议合法，但未依法给予补偿的，人民法院判决给予补偿。

第七十九条 复议机关与作出原行政行为的行政机关为共同被告的案件，人民法院应当对复议决定和原行政行为一并作出裁判。

第八十条 人民法院对公开审理和不公开审理的案件，一律公开宣告判决。

当庭宣判的，应当在 10 日内发送判决书；定期宣判的，宣判后立即发给判决书。

宣告判决时，必须告知当事人上诉权利、上诉期限和上诉的人民法院。

第八十一条 人民法院应当在立案之日起 6 个月内作出第一审判决。有特殊情况需要延长的，由高级人民法院批准，高级人民法院审理第一审案件需要延长的，由最高人民法院批准。

第三节 简易程序

第八十二条 人民法院审理下列第一审行政案件，认为事实清楚、权利义务关系明确、争议不大的，可以适用简易程序：

（一）被诉行政行为是依法当场作出的；

（二）案件涉及款额 2000 元以下的；

（三）属于政府信息公开案件的。

除前款规定以外的第一审行政案件，当事人各方同意适用简易程序的，可以适用简易程序。

发回重审、按照审判监督程序再审的案件不适用简易程序。

第八十三条 适用简易程序审理的行政案件，由审判员一人独任审理，并应当在立案之日起 45 日内审结。

第八十四条 人民法院在审理过程中，发现案件不宜适用简易程序的，裁定转为普通程序。

第四节 第二审程序

第八十五条 当事人不服人民法院第一审判决的，有权在判决书送达之日起 15 日内向上一级人民法院提起上诉。当事人不服人民法院第一审裁定的，有权在裁定书送达之日起 10 日内向上一级人民法院提起上诉。逾期不提起上诉的，人民法院的第一审判决或者裁定发生法律效力。

第八十六条 人民法院对上诉案件，应当组成合议庭，开庭审理。经过阅卷、调查和询问当事人，对没有提出新的事实、证据或者理由，合议庭认为不需要开庭审理的，也可以不开庭审理。

第八十七条 人民法院审理上诉案件，应当对原审人民法院的判决、裁定和被诉行政行为进行全面审查。

第八十八条 人民法院审理上诉案件，应当在收到上诉状之日起 3 个月内作出终审判决。有特殊情况需要延长的，由高级人民法院批准，高级人民法院审理上诉案件需要延长的，由最高人民法院批准。

第八十九条 人民法院审理上诉案件，按照下列情形，分别处理：

（一）原判决、裁定认定事实清楚，适用法律、法规正确的，判决或者裁定驳回上诉，维持原判决、裁定；

（二）原判决、裁定认定事实错误或者适用法律、法规错误的，依法改判、撤销或者变更；

（三）原判决认定基本事实不清、证据不足的，发回原审人民法院重审，或者查清事实后改判；

（四）原判决遗漏当事人或者违法缺席判决等严重违反法定程序的，裁定撤销原判决，发回原审人民法院重审。

原审人民法院对发回重审的案件作出判决后，当事人提起上诉的，第二审人民法院不得再次发回重审。

人民法院审理上诉案件，需要改变原审判决的，应当同时对被诉行政行为作出判决。

第五节　审判监督程序

第九十条 当事人对已经发生法律效力的判决、裁定，认为确有错误的，可以向上一级人民法院申请再审，但判决、裁定不停止执行。

第九十一条 当事人的申请符合下列情形之一的，人民法院应当再审：

（一）不予立案或者驳回起诉确有错误的；

（二）有新的证据，足以推翻原判决、裁定的；

（三）原判决、裁定认定事实的主要证据不足、未经质证或者系伪造的；

（四）原判决、裁定适用法律、法规确有错误的；

（五）违反法律规定的诉讼程序，可能影响公正审判的；

（六）原判决、裁定遗漏诉讼请求的；

（七）据以作出原判决、裁定的法律文书被撤销或者变更的；

（八）审判人员在审理该案件时有贪污受贿、徇私舞弊、枉法裁判行为的。

第九十二条 各级人民法院院长对本院已经发生法律效力的判决、裁定，发现有本法第91 条规定情形之一，或者发现调解违反自愿原则或者调解书内容违法，认为需要再审的，应当提交审判委员会讨论决定。

最高人民法院对地方各级人民法院已经发生法律效力的判决、裁定，上级人民法院对下级人民法院已经发生法律效力的判决、裁定，发现有本法第91 条规定情形之一，或者发现调解违反自愿原则或者调解书内容违法的，有权提审或者指令下级人民法院再审。

第九十三条　最高人民检察院对各级人民法院已经发生法律效力的判决、裁定，上级人民检察院对下级人民法院已经发生法律效力的判决、裁定，发现有本法第 91 条规定情形之一，或者发现调解书损害国家利益、社会公共利益的，应当提出抗诉。

地方各级人民检察院对同级人民法院已经发生法律效力的判决、裁定，发现有本法第 91 条规定情形之一，或者发现调解书损害国家利益、社会公共利益的，可以向同级人民法院提出检察建议，并报上级人民检察院备案；也可以提请上级人民检察院向同级人民法院提出抗诉。

各级人民检察院对审判监督程序以外的其他审判程序中审判人员的违法行为，有权向同级人民法院提出检察建议。

第八章　执行

第九十四条　当事人必须履行人民法院发生法律效力的判决、裁定、调解书。

第九十五条　公民、法人或者其他组织拒绝履行判决、裁定、调解书的，行政机关或者第三人可以向第一审人民法院申请强制执行，或者由行政机关依法强制执行。

第九十六条　行政机关拒绝履行判决、裁定、调解书的，第一审人民法院可以采取下列措施：

（一）对应当归还的罚款或者应当给付的款额，通知银行从该行政机关的账户内划拨；

（二）在规定期限内不履行的，从期满之日起，对该行政机关负责人按日处 50 元至 100 元的罚款；

（三）将行政机关拒绝履行的情况予以公告；

（四）向监察机关或者该行政机关的上一级行政机关提出司法建议。接受司法建议的机关，根据有关规定进行处理，并将处理情况告知人民法院；

（五）拒不履行判决、裁定、调解书，社会影响恶劣的，可以对该行政机关直接负责的主管人员和其他直接责任人员予以拘留；情节严重，构成犯罪的，依法追究刑事责任。

第九十七条　公民、法人或者其他组织对行政行为在法定期间不提起诉讼又不履行的，行政机关可以申请人民法院强制执行，或者依法强制执行。

第九章　涉外行政诉讼

第九十八条　外国人、无国籍人、外国组织在中华人民共和国进行行政诉讼，适用本法。法律另有规定的除外。

第九十九条　外国人、无国籍人、外国组织在中华人民共和国进行行政诉讼，同中华人民共和国公民、组织有同等的诉讼权利和义务。

外国法院对中华人民共和国公民、组织的行政诉讼权利加以限制的，人民法院对该国公民、组织的行政诉讼权利，实行对等原则。

第一百条　外国人、无国籍人、外国组织在中华人民共和国进行行政诉讼，委托律师代理诉讼的，应当委托中华人民共和国律师机构的律师。

第十章 附则

第一百零一条 人民法院审理行政案件，关于期间、送达、财产保全、开庭审理、调解、中止诉讼、终结诉讼、简易程序、执行等，以及人民检察院对行政案件受理、审理、裁判、执行的监督，本法没有规定的，适用《中华人民共和国民事诉讼法》的相关规定。

第一百零二条 人民法院审理行政案件，应当收取诉讼费用。诉讼费用由败诉方承担，双方都有责任的由双方分担。收取诉讼费用的具体办法另行规定。

第一百零三条 本法自 1990 年 10 月 1 日起施行。

最高人民法院
关于适用《中华人民共和国行政诉讼法》若干问题的解释

法释〔2015〕9 号

（2015 年 4 月 20 日最高人民法院审判委员会第 1648 次会议通过，自 2015 年 5 月 1 日起施行）

为正确适用第十二届全国人民代表大会常务委员会第十一次会议决定修改的《中华人民共和国行政诉讼法》，结合人民法院行政审判工作实际，现就有关条款的适用问题解释如下：

第一条 人民法院对符合起诉条件的案件应当立案，依法保障当事人行使诉讼权利。

对当事人依法提起的诉讼，人民法院应当根据行政诉讼法第 51 条的规定，一律接收起诉状。能够判断符合起诉条件的，应当当场登记立案；当场不能判断是否符合起诉条件的，应当在接收起诉状后 7 日内决定是否立案；7 日内仍不能作出判断的，应当先予立案。

起诉状内容或者材料欠缺的，人民法院应当一次性全面告知当事人需要补正的内容、补充的材料及期限。在指定期限内补正并符合起诉条件的，应当登记立案。当事人拒绝补正或者经补正仍不符合起诉条件的，裁定不予立案，并载明不予立案的理由。

当事人对不予立案裁定不服的，可以提起上诉。

第二条 行政诉讼法第 49 条第 3 项规定的"有具体的诉讼请求"是指：

（一）请求判决撤销或者变更行政行为；

（二）请求判决行政机关履行法定职责或者给付义务；

（三）请求判决确认行政行为违法；

（四）请求判决确认行政行为无效；

（五）请求判决行政机关予以赔偿或者补偿；

（六）请求解决行政协议争议；

（七）请求一并审查规章以下规范性文件；

（八）请求一并解决相关民事争议；

（九）其他诉讼请求。

当事人未能正确表达诉讼请求的，人民法院应当予以释明。

第三条　有下列情形之一，已经立案的，应当裁定驳回起诉：

（一）不符合行政诉讼法第 49 条规定的；

（二）超过法定起诉期限且无正当理由的；

（三）错列被告且拒绝变更的；

（四）未按照法律规定由法定代理人、指定代理人、代表人为诉讼行为的；

（五）未按照法律、法规规定先向行政机关申请复议的；

（六）重复起诉的；

（七）撤回起诉后无正当理由再行起诉的；

（八）行政行为对其合法权益明显不产生实际影响的；

（九）诉讼标的已为生效裁判所羁束的；

（十）不符合其他法定起诉条件的。

人民法院经过阅卷、调查和询问当事人，认为不需要开庭审理的，可以迳行裁定驳回起诉。

第四条　公民、法人或者其他组织依照行政诉讼法第 47 条第 1 款的规定，对行政机关不履行法定职责提起诉讼的，应当在行政机关履行法定职责期限届满之日起 6 个月内提出。

第五条　行政诉讼法第 3 条第 3 款规定的"行政机关负责人"，包括行政机关的正职和副职负责人。行政机关负责人出庭应诉的，可以另行委托 1~2 名诉讼代理人。

第六条　行政诉讼法第 26 条第 2 款规定的"复议机关决定维持原行政行为"，包括复议机关驳回复议申请或者复议请求的情形，但以复议申请不符合受理条件为由驳回的除外。

行政诉讼法第 26 条第 2 款规定的"复议机关改变原行政行为"，是指复议机关改变原行政行为的处理结果。

第七条　复议机关决定维持原行政行为的，作出原行政行为的行政机关和复议机关是共同被告。原告只起诉作出原行政行为的行政机关或者复议机关的，人民法院应当告知原告追加被告。原告不同意追加的，人民法院应当将另一机关列为共同被告。

第八条　作出原行政行为的行政机关和复议机关为共同被告的，以作出原行政行为的行政机关确定案件的级别管辖。

第九条　复议机关决定维持原行政行为的，人民法院应当在审查原行政行为合法性的同时，一并审查复议程序的合法性。

作出原行政行为的行政机关和复议机关对原行政行为合法性共同承担举证责任，可以由其中一个机关实施举证行为。复议机关对复议程序的合法性承担举证责任。

第十条　人民法院对原行政行为作出判决的同时，应当对复议决定一并作出相应判决。

人民法院判决撤销原行政行为和复议决定的，可以判决作出原行政行为的行政机关重新作出行政行为。

人民法院判决作出原行政行为的行政机关履行法定职责或者给付义务的，应当同时判决撤销复议决定。

原行政行为合法、复议决定违反法定程序的，应当判决确认复议决定违法，同时判决驳回原告针对原行政行为的诉讼请求。

原行政行为被撤销、确认违法或者无效，给原告造成损失的，应当由作出原行政行为的行政机关承担赔偿责任；因复议程序违法给原告造成损失的，由复议机关承担赔偿责任。

第十一条　行政机关为实现公共利益或者行政管理目标，在法定职责范围内，与公民、法人或者其他组织协商订立的具有行政法上权利义务内容的协议，属于行政诉讼法第 12 条第 1 款第 11 项规定的行政协议。

公民、法人或者其他组织就下列行政协议提起行政诉讼的，人民法院应当依法受理：

（一）政府特许经营协议；

（二）土地、房屋等征收征用补偿协议；

（三）其他行政协议。

第十二条　公民、法人或者其他组织对行政机关不依法履行、未按照约定履行协议提起诉讼的，参照民事法律规范关于诉讼时效的规定；对行政机关单方变更、解除协议等行为提起诉讼的，适用行政诉讼法及其司法解释关于起诉期限的规定。

第十三条　对行政协议提起诉讼的案件，适用行政诉讼法及其司法解释的规定确定管辖法院。

第十四条　人民法院审查行政机关是否依法履行、按照约定履行协议或者单方变更、解除协议是否合法，在适用行政法律规范的同时，可以适用不违反行政法和行政诉讼法强制性规定的民事法律规范。

第十五条　原告主张被告不依法履行、未按照约定履行协议或者单方变更、解除协议违法，理由成立的，人民法院可以根据原告的诉讼请求判决确认协议有效、判决被告继续履行协议，并明确继续履行的具体内容；被告无法继续履行或者继续履行已无实际意义的，判决被告采取相应的补救措施；给原告造成损失的，判决被告予以赔偿。

原告请求解除协议或者确认协议无效，理由成立的，判决解除协议或者确认协议无效，并根据合同法等相关法律规定作出处理。

被告因公共利益需要或者其他法定理由单方变更、解除协议，给原告造成损失的，判决被告予以补偿。

第十六条　对行政机关不依法履行、未按照约定履行协议提起诉讼的，诉讼费用准用民事案件交纳标准；对行政机关单方变更、解除协议等行为提起诉讼的，诉讼费用适用行政案件交纳标准。

第十七条　公民、法人或者其他组织请求一并审理行政诉讼法第 61 条规定的相关民事争议，应当在第一审开庭审理前提出；有正当理由的，也可以在法庭调查中提出。

有下列情形之一的，人民法院应当作出不予准许一并审理民事争议的决定，并告知当事人可以依法通过其他渠道主张权利：

（一）法律规定应当由行政机关先行处理的；

（二）违反民事诉讼法专属管辖规定或者协议管辖约定的；

（三）已经申请仲裁或者提起民事诉讼的；

（四）其他不宜一并审理的民事争议。

对不予准许的决定可以申请复议一次。

第十八条　人民法院在行政诉讼中一并审理相关民事争议的，民事争议应当单独立案，由同一审判组织审理。

审理行政机关对民事争议所作裁决的案件，一并审理民事争议的，不另行立案。

第十九条　人民法院一并审理相关民事争议，适用民事法律规范的相关规定，法律另有规定的除外。

当事人在调解中对民事权益的处分，不能作为审查被诉行政行为合法性的根据。

行政争议和民事争议应当分别裁判。当事人仅对行政裁判或者民事裁判提出上诉的，未上诉的裁判在上诉期满后即发生法律效力。第一审人民法院应当将全部案卷一并移送第二审人民法院，由行政审判庭审理。第二审人民法院发现未上诉的生效裁判确有错误的，应当按照审判监督程序再审。

第二十条　公民、法人或者其他组织请求人民法院一并审查行政诉讼法第53条规定的规范性文件，应当在第一审开庭审理前提出；有正当理由的，也可以在法庭调查中提出。

第二十一条　规范性文件不合法的，人民法院不作为认定行政行为合法的依据，并在裁判理由中予以阐明。作出生效裁判的人民法院应当向规范性文件的制定机关提出处理建议，并可以抄送制定机关的同级人民政府或者上一级行政机关。

第二十二条　原告请求被告履行法定职责的理由成立，被告违法拒绝履行或者无正当理由逾期不予答复的，人民法院可以根据行政诉讼法第72条的规定，判决被告在一定期限内依法履行原告请求的法定职责；尚需被告调查或者裁量的，应当判决被告针对原告的请求重新作出处理。

第二十三条　原告申请被告依法履行支付抚恤金、最低生活保障待遇或者社会保险待遇等给付义务的理由成立，被告依法负有给付义务而拒绝或者拖延履行义务且无正当理由的，人民法院可以根据行政诉讼法第73条的规定，判决被告在一定期限内履行相应的给付义务。

第二十四条　当事人向上一级人民法院申请再审，应当在判决、裁定或者调解书发生法律效力后6个月内提出。有下列情形之一的，自知道或者应当知道之日起6个月内提出：

（一）有新的证据，足以推翻原判决、裁定的；

（二）原判决、裁定认定事实的主要证据是伪造的；

（三）据以作出原判决、裁定的法律文书被撤销或者变更的；

（四）审判人员审理该案件时有贪污受贿、徇私舞弊、枉法裁判行为的。

第二十五条　有下列情形之一的，当事人可以向人民检察院申请抗诉或者检察建议：

（一）人民法院驳回再审申请的；

（二）人民法院逾期未对再审申请作出裁定的；

（三）再审判决、裁定有明显错误的。

人民法院基于抗诉或者检察建议作出再审判决、裁定后，当事人申请再审的，人民法院不予立案。

第二十六条　2015年5月1日前起诉期限尚未届满的，适用修改后的行政诉讼法关于起诉期限的规定。

2015年5月1日前尚未审结案件的审理期限，适用修改前的行政诉讼法关于审理期限的规定。依照修改前的行政诉讼法已经完成的程序事项，仍然有效。

对2015年5月1日前发生法律效力的判决、裁定或者行政赔偿调解书不服申请再审，或者人民法院依照审判监督程序再审的，程序性规定适用修改后的行政诉讼法的规定。

第二十七条　最高人民法院以前发布的司法解释与本解释不一致的，以本解释为准。

最高人民法院
关于人民法院登记立案若干问题的规定

法释〔2015〕8号

（2015年4月13日最高人民法院审判委员会第1647次会议通过，自2015年5月1日起施行）

为保护公民、法人和其他组织依法行使诉权，实现人民法院依法、及时受理案件，根据《中华人民共和国民事诉讼法》《中华人民共和国行政诉讼法》《中华人民共和国刑事诉讼法》等法律规定，制定本规定。

第一条　人民法院对依法应该受理的一审民事起诉、行政起诉和刑事自诉，实行立案登记制。

第二条　对起诉、自诉，人民法院应当一律接收诉状，出具书面凭证并注明收到日期。

对符合法律规定的起诉、自诉，人民法院应当当场予以登记立案。

对不符合法律规定的起诉、自诉，人民法院应当予以释明。

第三条　人民法院应当提供诉状样本，为当事人书写诉状提供示范和指引。

当事人书写诉状确有困难的，可以口头提出，由人民法院记入笔录。符合法律规定的，予以登记立案。

第四条　民事起诉状应当记明以下事项：

（一）原告的姓名、性别、年龄、民族、职业、工作单位、住所、联系方式，法人或者其他组织的名称、住所和法定代表人或者主要负责人的姓名、职务、联系方式；

（二）被告的姓名、性别、工作单位、住所等信息，法人或者其他组织的名称、住所等信息；

（三）诉讼请求和所根据的事实与理由；

（四）证据和证据来源；

（五）有证人的，载明证人姓名和住所。

行政起诉状参照民事起诉状书写。

第五条 刑事自诉状应当记明以下事项：

（一）自诉人或者代为告诉人、被告人的姓名、性别、年龄、民族、文化程度、职业、工作单位、住址、联系方式；

（二）被告人实施犯罪的时间、地点、手段、情节和危害后果等；

（三）具体的诉讼请求；

（四）致送的人民法院和具状时间；

（五）证据的名称、来源等；

（六）有证人的，载明证人的姓名、住所、联系方式等。

第六条 当事人提出起诉、自诉的，应当提交以下材料：

（一）起诉人、自诉人是自然人的，提交身份证明复印件；起诉人、自诉人是法人或者其他组织的，提交营业执照或者组织机构代码证复印件、法定代表人或者主要负责人身份证明书；法人或者其他组织不能提供组织机构代码的，应当提供组织机构被注销的情况说明；

（二）委托起诉或者代为告诉的，应当提交授权委托书、代理人身份证明、代为告诉人身份证明等相关材料；

（三）具体明确的足以使被告或者被告人与他人相区别的姓名或者名称、住所等信息；

（四）起诉状原本和与被告或者被告人及其他当事人人数相符的副本；

（五）与诉请相关的证据或者证明材料。

第七条 当事人提交的诉状和材料不符合要求的，人民法院应当一次性书面告知在指定期限内补正。

当事人在指定期限内补正的，人民法院决定是否立案的期间，自收到补正材料之日起计算。

当事人在指定期限内没有补正的，退回诉状并记录在册；坚持起诉、自诉的，裁定或者决定不予受理、不予立案。

经补正仍不符合要求的，裁定或者决定不予受理、不予立案。

第八条 对当事人提出的起诉、自诉，人民法院当场不能判定是否符合法律规定的，应当作出以下处理：

（一）对民事、行政起诉，应当在收到起诉状之日起 7 日内决定是否立案；

（二）对刑事自诉，应当在收到自诉状次日起 15 日内决定是否立案；

（三）对第三人撤销之诉，应当在收到起诉状之日起 30 日内决定是否立案；

（四）对执行异议之诉，应当在收到起诉状之日起 15 日内决定是否立案。

人民法院在法定期间内不能判定起诉、自诉是否符合法律规定的，应当先行立案。

第九条 人民法院对起诉、自诉不予受理或者不予立案的，应当出具书面裁定或者决定，并载明理由。

第十条 人民法院对下列起诉、自诉不予登记立案：

（一）违法起诉或者不符合法律规定的；

（二）涉及危害国家主权和领土完整的；

（三）危害国家安全的；

（四）破坏国家统一和民族团结的；

（五）破坏国家宗教政策的；

（六）所诉事项不属于人民法院主管的。

第十一条 登记立案后，当事人未在法定期限内交纳诉讼费的，按撤诉处理，但符合法律规定的缓、减、免交诉讼费条件的除外。

第十二条 登记立案后，人民法院立案庭应当及时将案件移送审判庭审理。

第十三条 对立案工作中存在的不接收诉状、接收诉状后不出具书面凭证、不一次性告知当事人补正诉状内容，以及有案不立、拖延立案、干扰立案、既不立案又不作出裁定或者决定等违法违纪情形，当事人可以向受诉人民法院或者上级人民法院投诉。

人民法院应当在受理投诉之日起 15 日内，查明事实，并将情况反馈当事人。发现违法违纪行为的，依法依纪追究相关人员责任；构成犯罪的，依法追究刑事责任。

第十四条 为方便当事人行使诉权，人民法院提供网上立案、预约立案、巡回立案等诉讼服务。

第十五条 人民法院推动多元化纠纷解决机制建设，尊重当事人选择人民调解、行政调解、行业调解、仲裁等多种方式维护权益，化解纠纷。

第十六条 人民法院依法维护登记立案秩序，推进诉讼诚信建设。对干扰立案秩序、虚假诉讼的，根据民事诉讼法、行政诉讼法有关规定予以罚款、拘留；构成犯罪的，依法追究刑事责任。

第十七条 本规定的"起诉"，是指当事人提起民事、行政诉讼；"自诉"，是指当事人提起刑事自诉。

第十八条 强制执行和国家赔偿申请登记立案工作，按照本规定执行。

上诉、申请再审、刑事申诉、执行复议和国家赔偿申诉案件立案工作，不适用本规定。

第十九条 人民法庭登记立案工作，按照本规定执行。

第二十条 本规定自 2015 年 5 月 1 日起施行。以前有关立案的规定与本规定不一致的，按照本规定执行。

最高人民法院
关于执行《中华人民共和国行政诉讼法》
若干问题的解释

(1999 年 11 月 24 日最高人民法院审判委员会第 1088 次会议通过，自 2000 年 3 月 10 日起施行)

为正确理解和适用《中华人民共和国行政诉讼法》（以下简称行政诉讼法），现结合行政审判工作实际，对执行行政诉讼法的若干问题作出如下解释：

一、受案范围

第一条 公民、法人或者其他组织对具有国家行政职权的机关和组织及其工作人员的行政行为不服，依法提起诉讼的，属于人民法院行政诉讼的受案范围。

公民、法人或者其他组织对下列行为不服提起诉讼的，不属于人民法院行政诉讼的受案范围：

（一）行政诉讼法第 12 条规定的行为；

（二）公安、国家安全等机关依照刑事诉讼法的明确授权实施的行为；

（三）调解行为以及法律规定的仲裁行为；

（四）不具有强制力的行政指导行为；

（五）驳回当事人对行政行为提起申诉的重复处理行为；

（六）对公民、法人或者其他组织权利义务不产生实际影响的行为。

第二条 行政诉讼法第 12 条第 1 项规定的国家行为，是指国务院、中央军事委员会、国防部、外交部等根据宪法和法律的授权，以国家的名义实施的有关国防和外交事务的行为，以及经宪法和法律授权的国家机关宣布紧急状态、实施戒严和总动员等行为。

第三条 行政诉讼法第 12 条第 2 项规定的"具有普遍约束力的决定、命令"，是指行政机关针对不特定对象发布的能反复适用的行政规范性文件。

第四条 行政诉讼法第 12 条第 3 项规定的"对行政机关工作人员的奖惩、任免等决定"，是指行政机关作出的涉及该行政机关公务员权利义务的决定。

第五条 行政诉讼法第 12 条第 4 项规定的"法律规定由行政机关最终裁决的具体行政行为"中的"法律"，是指全国人民代表大会及其常务委员会制定、通过的规范性文件。

二、管 辖

第六条 各级人民法院行政审判庭审理行政案件和审查行政机关申请执行其具体行政行为的案件。

专门人民法院、人民法庭不审理行政案件，也不审查和执行行政机关申请执行其具体行政行为的案件。

第七条 复议决定有下列情形之一的，属于行政诉讼法规定的"改变原具体行政行为"：

（一）改变原具体行政行为所认定的主要事实和证据的；

（二）改变原具体行政行为所适用的规范依据且对定性产生影响的；

（三）撤销、部分撤销或者变更原具体行政行为处理结果的。

第八条 有下列情形之一的，属于行政诉讼法第 14 条第 3 项规定的"本辖区内重大、复杂的案件"：

（一）被告为县级以上人民政府，但以县级人民政府名义办理不动产物权登记的案件除外；

（二）社会影响重大的共同诉讼、代表人诉讼案件；

（三）重大涉外或者涉及香港特别行政区、澳门特别行政区、台湾地区的案件；

（四）其他重大、复杂案件。

第九条 行政诉讼法第 18 条规定的"原告所在地"，包括原告的户籍所在地、经常居住地和被限制人身自由地。

行政机关基于同一事实既对人身又对财产实施行政处罚或者采取行政强制措施的，被限制人身自由的公民、被扣押或者没收财产的公民、法人或者其他组织对上述行为均不服的，既可以向被告所在地人民法院提起诉讼，也可以向原告所在地人民法院提起诉讼，受诉人民法院可一并管辖。

第十条 当事人提出管辖异议，应当在接到人民法院应诉通知之日起 10 日内以书面形式提出。

对当事人提出的管辖异议，人民法院应当进行审查。异议成立的，裁定将案件移送有管辖权的人民法院；异议不成立的，裁定驳回。

三、诉讼参加人

第十一条 行政诉讼法第 24 条规定的"近亲属"，包括配偶、父母、子女、兄弟姐妹、祖父母、外祖父母、孙子女、外孙子女和其他具有扶养、赡养关系的亲属。

公民因被限制人身自由而不能提起诉讼的，其近亲属可以依其口头或者书面委托以该公民的名义提起诉讼。

第十二条 与具体行政行为有法律上利害关系的公民、法人或者其他组织对该行为不服的，可以依法提起行政诉讼。

第十三条 有下列情形之一的，公民、法人或者其他组织可以依法提起行政诉讼：

（一）被诉的具体行政行为涉及其相邻权或者公平竞争权的；

（二）与被诉的行政复议决定有法律上利害关系或者在复议程序中被追加为第三人的；

（三）要求主管行政机关依法追究加害人法律责任的；

（四）与撤销或者变更具体行政行为有法律上利害关系的。

第十四条　合伙企业向人民法院提起诉讼的，应当以核准登记的字号为原告，由执行合伙企业事务的合伙人作诉讼代表人；其他合伙组织提起诉讼的，合伙人为共同原告。

不具备法人资格的其他组织向人民法院提起诉讼的，由该组织的主要负责人作诉讼代表人；没有主要负责人的，可以由推选的负责人作诉讼代表人。

同案原告为5人以上，应当推选1~5名诉讼代表人参加诉讼；在指定期限内未选定的，人民法院可以依职权指定。

第十五条　联营企业、中外合资或者合作企业的联营、合资、合作各方，认为联营、合资、合作企业权益或者自己一方合法权益受具体行政行为侵害的，均可以自己的名义提起诉讼。

第十六条　农村土地承包人等土地使用权人对行政机关处分其使用的农村集体所有土地的行为不服，可以自己的名义提起诉讼。

第十七条　非国有企业被行政机关注销、撤销、合并、强令兼并、出售、分立或者改变企业隶属关系的，该企业或者其法定代表人可以提起诉讼。

第十八条　股份企业的股东大会、股东代表大会、董事会等认为行政机关作出的具体行政行为侵犯企业经营自主权的，可以企业名义提起诉讼。

第十九条　当事人不服经上级行政机关批准的具体行政行为，向人民法院提起诉讼的，应当以在对外发生法律效力的文书上署名的机关为被告。

第二十条　行政机关组建并赋予行政管理职能但不具有独立承担法律责任能力的机构，以自己的名义作出具体行政行为，当事人不服提起诉讼的，应当以组建该机构的行政机关为被告。

行政机关的内设机构或者派出机构在没有法律、法规或者规章授权的情况下，以自己的名义作出具体行政行为，当事人不服提起诉讼的，应当以该行政机关为被告。

法律、法规或者规章授权行使行政职权的行政机关内设机构、派出机构或者其他组织，超出法定授权范围实施行政行为，当事人不服提起诉讼的，应当以实施该行为的机构或者组织为被告。

第二十一条　行政机关在没有法律、法规或者规章规定的情况下，授权其内设机构、派出机构或者其他组织行使行政职权的，应当视为委托。当事人不服提起诉讼的，应当以该行政机关为被告。

第二十二条　复议机关在法定期间内不作复议决定，当事人对原具体行政行为不服提起诉讼的，应当以作出原具体行政行为的行政机关为被告；当事人对复议机关不作为不服提起诉讼的，应当以复议机关为被告。

第二十三条　原告所起诉的被告不适格，人民法院应当告知原告变更被告；原告不同意变更的，裁定驳回起诉。

应当追加被告而原告不同意追加的，人民法院应当通知其以第三人的身份参加诉讼。

第二十四条　行政机关的同一具体行政行为涉及两个以上利害关系人，其中一部分利害关系人对具体行政行为不服提起诉讼，人民法院应当通知没有起诉的其他利害关系人作为第三人参加诉讼。

第三人有权提出与本案有关的诉讼主张，对人民法院的一审判决不服，有权提起上诉。

第二十五条　当事人委托诉讼代理人，应当向人民法院提交由委托人签名或者盖章的授权委托书。委托书应当载明委托事项和具体权限。公民在特殊情况下无法书面委托的，也可以口头委托。口头委托的，人民法院应当核实并记录在卷；被诉机关或者其他有义务协助的机关拒绝人民法院向被限制人身自由的公民核实的，视为委托成立。当事人解除或者变更委托的，应当书面报告人民法院，由人民法院通知其他当事人。

四、证　据

第二十六条　在行政诉讼中，被告对其作出的具体行政行为承担举证责任。

被告应当在收到起诉状副本之日起 10 日内提交答辩状，并提供作出具体行政行为时的证据、依据；被告不提供或者无正当理由逾期提供的，应当认定该具体行政行为没有证据、依据。

第二十七条　原告对下列事项承担举证责任：

（一）证明起诉符合法定条件，但被告认为原告起诉超过起诉期限的除外；

（二）在起诉被告不作为的案件中，证明其提出申请的事实；

（三）在一并提起的行政赔偿诉讼中，证明因受被诉行为侵害而造成损失的事实；

（四）其他应当由原告承担举证责任的事项。

第二十八条　有下列情形之一的，被告经人民法院准许可以补充相关的证据：

（一）被告在作出具体行政行为时已经收集证据，但因不可抗力等正当事由不能提供的；

（二）原告或者第三人在诉讼过程中，提出了其在被告实施行政行为过程中没有提出的反驳理由或者证据的。

第二十九条　有下列情形之一的，人民法院有权调取证据：

（一）原告或者第三人及其诉讼代理人提供了证据线索，但无法自行收集而申请人民法院调取的；

（二）当事人应当提供而无法提供原件或者原物的。

第三十条　下列证据不能作为认定被诉具体行政行为合法的根据：

（一）被告及其诉讼代理人在作出具体行政行为后自行收集的证据；

（二）被告严重违反法定程序收集的其他证据。

第三十一条　未经法庭质证的证据不能作为人民法院裁判的根据。

复议机关在复议过程中收集和补充的证据，不能作为人民法院维持原具体行政行为的根据。

被告在二审过程中向法庭提交在一审过程中没有提交的证据，不能作为二审法院撤销或者变更一审裁判的根据。

五、起诉与受理

第三十二条　人民法院应当组成合议庭对原告的起诉进行审查。符合起诉条件的，应当在 7 日内立案；不符合起诉条件的，应当在 7 日内裁定不予受理。

7 日内不能决定是否受理的，应当先予受理；受理后经审查不符合起诉条件的，裁定驳回起诉。

受诉人民法院在 7 日内既不立案，又不作出裁定的，起诉人可以向上一级人民法院申诉或者起诉。上一级人民法院认为符合受理条件的，应予受理；受理后可以移交或者指定下级人民法院审理，也可以自行审理。

前三款规定的期限，从受诉人民法院收到起诉状之日起计算；因起诉状内容欠缺而责令原告补正的，从人民法院收到补正材料之日起计算。

第三十三条　法律、法规规定应当先申请复议，公民、法人或者其他组织未申请复议直接提起诉讼的，人民法院不予受理。

复议机关不受理复议申请或者在法定期限内不作出复议决定，公民、法人或者其他组织不服，依法向人民法院提起诉讼的，人民法院应当依法受理。

第三十四条　法律、法规未规定行政复议为提起行政诉讼必经程序，公民、法人或者其他组织既提起诉讼又申请行政复议的，由先受理的机关管辖；同时受理的，由公民、法人或者其他组织选择。公民、法人或者其他组织已经申请行政复议，在法定复议期间内又向人民法院提起诉讼的，人民法院不予受理。

第三十五条　法律、法规未规定行政复议为提起行政诉讼必经程序，公民、法人或者其他组织向复议机关申请行政复议后，又经复议机关同意撤回复议申请，在法定起诉期限内对原具体行政行为提起诉讼的，人民法院应当依法受理。

第三十六条　人民法院裁定准许原告撤诉后，原告以同一事实和理由重新起诉的，人民法院不予受理。

准予撤诉的裁定确有错误，原告申请再审的，人民法院应当通过审判监督程序撤销原准予撤诉的裁定，重新对案件进行审理。

第三十七条　原告或者上诉人未按规定的期限预交案件受理费，又不提出缓交、减交、免交申请，或者提出申请未获批准的，按自动撤诉处理。在按撤诉处理后，原告或者上诉人在法定期限内再次起诉或者上诉，并依法解决诉讼费预交问题的，人民法院应予受理。

第三十八条　人民法院判决撤销行政机关的具体行政行为后，公民、法人或者其他组织对行政机关重新作出的具体行政行为不服向人民法院起诉的，人民法院应当依法受理。

第三十九条　公民、法人或者其他组织申请行政机关履行法定职责，行政机关在接到申请之日起 60 日内不履行的，公民、法人或者其他组织向人民法院提起诉讼，人民法院应当依法受理。法律、法规、规章和其他规范性文件对行政机关履行职责的期限另有规定的，从其规定。

公民、法人或者其他组织在紧急情况下请求行政机关履行保护其人身权、财产权的法定职责，行政机关不履行的，起诉期间不受前款规定的限制。

第四十条 行政机关作出具体行政行为时，没有制作或者没有送达法律文书，公民、法人或者其他组织不服向人民法院起诉的，只要能证明具体行政行为存在，人民法院应当依法受理。

第四十一条 行政机关作出具体行政行为时，未告知公民、法人或者其他组织诉权或者起诉期限的，起诉期限从公民、法人或者其他组织知道或者应当知道诉权或者起诉期限之日起计算，但从知道或者应当知道具体行政行为内容之日起最长不得超过 2 年。

复议决定未告知公民、法人或者其他组织诉权或者法定起诉期限的，适用前款规定。

第四十二条 公民、法人或者其他织不知道行政机关作出的具体行政行为内容的，其起诉期限从知道或者应当知道该具体行政行为内容之日起计算。对涉及不动产的具体行政行为从作出之日起超过 20 年、其他具体行政行为从作出之日起超过 5 年提起诉讼的，人民法院不予受理。

第四十三条 由于不属于起诉人自身的原因超过起诉期限的，被耽误的时间不计算在起诉期间内。因人身自由受到限制而不能提起诉讼的，被限制人身自由的时间不计算在起诉期间内。

六、审理与判决

第四十四条 有下列情形之一的，应当裁定不予受理；已经受理的，裁定驳回起诉：

（一）请求事项不属于行政审判权限范围的；

（二）起诉人无原告诉讼主体资格的；

（三）起诉人错列被告且拒绝变更的；

（四）法律规定必须由法定或者指定代理人、代表人为诉讼行为，未由法定或者指定代理人、代表人为诉讼行为的；

（五）由诉讼代理人代为起诉，其代理不符合法定要求的；

（六）起诉超过法定期限且无正当理由的；

（七）法律、法规规定行政复议为提起诉讼必经程序而未申请复议的；

（八）起诉人重复起诉的；

（九）已撤回起诉，无正当理由再行起诉的；

（十）诉讼标的为生效判决的效力所羁束的；

（十一）起诉不具备其他法定要件的。

前款所列情形可以补正或者更正的，人民法院应当指定期间责令补正或者更正；在指定期间已经补正或者更正的，应当依法受理。

第四十五条 起诉状副本送达被告后，原告提出新的诉讼请求的，人民法院不予准许，但有正当理由的除外。

第四十六条 有下列情形之一的，人民法院可以决定合并审理：

（一）两个以上行政机关分别依据不同的法律、法规对同一事实作出具体行政行为，公民、法人或者其他组织不服向同一人民法院起诉的；

（二）行政机关就同一事实对若干公民、法人或者其他组织分别作出具体行政行为，公民、法人或者其他组织不服分别向同一人民法院起诉的；

（三）在诉讼过程中，被告对原告作出新的具体行政行为，原告不服向同一人民法院起诉的；

（四）人民法院认为可以合并审理的其他情形。

第四十七条 当事人申请回避，应当说明理由，在案件开始审理时提出；回避事由在案件开始审理后知道的，应当在法庭辩论终结前提出。

被申请回避的人员，在人民法院作出是否回避的决定前，应当暂停参与本案的工作，但案件需要采取紧急措施的除外。

对当事人提出的回避申请，人民法院应当在 3 日内以口头或者书面形式作出决定。

申请人对驳回回避申请决定不服的，可以向作出决定的人民法院申请复议一次。复议期间，被申请回避的人员不停止参与本案的工作。对申请人的复议申请，人民法院应当在 3 日内作出复议决定，并通知复议申请人。

第四十八条 人民法院对于因一方当事人的行为或者其他原因，可能使具体行政行为或者人民法院生效裁判不能或者难以执行的案件，可以根据对方当事人的申请作出财产保全的裁定；当事人没有提出申请的，人民法院在必要时也可以依法采取财产保全措施。

人民法院审理起诉行政机关没有依法发给抚恤金、社会保险金、最低生活保障费等案件，可以根据原告的申请，依法书面裁定先予执行。

当事人对财产保全或者先予执行的裁定不服的，可以申请复议。复议期间不停止裁定的执行。

第四十九条 原告或者上诉人经合法传唤，无正当理由拒不到庭或者未经法庭许可中途退庭的，可以按撤诉处理。

原告或者上诉人申请撤诉，人民法院裁定不予准许的，原告或者上诉人经合法传唤无正当理由拒不到庭，或者未经法庭许可而中途退庭的，人民法院可以缺席判决。

第三人经合法传唤无正当理由拒不到庭，或者未经法庭许可中途退庭的，不影响案件的审理。

第五十条 被告在一审期间改变被诉具体行政行为的，应当书面告知人民法院。

原告或者第三人对改变后的行为不服提起诉讼的，人民法院应当就改变后的具体行政行为进行审理。

被告改变原具体行政行为，原告不撤诉，人民法院经审查认为原具体行政行为违法的，应当作出确认其违法的判决；认为原具体行政行为合法的，应当判决驳回原告的诉讼请求。

原告起诉被告不作为，在诉讼中被告作出具体行政行为，原告不撤诉的，参照上述规定处理。

第五十一条 在诉讼过程中，有下列情形之一的，中止诉讼：

（一）原告死亡，须等待其近亲属表明是否参加诉讼的；

（二）原告丧失诉讼行为能力，尚未确定法定代理人的；

（三）作为一方当事人的行政机关、法人或者其他组织终止，尚未确定权利义务承受人的；

（四）一方当事人因不可抗力的事由不能参加诉讼的；

（五）案件涉及法律适用问题，需要送请有权机关作出解释或者确认的；

（六）案件的审判须以相关民事、刑事或者其他行政案件的审理结果为依据，而相关案件尚未审结的；

（七）其他应当中止诉讼的情形。

中止诉讼的原因消除后，恢复诉讼。

第五十二条　在诉讼过程中，有下列情形之一的，终结诉讼：

（一）原告死亡，没有近亲属或者近亲属放弃诉讼权利的；

（二）作为原告的法人或者其他组织终止后，其权利义务的承受人放弃诉讼权利的。

因本解释第 51 条第 1 款第 1、2、3 项原因中止诉讼满 90 日仍无人继续诉讼的，裁定终结诉讼，但有特殊情况的除外。

第五十三条　复议决定维持原具体行政行为的，人民法院判决撤销原具体行政行为，复议决定自然无效。

复议决定改变原具体行政行为错误，人民法院判决撤销复议决定时，应当责令复议机关重新作出复议决定。

第五十四条　人民法院判决被告重新作出具体行政行为，被告重新作出的具体行政行为与原具体行政行为的结果相同，但主要事实或者主要理由有改变的，不属于行政诉讼法第 55 条规定的情形。

人民法院以违反法定程序为由，判决撤销被诉具体行政行为的，行政机关重新作出具体行政行为不受行政诉讼法第 55 条规定的限制。

行政机关以同一事实和理由重新作出与原具体行政行为基本相同的具体行政行为，人民法院应当根据行政诉讼法第 54 条第 2 项、第 55 条的规定判决撤销或者部分撤销，并根据行政诉讼法第 65 条第 3 款的规定处理。

第五十五条　人民法院审理行政案件不得加重对原告的处罚，但利害关系人同为原告的除外。

人民法院审理行政案件不得对行政机关未予处罚的人直接给予行政处罚。

第五十六条　有下列情形之一的，人民法院应当判决驳回原告的诉讼请求：

（一）起诉被告不作为理由不能成立的；

（二）被诉具体行政行为合法但存在合理性问题的；

（三）被诉具体行政行为合法，但因法律、政策变化需要变更或者废止的；

（四）其他应当判决驳回诉讼请求的情形。

第五十七条　人民法院认为被诉具体行政行为合法，但不适宜判决维持或者驳回诉讼请求的，可以作出确认其合法或者有效的判决。

有下列情形之一的，人民法院应当作出确认被诉具体行政行为违法或者无效的判决：

（一）被告不履行法定职责，但判决责令其履行法定职责已无实际意义的；

（二）被诉具体行政行为违法，但不具有可撤销内容的；

（三）被诉具体行政行为依法不成立或者无效的。

第五十八条　被诉具体行政行为违法，但撤销该具体行政行为将会给国家利益或者公共利益造成重大损失的，人民法院应当作出确认被诉具体行政行为违法的判决，并责令被诉行政机关采取相应的补救措施；造成损害的，依法判决承担赔偿责任。

第五十九条　根据行政诉讼法第 54 条第 2 项规定判决撤销违法的被诉具体行政行为，将会给国家利益、公共利益或者他人合法权益造成损失的，人民法院在判决撤销的同时，可以分别采取以下方式处理：

（一）判决被告重新作出具体行政行为；

（二）责令被诉行政机关采取相应的补救措施；

（三）向被告和有关机关提出司法建议；

（四）发现违法犯罪行为的，建议有权机关依法处理。

第六十条　人民法院判决被告重新作出具体行政行为，如不及时重新作出具体行政行为，将会给国家利益、公共利益或者当事人利益造成损失的，可以限定重新作出具体行政行为的期限。

人民法院判决被告履行法定职责，应当指定履行的期限，因情况特殊难于确定期限的除外。

第六十一条　被告对平等主体之间民事争议所作的裁决违法，民事争议当事人要求人民法院一并解决相关民事争议的，人民法院可以一并审理。

第六十二条　人民法院审理行政案件，适用最高人民法院司法解释的，应当在裁判文书中援引。

人民法院审理行政案件，可以在裁判文书中引用合法有效的规章及其他规范性文件。

第六十三条　裁定适用于下列范围：

（一）不予受理；

（二）驳回起诉；

（三）管辖异议；

（四）终结诉讼；

（五）中止诉讼；

（六）移送或者指定管辖；

（七）诉讼期间停止具体行政行为的执行或者驳回停止执行的申请；

（八）财产保全；

（九）先予执行；

（十）准许或者不准许撤诉；

（十一）补正裁判文书中的笔误；

（十二）中止或者终结执行；

（十三）提审、指令再审或者发回重审；

（十四）准许或者不准许执行行政机关的具体行政行为；

（十五）其他需要裁定的事项。

对第1、2、3项裁定，当事人可以上诉。

第六十四条　行政诉讼法第57条、第60条规定的审限，是指从立案之日起至裁判宣告之日止的期间。鉴定、处理管辖争议或者异议以及中止诉讼的时间不计算在内。

第六十五条　第一审人民法院作出判决和裁定后，当事人均提起上诉的，上诉各方均为上诉人。

诉讼当事人中的一部分人提出上诉，没有提出上诉的对方当事人为被上诉人，其他当事人依原审诉讼地位列明。

第六十六条　当事人提出上诉，应当按照其他当事人或者诉讼代表人的人数提出上诉状副本。

原审人民法院收到上诉状，应当在5日内将上诉状副本送达其他当事人，对方当事人应当在收到上诉状副本之日起10日内提出答辩状。

原审人民法院应当在收到答辩状之日起5日内将副本送达当事人。

原审人民法院收到上诉状、答辩状，应当在5日内连同全部案卷和证据，报送第二审人民法院。已经预收诉讼费用的，一并报送。

第六十七条　第二审人民法院审理上诉案件，应当对原审人民法院的裁判和被诉具体行政行为是否合法进行全面审查。

当事人对原审人民法院认定的事实有争议的，或者第二审人民法院认为原审人民法院认定事实不清楚的，第二审人民法院应当开庭审理。

第六十八条　第二审人民法院经审理认为原审人民法院不予受理或者驳回起诉的裁定确有错误，且起诉符合法定条件的，应当裁定撤销原审人民法院的裁定，指令原审人民法院依法立案受理或者继续审理。

第六十九条　第二审人民法院裁定发回原审人民法院重新审理的行政案件，原审人民法院应当另行组成合议庭进行审理。

第七十条　第二审人民法院审理上诉案件，需要改变原审判决的，应当同时对被诉具体行政行为作出判决。

第七十一条　原审判决遗漏了必须参加诉讼的当事人或者诉讼请求的，第二审人民法院应当裁定撤销原审判决，发回重审。

原审判决遗漏行政赔偿请求，第二审人民法院经审查认为依法不应当予以赔偿的，应当判决驳回行政赔偿请求。

原审判决遗漏行政赔偿请求，第二审人民法院经审理认为依法应当予以赔偿的，在确认被诉具体行政行为违法的同时，可以就行政赔偿问题进行调解；调解不成的，应当就行政赔偿部分发回重审。

当事人在第二审期间提出行政赔偿请求的，第二审人民法院可以进行调解；调解不成的，应当告知当事人另行起诉。

第七十二条　有下列情形之一的，属于行政诉讼法第63条规定的"违反法律、法规规定"：

（一）原判决、裁定认定的事实主要证据不足；

（二）原判决、裁定适用法律、法规确有错误；

（三）违反法定程序，可能影响案件正确裁判；

（四）其他违反法律、法规的情形。

第七十三条　当事人申请再审，应当在判决、裁定发生法律效力后2年内提出。

当事人对已经发生法律效力的行政赔偿调解书，提出证据证明调解违反自愿原则或者调解协议的内容违反法律规定的，可以在2年内申请再审。

第七十四条　人民法院接到当事人的再审申请后，经审查，符合再审条件的，应当立案并及时通知各方当事人；不符合再审条件的，予以驳回。

第七十五条　对人民检察院按照审判监督程序提出抗诉的案件，人民法院应当再审。

人民法院开庭审理抗诉案件时，应当通知人民检察院派员出庭。

第七十六条　人民法院按照审判监督程序再审的案件，发生法律效力的判决、裁定是由第一审人民法院作出的，按照第一审程序审理，所作的判决、裁定，当事人可以上诉；发生法律效力的判决、裁定是由第二审人民法院作出的，按照第二审程序审理，所作的判决、裁定是发生法律效力的判决、裁定；上级人民法院按照审判监督程序提审的，按照第二审程序审理，所作的判决、裁定是发生法律效力的判决、裁定。

人民法院审理再审案件，应当另行组成合议庭。

第七十七条　按照审判监督程序决定再审的案件，应当裁定中止原判决的执行；裁定由院长署名，加盖人民法院印章。

上级人民法院决定提审或者指令下级人民法院再审的，应当作出裁定，裁定应当写明中止原判决的执行；情况紧急的，可以将中止执行的裁定口头通知负责执行的人民法院或者作出生效判决、裁定的人民法院，但应当在口头通知后10日内发出裁定书。

第七十八条　人民法院审理再审案件，认为原生效判决、裁定确有错误，在撤销原生效判决或者裁定的同时，可以对生效判决、裁定的内容作出相应裁判，也可以裁定撤销生效判决或者裁定，发回作出生效判决、裁定的人民法院重新审判。

第七十九条　人民法院审理二审案件和再审案件，对原审法院受理、不予受理或者驳回起诉错误的，应当分别情况作如下处理：

（一）第一审人民法院作出实体判决后，第二审人民法院认为不应当受理的，在撤销第一审人民法院判决的同时，可以发回重审，也可以迳行驳回起诉；

（二）第二审人民法院维持第一审人民法院不予受理裁定错误的，再审法院应当撤销第一审、第二审人民法院裁定，指令第一审人民法院受理；

（三）第二审人民法院维持第一审人民法院驳回起诉裁定错误的，再审法院应当撤销第一审、第二审人民法院裁定，指令第一审人民法院审理。

　　第八十条　人民法院审理再审案件，发现生效裁判有下列情形之一的，应当裁定发回作出生效判决、裁定的人民法院重新审理：

　　（一）审理本案的审判人员、书记员应当回避而未回避的；

　　（二）依法应当开庭审理而未经开庭即作出判决的；

　　（三）未经合法传唤当事人而缺席判决的；

　　（四）遗漏必须参加诉讼的当事人的；

　　（五）对与本案有关的诉讼请求未予裁判的；

　　（六）其他违反法定程序可能影响案件正确裁判的。

　　第八十一条　再审案件按照第一审程序审理的，适用行政诉讼法第 57 条规定的审理期限。

　　再审案件按照第二审程序审理的，适用行政诉讼法第 60 条规定的审理期限。

　　第八十二条　基层人民法院申请延长审理期限，应当直接报请高级人民法院批准，同时报中级人民法院备案。

七、执　行

　　第八十三条　对发生法律效力的行政判决书、行政裁定书、行政赔偿判决书和行政赔偿调解书，负有义务的一方当事人拒绝履行的，对方当事人可以依法申请人民法院强制执行。

　　第八十四条　申请人是公民的，申请执行生效的行政判决书、行政裁定书、行政赔偿判决书和行政赔偿调解书的期限为 1 年，申请人是行政机关、法人或者其他组织的为 180 日。

　　申请执行的期限从法律文书规定的履行期间最后一日起计算；法律文书中没有规定履行期限的，从该法律文书送达当事人之日起计算。

　　逾期申请的，除有正当理由外，人民法院不予受理。

　　第八十五条　发生法律效力的行政判决书、行政裁定书、行政赔偿判决书和行政赔偿调解书，由第一审人民法院执行。

　　第一审人民法院认为情况特殊需要由第二审人民法院执行的，可以报请第二审人民法院执行；第二审人民法院可以决定由其执行，也可以决定由第一审人民法院执行。

　　第八十六条　行政机关根据行政诉讼法第 66 条的规定申请执行其具体行政行为，应当具备以下条件：

　　（一）具体行政行为依法可以由人民法院执行；

　　（二）具体行政行为已经生效并具有可执行内容；

　　（三）申请人是作出该具体行政行为的行政机关或者法律、法规、规章授权的组织；

　　（四）被申请人是该具体行政行为所确定的义务人；

　　（五）被申请人在具体行政行为确定的期限内或者行政机关另行指定的期限内未履行

义务；

（六）申请人在法定期限内提出申请；

（七）被申请执行的行政案件属于受理申请执行的人民法院管辖。

人民法院对符合条件的申请，应当立案受理，并通知申请人；对不符合条件的申请，应当裁定不予受理。

第八十七条　法律、法规没有赋予行政机关强制执行权，行政机关申请人民法院强制执行的，人民法院应当依法受理。

法律、法规规定既可以由行政机关依法强制执行，也可以申请人民法院强制执行，行政机关申请人民法院强制执行的，人民法院可以依法受理。

第八十八条　行政机关申请人民法院强制执行其具体行政行为，应当自被执行人的法定起诉期限届满之日起 180 日内提出。逾期申请的，除有正当理由外，人民法院不予受理。

第八十九条　行政机关申请人民法院强制执行其具体行政行为，由申请人所在地的基层人民法院受理；执行对象为不动产的，由不动产所在地的基层人民法院受理。

基层人民法院认为执行确有困难的，可以报请上级人民法院执行；上级人民法院可以决定由其执行，也可以决定由下级人民法院执行。

第九十条　行政机关根据法律的授权对平等主体之间民事争议作出裁决后，当事人在法定期限内不起诉又不履行，作出裁决的行政机关在申请执行的期限内未申请人民法院强制执行的，生效具体行政行为确定的权利人或者其继承人、权利承受人在 90 日内可以申请人民法院强制执行。

享有权利的公民、法人或者其他组织申请人民法院强制执行具体行政行为，参照行政机关申请人民法院强制执行具体行政行为的规定。

第九十一条　行政机关申请人民法院强制执行其具体行政行为，应当提交申请执行书、据以执行的行政法律文书、证明该具体行政行为合法的材料和被执行人财产状况以及其他必须提交的材料。

享有权利的公民、法人或者其他组织申请人民法院强制执行的，人民法院应当向作出裁决的行政机关调取有关材料。

第九十二条　行政机关或者具体行政行为确定的权利人申请人民法院强制执行前，有充分理由认为被执行人可能逃避执行的，可以申请人民法院采取财产保全措施。后者申请强制执行的，应当提供相应的财产担保。

第九十三条　人民法院受理行政机关申请执行其具体行政行为的案件后，应当在 30 日内由行政审判庭组成合议庭对具体行政行为的合法性进行审查，并就是否准予强制执行作出裁定；需要采取强制执行措施的，由本院负责强制执行非诉行政行为的机构执行。

第九十四条　在诉讼过程中，被告或者具体行政行为确定的权利人申请人民法院强制执行被诉具体行政行为，人民法院不予执行，但不及时执行可能给国家利益、公共利益或者他人合法权益造成不可弥补的损失的，人民法院可以先予执行。后者申请强制执行的，应当提供相应的财产担保。

第九十五条 被申请执行的具体行政行为有下列情形之一的，人民法院应当裁定不准予执行：

（一）明显缺乏事实根据的；

（二）明显缺乏法律依据的；

（三）其他明显违法并损害被执行人合法权益的。

第九十六条 行政机关拒绝履行人民法院生效判决、裁定的，人民法院可以依照行政诉讼法第65条第3款的规定处理，并可以参照民事诉讼法第102条的有关规定，对主要负责人或者直接责任人员予以罚款处罚。

八、其　他

第九十七条 人民法院审理行政案件，除依照行政诉讼法和本解释外，可以参照民事诉讼的有关规定。

第九十八条 本解释自发布之日起施行，最高人民法院《关于贯彻执行〈中华人民共和国行政诉讼法〉若干问题的意见（试行）》同时废止；最高人民法院以前所作的司法解释以及与有关机关联合发布的规范性文件，凡与本解释不一致的，按本解释执行。

最高人民法院
关于行政诉讼证据若干问题的规定

法释〔2002〕21 号

（2002 年 6 月 4 日最高人民法院审判委员会第 1224 次会议通过，自 2002 年 10 月 1 日起施行）

为准确认定案件事实，公正、及时地审理行政案件，根据《中华人民共和国行政诉讼法》（以下简称行政诉讼法）等有关法律规定，结合行政审判实际，制定本规定。

一、举证责任分配和举证期限

第一条 根据行政诉讼法第32条和第43条的规定，被告对作出的具体行政行为负有举证责任，应当在收到起诉状副本之日起 10 日内，提供据以作出被诉具体行政行为的全部证据和所依据的规范性文件。被告不提供或者无正当理由逾期提供证据的，视为被诉具体行政行为没有相应的证据。

被告因不可抗力或者客观上不能控制的其他正当事由，不能在前款规定的期限内提供证据的，应当在收到起诉状副本之日起 10 日内向人民法院提出延期提供证据的书面申请。人民法院准许延期提供的，被告应当在正当事由消除后 10 日内提供证据。逾期提供的，视为被诉具体行政行为没有相应的证据。

第二条　原告或者第三人提出其在行政程序中没有提出的反驳理由或者证据的，经人民法院准许，被告可以在第一审程序中补充相应的证据。

第三条　根据行政诉讼法第33的规定，在诉讼过程中，被告及其诉讼代理人不得自行向原告和证人收集证据。

第四条　公民、法人或者其他组织向人民法院起诉时，应当提供其符合起诉条件的相应的证据材料。

在起诉被告不作为的案件中，原告应当提供其在行政程序中曾经提出申请的证据材料。但有下列情形的除外：

（一）被告应当依职权主动履行法定职责的；

（二）原告因被告受理申请的登记制度不完备等正当事由不能提供相关证据材料并能够作出合理说明的。

被告认为原告起诉超过法定期限的，由被告承担举证责任。

第五条　在行政赔偿诉讼中，原告应当对被诉具体行政行为造成损害的事实提供证据。

第六条　原告可以提供证明被诉具体行政行为违法的证据。原告提供的证据不成立的，不免除被告对被诉具体行政行为合法性的举证责任。

第七条　原告或者第三人应当在开庭审理前或者人民法院指定的交换证据之日提供证据。因正当事由申请延期提供证据的，经人民法院准许，可以在法庭调查中提供。逾期提供证据的，视为放弃举证权利。

原告或者第三人在第一审程序中无正当事由未提供而在第二审程序中提供的证据，人民法院不予接纳。

第八条　人民法院向当事人送达受理案件通知书或者应诉通知书时，应当告知其举证范围、举证期限和逾期提供证据的法律后果，并告知因正当事由不能按期提供证据时应当提出延期提供证据的申请。

第九条　根据行政诉讼法第34条第1款的规定，人民法院有权要求当事人提供或者补充证据。

对当事人无争议，但涉及国家利益、公共利益或者他人合法权益的事实，人民法院可以责令当事人提供或者补充有关证据。

二、提供证据的要求

第十条　根据行政诉讼法第31条第1款第1项的规定，当事人向人民法院提供书证的，应当符合下列要求：

（一）提供书证的原件，原本、正本和副本均属于书证的原件。提供原件确有困难的，可以提供与原件核对无误的复印件、照片、节录本；

（二）提供由有关部门保管的书证原件的复制件、影印件或者抄录件的，应当注明出处，经该部门核对无异后加盖其印章；

（三）提供报表、图纸、会计帐册、专业技术资料、科技文献等书证的，应当附有说

明材料;

（四）被告提供的被诉具体行政行为所依据的询问、陈述、谈话类笔录，应当有行政执法人员、被询问人、陈述人、谈话人签名或者盖章。

法律、法规、司法解释和规章对书证的制作形式另有规定的，从其规定。

第十一条 根据行政诉讼法第31条第1款第2项的规定，当事人向人民法院提供物证的，应当符合下列要求：

（一）提供原物。提供原物确有困难的，可以提供与原物核对无误的复制件或者证明该物证的照片、录像等其他证据；

（二）原物为数量较多的种类物的，提供其中的一部分。

第十二条 根据行政诉讼法第31条第1款第3项的规定，当事人向人民法院提供计算机数据或者录音、录像等视听资料的，应当符合下列要求：

（一）提供有关资料的原始载体。提供原始载体确有困难的，可以提供复制件；

（二）注明制作方法、制作时间、制作人和证明对象等；

（三）声音资料应当附有该声音内容的文字记录。

第十三条 根据行政诉讼法第31条第1款第4项的规定，当事人向人民法院提供证人证言的，应当符合下列要求：

（一）写明证人的姓名、年龄、性别、职业、住址等基本情况；

（二）有证人的签名，不能签名的，应当以盖章等方式证明；

（三）注明出具日期；

（四）附有居民身份证复印件等证明证人身份的文件。

第十四条 根据行政诉讼法第31条第1款第6项的规定，被告向人民法院提供的在行政程序中采用的鉴定结论，应当载明委托人和委托鉴定的事项、向鉴定部门提交的相关材料、鉴定的依据和使用的科学技术手段、鉴定部门和鉴定人鉴定资格的说明，并应有鉴定人的签名和鉴定部门的盖章。通过分析获得的鉴定结论，应当说明分析过程。

第十五条 根据行政诉讼法第31条第1款第7项的规定，被告向人民法院提供的现场笔录，应当载明时间、地点和事件等内容，并由执法人员和当事人签名。当事人拒绝签名或者不能签名的，应当注明原因。有其他人在现场的，可由其他人签名。法律、法规和规章对现场笔录的制作形式另有规定的，从其规定。

第十六条 当事人向人民法院提供的在中华人民共和国领域外形成的证据，应当说明来源，经所在国公证机关证明，并经中华人民共和国驻该国使领馆认证，或者履行中华人民共和国与证据所在国订立的有关条约中规定的证明手续。

当事人提供的在中华人民共和国香港特别行政区、澳门特别行政区和台湾地区内形成的证据，应当具有按照有关规定办理的证明手续。

第十七条 当事人向人民法院提供外文书证或者外国语视听资料的，应当附有由具有翻译资质的机构翻译的或者其他翻译准确的中文译本，由翻译机构盖章或者翻译人员签名。

第十八条 证据涉及国家秘密、商业秘密或者个人隐私的，提供人应当作出明确标注，并向法庭说明，法庭予以审查确认。

第十九条 当事人应当对其提交的证据材料分类编号，对证据材料的来源、证明对象和内容作简要说明，签名或者盖章，注明提交日期。

第二十条 人民法院收到当事人提交的证据材料，应当出具收据，注明证据的名称、份数、页数、件数、种类等以及收到的时间，由经办人员签名或者盖章。

第二十一条 对于案情比较复杂或者证据数量较多的案件，人民法院可以组织当事人在开庭前向对方出示或者交换证据，并将交换证据的情况记录在卷。

三、调取和保全证据

第二十二条 根据行政诉讼法第 34 条第 2 款的规定，有下列情形之一的，人民法院有权向有关行政机关以及其他组织、公民调取证据：

（一）涉及国家利益、公共利益或者他人合法权益的事实认定的；

（二）涉及依职权追加当事人、中止诉讼、终结诉讼、回避等程序性事项的。

第二十三条 原告或者第三人不能自行收集，但能够提供确切线索的，可以申请人民法院调取下列证据材料：

（一）由国家有关部门保存而须由人民法院调取的证据材料；

（二）涉及国家秘密、商业秘密、个人隐私的证据材料；

（三）确因客观原因不能自行收集的其他证据材料。

人民法院不得为证明被诉具体行政行为的合法性，调取被告在作出具体行政行为时未收集的证据。

第二十四条 当事人申请人民法院调取证据的，应当在举证期限内提交调取证据申请书。

调取证据申请书应当写明下列内容：

（一）证据持有人的姓名或者名称、住址等基本情况；

（二）拟调取证据的内容；

（三）申请调取证据的原因及其要证明的案件事实。

第二十五条 人民法院对当事人调取证据的申请，经审查符合调取证据条件的，应当及时决定调取；不符合调取证据条件的，应当向当事人或者其诉讼代理人送达通知书，说明不准许调取的理由。当事人及其诉讼代理人可以在收到通知书之日起 3 日内向受理申请的人民法院书面申请复议一次。

人民法院应当在收到复议申请之日起 5 日内作出答复。人民法院根据当事人申请，经调取未能取得相应证据的，应当告知申请人并说明原因。

第二十六条 人民法院需要调取的证据在异地的，可以书面委托证据所在地人民法院调取。受托人民法院应当在收到委托书后，按照委托要求及时完成调取证据工作，送交委托人民法院。受托人民法院不能完成委托内容的，应当告知委托的人民法院并说明原因。

第二十七条 当事人根据行政诉讼法第 36 条的规定向人民法院申请保全证据的，应当在举证期限届满前以书面形式提出，并说明证据的名称和地点、保全的内容和范围、申请保全的理由等事项。

当事人申请保全证据的，人民法院可以要求其提供相应的担保。

法律、司法解释规定诉前保全证据的，依照其规定办理。

第二十八条　人民法院依照行政诉讼法第36条规定保全证据的，可以根据具体情况，采取查封、扣押、拍照、录音、录像、复制、鉴定、勘验、制作询问笔录等保全措施。

人民法院保全证据时，可以要求当事人或者其诉讼代理人到场。

第二十九条　原告或者第三人有证据或者有正当理由表明被告据以认定案件事实的鉴定结论可能有错误，在举证期限内书面申请重新鉴定的，人民法院应予准许。

第三十条　当事人对人民法院委托的鉴定部门作出的鉴定结论有异议申请重新鉴定，提出证据证明存在下列情形之一的，人民法院应予准许：

（一）鉴定部门或者鉴定人不具有相应的鉴定资格的；

（二）鉴定程序严重违法的；

（三）鉴定结论明显依据不足的；

（四）经过质证不能作为证据使用的其他情形。

对有缺陷的鉴定结论，可以通过补充鉴定、重新质证或者补充质证等方式解决。

第三十一条　对需要鉴定的事项负有举证责任的当事人，在举证期限内无正当理由不提出鉴定申请、不预交鉴定费用或者拒不提供相关材料，致使对案件争议的事实无法通过鉴定结论予以认定的，应当对该事实承担举证不能的法律后果。

第三十二条　人民法院对委托或者指定的鉴定部门出具的鉴定书，应当审查是否具有下列内容：

（一）鉴定的内容；

（二）鉴定时提交的相关材料；

（三）鉴定的依据和使用的科学技术手段；

（四）鉴定的过程；

（五）明确的鉴定结论；

（六）鉴定部门和鉴定人鉴定资格的说明；

（七）鉴定人及鉴定部门签名盖章。

前款内容欠缺或者鉴定结论不明确的，人民法院可以要求鉴定部门予以说明、补充鉴定或者重新鉴定。

第三十三条　人民法院可以依当事人申请或者依职权勘验现场。

勘验现场时，勘验人必须出示人民法院的证件，并邀请当地基层组织或者当事人所在单位派人参加。当事人或其成年亲属应当到场，拒不到场的，不影响勘验的进行，但应当在勘验笔录中说明情况。

第三十四条　审判人员应当制作勘验笔录，记载勘验的时间、地点、勘验人、在场人、勘验的经过和结果，由勘验人、当事人、在场人签名。

附录一

勘验现场时绘制的现场图，应当注明绘制的时间、方位、绘制人姓名和身份等内容。

当事人对勘验结论有异议的，可以在举证期限内申请重新勘验，是否准许由人民法院决定。

四、证据的对质辨认和核实

第三十五条 证据应当在法庭上出示，并经庭审质证。未经庭审质证的证据，不能作为定案的依据。

当事人在庭前证据交换过程中没有争议并记录在卷的证据，经审判人员在庭审中说明后，可以作为认定案件事实的依据。

第三十六条 经合法传唤，因被告无正当理由拒不到庭而需要依法缺席判决的，被告提供的证据不能作为定案的依据，但当事人在庭前交换证据中没有争议的证据除外。

第三十七条 涉及国家秘密、商业秘密和个人隐私或者法律规定的其他应当保密的证据，不得在开庭时公开质证。

第三十八条 当事人申请人民法院调取的证据，由申请调取证据的当事人在庭审中出示，并由当事人质证。

人民法院依职权调取的证据，由法庭出示，并可就调取该证据的情况进行说明，听取当事人意见。

第三十九条 当事人应当围绕证据的关联性、合法性和真实性，针对证据有无证明效力以及证明效力大小，进行质证。

经法庭准许，当事人及其代理人可以就证据问题相互发问，也可以向证人、鉴定人或者勘验人发问。

当事人及其代理人相互发问，或者向证人、鉴定人、勘验人发问时，发问的内容应当与案件事实有关联，不得采用引诱、威胁、侮辱等语言或者方式。

第四十条 对书证、物证和视听资料进行质证时，当事人应当出示证据的原件或者原物。但有下列情况之一的除外：

（一）出示原件或者原物确有困难并经法庭准许可以出示复制件或者复制品；

（二）原件或者原物已不存在，可以出示证明复制件、复制品与原件、原物一致的其他证据。

视听资料应当当庭播放或者显示，并由当事人进行质证。

第四十一条 凡是知道案件事实的人，都有出庭作证的义务。有下列情形之一的，经人民法院准许，当事人可以提交书面证言：

（一）当事人在行政程序或者庭前证据交换中对证人证言无异议的；

（二）证人因年迈体弱或者行动不便无法出庭的；

（三）证人因路途遥远、交通不便无法出庭的；

（四）证人因自然灾害等不可抗力或者其他意外事件无法出庭的；

（五）证人因其他特殊原因确实无法出庭的。

第四十二条　不能正确表达意志的人不能作证。

根据当事人申请，人民法院可以就证人能否正确表达意志进行审查或者交由有关部门鉴定。必要时，人民法院也可以依职权交由有关部门鉴定。

第四十三条　当事人申请证人出庭作证的，应当在举证期限届满前提出，并经人民法院许可。人民法院准许证人出庭作证的，应当在开庭审理前通知证人出庭作证。

当事人在庭审过程中要求证人出庭作证的，法庭可以根据审理案件的具体情况，决定是否准许以及是否延期审理。

第四十四条　有下列情形之一，原告或者第三人可以要求相关行政执法人员作为证人出庭作证：

（一）对现场笔录的合法性或者真实性有异议的；

（二）对扣押财产的品种或者数量有异议的；

（三）对检验的物品取样或者保管有异议的；

（四）对行政执法人员的身份的合法性有异议的；

（五）需要出庭作证的其他情形。

第四十五条　证人出庭作证时，应当出示证明其身份的证件。法庭应当告知其诚实作证的法律义务和作伪证的法律责任。

出庭作证的证人不得旁听案件的审理。法庭询问证人时，其他证人不得在场，但组织证人对质的除外。

第四十六条　证人应当陈述其亲历的具体事实。证人根据其经历所作的判断、推测或者评论，不能作为定案的依据。

第四十七条　当事人要求鉴定人出庭接受询问的，鉴定人应当出庭。鉴定人因正当事由不能出庭的，经法庭准许，可以不出庭，由当事人对其书面鉴定结论进行质证。

鉴定人不能出庭的正当事由，参照本规定第41条的规定。

对于出庭接受询问的鉴定人，法庭应当核实其身份、与当事人及案件的关系，并告知鉴定人如实说明鉴定情况的法律义务和故意作虚假说明的法律责任。

第四十八条　对被诉具体行政行为涉及的专门性问题，当事人可以向法庭申请由专业人员出庭进行说明，法庭也可以通知专业人员出庭说明。必要时，法庭可以组织专业人员进行对质。

当事人对出庭的专业人员是否具备相应专业知识、学历、资历等专业资格等有异议的，可以进行询问。由法庭决定其是否可以作为专业人员出庭。

专业人员可以对鉴定人进行询问。

第四十九条　法庭在质证过程中，对与案件没有关联的证据材料，应予排除并说明理由。

法庭在质证过程中，准许当事人补充证据的，对补充的证据仍应进行质证。

法庭对经过庭审质证的证据，除确有必要外，一般不再进行质证。

第五十条　在第二审程序中，对当事人依法提供的新的证据，法庭应当进行质证；当事人对第一审认定的证据仍有争议的，法庭也应当进行质证。

第五十一条 按照审判监督程序审理的案件，对当事人依法提供的新的证据，法庭应当进行质证；因原判决、裁定认定事实的证据不足而提起再审所涉及的主要证据，法庭也应当进行质证。

第五十二条 本规定第 50 条和第 51 条中的"新的证据"是指以下证据：

（一）在一审程序中应当准予延期提供而未获准许的证据；

（二）当事人在一审程序中依法申请调取而未获准许或者未取得，人民法院在第二审程序中调取的证据；

（三）原告或者第三人提供的在举证期限届满后发现的证据。

五、证据的审核认定

第五十三条 人民法院裁判行政案件，应当以证据证明的案件事实为依据。

第五十四条 法庭应当对经过庭审质证的证据和无需质证的证据进行逐一审查和对全部证据综合审查，遵循法官职业道德，运用逻辑推理和生活经验，进行全面、客观和公正地分析判断，确定证据材料与案件事实之间的证明关系，排除不具有关联性的证据材料，准确认定案件事实。

第五十五条 法庭应当根据案件的具体情况，从以下方面审查证据的合法性：

（一）证据是否符合法定形式；

（二）证据的取得是否符合法律、法规、司法解释和规章的要求；

（三）是否有影响证据效力的其他违法情形。

第五十六条 法庭应当根据案件的具体情况，从以下方面审查证据的真实性：

（一）证据形成的原因；

（二）发现证据时的客观环境；

（三）证据是否为原件、原物，复制件、复制品与原件、原物是否相符；

（四）提供证据的人或者证人与当事人是否具有利害关系；

（五）影响证据真实性的其他因素。

第五十七条 下列证据材料不能作为定案依据：

（一）严重违反法定程序收集的证据材料；

（二）以偷拍、偷录、窃听等手段获取侵害他人合法权益的证据材料；

（三）以利诱、欺诈、胁迫、暴力等不正当手段获取的证据材料；

（四）当事人无正当事由超出举证期限提供的证据材料；

（五）在中华人民共和国领域以外或者在中华人民共和国香港特别行政区、澳门特别行政区和台湾地区形成的未办理法定证明手续的证据材料；

（六）当事人无正当理由拒不提供原件、原物，又无其他证据印证，且对方当事人不予认可的证据的复制件或者复制品；

（七）被当事人或者他人进行技术处理而无法辨明真伪的证据材料；

附录一

（八）不能正确表达意志的证人提供的证言；

（九）不具备合法性和真实性的其他证据材料。

第五十八条　以违反法律禁止性规定或者侵犯他人合法权益的方法取得的证据，不能作为认定案件事实的依据。

第五十九条　被告在行政程序中依照法定程序要求原告提供证据，原告依法应当提供而拒不提供，在诉讼程序中提供的证据，人民法院一般不予采纳。

第六十条　下列证据不能作为认定被诉具体行政行为合法的依据：

（一）被告及其诉讼代理人在作出具体行政行为后或者在诉讼程序中自行收集的证据；

（二）被告在行政程序中非法剥夺公民、法人或者其他组织依法享有的陈述、申辩或者听证权利所采用的证据；

（三）原告或者第三人在诉讼程序中提供的、被告在行政程序中未作为具体行政行为依据的证据。

第六十一条　复议机关在复议程序中收集和补充的证据，或者作出原具体行政行为的行政机关在复议程序中未向复议机关提交的证据，不能作为人民法院认定原具体行政行为合法的依据。

第六十二条　对被告在行政程序中采纳的鉴定结论，原告或者第三人提出证据证明有下列情形之一的，人民法院不予采纳：

（一）鉴定人不具备鉴定资格；

（二）鉴定程序严重违法；

（三）鉴定结论错误、不明确或者内容不完整。

第六十三条　证明同一事实的数个证据，其证明效力一般可以按照下列情形分别认定：

（一）国家机关以及其他职能部门依职权制作的公文文书优于其他书证；

（二）鉴定结论、现场笔录、勘验笔录、档案材料以及经过公证或者登记的书证优于其他书证、视听资料和证人证言；

（三）原件、原物优于复制件、复制品；

（四）法定鉴定部门的鉴定结论优于其他鉴定部门的鉴定结论；

（五）法庭主持勘验所制作的勘验笔录优于其他部门主持勘验所制作的勘验笔录；

（六）原始证据优于传来证据；

（七）其他证人证言优于与当事人有亲属关系或者其他密切关系的证人提供的对该当事人有利的证言；

（八）出庭作证的证人证言优于未出庭作证的证人证言；

（九）数个种类不同、内容一致的证据优于一个孤立的证据。

第六十四条　以有形载体固定或者显示的电子数据交换、电子邮件以及其他数据资料，其制作情况和真实性经对方当事人确认，或者以公证等其他有效方式予以证明的，与原件具有同等的证明效力。

第六十五条　在庭审中一方当事人或者其代理人在代理权限范围内对另一方当事人陈

述的案件事实明确表示认可的，人民法院可以对该事实予以认定。但有相反证据足以推翻的除外。

第六十六条　在行政赔偿诉讼中，人民法院主持调解时当事人为达成调解协议而对案件事实的认可，不得在其后的诉讼中作为对其不利的证据。

第六十七条　在不受外力影响的情况下，一方当事人提供的证据，对方当事人明确表示认可的，可以认定该证据的证明效力；对方当事人予以否认，但不能提供充分的证据进行反驳的，可以综合全案情况审查认定该证据的证明效力。

第六十八条　下列事实法庭可以直接认定：

（一）众所周知的事实；

（二）自然规律及定理；

（三）按照法律规定推定的事实；

（四）已经依法证明的事实；

（五）根据日常生活经验法则推定的事实。

前款1、3、4、5项，当事人有相反证据足以推翻的除外。

第六十九条　原告确有证据证明被告持有的证据对原告有利，被告无正当事由拒不提供的，可以推定原告的主张成立。

第七十条　生效的人民法院裁判文书或者仲裁机构裁决文书确认的事实，可以作为定案依据。但是如果发现裁判文书或者裁决文书认定的事实有重大问题的，应当中止诉讼，通过法定程序予以纠正后恢复诉讼。

第七十一条　下列证据不能单独作为定案依据：

（一）未成年人所作的与其年龄和智力状况不相适应的证言；

（二）与一方当事人有亲属关系或者其他密切关系的证人所作的对该当事人有利的证言，或者与一方当事人有不利关系的证人所作的对该当事人不利的证言；

（三）应当出庭作证而无正当理由不出庭作证的证人证言；

（四）难以识别是否经过修改的视听资料；

（五）无法与原件、原物核对的复制件或者复制品；

（六）经一方当事人或者他人改动，对方当事人不予认可的证据材料；

（七）其他不能单独作为定案依据的证据材料。

第七十二条　庭审中经过质证的证据，能够当庭认定的，应当当庭认定；不能当庭认定的，应当在合议庭合议时认定。

人民法院应当在裁判文书中阐明证据是否采纳的理由。

第七十三条　法庭发现当庭认定的证据有误，可以按照下列方式纠正：

（一）庭审结束前发现错误的，应当重新进行认定；

（二）庭审结束后宣判前发现错误的，在裁判文书中予以更正并说明理由，也可以再次开庭予以认定；

（三）有新的证据材料可能推翻已认定的证据的，应当再次开庭予以认定。

六、附 则

第七十四条 证人、鉴定人及其近亲属的人身和财产安全受法律保护。

人民法院应当对证人、鉴定人的住址和联系方式予以保密。

第七十五条 证人、鉴定人因出庭作证或者接受询问而支出的合理费用，由提供证人、鉴定人的一方当事人先行支付，由败诉一方当事人承担。

第七十六条 证人、鉴定人作伪证的，依照行政诉讼法第49条第1款第2项的规定追究其法律责任。

第七十七条 诉讼参与人或者其他人有对审判人员或者证人、鉴定人、勘验人及其近亲属实施威胁、侮辱、殴打、骚扰或者打击报复等妨碍行政诉讼行为的，依照行政诉讼法第49条第1款第3项、第5项或者第6项的规定追究其法律责任。

第七十八条 对应当协助调取证据的单位和个人，无正当理由拒不履行协助义务的，依照行政诉讼法第49条第1款第5项的规定追究其法律责任。

第七十九条 本院以前有关行政诉讼的司法解释与本规定不一致的，以本规定为准。

第八十条 本规定自2002年10月1日起施行。2002年10月1日尚未审结的一审、二审和再审行政案件不适用本规定。

本规定施行前已经审结的行政案件，当事人以违反本规定为由申请再审的，人民法院不予支持。

本规定施行后按照审判监督程序决定再审的行政案件，适用本规定。

附录二
典型案例法律文书选登

案例一　刘燕文与北京大学学位评定委员会不授予
博士学位决定纠纷上诉案
北京市第一中级人民法院行政裁定书

（2001）一中行终字第 50 号

上诉人（原审原告）：刘燕文。

委托代理人：何海波。

被上诉人（原审被告）：北京大学学位评定委员会。

法定代表人：许智宏，主席。

委托代理人：王立华，北京市天元律师事务所律师。

委托代理人：李琦，北京市天元律师事务所律师。

上诉人刘燕文因不授予博士学位一案，不服北京市海淀区人民法院（2000）海行初字第 157 号行政裁定，向本院提起上诉。本院依法组成合议庭，审理了本案。

本院认为，公民或法人向法院起诉，主张其权利，应该在法律、法规规定的期限内行使。依据《中华人民共和国行政诉讼法》（未修正）第 39 条规定："公民、法人或者其他组织直接向人民法院提起诉讼的，应当在知道作出具体行政行为之日起 3 个月内提出。"1991 年 7 月 11 日开始实施的最高人民法院《关于贯彻执行若干问题的意见（试行）》第 35 条规定："行政机关作出具体行政行为时，未告知当事人的诉权或者起诉期限，致使当事人逾期向人民法院起诉的，其起诉期限从当事人实际知道诉权或者起诉期限时计算，但逾期的期间最长不得超过一年。"刘燕文于 1996 年 4 月 1 日签收了北京大学（96）研结证字第 001 号结业证书，该证书载明刘燕文"在本校无线电电子学系电子、离子与真空物理专业学习，修业期满，因论文未通过，未达到毕业要求，予以结业"。由此可以证实，刘燕文于 1996 年 4 月 1 日便知晓北京大学学位评定委员会（以下简称评定委员会）未授予其博士学位的决定，而于 1999 年 9 月 24 日方向原审法院提起行政诉讼，已超过了法定起诉期限，刘燕文的该项诉讼权利不再受到法律保护。原审法院裁定事实清楚，适用法律、法

规准确，处理结果并无不妥，本院应予以维持。在本院审理期间刘燕文称，若其论文未被
通过，评定委员会应告知其在两年内修改、重新答辩一次，否则应视为未告知其论文未通
过。依据1984年7月22日开始实施的《国务院学位委员会关于做好博士研究生学位授予
工作的通知》的规定，修改论文、重新答辩的情况应从严掌握，并有法定的工作程序，不
能直接理解为刘燕文在没有获得博士学位的情况下，一定存在修改论文、重新答辩的机会。
所以刘燕文的上诉主张不成立，本院不予支持。刘燕文上诉称，在原审法院审理期间，评
定委员会在第二次开庭时方提出起诉期限问题。因评定委员会的行为不属于法律、法规禁
止性行为，所以，评定委员会以刘燕文的起诉已超过其法定起诉期限作为抗辩理由成立。
刘燕文上诉称，自己就与本案同一事实及理由，曾于1997年向原审法院起诉，而原审法院
未予受理，自己是在法定期限内主张的诉讼权利，因刘燕文未提供相应的证据，本院向原
审法院查询，亦未找到其曾经起诉的记载，本院对刘燕文的陈述不予采信。据此，依据
《中华人民共和国行政诉讼法》第61条第1项之规定，裁定如下：

　　驳回上诉，维持原裁定。

　　二审案件受理费80元，由上诉人刘燕文负担（已交纳）。

　　本裁定为终审裁定。

审　判　长　喻　珊
代理审判员　强刚华
代理审判员　张靛卿
2001年3月30日
书　记　员　王　涛

附录二

案例二　于栖楚诉贵阳市住房和城乡建设局
强制拆迁再审行政判决书
中华人民共和国最高人民法院行政判决书

（2012）行提字第17号

申请再审人（一审原告、二审被上诉人）：于栖楚。

委托代理人：吴念平。

委托代理人：桂艳，贵州合兴律师事务所律师。

被申请人（一审被告、二审上诉人）：贵阳市住房和城乡建设局。

法定代表人：任筑江，该局局长。

委托代理人：章根香，贵州证衡律师事务所律师。

申请再审人于栖楚因诉被申请人贵阳市住房和城乡建设局（原贵阳市房地产管理局，
以下简称贵阳市住建局）强制拆迁一案，不服贵州省高级人民法院（2000）黔行再终字第
2号行政判决，向本院申请再审。本院经审查认为原生效判决存在适用法律错误的情形，

以（2011）行监字第 410 号行政裁定提审本案。现已审理终结。

贵州省高级人民法院（2000）黔行再终字第 2 号行政判决查明：1993 年贵州汉方房地产开发公司（以下简称汉方公司）经贵阳市人民政府有关部门批准，在贵阳市省府北街及其相邻地段修建商住楼。1995 年 6 月该公司领取拆迁许可证。于栖楚私房位于拆迁范围。汉方公司因未能与栖楚就安置补偿达成一致，向贵阳市住建局（当时为贵阳市房地产管理局）申请裁决。贵阳市住建局于 1996 年 3 月 11 日作出（1996）筑迁裁字第 9 号裁决，由汉方公司在贵阳市花溪大道北段 730 号"贵溪商住楼"安置被拆迁人于栖楚。于栖楚在裁决规定的搬迁期限内未搬迁，向贵阳市云岩区人民法院提起行政诉讼，请求撤销该裁决。同年 3 月 22 日，汉方公司申请强制执行该裁决。贵阳市房屋拆迁安置管理处（以下简称贵阳市拆迁处）、贵阳市住建局审核同意后上报贵阳市人民政府。经贵阳市人民政府审批决定后，贵阳市住建局以贵阳市拆迁处名义于 6 月 18 日张贴（1996）筑迁执告字第 9 号拆迁公告，称根据《城市房屋拆迁管理条例》和《贵阳市建设拆迁管理办法》的有关规定，限被拆迁人于同年 6 月 20 日前搬迁完毕，逾期不搬将强制搬迁。因于栖楚到期仍未搬迁，贵阳市拆迁处于 6 月 24 日对于栖楚的房屋进行了强制拆迁。于栖楚对强制拆迁行为不服，向贵阳市中级人民法院提起诉讼，形成本案。

贵阳市中级人民法院（1998）筑行初字第 2 号一审判决认为：贵阳市拆迁处以（1996）筑迁执告字第 9 号公告对于栖楚的房屋进行拆迁，违反了《城市房屋拆迁管理条例》的规定，其辩称强拆行为系由政府授权的理由不能成立；贵阳市拆迁处系贵阳市住建局的内设机构，不具有行政执法主体的资格，其行为后果应由贵阳市住建局承担。该院遂判决撤销 1996 年 6 月 24 日对于栖楚所作的强制拆迁行为。一审案件受理费人民币 100 元，由贵阳市住建局负担。

贵阳市住建局不服该判决，向贵州省高级人民法院提起上诉。该院（1998）黔行终字第 12 号行政判决认为：贵阳市拆迁处作为贵阳市住建局的内设机构，以拆迁公告方式对被拆迁人的房屋进行强制拆迁，其行为违反了《城市房屋拆迁管理条例》的规定，一审判决认定事实清楚，审判程序合法，适用法律基本正确，应予维持。故判决驳回上诉，维持原判。一、二审案件受理费人民币 200 元，由贵阳市住建局负担。

贵阳市住建局对该终审判决不服，向贵州省高级人民法院申请再审。该院（2000）黔行再终字第 2 号再审行政判决认为：拆迁人汉方公司依据贵阳市住建局作出的（1996）筑迁裁字第 9 号裁决书，对未在裁决规定的拆迁期限内搬迁的被拆迁人于栖楚的房屋申请强制拆迁是正当合法的。按报批程序，该申请先后经贵阳市拆迁处、贵阳市住建局审查，并上报贵阳市人民政府批准，决定对于栖楚位于省府北街的房屋进行强制拆迁。依照国务院关于《城市房屋拆迁管理条例》第 14 条、第 15 条的规定，贵阳市人民政府有权作出责令限期拆迁的决定，其所作决定具有法律效力。据此，贵阳市住建局执行贵阳市人民政府所作决定，对被拆迁人于栖楚强制拆迁也属合法。但贵阳市住建局在执行过程中，以贵阳市拆迁处名义张贴拆迁公告，要求被拆迁人在限定期限内搬迁完毕。因贵阳市拆迁处系贵阳市住建局的内设机构，以其名义对外张贴公告不符合要求，但不应因此否定对于栖楚的房屋进行强拆的合法性，故对于栖楚诉请确认贵阳市住建局对其房屋强制拆迁行为违法的诉讼请求，应予驳回。依据《中华人民共和国行政诉讼法》第52条第1款、《城市房屋拆迁管理条例》第15条和最高人民法院《关于执行〈中华人民共和国行政诉讼法〉若干问题的解释》第56条第2项、第76条的规定，判决：①撤销贵州省贵阳市中级人民法院（1998）筑行初字第2号行政判决和贵州省高级人民法院（1998）黔行终字第12号行政判决。②驳回于栖楚的诉讼请求。一、二审案件受理费200元，由于栖楚负担。

于栖楚不服贵州省高级人民法院（2000）黔行再终字第2号再审判决，向本院申请再审称：被申请人贵阳市住建局据以实施强制拆迁行为的（1996）筑迁裁字第9号裁决书已经被人民法院判决撤销，申请人至今没有得到任何安置补偿。分管市长在《贵阳市建设拆迁强制执行的报告》上的签字同意，不能代替市政府应当作出的书面决定。且1998年5月21日贵阳市人民政府向一审法院提供的答辩材料也否定了以市长签字同意方式进行强制拆迁行为的合法性。请求撤销贵州省高级人民法院（2000）黔行再终字第2号再审判决，并判决赔偿房屋及其他财产损失。

被申请人贵阳市住建局辩称：贵阳市人民政府采用审批表形式对强制拆迁行为进行审批并不违法。于栖楚房屋被强制拆除有分管副市长签字。此种责令方式虽然不规范，但分管副市长也是代表市政府的。请求维持贵州省高级人民法院（2000）黔行再终字第2号再审判决。

本院认为，根据1991年施行的国务院《城市房屋拆迁管理条例》第15条的规定，被拆迁人在拆迁裁决规定的拆迁期限内无正当理由拒绝拆迁的，贵阳市人民政府可以进行强制拆迁。但作为申请和实施强制拆迁依据的（1996）筑迁裁字第9号裁决，此前已被贵阳市云岩区人民法院作出的（1996）云行初字第13号判决撤销，该判决书并已于1996年5月17日向双方当事人送达。因此，贵阳市住建局及贵阳市拆迁处于1996年6月24日强制拆迁于栖楚房屋，缺乏法律依据。

根据《城市房屋拆迁管理条例》的规定，强制拆迁前县级以上人民政府应当先行作出责令限期拆迁的决定；在责令限期拆迁决定所指定的期限内被拆迁人逾期仍不拆迁的，方可责成有关部门强制拆迁。且责令限期拆迁和责成有关部门强制拆迁的决定，应当经法定程序并以书面形式作出，相关决定还应依法送达被拆迁人。本案贵阳市人民政府以分管副市长在相关申请报告上签署意见，并以此取代应以书面形式作出的责令限期拆迁决定和责成有关部门强制拆迁决定及相应的送达程序，亦不符合上述规定要求。

因贵阳市拆迁处不具备独立承担法律责任的主体资格，故违法责任应由贵阳市住建局承担。贵州省高级人民法院（2000）黔行再终字第2号判决将该强制拆迁行为认定为合法显属不当，依法应予纠正。因违法强制拆迁行为已经实施完毕且不具备可撤销内容，人民法院应当作出确认违法判决。申请再审人于栖楚历经多年诉讼仍未得到安置补偿，贵阳市住建局与拆迁人汉方公司应依法对于栖楚的房屋进行补偿或妥善安置；因违法实施强制拆迁给于栖楚造成的其他财产损失，亦应依法予以赔偿。

综上，依据《中华人民共和国行政诉讼法》第61条第3项和《最高人民法院关于执行《中华人民共和国行政诉讼法》若干问题的解释》第 57 条第 2 款第 2 项的规定，判决如下：

1. 撤销贵州省高级人民法院（2000）黔行再终字第 2 号行政判决、（1998）黔行终字第 12 号行政判决和贵阳市中级人民法院（1998）筑行初字第 2 号行政判决。

2. 确认贵阳市住房和城乡建设局实施的强制拆迁行为违法。

一、二审案件受理费共计人民币 200 元，由被申请人贵阳市住房和城乡建设局负担。

本判决为终审判决。

审　判　长　李广宇

审　判　员　郭修江

代理审判员　耿宝建

2012 年 7 月 2 日

书　记　员　徐　超

案例三　马随意与咸阳市秦都区沣东镇人民政府
陕西省咸阳市中级人民法院行政判决书

（2001）咸行终字第 12 号

原告：马随意，又名马随义。

委托代理人：袁义伟，西北政法学院法律服务中心法律工作者。

委托代理人：张燕，西北政法学院法律服务中心法律工作者。

被告：咸阳市秦都区沣东镇人民政府。

法定代表人：张亚军，镇长。

委托代理人：沈军利，沣东镇政府干部。

委托代理人：任仁，陕西秦直道律师事务所律师。

被诉具体行政行为：被告秦都区沣东镇人民政府于 1999 年 5 月 26 日以咸秦沣发（1999）42 号文件作出表彰决定，对自觉参与救人抢险的马随意通报表扬，号召学习其先进事迹；并于 2000 年 4 月 8 日发给马随意见义勇为先进个人荣誉证书。

原告诉称：1999 年 5 月 23 日，我得知有人在沣河里落水遇难，就立即驾上自家小船前往参加救人抢险。同年 5 月 31 日，被告在表彰救人事件中的先进个人时，没有对出力最大的原告予以表彰；镇政府在表彰决定中亦未对原告的事迹予以确认，未向原告颁发荣誉证及奖金。被告的不作为行为已严重侵犯原告的荣誉权、名誉权，故诉至法院判令被告确认原告为"见义勇为先进个人"并发给荣誉证及奖金；被告向原告赔礼道歉并赔偿原告差旅费 800 元、误工费 3000 元；被告承担案件诉讼费用。

被告未提交答辩状，但在庭审中认为，咸秦沣发（1999）42 号"表彰决定"，是依据中国共产党关于社会主义精神文明建设的方针、政策的规定，以及沣东镇八家村党支部、

附录二

村委会就"5·23事件"先进事迹的评选报告及其证明作出的，是客观公正的；对参加抢险救人的马随意予以通报表扬，号召学习其先进事迹，并于2000年4月8日给马随意颁发了"见义勇为先进个人荣誉证"；原告起诉没有法律依据，不属于法院受理行政案件的范围。

咸阳市秦都区人民法院经公开审理查明：1999年5月23日，原告马随意为抢救掉入沣河的落水者，即用其小船和铁钩参加救人抢险活动。同年5月26日，被告与中共沣东镇委员会共同以咸秦沣发（1999）42号文作出"关于对王任伟、邵军孝等人见义勇为先进事迹进行表彰的决定"，对自觉加入打捞行动的马随意在全镇予以通报表扬；同时授予王任伟等五位同志"见义勇为先进个人"荣誉称号，并分别奖励500元、200元不等。原告对此不服而上访。被告于2000年4月8日发给原告荣誉证一份，授予其"见义勇为先进个人"荣誉称号，并加盖沣东镇人民政府和中共沣东镇委员会的公章。

上述事实有下列证据证明：

1. 秦都区沣东镇人民政府就"5·23事件"作出的咸秦沣发（1999）42号"关于对王任伟、邵军孝等人见义勇为先进事迹进行表彰的决定"。

2. 八家村村委会给中共沣东镇党委、政府的函，内容是原告马随意参加救人抢险活动的事迹。

3. 原告马随意上访证明。

4. 西北政法学院法律服务中心证明原告一直主张权利的函。

5. 被告发给原告的荣誉证。

秦都区人民法院认为：原告马随意自觉参加抢救沣河落水者的行为，是发扬爱人民、爱社会主义公德的一种具体表现，理应受到国家、社会的提倡和鼓励。被告作为一级政府，负有依据《宪法》规定履行加强社会主义精神文明建设的职责。被告对原告作出的表彰决定是行使其职责的行政奖励行为，属于人民法院行政诉讼的受案范围。被告对原告救人抢险的事迹先予通报表扬，后又发给见义勇为先进个人荣誉证的决定是依据行政自由裁量权作出的，并无违法之处，亦未侵犯原告的人身权、财产权。因此，原告起诉被告行政奖励不作为、要求被告给其赔礼道歉、发放奖金、赔偿其差旅费、误工费等经济损失的理由不能成立。

陕西省咸阳市秦都区人民法院根据所认定的事实、证据和判案理由，依照《中华人民共和国行政诉讼法》第5条、最高人民法院《关于执行〈中华人民共和国行政诉讼法〉若干问题的解释》第56条第2项和《中华人民共和国国家赔偿法》第5条第3项的规定，判决如下：

驳回原告诉讼请求。

本案诉讼费350元，由原告马随意负担。

上诉人诉称：我在救人抢险中发挥了主要作用，出力最大，被上诉人对上诉人的事迹，应以规范性文件形式予以确认，进行物质奖励。请求撤销原判，判令被上诉人以规范性文件形式确认上诉人为见义勇为先进个人，按标准发给上诉人500元奖金；因被上诉人侵犯了上诉人的荣誉权、名誉权，故应赔偿上诉人经济损失 3800 元，并公开书面向上诉人赔礼道歉。

被上诉人未作书面答辩，在开庭审理中辩称：在"5·23 事件"中，参与救人抢险的群众近百人，镇政府是以见义勇为者是否身体下水，是否使落水者生还，是否第一个抓住遇难者尸体为奖励标准，体现了公开、公正、合理的原则，是符合实际的；上诉人是在他人已抢救了两名儿童后，被人叫去用其船和钩打捞的，没有下水奋不顾身救人的情节，上诉请求没有法律支持，应予驳回。

陕西省咸阳市中级人民法院公开审理查明：1999 年 5 月 23 日，秦都区沣东镇八家村 8 名群众渡沣河时不幸翻船，5 名群众遇险。王任伟、邵军孝及上诉人马随意等数十名群众闻讯赶到，抢险救人。5 月 25 日，八家村党支部、村委会向沣东镇党委、政府呈报"八家村关于'5·23 事件'见义勇为先进事迹的大会评选报告"。5 月 26 日，沣东镇党委、政府以咸秦沣发（1999）42 号文件作出"关于对王任伟、邵军孝等人见义勇为先进事迹进行表彰的决定"，授予王任伟等五人"见义勇为先进个人"荣誉称号，并分别奖励 500 元或 200 元，对上诉人马随意等 9 人在全镇通报表扬。事后，八家村四组组长邵小平等人与罹难者家属代表登门向马随意致谢，并付给马随意补偿费 200 元。上诉人不服 5 月 26 日镇政府表彰决定而上访。此后，八家村委会向镇党委、政府去函报告，申报马随意为 5 月 23 日翻船事件中"见义勇为先进个人"，并申请发给荣誉证。2000 年 4 月 8 日，沣东镇政府向上诉人颁发了"见义勇为先进个人"荣誉证书，上诉人以被上诉人不以政府规范性文件形式确认其为"见义勇为先进个人"属"行政不作为"为由，向人民法院提起行政附带赔偿诉讼。

上述事实有下列证据证明：

1. 上诉人和被上诉人的当庭陈述。

2. 八家村村委会 1999 年 5 月 25 日给沣东镇政府呈报的"关于'5·23 事件'见义勇为先进事迹的大会评选报告"。

3. 中共秦都区沣东镇党委、政府作出的咸秦沣发（1999）42 号文件。

陕西省咸阳市中级人民法院根据上述事实和证据认为：上诉人马随意与数十名群众一道，积极参与救人抢险的行为，体现了中华民族扶危济困、见义勇为的崇高品德。被上诉人及时对抢险有功人员给予表彰奖励，完全符合加强社会主义精神文明建设的要求。由于到目前为止，国家及本省、市尚未制定对见义勇为行为进行行政奖励的法律、法规或规章，因此，上诉人请求人民法院判令被上诉人以规范性文件的形式确认其为"见义勇为先进个人"并颁发奖金证书，没有合法的理由。上诉人认为被上诉人不以规范性文件形式确认其见义勇为先进个人侵犯其荣誉权、名誉权并请求行政赔偿没有事实根据和法律依据，依法不予支持。一审判决事实清楚，程序合法，判决公正，应予维持。

陕西省咸阳市中级人民法院根据认定的事实、证据和判案理由，依照《中华人民共和国行政诉讼法》第 61 条第 1 项、最高人民法院《关于执行〈中华人民共和国行政诉讼法〉若干问题的解释》第 56 条第 1 项之规定，判决如下：

驳回上诉，维持原判。

一、二审诉讼费上诉人马随意免交。

审判长　张满生

审判员　周宝凤

审判员　张义成

2001 年 3 月 26 日

书记员　杨　雷

案例四　逯艳艳与禹州市人口和计划生育委员会等
信息公开行政不作为纠纷案
河南省许昌市中级人民法院行政判决书

（2012）许行终字第 8 号

上诉人（一审原告）：逯艳艳。

委托代理人：郭天亮。

被上诉人（一审被告）：禹州市人口和计划生育委员会。

法定代表人：靳中现，任该委员会主任。

委托代理人：孟建伟，该委员会政策法律股股长。

被上诉人（一审第三人）：禹州市钧台街道办事处。

法定代表人：张尽峰，该办事处主任。

委托代理人：徐向远，该办事处计生服务中心主任。

被上诉人（一审第三人）：禹州市钧台街道办事处北街社区居民委员会。

法定代表人：孟小惠，该委员会主任。

委托代理人：马军志，该委员会副主任。

被上诉人（一审第三人）：禹州市钧台街道办事处北街社区居民委员会七组。

诉讼代表人：王万章，该组组长。

　　一审原告逯艳艳与一审被告禹州市人口和计划生育委员会（以下简称禹州市计生委）、第三人禹州市钧台街道办事处（以下简称禹州市钧台办）、禹州市钧台街道办事处北街社区居民委员会（以下简称禹州市钧台办北街社区居委会）、禹州市钧台街道办事处北街社区居民委员会七组（以下简称北街社区七组）信息公开行政不作为一案，禹州市人民法院于 2012 年 3 月 28 日作出（2012）禹行初字第 3 号。逯艳艳不服，上诉至本院。本院受理后，依法组成合议庭，公开开庭审理了本案，上诉人逯艳艳的委托代理人郭天亮、被上诉人禹州市计生委的委托代理人孟建伟、禹州市钧台办的委托代理人徐向远、禹州市钧台办北街社区居委会的委托代理人马军志、北街社区七组的诉讼代表人王万章到庭参加诉讼，本案现已审理终结。

附录二

一审法院经审理查明：2010年5月31日，第三人市钧台办给原告逯艳艳颁发编号为042334《独生子女父母光荣证》，该证载明：本证系发给响应国家号召，自愿终生只要一个孩子的夫妻的荣誉证书。根据《河南省人口与计划生育条例》及有关规定，持证人可以凭证依法享受下列待遇：①从发证之年起至子女满14周岁止，奖给独生子女父母奖励费每人每月不低于20元。②享受国家奖励扶助和特别扶助制度。③对符合条件允许生育第二子女，而自愿终生只生育一个子女的夫妻给予2000元以上奖励。④农村按人分配集体经济收入、集体福利和征地补偿时，对领取《独生子女父母光荣证》的家庭给予多分1人份的优待。⑤享受农村计生家庭子女报考本县（市、区）高中时照顾10分政策。⑥法律法规和地方政府规定的其他奖励优待。

2011年12月30日，原告逯艳艳提起行政诉讼，以被告未向其公开独生子女户应享受的奖励和优待等相关信息为由，要求法院判令被告向原告公开领取《独生子女父母光荣证》的公民享有有关奖励和优待等待遇的相关信息，判令被告责令第三人落实独生子女优惠政策，在集体经济收入福利分配时多享受一人份的待遇。

一审法院认为：《中华人民共和国政府信息公开条例》第2条规定，"本条例所称政府信息，是指行政机关在履行职责过程中制作或者获取的，以一定形式记录、保存的信息"。第20条第1款规定，"公民、法人或者其他组织依照本条例第13条规定向行政机关申请获取政府信息的，应当采用书面形式（包括数据电文形式）；采用书面形式确有困难的，申请人可以口头提出，由受理该申请的行政机关代为填写政府信息公开申请"。本案中，原告逯艳艳未向被告市计生委提出申请，被告市计生委在接到原告诉状后，以答辩的方式公开领取《独生子女父母光荣证》的独生子女户应享受的待遇，并通知第三人落实相关奖励待遇。而且，《河南省人口与计划生育条例》等相关法律法规对凡领取《独生子女父母光荣证》享受的待遇已有明确规定，原告逯艳艳已知晓也向法院提交了该规定。因此，原告起诉被告信息公开不作为的理由不能成立，不予支持。依照《最高人民法院关于执行〈中华人民共和国行政诉讼法〉若干问题的解释》第56条第1项的规定，判决驳回原告逯艳艳的诉讼请求。

上诉人逯艳艳上诉称：①上诉人在一审中起诉的目的就是为了判令被告及第三人落实计划生育优惠政策，支付上诉人夫妻应当享有的有关待遇，而一审判决仅以被上诉人公开了有关信息了事。②一审第三人把上诉人应当多享受一人份的待遇降为30%，且到子女14周岁后才落实，显然与法律法规相悖。综上，要求依法撤销一审判决，支持上诉人的诉讼请求。

被上诉人禹州市计生委辩称：①在此之前，禹州市计生委已向上诉人多次宣传计划生育优惠政策，并为其办理了特别奖励扶助且已兑现。②禹州市计生委已于2011年12月29日责成禹州市钧台办及北街居委会对上诉人兑现独生子女父母奖励优惠政策。因此禹州市计生委已按法律规定履行了职责，应驳回上诉，维持原审判决。

被上诉人禹州市钧台办辩称：上诉人领取独生子女证后，一直享受《河南省人口和计划生育条例》第35条规定的独生子女父母奖励费的奖励政策，并于2011年12月29日责成禹州市钧台办北街居委会对上诉人兑现独生子女父母奖励优惠政策。因此应驳回上诉，维持原审判决。

被上诉人禹州市钧台办北街社区居委会辩称：北街社区七组的土地被禹州市国土资源局依法征收后，分四批土地补偿款到位并发放，时间分别是：2009 年 12 月 9 日发放 19 500 元，2011 年元月发放 2000 元，2011 年底发放 10 000 元，2012 年元月发放 8000 元。2011 年 10 月，经居委会三委班子研究，居民代表同意，出台了关于落实独生子女待遇的相关规定，并逐一得到落实，群众都比较满意。因此要求驳回上诉，维持原审判决。

被上诉人北街社区七组答辩意见同被上诉人禹州市钧台办北街社区居委会答辩意见。

经二审审理查明，与一审认定事实基本一致。

本院认为：《河南省人口与计划生育条例》等相关法律法规对凡领取《独生子女父母光荣证》享受的待遇已有明确规定，上诉人逯艳艳已知晓并向法院提交了该规定。被上诉人禹州市计生委又在一审诉讼过程中，向上诉人公开了领取《独生子女父母光荣证》的独生子女户应享受的待遇的相关信息，并责成被上诉人禹州市钧台办及北街居委会对上诉人兑现独生子女父母奖励优惠政策。禹州市计生委已按照上诉人的诉讼请求履行了法定职责。因此，上诉人的上诉请求，由于没有事实依据和法律依据，本院不予支持。综上，一审判决认定事实清楚，适用法律正确，程序合法，应予维持。依据《中华人民共和国行政诉讼法》第 61 条第 1 项之规定，判决如下：

驳回上诉，维持原判决。

二审案件受理费 50 元，由上诉人逯艳艳承担。

本判决为终审判决。

审 判 长　李　杰

代理审判员　朱耀宇

代理审判员　秦东亮

2012 年 7 月 19 日

书 记 员　刘　静

附录二

案例五　刘小康诉咸阳市秦都区钓台镇钓鱼台村委会协助办理落户纠纷案

咸阳市秦都区人民法院行政判决书

（2007）咸秦行初字第 000004 号

原告：刘小康。

委托代理人：刘喜军，咸阳市秦都区司法局 148 法律服务所法律工作者。

被告：咸阳市秦都区钓台镇钓鱼台村委会。

法定代表人：刘建华，主任。

委托代理人：任仁，陕西秦直道律师事务所律师。

原告刘小康因要求被告咸阳市秦都区钓台镇钓鱼台村委会（钓鱼台村委会）履行协助办理落户职责。于 2007 年 8 月 2 日向本院提起行政诉讼。本院受理后向被告送达起诉状副本及应诉通知书。本院依法组成合议庭，于 2007 年 8 月 2 日公开开庭审理了本案。原告刘小康及其委托代理人刘喜军被告法定代表人刘建华及其委托代理人任仁到庭参加诉讼。本案现已审理终结。

原告刘小康于 2007 年 8 月 2 日向被告钓鱼台村委会提出要求落户申请。被告在原告起诉之前未出具相关手续。

原告诉称，他户口一直在被告处登记。1995 年随父将户口迁往沣西镇牛家村，现其父已退休。因生活困难加之全家户口均在被告村且他一直在该村二组居住生活，为赡养老人及夫妻投靠，他申请将户口迁回到其妻名下（原告之妻户口在被告处）。经被告二组村民代表 2007 年 8 月 2 日一致通过同意原告将户口迁回原籍之后，他多次向被告提出办理落户申请并要求出具相关手续。但被告拒不履行协助办理落户职责。被告的行为侵害了原告合法权益，根据国家相关法律规定、政策规定，诉至法院请求依法判令被告履行协助原告办理相关落户手续，承担本案诉讼费用。

被告辩称，该村委会不是国家机关，不具备行政诉讼被告的适格主体资格。被告无协助办理落户义务，根据村委会议事规则，对无法定事由要求迁入本村落户者，必须经村民会议无记名投票表决，但原只是私下找部分村民代表签名，没有经过会议讨论和表决程序，故请求驳回原告的诉讼请求。

原告提供以下证据证明其曾于 2007 年 8 月 2 日向被告提出协助履行落户职责申请事项，原告要求落户被告处符合法律、法规、政策规定，被告应协助办理。

1. 申请书 1 份，证明原告向被告所属二组提出申请办理落户并经该组村民代表及组长签字同意。

2. 证人赵亚明（又名赵亚鹏）、王春迎、刘荣社出庭作证：证明原告一直住在该村，原告要将户口迁回村民代表征求过他们意见，他们表示同意。组长认可村民代表签字并认同此方式征求意见故签字同意。

3. 原告的户籍簿：证明原告于 1995 年 2 月从该村迁入其父沣西镇牛家村。

4. 原告之妻的户籍簿：证明原告之妻、之母及女儿户口均在被告村。

5. 原告结婚证：证明原告与姚豆歌 1997 年结婚。

6. 秦都公安分局证明：原告曾在该局工作属临时雇佣人员。

经质证被告认为证据 1 真实性有异议，该组没有召开会议，有些代表不知道此事或不是本人签名，此程序违反村上规定，对证据 2、3、4、5 真实性无异议但对证明问题有异议，对证据 6 认为与本案无关联性。

被告依法向法庭提供以下证据：

1. 村主任对刘东望、赵焕朝、刘文辉、曹丰收、刘迎社的调查：证明原告迁户未召开会议，分别征求意见，曹不知此事，刘迎社系代签字。

2. 村委会扩大会议记录：证明确定各组代表及代表制度。

经质证原告认为证据 1 所调查系起诉后村主任所写，真实性有异议，亦不符合证据法定形式要件；证据 2 与本案无关联性。

经庭审质证，本院对证据作如下确认：

原告提供证据 1、2、3、4、5 能证明案件争议的事实，合法有效，应予确认；证据 6 与本案无关联性。被告提供证据 1 不符合证据形式要件，不予确认；证据 2 虽真实，但对以此证明不予出具落户手续不予确认。

根据上述有效证据以及当事人质证意见认定以下事实：原告刘小康及其母、其妻、女儿原户籍登记均在被告处。1995 年 2 月，原告从该村将户口迁入沣西镇牛家村其父户籍处。1997 年原告结婚后一直居住在钓鱼台村二组，在外干临时工。后因其生活困难，全家户口均在该村，为赡养老人、夫妻投靠，原告于 2007 年 8 月 2 日向被告二组申请将其户口迁回其妻名下，该村二组村民代表、村组长在原告的申请书上签字同意。此后，原告多次向被告提出协助办理落户，出具相关手续要求，但被告以该村二组村民代表及组长签名同意未按照村民议事制度程序办理为由拒绝出具落户手续，为此，原告诉至原审法院。

本院认为，根据《中华人民共和国户口登记条例》第 3 条第 5 款、公安部《关于解决当前户口管理工作中几个突出问题的意见》第 2 条、陕西省公安厅《关于解决当前户口管理工作中几个突出问题的实施意见》第 2 条第 2 款及《中华人民共和国村民委员会组织法》第 20 条的规定，在户籍管理中村民委员会承担了行政协助义务，协助村民办理相关落户手续是村委会的法定职责。本案原告要求将户口迁入其配偶所在地并一直居住在该村符合法律、法规、政策规定，被告应协助办理落户手续。被告以该村二组村民代表及组长签名同意没有按村民议事制度程序办理为由拒绝原告的请求违法。据此，依据《中华人民共和国行政诉讼法》第 54 条第 1 款第 3 项之规定，判决如下：

被告咸阳市秦都区钓台镇钓鱼台村委会于本判决书生效之日起 10 日内履行协助原告刘小康办理落户的法定职责。案件受理费 450 元由被告承担。

如不服本判决，可在判决送达之日起 15 日内向本院递交上诉状及副本，上诉于咸阳市中级人民法院。

审判长　郑　军

审判员　鲁建媛

审判员　任　伟

2007 年 8 月 2 日

书记员　于　秦

附录二

案例六 东营市物价局与广饶县第一中学
行政处罚纠纷执行案
山东省东营市中级人民法院行政裁定书

（2005）东行执字第 267 号

申请人：东营市物价局。

法定代表人：王相举，局长。

委托代理人：王廷茂。

委托代理人：李芙萍。

被执行人：广饶县第一中学。

法定代表人：常田军，校长。

委托代理人：秦曰照。

申请人东营市物价局于 2005 年 7 月 25 日向本院申请执行物价行政处罚一案，本院受理后依法组成合议庭，于 2005 年 8 月 18 日公开进行了听证，申请人的委托代理人王廷茂、李芙萍，被执行人的委托代理人秦曰照参加了听证会，本案现已审查终结。

申请人东营市物价局于 2004 年 11 月 22 日作出东价检处（2004）65 号行政处罚决定书，该决定书认定被执行人广饶县第一中学 2002 年春季开学以来的收费情况存在以下问题：超出收费许可证规定的收费范围，也无合法文件依据分别收取复课费押金 25 000 元，幼儿取暖费 2970 元，资料费 1 076 430 元。处罚决定书认为被执行人的上述行为违反了《中华人民共和国价格法》第 12 条的规定，构成不执行政府定价的价格违法行为，根据《中华人民共和国价格法》第 39 条和《价格违法行为行政处罚规定》第 7 条第 5 项的规定，决定对被执行人作出 20 000.00 元的行政处罚。处罚决定书同时告知被执行人履行期限、履行方式、加处罚款情况及被执行人对处罚决定不服所享有的权利。

申请人东营市物价局向本院申请执行罚款 20 000.00 万元及每日按罚款数额的 3% 的加处罚款，同时提交以下证据材料：

1. 检查登记表。该表对广饶县第一中学违法收费的六种情形进行了登记，并根据对广饶县第一中学有关账簿的检查情况制作了收费检查明细表。该登记表在"当事人意见"栏，广饶县第一中学对登记表登记的内容认可"情况属实"并加盖公章。

2. 东营市物价局提取证据材料登记表。

3. 调查询问笔录。

4. 东价检告（2004）2 号《行政处罚听证告知书》及送达回证。

5. 回执。广饶县第一中学不要求听证的意思表示。

6. 东价检处（2004）65 号《行政处罚决定书》及送达回证。被执行人收到处罚决定书的时间是 2004 年 11 月 26 日。

7. 《中华人民共和国价格法》第 39 条、《价格违法行为行政处罚规定》第 7 条第 5 项的规定。

听证过程中，被执行人对申请人出示的以上证据均表示认可。并认可自 2004 年 11 月 26 日收到申请人送达的《行政处罚决定书》至今，未申请复议和提起行政诉讼，且至今未履行该处罚决定。

本院认为，申请人作出的东价检处（2004）65 号行政处罚决定书在行政主体、行政权限、行为根据和依据、执法程序方面完全合法。被执行人在 2004 年 11 月 26 日收到该决定书后，在法定期限内未依法申请行政复议，申请人于 2005 年 7 月 25 日申请我院强制执行，符合法律规定。根据《中华人民共和国行政诉讼法》第 66 条和《最高人民法院关于执行〈中华人民共和国行政诉讼法〉若干问题的解释》第 93 条之规定，裁定如下：

1. 本院依法予以强制执行。

2. 被执行人须于 2005 年 9 月 1 日前向申请人自动缴纳 20 000.00 元罚款及自 2004 年 12 月 11 日起至履行之日按日 3% 的加处罚款。

3. 被执行人在上述期限内不自动履行义务，本院将依法采取强制措施。

执行费 100 元及实际支出费用由被执行人负担。

本裁定送达后立即生效。

审　判　长　姜福先

审　判　员　田　鑫

审　判　员　张晓丽

2005 年 8 月 19 日

书　记　员　邵金芳

案例七　麻旦旦诉咸阳市公安局和泾阳县公安局侵权赔偿案

律师代理词

审判长、审判员：

受泾阳县公安局的委托和陕西延明律师事务所的指派，由我担任本案一审中第二被告泾阳县公安局的诉讼代理人。经过庭审调查和质证，本案事实已基本清楚。现就原告的诉讼请求并结合庭审调查的事实情况，发表代理意见如下：

一、泾阳县公安局于 2001 年 1 月 9 日作出的 200110001 号治安管理处罚裁决书已于 2001 年 2 月 8 日被咸阳市公安局第 11 号治安管理处罚申诉裁决书予以撤销，其违法性已得到确认，并且该处罚裁决书并未实际执行。因而，原告要求确认该治安处罚裁决书之诉讼请求应依法予以驳回

第一，人民法院对某个具体行政行为违法性的审查并确认，是以该具体行政行为的违法性尚未被有关国家机关依法作出具有法律效力的确认（认定或撤销）为前提条件的。而本案中，泾阳县公安局的相应治安管理处罚裁决书已被咸阳市公安局在行政复议（即申诉）过程中予以撤销。应当说，对具体行政行为作出的"撤销"决定要严厉于"确认违

法"决定（因为前者消灭了具体行政行为及其效力，而后者不消灭具体行政行为），但"撤销"决定包含着"确认违法"决定的内涵（因为撤销是以具体行政行为违法为前提条件和理由依据的），即"撤销"本身就意味着违法性已经被认定或确认。显然，原告不能就某个已具有法律效力而又符合其要求且没有争议的事项诉请人民法院进行重复认定或裁判，而人民法院既无须也不能就原告的相应诉讼请求作出没有法律意义的重复裁判。否则，就构成了对诉权及司法裁判权的滥用。

第二，原告要求确认泾阳县公安局相应治安管理处罚裁决书的违法性，其主要用意在于解决请求行政赔偿的前提条件。但根据《中华人民共和国国家赔偿法》第 26、30 条的规定，在该治安管理处罚裁决书未实际执行的情况下，原告所提出的相关诉讼请求 是不能成立的，应当依法予以驳回。

二、原告要求确认泾阳县公安局对其实施强制传唤及非法限制人身自由事实行为违法的诉讼请求依法不能成立，应予以驳回

第一，原告要求确认泾阳县公安局对其实施强制传唤的事实不存在。所谓强制传唤，是指经过正常传唤而当事人无正当理由不接受传唤或逃避传唤的情况下，公安机关必须采取一定强制手段或措施强制其到达一定公务场所的行为。然而，在本案中，尽管泾阳县公安局对原告采取口头传唤方式不符合法定的口头传唤条件要求，但在进行口头传唤时，原告当场表示服从跟随传唤人员前往派出所，并未实施强制传唤措施及行为（原告也曾承认前往派出所途中未使用械具）。至于原告所说的将其强制拉上车，并无有效证据予以佐证（注：这是事实问题而非行政行为合法性问题，不适用举证责任倒置原则。最高人民法院有关行政诉讼法司法解释第 27 条第 1 项、第 40 条及《行政诉讼法》第 41 条第 3 项有着明确规定。尽管口头传唤也不合法，但在这里之所以强调未实施强制传唤，就在于这既是两个不同性质的具体行政行为，也是为了尊重事实）。

第二，原告要求确认泾阳县公安局对其非法限制人身自由事实行为违法的诉讼请求亦依法不能成立。首先，在原告到达派出所后，执法人员当即向其出示了传唤证，且原告签字表示同意（即使不同意，也不影响其传唤证的成立及效力），自此条件下的讯问行为已符合《治安管理处罚条例》第 2 款第 1 项的规定，因而不存在违法或非法限制人身自由问题。其次，泾阳县公安局对原告传唤后的讯问查证时间未超过 24 小时（1 月 8 日晚 8 时至 9 日晚 7 时），符合《治安管理处罚条例》第 34 条第 2 款第 5 项及第 30 条第 1 款之规定。

三、原告要求人民法院确认泾阳县公安局对原告讯问程序、实体内容违法的诉讼请求不属于法定独立诉请事项，依法不能成立

第一，从法律规定来看，讯问作为治安管理处罚的一个程序行为，是指公安机关对违反治安管理行为人所采取的一种专用调查取证方法，其本身不是一个独立的法律行为。也就是说，在此情况下，如果讯问的方式、方法不当或不合法（包括采取逼供、诱供的方法或取证人员不符合法定要求等），经查证属实后，其导致的结果应当是所取得的证据不合法而属于无效证据，据此作出的处罚决定违法而应被撤销（对于执法机关而言是处罚决定被撤销并承担相应责任，而对于执法人员依据法律规定追究行政处分乃至刑事法律责任）。

附录二

因此，原告认为讯问程序及实体不合法，应当属于要求撤销治安管理处罚裁决书的事实和理由，而非法定的独立诉讼请求事项。

第二，如果原告认为讯问过程中公安执法人员对其实施了暴力殴打、违法使用械具而致其人身受到伤害，则属于事实行为，应作为独立诉讼请求要求人民法院确认该事实行为的存在及其违法性。显然，要求确认违法使用械具行为，已作为第 6 项独立诉讼请求提出。而对此诉讼请求，被告不予以否认，并一直表示愿意依法予以赔偿。

第三，对于原告诉状事实与理由部分中认为公安执法人员对其具有殴打等暴力行为（尽管没有作为一项诉讼请求提出），没有证据能够予以认定。因为，从严格意义上讲，执法人员在执行职务中采取的殴打等暴力行为不属于职权内容行为（即没有国家法律规定可以采取打人手段作为行使职权的方法和内容），但我国《国家赔偿法》将其规定为国家赔偿范围，一方面是为了加强国家责任，以便于对公务人员加强管束，另一方面，更重要的是为了保护受害人合法权益。但是，由于这是一个事实行为而非法律行为，因而有关殴打行为的事实是否存在，在被告经查无实据的情况下，原则上应由原告举证。

四、对于原告诉讼请求赔偿之事，被告愿意依法承担相应的赔偿责任，但原告之赔偿请求缺少法定事实条件及法律规范依据

第一，在咸阳市公安局依法撤销了泾阳县公安局对原告的治安管理处罚决定书并责令泾阳县公安局对原告的赔偿请求《依法做好行政赔偿工作》的通知送达后，泾阳县公安局就立即进入了查清事实真相并积极与原告方接触协商赔偿的工作。但经过几次努力，由于原告方提出的赔偿要求及其附加条件，不是超出法定范围，就是缺乏法律规范依据，因而尚未形成赔偿决定。当然，对于原告依法提起行政赔偿诉讼，被告方表示理解和赞成。通过诉讼，即期望原告的合法权益得到切实维护，也期望人民法院对本案依法有一个公正的裁判，使社会各界对国家赔偿法有关法律规定有一个正确的认识和解读，以便妥善行使法律救济权利。

第二，对于原告要求被告对其"公开赔礼道歉，恢复名誉"的诉讼请求，由于被告泾阳县公安局已于 2001 年 2 月 8 日登门向原告方进行了赔礼道歉，且在侵权行为范围内（因为被告并未将该侵权行为公开）消除了不良影响。同时，恢复名誉是以原告的名誉权在一定范围内受到了损害和不良影响为前提的，而在被告治安管理处罚裁决书被撤销的情况下，媒体开始大量报道，使整个社会确信原告是无辜的、清白的，既未对原告名誉造成不良影响，且该报道也非被告所为。因此，根据《国家赔偿法》第 30 条之规定（法律并未规定承担该责任的方式），请求人民法院对被告上述"赔礼道歉，恢复名誉"之事实予以确认。驳回原告要求再次"赔礼道歉，恢复名誉"的诉讼请求。

第三，原告要求泾阳县公安局赔偿精神损失费 400 万元，于法无据。①根据《国家赔偿法》第 26 条、第 27 条和第 30 条之规定可以确定，我国《国家赔偿法》只对生命权、健康权、身体权、人身自由权等物质性人格权予以精神赔偿，且以具体的特定的损害事实为基础规定了可计算的标准，而并未对名誉权、荣誉权等精神性人格权规定予以精神赔偿（其法定弥补责任方式仅为"恢复名誉，消除影响，赔礼道歉"）。②本案是因公共权力行

附录二

使所发生，所存在的是行政侵权法律关系，其法律适用应为《行政诉讼法》和《国家赔偿法》，不能补充适用《民法通则》。③根据最高人民法院《关于审理行政赔偿案件若干问题的规定》第32条之规定："原告在行政赔偿诉讼中对自己的主张承担举证责任。"在本案中，原告没有证据来支持自己的精神赔偿请求。

综上代理意见，请合议庭予以充分考虑，并能采纳。

代理人 王周户

陕西延明律师事务所律师

附：　　**麻旦旦诉咸阳市公安局和泾阳县公安局侵权赔偿案诉讼结果**

一审法院审理后判决如下：

1. 确认被告泾阳县公安局传唤原告麻旦旦并限制其人身自由23小时的具体行政行为违法。

2. 确认被告泾阳县公安局对原告麻旦旦使用械具行为违法。

3. 确认被告咸阳市公安局委托医院对原告麻旦旦做医学鉴定的具体行政行为违法。

4. 自判决生效后10日内，被告泾阳县公安局向原告麻旦旦支付赔偿金74.66元。

5. 自判决生效后10日内，被告泾阳县公安局赔偿原告医疗费1354.34元及误工损失费（误工费按每日25.67元自2001年1月10日计算至本判决发生法律效力之日止）。

6. 驳回原告麻旦旦其他诉讼请求。

一审判决后，麻旦旦及泾阳县公安局均表不服，向咸阳市中级人民法院提出上诉。二审法院经审理后作出如下终审判决：

1. 变更一审判决1、2、4条为：

确认上诉人泾阳县公安局2001年1月8日~9日对麻旦旦讯问时使用械具、殴打并限制其人身自由23小时的行政行为违法。

2. 维持（2001）咸秦行处字第003号行政判决第3条，即：确认被上诉人咸阳市公安局委托医院对麻旦旦作医学鉴定的具体行政行为违法。

3. 撤销（2001）咸秦行处字第003号行政判决第5条、第6条。

4. 自本判决生效后10日内，上诉人泾阳县公安局支付上诉人麻旦旦违法限制其人身自由两天的赔偿金74.66元；赔偿麻旦旦医疗费1671.44元，交通、住宿费669.50元，180天误工费6719.40元（37.33元/日），共计9135元整。

5. 驳回麻旦旦其他诉讼请求。

图书在版编目（ＣＩＰ）数据

行政诉讼法学/王麟主编.—3版.—　北京:中国政法大学出版社,2015.8
ISBN 978-7-5620-6224-0

Ⅰ.①行…　　Ⅱ.①王…　　Ⅲ.①行政诉讼法—法的理论—中国　　Ⅳ.①D925.301

中国版本图书馆CIP数据核字(2015)第168337号

出　版　者　　中国政法大学出版社

地　　　址　　北京市海淀区西土城路 25 号

邮　　　箱　　fadapress@163.com

网　　　址　　http://www.cuplpress.com（网络实名：中国政法大学出版社）

电　　　话　　010-58908435(编辑部)　　58908334(邮购部)

承　　　印　　保定市中画美凯印刷有限公司

开　　　本　　720mm×960mm　　1/16

印　　　张　　21.25

字　　　数　　382 千字

版　　　次　　2015 年 8 月第 3 版

印　　　次　　2015 年 8 月第 1 次印刷

印　　　数　　0 001～4 000

定　　　价　　41.00 元